金融和保险中动态均值-方差问题的均衡策略选择

李丹萍　著

科学出版社
北　京

内 容 简 介

本书针对金融和保险中的动态均值-方差问题，系统研究了保险公司均衡再保险和投资策略、养老金最优投资策略、多个保险公司风险分担策略等. 本书构建了随机利率、随机波动率模型下保险公司最优比例再保险、超额损失再保险和投资模型，进一步将模型拓展至极端模糊厌恶和模糊厌恶程度不同的情景下，并得到了均衡再保险和投资策略. 为了得到能够同时被保险公司和再保险公司接受的再保险策略，本书研究了同时考虑保险公司和再保险公司的目标的再保险和投资问题. 此外，本书还讨论了含有违约债券投资的具有保费返还制的养老金最优投资问题，以及多个保险公司共同分担风险的最优策略，用以探究极端风险发生情况下的风险承担问题. 针对上述各种策略，通过仿真模拟分别归纳了其变化规律并给出经济解释.

本书可供统计、金融、保险等专业高年级本科生、研究生、教师、科研人员及相关研究机构工作者参考.

图书在版编目(CIP)数据

金融和保险中动态均值-方差问题的均衡策略选择/李丹萍著. —北京：科学出版社，2021.10

ISBN 978-7-03-069730-1

Ⅰ.①金…　Ⅱ.①李…　Ⅲ.①金融-经济数学 ②保险-经济数学　Ⅳ.①F830 ②F840

中国版本图书馆 CIP 数据核字(2021) 第 178940 号

责任编辑：李　欣　李　萍／责任校对：彭珍珍
责任印制：吴兆东／封面设计：陈　敬

科学出版社 出版
北京东黄城根北街 16 号
邮政编码：100717
http://www.sciencep.com

北京中石油彩色印刷有限责任公司 印刷
科学出版社发行　各地新华书店经销

*

2021 年 10 月第　一　版　开本：720×1000　1/16
2023 年 1 月第三次印刷　印张：12 1/4
字数：247 000

定价：98.00 元

(如有印装质量问题，我社负责调换)

序

获悉李丹萍博士的著作《金融和保险中动态均值–方差问题的均衡策略选择》即将出版，甚为高兴，愿意与她一起分享收获的喜悦并为该书作序.

李丹萍博士的主要研究方向为随机最优控制在金融和保险中的应用，契合国家金融和保险领域的发展需求. 她在均衡再保险、最优投资等方面兴趣浓厚、探究深入、成果出色. 该书紧紧围绕金融和保险中的动态均值–方差问题的均衡策略选择展开一系列的研究，思路清晰、环环相扣、层层深入. 本书第 2, 3 章关注了随机利率、随机通货膨胀率、随机波动率模型下的比例再保险或超额损失再保险和投资问题. 第 4, 5 章假设保险公司进行决策时，对模型参数信心不足，进而研究稳健的再保险和投资策略. 第 6 章将保险公司和再保险公司的利益共同考虑进模型构建中，得到均衡再保险和投资策略. 第 7 章又重点考虑了一类特殊的保险基金，确定缴费型养老金的均衡投资问题. 第 8 章关注了多个保险公司共同分担风险的均衡策略. 全书问题明确，方法先进，实例丰富，图文并茂，逻辑严密，结论可信，是一部成功的力作.

在我看来，该书瞄准金融和保险领域的关键问题，力图研究建立与实际问题更加贴近的数学模型，并尽可能地给出最优问题的解析解，以增强所有均衡策略的可操作性，提升研究结果的实践指导性. 为了实现这一目标，著者进行了系统设计、充分调研、科学论证、深度探究，取得了可喜成果. 梳理全书，至少可圈四点创新:

1. 从考虑具有随机利率、随机通货膨胀率和随机波动率的新思路，探究保险公司均衡再保险和投资问题. 第 2 章和第 3 章在均值–方差模型中分别以比例再保险和超额损失再保险为再保险方式建模，以带漂移的布朗运动和经典的 C-L 模型描述保险公司的盈余过程，通过求解拓展的 HJB 方程得到了相关问题的均衡策略. 这是该书的一个创新.

2. 从考虑模糊厌恶决策者的新视角，探究保险公司的均衡再保险和投资问题. 第 4 章在均值–方差准则下研究了带跳的极端模糊厌恶保险公司决策者的均衡再保险和投资策略. 到目前为止，少有学者关注这方面的问题. 第 5 章将极端模糊厌恶保险公司决策者推广到模糊厌恶程度不同的保险公司决策者. 因为在实际情况中，极端模糊厌恶的保险公司决策者是少数的. 在不同的模糊偏好下研究保险公司决策者的均衡再保险和投资策略是该书的另一个创新.

3. 从同时考虑保险公司和再保险公司利益的新方位, 探究保险公司的投资管理问题. 目前大部分文献仅考虑保险公司利益并得到均衡再保险和投资策略. 事实上, 根据保险公司意愿制定的保险合同并不一定为再保险公司所接受. 而且, 有关保险公司投资管理问题的研究大多假设市场中只有无风险债券和股票. 然而, 市场数据显示, 近年来保险基金和社保基金投资人都积极投资于收益较高的可违约债券. 因此, 应该考虑将可违约债券引进养老金投资问题中, 也为养老金进行投资管理提供更加广泛的理论依据和方法论基础. 此外, 值得关注的是采用 CEV 模型描述风险资产的价格过程. CEV 模型是几何布朗运动的推广且比几何布朗运动更符合实际, 与其他随机波动率模型相比, 具有便于显性分析解释的优点. CEV 模型可以解释实际金融市场中的隐含波动率偏斜的情况且易于显性地分析波动率偏斜对投资者最优策略带来的影响. 因此, 第 6 章和第 7 章在 CEV 模型下研究保险基金和养老金投资问题意义非常重要. 应该说, 在保险公司和再保险公司的利益均衡考虑方面的探索是该书的再一个创新.

4. 从连续时间模型的新路径, 探究多个保险公司均衡风险分担策略问题. 该书假设风险分担函数为一般形式, 即不做具体假定, 在不考虑模糊和考虑模糊两种情况下得到每个保险公司的风险分担策略. 这种对于多个保险公司风险分担策略的探索是该书的又一个创新.

当然, 作为一部专门研究金融和保险中最优控制问题的著作, 有些方面还是可以进一步深入的. 但可以肯定的是, 这部著作对于均衡再保险和投资策略的深入研究起到了显著的促进作用, 具有一定的理论贡献和较高的实际价值, 凸显出了一位青年学者的使命担当. 我相信, 李丹萍博士和学术界的同仁一定会在这个领域取得更为丰硕的研究成果.

汪荣明
上海对外经贸大学校长
华东师范大学教授、博士生导师
2020 年 12 月于上海

前　言

随着我国经济的不断发展, 经济步入新常态, 金融风险成了当前世界各国面临的一个共同的难题. 作为经营风险的特殊金融机构, 保险公司一方面需要通过购买再保险来分散风险, 另一方面希望通过投资来赚取更多的利润. 因此, 保险公司均衡再保险和投资问题成为精算学研究的重要内容之一, 具有较高的学术价值和广泛的应用前景.

均值–方差投资组合选择理论是由 Markowitz 于 1952 年提出的, 并已经成为现代金融学的重要理论基础之一. 均值–方差投资组合选择理论是指通过一定的资产配置, 使得投资组合在未来某一固定时刻的收益和风险达到某种程度的最优. 由于均值–方差问题缺乏期望迭代性 (方差不满足可分性), 因此连续时间/多期均值–方差问题不满足 Bellman 最优性原理. 所以, 不能直接利用传统的动态规划方法求解. 传统的解决均值–方差问题的方法是在一个隐含的假设下得到的, 即决策者预先承诺一直遵从其在初始时刻所选择的最优策略, 以后一直按照该策略进行操作. 该策略被称为预先承诺策略, 其仅仅是初始时刻的最优策略, 是时间不一致的. 现实中, 策略的时间一致性是很多理性决策的基本要求. 决策者在时刻 t 需要考虑, 他所采用的策略应该与从时刻 $t+\Delta t$ 出发所采用的最优策略一致, 均衡策略即满足这一性质的策略, 也被称为时间一致性策略. 本书系统分析了保险公司的动态均值–方差标准下的一系列均衡策略, 利用拓展的 Hamilton-Jacobi-Bellman (HJB) 方程方法, 求解出相关问题的解析解, 并进行数值模拟分析, 具体研究内容如下.

由于保险公司的再保险和投资问题持续期较长, 常常伴随着利率风险、通货膨胀风险、随机波动率风险等背景风险和金融风险, 因此第 2 章研究了在随机利率和随机通货膨胀率模型下的保险公司均衡比例再保险和投资策略; 第 3 章考虑了在随机波动率模型下的保险公司均衡超额损失再保险和投资策略. 比例再保险和超额损失再保险是最常用的两种再保险形式. 此外, 再保险和投资策略往往取决于模型参数的具体取值, 但是无论使用何种统计方法, 得出的金融资产收益率、保险公司盈余收益率等漂移参数都是非常不稳定的. 这就导致保险公司进行决策时, 可能对得到的模型参数信心不足, 即面对所谓的模型不确定性决策问题. 此时, 保险公司希望寻求更稳健的均衡策略来降低估计结果偏离真实参数所带来的风险. 因此, 第 4, 5 章将模型不确定性引入带跳模型下的保险公司均衡比例再保险和投资问题中, 分别考虑了极端模糊厌恶保险公司决策者和 α-模糊厌恶保险公司决策者的最优决策问题. 大量文献在讨论最优风险控制问题时, 一般只站在保险公司的角度来考虑均衡再保险和投资问题. 事实上, 这样的考虑是不周全的, 保险公司制定的最优策略往往不被再保险公司接受. 这也提示我们在一个保险合同中, 存在利益冲突的两方. 因此, 第 6 章以保险公司和再保险公司共同利益为目标, 得到了均衡再保险和投资策略. 第 7 章考虑了一类特殊的保险基金, 确定缴费型养老金的均衡投资策略, 并将可违约债券考虑进了养老金投资问题中, 为养老金投资管理提供更加广泛的理论依据和方法论基础. 第 8 章重点关注了多个保险公司共同分担风险的均衡策略. 本书中黑体字母表示向量.

本书的目标在于建立与实际问题更贴近的数学模型, 并尽可能地对最优问题给出解析解, 以使得最终的结果对实践能起到一个很好的指导作用, 使得所有的均衡策略具有可操作性. 为了使结果更加直观, 本书给出了一些具体的数值实例以及图表来直观地说明结论.

本书适合大学保险与精算学相关专业高年级本科生、硕士研究生、博士研究生、相关领域的研究人员以及保险行业从业人员阅读.

天津大学荣喜民教授、赵慧副教授, 中山大学曾燕教授, 广东工业大学谷爱玲副教授, 加拿大滑铁卢大学 David Landriault 教授、李斌副教授, 上海交通大学熊德文副教授, 华东师范大学陈律助理教授与本书作者有密切合作, 参与了本书部分章节的研究和讨论. 作者在此一并向他们表示感谢! 此外, 本书的研究成果及出版得到了国家自然科学基金项目 (11801179)、上海市教委 “晨光计划” 项目 (18CG26)、上海市高峰高原学科建设计划项目的资助, 在此表示衷心感谢!

限于作者学识水平, 不足和疏漏之处在所难免, 对于读者任何形式的赐教, 作者都会表示欢迎并衷心感谢!

李丹萍
华东师范大学
2020 年 8 月于上海

目　录

第 1 章　金融和保险中动态均值–方差问题概述

本章将简单介绍再保险和投资问题的研究背景、模型刻画以及本书的结构安排.

1.1　研究背景

保险公司是依据保险法和公司法设立，专门从事保险业务的企业，是经营风险的特殊金融机构. 作为金融市场重要的机构投资者，保险公司的业务大致可以分为承保与投资. 承保收益与投资利润是促进保险业发展的动力. 一方面，因为保险公司采取负债经营的方式，所以其更加注重风险管理. 再保险是保险公司进行风险控制的一种有效办法. 通过购买再保险，保险公司可将一部分风险转移给其他保险公司. 再保险作为保险体系中的重要环节之一，不仅可以分散风险，还可以扩大承保能力和开拓新业务. 另一方面，由于保险业竞争日益加剧，承保业务利润不断下滑，保险公司需要根据市场环境的变化，不断加强保险投资业务. 保险投资与保险业的发展已经融为一体，是保险业发展的重要支撑.

1.1.1　再保险

再保险是保险公司为了减轻自己的风险，将自身不愿承担或超过自己承保能力的风险转移给其他保险公司的行为. 分出保险业务的一方称为保险公司，分入保险业务的一方称为再保险公司.

保险公司之间主要通过以下几种方式确立再保险关系：① 专营再保险公司接纳直接保险公司的分出业务；② 兼营再保险业务的保险公司之间分出、分入业务；③ 集团公司内的再保险；④ 联营再保险. 保险公司之间建立再保险关系后，保险公司将部分或全部风险转嫁给再保险公司，同时保险公司需支付再保险公司一定的保费，即分保费. 保险事故发生后，保险公司与再保险公司按照再保险合同的约定共同分摊损失赔款.

对保险公司而言，再保险虽然可以降低其风险，但又会减少其收益. 因此采取什么样的再保险方式是保险公司需要考虑的主要问题之一. 目前，再保险按责任分摊方式可分为比例再保险和超额损失再保险. 比例再保险是以保险金额为基础来确定保险公司与再保险公司责任额的再保险方式，其中保险公司的自留额与再保险公司的责任额均为保额的一定比例. 超额损失再保险是以损失为基础，按约定的赔款限额或赔付率来决定保险公司与再保险公司双方责任的再保险方式. 在赔款限额以内的损失由保险公司自己承担, 超过所规定赔款限额的部分由再保险公司根据合同规定履行职责.

在现实中, 各保险公司可以根据监管机构的具体要求和自身业务的性质, 选择最适合自己的再保险方式. 对于保险公司而言, 再保险的作用主要有: ① 分散风险, 控制承保责任, 稳定经营成果; ② 提高承保能力, 增大承保规模与扩大经营范围, 有利于业务创新; ③ 便于业务指导, 形成巨额的国际联合保险基金.

1.1.2　保险投资

保险投资是现代保险业的支柱, 又称为保险资金的运用, 是指保险公司将在组织经济补偿过程中积聚起来暂时闲置的各种保险资金以有偿的方式投入到社会再生产过程中, 以达到保值增值的活动. 保险投资可运用的资金主要来源于资本金、各种责任准备金以及其他投资资金.

保险投资可运用的资金具有负债性、稳定性以及社会性, 这决定了保险资金的运用必须安全稳健, 并保持资产保值增值. 理论界一般认为保险资金的运用必须符合三大原则: 安全性原则、收益性原则和流动性原则. 另外, 根据资产负债管理理论, 保险投资还应该符合规模匹配原则、结合匹配原则、速度匹配原则和目标匹配原则. 根据 2015 年 4 月 24 日实施的新修订的《中华人民共和国保险法》, 我国保险公司的资金运用主要有以下形式: ① 银行存款; ② 买卖债券、股票、证券投资基金份额等有价证券; ③ 投资不动产; ④ 国务院规定的其他资金运用形式.

保险投资由来已久, 保险公司从事投资活动已有 300 多年的历史. 摩根士丹利曾断言 "投资是保险业的核心业务, 没有投资就等于没有保险业". 保险公司进行投资是保险业发展的必然结果, 理由有以下几点: ① 追求利润是保险公司进行投资的基本动力; ② 保险市场竞争的不断加剧、承保业务利润的不断下滑, 甚至亏损是保险公司进行投资的直接动力; ③ 根据监管要求, 保险公司必须保证其偿付能力, 这是保险公司进行投资的客观原因; ④ 保险产品结构的创新, 如万能寿险、投资连结保险等投资保险型产品的出现, 是保险公司进行投资的根本动力; ⑤ 资本市场的不断发展, 政府放松了对保险投资的限制, 为保险投资改善了外部环境, 很大程度上消除了保险投资的阻力.

保险投资发展的历史表明, 保险投资是随着保险业的发展而不断发展的, 已经与保险业的发展融为一个整体, 是保险业发展的强大动力. 保险投资具有重要的现实意义: ① 保险公司是资本市场的重要机构投资者, 保险投资资金是资本市场资金的重要来源和稳定发展的重要力量; ② 保险资金的有效运作可以促进国民经济的健康发展, 一方面可以增加储蓄向投资转化的规模, 另一方面可以提高储蓄向投资转化的效率. 另外, 保险资金还可以直接或间接投资于国家基础设施等重大项目, 在一定程度上可以缓解融资困难和降低成本; ③ 保险投资可以为保险公司带来可观的经济效益, 在一定程度上可以弥补承保业务的亏损, 提高保险公司的偿付能力, 有利于维护保险公司的稳定经营. 另外, 保险投资收益的提高有利于保险公司参与国际竞争, 提高其国际竞争力.

1.1.3 当前形势下研究再保险和保险投资的必要性

再保险和保险投资对保险公司以及社会的发展与稳定具有重要的作用. 随着社会的进步, 科学技术的发展, 保险公司面临的保险标的的损失动辄过亿美元. 全球保险人在美国的 9·11 事件赔付总额不低于 300 亿美元; 2010 年, 墨西哥湾漏油事件造成保险业损失也高达 15 亿美元. 在中国, 2015 年, 天津港爆炸事故赔付金额总计 50 亿至 100 亿元人民币, 创中国保险史新高. 若如此巨大的损失由单个保险公司来赔付, 必然会导致该保险公司财务紧张甚至破产. 另外, 随着中国加入世界贸易组织 (WTO), 保险市场的开放必然会带动再保险市场的开放, 国内保险公司将会面临更多的再保险机会和更强烈的竞争.

根据银保监会公布的数据, 我国保险资金的运用余额从 1985 年的 5 亿元到 2015 年底的 11.18 万亿元, 提高了 22359 倍, 但是对保险资金运用的理论严重落后于实践, 保险投资收益一直低于 8%, 而发达国家在 2010 年保险投资收益就已经超过了 10%. 保险资金大多数存入银行, 运用渠道较窄, 资金运用结构不合理, 资金利用率低以及资金利用效益低是目前我国保险公司进行投资所存在的问题. 新修订的《中华人民共和国保险法》的实施虽然能够在一定程度上拓宽保险资金的运用渠道, 但这远远不够. 我国庞大的保险资金必须寻找合适稳妥的投资机会.

结合当前形势, 运用诺贝尔经济学奖得主 Markowitz 创立的现代投资组合理论、保险精算和风险管理等相关理论, 构建合理的决策模型, 给出均衡再保险和投资策略, 为保险公司决策提供一定的理论依据是非常必要的. 故本书的研究内容具有非常重要的理论意义与现实意义.

1.2 相关风险管理和投资组合选择模型简介

1.2.1 再保险分类及其模型刻画

再保险是保险公司将其承保的部分风险和责任再向其他保险公司进行保险的行为, 是一种常用的分散风险的手段, 可以使保险公司尽量避免因一次巨额赔付而导致破产, 对经营起到了稳定作用. 再保险合约按其针对的对象不同可分为三种类型: 针对每次索赔的再保险, 针对一个时期内总索赔的再保险, 以及针对一个时期内前 k 笔最大的索赔进行的再保险. 本书中考虑的都是针对每次索赔进行的再保险. 对于每次赔付 Z, 保险公司的自留部分为 $0 \leqslant l(Z) \leqslant Z$, 由再保险公司承担 $Z - l(Z)$. 这类再保险包括的主要形式如下.

完全再保险: 保险公司承担的索赔为 $l(Z) = 0$, 即再保险公司承担所有的索赔.

比例再保险: 保险公司承担的索赔为 $l(Z) = pZ$, 其中 $p \in [0,1]$ 为再保险比例, 再保险公司承担的索赔为 $(1-p)Z$.

超额损失再保险: 保险公司承担的索赔为 $l(Z) = \min\{Z, a\}$, 其中 $a \in [0,\infty)$ 为免赔额, 或称自留额, 再保险公司承担的索赔为 $(Z-a)^+$.

第一风险免赔额: 再保险公司承担的索赔为 $\min\{Z, a\}$, 其中 $a \in [0,\infty)$ 为免赔额, 保险公司承担的索赔为 $l(Z) = (Z-a)^+$.

在一层的比例再保险: 保险公司承担的索赔为 $l(Z) = \min\{Z, a\} + (Z - a - \gamma)^+ p \min\{(Z-a)^+, \gamma\}$, 其中 $a, \gamma > 0$, $p \in [0,1]$.

目前关于保险公司动态均衡再保险策略的学术研究中多考虑比例再保险和超额损失再保险, 例如, 以破产概率最小化为目标, Schmidli[111,112] 在扩散逼近模型和带跳模型下考虑了金融市场中仅包含一个风险资产的保险公司最优比例再保险和投资问题. Promislow 和 Young[108] 考虑了金融市场中包含一个无风险资产和一个风险资产的保险公司最优比例再保险和投资问题. Luo 等[93] 在有卖空和借贷限制的条件下考虑了与 Promislow 和 Young[108] 相似的问题. Chen 等[28] 在含有 Var 约束下得到了保险公司最优比例再保险和投资策略. Bai 等[5] 在相依风险框架下考虑了使得破产概率最小的保险公司最优超额损失再保险和投资策略. Li 和 Young[79] 在模糊厌恶情景下考虑了均衡再保险和投资问题, 得到的均衡再保险形式为混合再保险. 以期望终端财富效用最大化为目标, Bai 和 Guo[6] 考虑了金融市场中包含多个风险资产的保险公司最优比例再保险和投资问题. Cao 和 Wan[25] 同时考虑了最大化保险公司的指数效用和幂效用下的最优比例再保险和投资策略. Liang 和 Bayraktar[85] 在赔付大小和强度不可观测的情况下研究了使得终端财富期望指数效用最大化的最优比例再保险和投资策略. Gu 等[53] 在常方差弹性 (CEV) 模型下考虑了保险公司最优超额损失再保险和投资问题.

1.2.2 基于均值–方差模型的投资组合选择

Markowitz[98] 提出的均值–方差投资组合选择理论是现代投资组合理论发展的里程碑, 为现代金融学奠定了坚实的理论基础.

1. 静态均值–方差模型

由于对投资者来说期望收益越大越好, 风险越小越好, Markowitz[98] 利用期望度量收益、方差度量风险, 建立了均值–方差模型, 该理论研究如何有效地将资金按一定的比例投资在不同的证券上, 使得总体上尽可能风险小收益大. Markowitz

的均值–方差模型成为研究投资组合选择和风险管理问题的基本框架, 使金融研究由定性研究走向定量分析. 其数学模型为: 假设市场上存在一只无风险资产, 收益率为 r_f, 以及 n 只风险资产, 其收益率为 $\boldsymbol{\xi}=(\xi_1,\xi_2,\cdots,\xi_n)^{\mathrm{T}}$, 投资组合为 $\boldsymbol{u}=(u_1,u_2,\cdots,u_n)^{\mathrm{T}}$, 令 $\Pi=\{\boldsymbol{u}=(u_1,u_2,\cdots,u_n)^{\mathrm{T}}|\sum_{i=1}^{n}u_i=1,\forall u_1,u_2,\cdots,u_n\in\mathbb{R}\}$, 最优化问题为对任意给定期望收益率 d, 求方差最小值, 即

$$\begin{cases}\min\limits_{\boldsymbol{u}\in\Pi}\boldsymbol{\sigma}^2=\boldsymbol{u}^{\mathrm{T}}\boldsymbol{\Sigma}\boldsymbol{u},\\ \text{s.t.}\ \ \boldsymbol{u}^{\mathrm{T}}\boldsymbol{\xi}+(1-\boldsymbol{u}^{\mathrm{T}}\boldsymbol{I})r_f=d,\end{cases}\tag{1.1}$$

其中, $\boldsymbol{\Sigma}$ 为市场上 n 种风险资产的协方差矩阵, $\boldsymbol{I}$ 为每个分量都为 1 的 n 维向量. Merton[102] 在允许卖空的条件下给出了均值–方差模型的有效投资策略和有效边界的解析表达式.

2. *动态均值–方差模型*

经典的 Markowitz 模型只考虑单阶段静态的情形, 但在现实中投资者或投资机构面临的是多阶段或连续时间的决策. 为此, 很多学者致力于把经典的静态均值–方差模型推广到多阶段或连续时间的情形. 其数学模型为: 设市场上有 $n+1$ 种资产, 在时刻 k 的收益率向量为 $\boldsymbol{e}_k=(e_k^0,e_k^1,\cdots,e_k^n)^{\mathrm{T}}$. 投资者从时刻 0 进入市场, 初始财富为 x_0, 进行为期 T 个阶段的投资活动, 他在时刻 k 拥有的财富为 x_k, 设投资决策变量 $u_k^i(i=1,2,\cdots,n)$ 指第 k 期持有第 i 种资产的价值, 则持有第 0 种资产的价值为 $x_k-\sum_{i=1}^{n}u_k^i$, 此时财富转移过程为

$$x_{k+1}=x_ke_k^0+\boldsymbol{P}_k^{\mathrm{T}}\boldsymbol{u}_k,$$

其中, $\boldsymbol{u}_k=(u_k^1,u_k^2,\cdots,u_k^n)^{\mathrm{T}}$, $\boldsymbol{P}_k=(e_k^1-e_k^0,\cdots,e_k^n-e_k^0)$, 则多阶段的均值–方差模型是指对于给定期望终端财富 d, 求解如下多阶段最优化问题

$$\begin{cases}\min\limits_{\boldsymbol{u}_k}\mathrm{Var}[x_T]=\mathrm{E}[x_T-d]^2,\\ \text{s.t.}\ \ \mathrm{E}[x_T]=d,\ \ x_{k+1}=x_ke_k^0+\boldsymbol{P}_k^{\mathrm{T}}\boldsymbol{u}_k.\end{cases}\tag{1.2}$$

Li 和 Ng[80] 在各期收益是统计独立的、投资终止时间是预先知道的等假设条件下, 利用嵌入法的技术首次给出了多阶段的均值–方差模型的解析解.

连续时间模型则是多阶段模型的进一步延伸, 可以理解为多阶段的极限, 当阶段数无限细分趋向无穷大时则可看成连续时间的情形. 其数学模型为: 设市场上有 $n+1$ 种资产, 第 0 种为无风险资产, 其余的为风险资产, 其价格分别为 $P_0(t)$, $P_1(t),\cdots,P_n(t)$, 满足如下方程

$$\begin{cases} \mathrm{d}P_0(t) = P_0(t)r(t)\mathrm{d}t, \\ \mathrm{d}P_i(t) = P_i(t)\left[b_i(t)\mathrm{d}t + \sum_{j=1}^{m}\sigma_{ij}(t)\mathrm{d}W_j(t)\right], \quad i = 1,2,\cdots,n, \end{cases} \tag{1.3}$$

其中, $r(t)$ 为无风险利率, $\boldsymbol{W}(t) = (W_1(t), W_2(t), \cdots, W_n(t))^{\mathrm{T}}$ 为 n 维标准布朗运动, $b_i(t)$ 和 $\boldsymbol{\sigma}_i(t) = (\sigma_{i1}(t), \sigma_{i2}(t), \cdots, \sigma_{in}(t))$ 分别为第 i 种风险资产的增长率和波动率. 设一投资者在时刻 0 进入市场, 初始财富为 x_0. 令 $u_i(t)(i = 1,2,\cdots,n)$ 表示时刻 t 他在第 i 种风险资产上的投资比例, $x(t)$ 表示在时刻 t 的财富, 并设投资终止时间为 T, 此时财富过程 $x(t)$ 满足

$$\begin{cases} \mathrm{d}x(t) = x(t)\left\{\left[r(t) + \sum_{i=1}^{n}u_i(t)(b_i(t) - r(t))\right]\mathrm{d}t + \sum_{i=1}^{n}u_i(t)\boldsymbol{\sigma}_i\mathrm{d}\boldsymbol{W}(t)\right\}, \\ x(0) = x_0. \end{cases} \tag{1.4}$$

连续时间均值–方差模型是指对于给定期望终端财富 d, 求解如下随机最优控制问题

$$\begin{cases} \min\limits_{u} \mathrm{Var}[x(T)] = \mathrm{E}[x(T) - d]^2, \\ \text{s.t.} \quad \mathrm{E}[x(T)] = d. \end{cases} \tag{1.5}$$

Isabelle 和 Roland[65] 假定市场上存在一种零票息无风险债券, 采用鞅方法构造出模型的有效边界和有效投资策略. Zhou 和 Li[134] 则利用 Li 和 Ng[80] 所介绍的嵌入法技术结合随机线性二次规划的方法得到了连续时间的均值–方差模型的显示解析解. Li 等[82] 在非卖空限制的情况下考虑了动态均值–方差投资组合选择问题. Lim 和 Zhou[87] 研究了完备市场中考虑随机参数的均值–方差投资组合策略. Bielecki 等[13] 在禁止破产发生的约束下考虑了连续时间均值–方差投资组合选择问题.

然而, 动态均值–方差准则缺乏期望迭代性 (方差不满足可分性), 导致连续时间/多期均值–方差问题不满足 Bellman 最优性原理. 因此, 不能直接利用传统的动态规划方法求解. 在上述研究动态均值–方差问题的文献中, 最优策略都是在一个隐含的假设下得到的, 即决策者预先承诺一直遵从其在初始时刻所选择的最优策略, 也就是说, 决策者首先在 0 时刻选定最大化其 0 时刻目标函数的最优策略, 以后一直按照该策略进行操作. 该策略被称为预先承诺策略, 其仅仅是初始时刻的最优策略, 是时间不一致性的.

现实中, 策略的时间一致性是很多理性决策的基本要求. 决策者在时刻 t 需要考虑, 他所采用的策略应该与从时刻 $t+\Delta t$ 出发所采用的最优策略一致, 即在时

刻 t 所得到的最优策略应该与在时刻 $t+\Delta t$ 所得到的最优策略一致. Strotz[115] 首次运用分析的方法描述了时间不一致性, 并研究了时间不一致性问题的时间一致性策略. 他指出解决时间不一致性问题可采用预先承诺策略也可以采用时间一致性策略. 最近, 采用随机控制方法研究时间不一致性问题引起了不少学者的广泛关注. Björk 和 Murgoci[14] 给出了一般性理论, 可用于求解一般目标函数的马氏时间不一致性随机控制问题. 其主要思想是将问题放入非合作博弈的框架中进行考虑, 并寻找纳什均衡策略. 换言之, 每一个时间点都看作一个博弈者, 在某个时间点上通过跟未来时间点博弈以寻求均衡策略. 该均衡策略是时间一致的. Basak 和 Chabakauri[9] 在 Wiener 过程驱动框架下研究了动态均值–方差标准下的资产配置问题, 通过求解拓展的 Hamilton-Jacobi-Bellman(HJB) 方程, 得到了时间一致性策略的解析解. Wang 和 Forsyth[119] 采用数值方法得到了带约束的连续时间资产配置问题的时间一致性策略与预先承诺策略. Björk 等[15] 研究了风险厌恶系数依赖于状态变量的连续时间均值–方差投资组合选择问题, 得到了时间一致的均衡策略.

近年来, 保险公司均衡再保险和投资问题正逐渐成为保险精算领域的研究热点之一, 从而吸引了不少学者在均值–方差准则下研究保险公司均衡再保险和投资策略, 如 Bäuerler[10], Delong 和 Gerrard[33], Bai 和 Zhang[7] 在不同情况下得到了均值–方差准则下保险公司最优投资和再保险的预先承诺策略. Zeng 和 Li[127], Li 等[83], Li 等[78] 在不同情况下考虑了均值–方差准则下保险公司的均衡再保险和投资策略.

为了能够更好地理解均值–方差准则的均衡策略, 我们先考虑带预先承诺假设的均值–方差最优化问题. 带预先承诺假设的均值–方差最优化问题可表达为在允许策略集 Π 上最大化

$$J^u(0,x_0)=\mathrm{E}_{0,x_0}\Big[X^u(T)\Big]-\frac{\gamma}{2}\mathrm{Var}_{0,x_0}\Big[X^u(T)\Big], \tag{1.6}$$

其中 u 为可行策略, $\mathrm{E}_{t,x}[\cdot]=\mathrm{E}[\cdot|X^u(t)=x]$, γ 为正常数, 刻画保险公司的风险厌恶程度.

“预先承诺” 假设隐含在目标函数中. 目标函数中的方差项为 $\mathrm{Var}_{0,x_0}[X^u(T)] = \mathrm{E}_{0,x_0}[X^u(T)-\mathrm{E}_{0,x_0}[X^u(T)]]^2$, 也就是说, 保险人预先在时刻 0 设定其方差项是终端财富 $X^u(T)$ 与 $\mathrm{E}_{0,x_0}[X^u(T)]$ 差值平方的期望, 在以后的时刻不再更新方差项中的基准 $\mathrm{E}_{0,x_0}[X^u(T)]$.

然而, 在不带预先承诺的均值–方差最优化问题中, 保险人在每个状态 (t,x) 都可以更新其方差项中的基准, 相应的值函数可表示为

$$\begin{aligned}J^u(t,x)&=\mathrm{E}_{t,x}[X^u(T)]-\frac{\gamma}{2}\mathrm{Var}_{t,x}[X^u(T)]\\&=\mathrm{E}_{t,x}[X^u(T)]-\frac{\gamma}{2}\left(\mathrm{E}_{t,x}[(X^u(T))^2]-(\mathrm{E}_{t,x}[X^u(T)])^2\right).\end{aligned} \tag{1.7}$$

在任意状态 (t,x), 保险人的目标函数是

$$\sup_{u\in\Pi} J^u(t,x), \tag{1.8}$$

以及寻找时间一致的均衡策略, 即保险人在时刻 t 需要考虑, 他所采用的策略应该与从时刻 $t+\Delta t$ 出发所采用的策略一致, 或者说, 在时刻 t 所得到的策略应该与在时刻 $t+\Delta t$ 所得到的策略一致. 寻找均衡策略的主要方法之一是使用拓展的 HJB 方程方法, 此方法将贯穿本书.

1.2.3　拓展的 HJB 方程和验证定理

本小节以最基本的投资问题为例介绍拓展的 Hamilton-Jacobi-Bellman (HJB) 方程及相关验证定理的证明.

假设投资者将其财富投资于一只风险资产和一只无风险资产, $u(t)$ 表示投资在风险资产的金额, 则其财富过程 $X(t)$ 为

$$\begin{cases} \mathrm{d}X(t)=[rX(t)+(\mu-r)u(t)]\,\mathrm{d}t+u(t)\sigma\mathrm{d}W(t), \\ X(0)=x_0, \end{cases} \tag{1.9}$$

其中, r 为无风险收益率, μ 和 σ 为风险资产收益率和波动率, $W(t)$ 为给定满足通常条件的完备信息流概率空间 $(\Omega,\mathcal{F},\{\mathcal{F}_t\}_{t\in[0,T]},\mathbb{P})$ 上的布朗运动, 其中 $\mathcal{F}_t$ 表示到时刻 t 为止所获得的信息总和, 时刻 t 的决策基于信息流 $\mathcal{F}_t$, $\mathbb{P}$ 为实际测度.

定义 1.1 (可行策略)　令 $O_0:=\mathbb{R}$ 且 $O:=[0,T]\times O_0$. 对于任意 $t\in[0,T]$, 策略 $u(t)$ 是可行的, 如果其满足下述条件:

(1) u 是 $\mathcal{F}$-循序可测的, 且对于任意 $(t,x)\in O$, $\mathrm{E}_{t,x}\left[\int_t^T u^2(s)\mathrm{d}s\right]<+\infty$, 其中 $\mathrm{E}_{t,x}[\cdot]$ 是基于 $X^u(t)=x$ 的条件期望;

(2) 对于任意 $x\in O_0$, 方程 (1.9) 在 $[t,T]$ 上具有唯一强解 $\{X^u(s)\}_{s\in[t,T]}$.

记 Π 为所有可行策略的集合.

考虑均值方差准则

$$\sup_{u\in\Pi} J^u(t,x)=\sup_{u\in\Pi}\left\{\mathrm{E}_{t,x}[X^u(T)]-\frac{\gamma}{2}\mathrm{Var}_{t,x}[X^u(T)]\right\}. \tag{1.10}$$

首先给出均衡策略的定义.

定义 1.2 (均衡策略)　对于可行策略 $\{u^*(t)\}_{t\in[0,T]}$, 在初始状态 $(t,x)\in O$ 下, 定义下列策略

$$u_\varepsilon(s)=\begin{cases} \tilde{u}, & t\leqslant s<t+\varepsilon, \\ u^*(s), & t+\varepsilon\leqslant s\leqslant T, \end{cases}$$

其中 $\tilde{u} \in \mathbb{R}, \varepsilon \in \mathbb{R}^+$. 若对于任意 $(t,x) \in O$,

$$\liminf_{\varepsilon \downarrow 0} \frac{J^{u^*}(t,x) - J^{u_\varepsilon}(t,x)}{\varepsilon} \geqslant 0,$$

则 u^* 称为均衡策略, 且均衡价值函数为 $J^{u^*}(t,x)$.

根据定义 1.2, 均衡策略是时间一致性的. 记 $C^{1,2}(O) = \{\psi(t,x) | \psi(t,\cdot)$ 在 $[0,T]$ 上是一次连续可微的, 且 $\psi(\cdot,x)$ 在 O_0 上是二次连续可微的$\}$. 为了得到问题 (1.10) 的均衡策略, 我们定义算子: 对于任意 $(t,x) \in O$, $\psi(t,x) \in C^{1,2}(O)$, 令

$$\mathcal{A}^u \psi(t,x) = \psi_t + \psi_x[rx + (\mu - r)u] + \frac{1}{2}\psi_{xx}u^2\sigma^2, \tag{1.11}$$

其中 ψ_t, ψ_x 和 ψ_{xx} 为 ψ 关于相关变量的一阶、二阶导数.

其次给出问题 (1.10) 的验证定理.

定理 1.1 (验证定理) 对于最优化问题 (1.10), 如果存在实值函数 $V(t,x)$ 和 $g(t,x) \in C^{1,2}(O)$ 满足下列 HJB 方程: 对于任意 $(t,x) \in O$,

$$\sup_{u \in \Pi} \left\{ \mathcal{A}^u V(t,x) - \mathcal{A}^u \frac{\gamma}{2} g^2(t,x) + \gamma g(t,x) \mathcal{A}^u g(t,x) \right\} = 0, \tag{1.12}$$

$$V(T,x) = x, \tag{1.13}$$

$$\mathcal{A}^u g(t,x) = 0, \quad g(T,x) = x \tag{1.14}$$

且

$$u^* := \arg\sup_{u \in \Pi} \left\{ \mathcal{A}^u V(t,x) - \mathcal{A}^u \frac{\gamma}{2} g^2(t,x) + \gamma g(t,x) \mathcal{A}^u g(t,x) \right\},$$

则 $V(t,x)$ 是均衡价值函数, 即 $J^{u^*}(t,x) = V(t,x)$, 且 $\mathrm{E}_{t,x}[X^{u^*}(T)] = g(t,x)$, u^* 是均衡策略.

证明 假设 $V(t,x)$ 和 $g(t,x)$ 满足验证定理, 拓展的 HJB 方程中的最优策略在 u^* 处达到.

步骤 1. 证明

$$g(t,x) = \mathrm{E}_{t,x}[X^{u^*}(T)], \qquad V(t,x) = J^{u^*}(t,x). \tag{1.15}$$

由于条件

$$\mathcal{A}^{u^*} g(t,x) = 0, \quad g(T,x) = x$$

成立, 由 Dynkin 公式, 可得

$$\mathrm{E}_{t,x}[g(T, X^{u^*}(T))] = g(t,x) + \mathrm{E}_{t,x}\left[\int_t^T \mathcal{A}^{u^*} g(s, X^{u^*}(s)) \mathrm{d}s\right] = g(t,x),$$

进一步有

$$g(t,x)=\mathrm{E}_{t,x}[g(T,X^{u^*}(T))]=\mathrm{E}_{t,x}[X^{u^*}(T)],$$

其中算子 $\mathcal{A}^u$ 由式 (1.11) 给出.

下面验证 $V(t,x)=J^{u^*}(t,x)$. 由于拓展的 HJB 方程

$$\sup_{u\in\Pi}\left\{\mathcal{A}^uV(t,x)-\mathcal{A}^u\frac{\gamma}{2}g^2(t,x)+\gamma g(t,x)\mathcal{A}^ug(t,x)\right\}=0$$

的最优策略在 u^* 处取得, 由条件可知

$$\mathcal{A}^{u^*}g(t,x)=0,\quad g(T,x)=x,$$

则拓展的 HJB 方程可改写为

$$\mathcal{A}^{u^*}V(t,x)-\frac{\gamma}{2}\mathcal{A}^{u^*}g^2(t,x)=0. \tag{1.16}$$

由

$$V(T,x)=x$$

和 Dynkin 公式可得

$$\mathrm{E}_{t,x}[X^{u^*}(T)]=\mathrm{E}_{t,x}[V(T,X^{u^*}(T))]=V(t,x)+\int_t^T\mathcal{A}^{u^*}V(s,X^{u^*}(s))\mathrm{d}s.$$

将式 (1.16) 代入上式可得

$$V(t,x)=\mathrm{E}_{t,x}[X^{u^*}(T)]-\frac{\gamma}{2}\int_t^T\mathcal{A}^{u^*}g^2(s,X^{u^*}(s))\mathrm{d}s. \tag{1.17}$$

由 Dynkin 公式和边界条件可知

$$\begin{aligned}\mathrm{E}_{t,x}[(X^{u^*}(T))^2]&=\mathrm{E}_{t,x}[g^2(T,X^{u^*}(T))]=g^2(t,x)+\int_t^T\mathcal{A}^{u^*}g^2(s,X^{u^*}(s))\mathrm{d}s\\&=\left(\mathrm{E}_{t,x}[X^{u^*}(T)]\right)^2+\int_t^T\mathcal{A}^{u^*}g^2(s,X^{u^*}(s))\mathrm{d}s,\end{aligned}$$

等价地, 有

$$\mathrm{Var}_{t,x}[X^{u^*}(T)]=\int_t^T\mathcal{A}^{u^*}g^2(s,X^{u^*}(s))\mathrm{d}s. \tag{1.18}$$

将式 (1.18) 代入式 (1.17) 可得

$$V(t,x)=\mathrm{E}_{t,x}[X^{u^*}(T)]-\frac{\gamma}{2}\mathrm{Var}_{t,x}[X^{u^*}(T)]=J^{u^*}(t,x).$$

步骤 2. 根据定义 1.2, 我们将说明 u^* 是均衡策略.

对于任意的 $\tilde{u} \in \mathbb{R}$, $t \in [0,T]$ 以及 $\varepsilon > 0$, 考虑下述定义的扰动策略 u_ε,

$$u_\varepsilon(s) = \begin{cases} \tilde{u}, & t \leqslant s < t+\varepsilon, \\ u^*(s), & t+\varepsilon \leqslant s < T. \end{cases}$$

由

$$J^u(t,x) = \mathrm{E}_{t,x}[X^u(T)] - \frac{\gamma}{2}\mathrm{Var}_{t,x}[X^u(T)],$$

可得

$$\begin{aligned} &\mathrm{E}_{t,x}[J^{u_\varepsilon}(t+\varepsilon, X^{\tilde{u}}(t+\varepsilon))] - J^{u_\varepsilon}(t,x) \\ =& \mathrm{E}_{t,x}\left[\mathrm{E}_{t+\varepsilon, X^{\tilde{u}}(t+\varepsilon)}\left[X^{u^*}(T) - \frac{\gamma}{2}X^{u^*}(T)^2\right] + \frac{\gamma}{2}\left(\mathrm{E}_{t+\varepsilon,X^{\tilde{u}}(t+\varepsilon)}[X^{u^*}(T)]\right)^2\right] \\ &- \mathrm{E}_{t,x}\left[X^{u_\varepsilon}(T) - \frac{\gamma}{2}X^{u_\varepsilon}(T)^2\right] - \frac{\gamma}{2}\left(\mathrm{E}_{t,x}[X^{u_\varepsilon}(T)]\right)^2 \\ =& \frac{\gamma}{2}\mathrm{E}_{t,x}\left[\left(\mathrm{E}_{t+\varepsilon,X^{\tilde{u}}(t+\varepsilon)}[X^{u^*}(T)]\right)^2\right] - \frac{\gamma}{2}\left(\mathrm{E}_{t,x}\left[\mathrm{E}_{t+\varepsilon,X^{\tilde{u}}(t+\varepsilon)}[X^{u^*}(T)]\right]\right)^2 \\ =& \frac{\gamma}{2}\mathrm{E}_{t,x}\left[g^2(t+\varepsilon, X^{\tilde{u}}(t+\varepsilon))\right] - \frac{\gamma}{2}\left(\mathrm{E}_{t,x}\left[g(t+\varepsilon, X^{\tilde{u}}(t+\varepsilon))\right]\right)^2. \end{aligned}$$

由上式可知

$$\begin{aligned} J^{u_\varepsilon}(t,x) =& \mathrm{E}_{t,x}[J^{u_\varepsilon}(t+\varepsilon, X^{\tilde{u}}(t+\varepsilon))] - \frac{\gamma}{2}\mathrm{E}_{t,x}\left[(g(t+\varepsilon, X^{\tilde{u}}(t+\varepsilon)))^2\right] \\ &+ \frac{\gamma}{2}\left(\mathrm{E}_{t,x}\left[g(t+\varepsilon, X^{\tilde{u}}(t+\varepsilon))\right]\right)^2. \end{aligned}$$

结合步骤 1 中的结论可得

$$\begin{aligned} J^{u_\varepsilon}(t,x) =& \mathrm{E}_{t,x}[V(t+\varepsilon, X^{\tilde{u}}(t+\varepsilon))] - \frac{\gamma}{2}\left\{\mathrm{E}_{t,x}\left[g^2(t+\varepsilon, X^{\tilde{u}}(t+\varepsilon))\right] - g^2(t,x)\right\} \\ &+ \frac{\gamma}{2}\left\{\left(\mathrm{E}_{t,x}\left[g(t+\varepsilon, X^{\tilde{u}}(t+\varepsilon))\right]\right)^2 - g^2(t,x)\right\}. \end{aligned} \tag{1.19}$$

对于任意 $u \in \Pi$, $\varepsilon > 0$ 足够小, 且 $\psi \in C^{1,2}(O)$, 我们定义算子

$$\mathcal{A}_\varepsilon^u \psi(t,x) = \mathrm{E}_{t,x}[\psi(t+\varepsilon, X^u(t+\varepsilon))] - \psi(t,x), \tag{1.20}$$

则

$$\lim_{\varepsilon \downarrow 0} \frac{1}{\varepsilon}\mathcal{A}_\varepsilon^u \psi(t,x) = \mathcal{A}^u \psi(t,x). \tag{1.21}$$

由式 (1.19), 可将式 (1.20) 改写为

$$\begin{aligned} J^{u_\varepsilon}(t,x) &= V(t,x) + \mathcal{A}_\varepsilon^{\tilde{u}} V(t,x) - \frac{\gamma}{2}\mathcal{A}_\varepsilon^{\tilde{u}} g^2(t,x) \\ &\quad + \frac{\gamma}{2}\left\{\left(\mathrm{E}_{t,x}\left[g(t+\varepsilon, X^{\tilde{u}}(t+\varepsilon))\right]\right)^2 - g^2(t,x)\right\}. \end{aligned} \tag{1.22}$$

由 Dynkin 公式, 可得

$$\mathrm{E}_{t,x}[g(t+\varepsilon, X^u(t+\varepsilon))] = g(t,x) + \mathrm{E}_{t,x}\left[\int_t^{t+\varepsilon} \mathcal{A}^{\tilde{u}} g(s, X^{\tilde{u}}(s))\mathrm{d}s\right],$$

这意味着

$$\begin{aligned} &\left[\mathrm{E}_{t,x}(g(t+\varepsilon, X^{\tilde{u}}(t+\varepsilon)))\right]^2 - g^2(t,x) \\ &= 2g(t,x)\mathrm{E}_{t,x}\left[\int_t^{t+\varepsilon} \mathcal{A}^{\tilde{u}} g(s, X^{\tilde{u}}(s))\mathrm{d}s\right] + o(\varepsilon). \end{aligned} \tag{1.23}$$

将式 (1.23) 代入式 (1.22) 中可得

$$\begin{aligned} J^{u_\varepsilon}(t,x) &= V(t,x) + \mathcal{A}_\varepsilon^{\tilde{u}} V(t,x) - \frac{\gamma}{2}\mathcal{A}_\varepsilon^{\tilde{u}} g^2(t,x) \\ &\quad + \gamma g(t,x)\mathrm{E}_{t,x}\left[\int_t^{t+\varepsilon} \mathcal{A}^{\tilde{u}} g(s, X^{\tilde{u}}(s))\mathrm{d}s\right] + o(\varepsilon). \end{aligned} \tag{1.24}$$

另一方面, 由拓展的 HJB 方程可得

$$\mathcal{A}^{\tilde{u}} V(t,x) - \frac{\gamma}{2}\mathcal{A}^{\tilde{u}} g^2(t,x) + \gamma g(t,x)\mathcal{A}^{\tilde{u}} g(t,x) \leqslant 0.$$

由式 (1.21) 可知

$$\mathcal{A}_\varepsilon^{\tilde{u}} V(t,x) - \frac{\gamma}{2}\mathcal{A}_\varepsilon^{\tilde{u}} g^2(t,x) + \gamma g(t,x)\mathrm{E}_{t,x}\left[\int_t^{t+\varepsilon} \mathcal{A}^{\tilde{u}} g(s, X^{\tilde{u}}(s))\mathrm{d}s\right] \leqslant o(\varepsilon). \tag{1.25}$$

将式 (1.25) 代入式 (1.24) 中可得

$$J^{u_\varepsilon}(t,x) \leqslant V(t,x) + o(\varepsilon) = J^{u^*}(t,x) + o(\varepsilon),$$

这意味着

$$\liminf_{\varepsilon \downarrow 0} \frac{J^{u^*}(t,x) - J^u(t,x)}{\varepsilon} \geqslant 0.$$

因此, u^* 是均衡策略. □

1.3 本书结构安排与创新

利用随机控制理论研究保险精算问题是数学与保险精算学的一个完美结合. Karl Borch 在 1967 年伦敦皇家统计协会的报告中指出: 控制理论好像是为保险公司已经奋斗超过一个世纪的问题所制造的泰勒模式. 在连续时间情形下, Browne[22] 开创了有关保险公司最优投资问题研究的先河. 随后, 关注随机控制理论在保险精算领域中的应用的学者越来越多. 目前, 保险公司均衡再保险和投资问题是该领域的研究热点之一. 本书主要研究了一系列保险公司动态均值–方差问题的均衡策略. 通过对现有相关文献地深入了解, 建立更加贴近实际的风险模型和金融投资框架, 并利用随机分析与随机最优控制的理论和方法对相应的问题进行求解.

在结构安排上, 本书分为八章. 第 1 章为金额和保险中动态均值–方差问题概述, 主要介绍本书的研究背景、相关风险管理和投资组合选择模型、已有文献综述以及本书的结构安排与创新.

第 2 章将随机利率和随机通货膨胀率引入保险公司均衡再保险和投资问题中. 保险公司的盈余过程由带漂移的布朗运动描述, 保险公司可以通过比例再保险转移部分风险给再保险公司. 瞬时名义利率服从 Ornstein-Uhlenbeck 过程, 通货膨胀指数由扩散过程给出, 并与利率有关. 为了对冲利率和通货膨胀风险, 引入零息债券和通货膨胀保值债券到金融市场中. 除了以上两种资产, 保险公司还可以投资于一个风险资产和一个无风险资产. 运用随机控制理论, 建立相关拓展的 HJB 方程, 通过求解拓展的 HJB 方程, 可得到均衡再保险和投资策略以及均衡价值函数的解析解. 通过数值算例对该章结论进行说明.

第 3 章将随机波动率引入保险公司均衡再保险和投资问题中. 保险公司的盈余过程由经典的 Cramér-Lundberg(C-L) 模型描述, 保险公司可以通过超额损失再保险转移部分风险给再保险公司, 并且保险公司可投资于由一个风险资产和一个无风险资产组成的金融市场. 市场的风险价格依赖于随机因子, 该随机因子是具有马氏性和仿射形式的双因子模型. 运用随机控制理论, 建立相关拓展的 HJB 方程, 通过求解拓展的 HJB 方程, 可得到均衡再保险和投资策略以及均衡价值函数的解析解. 通过数值算例对该章结论进行说明.

第 4 章考虑了极端模糊厌恶保险公司决策者的均衡再保险和投资策略. 保险公司的盈余过程由经典的 C-L 模型描述, 保险公司可以通过比例再保险转移部分风险给再保险公司, 并且保险公司可投资于由一个风险资产和一个无风险资产组成的金融市场. 风险资产的价格过程服从跳–扩散模型. 假设市场的真实模型与估计的参考模型之间有一定的偏离, 即考虑了模型不确定性. 假设保险公司对扩散风险和跳风险都是模糊厌恶的. 运用随机最优控制理论, 建立相关拓展的 HJB 方程, 通过求解拓展的 HJB 方程, 可得到鲁棒均衡再保险和投资策略以及均衡价值函数的解析解. 通过数值算例对该章结论进行说明.

第 5 章考虑了 α-模糊厌恶保险公司决策者的均衡再保险和投资策略. 保险公司的盈余过程由谱负 Lévy 过程描述, 保险公司可以通过比例再保险转移部分风险给再保险公司, 并且保险公司可投资于由一个风险资产和一个无风险资产组成的金融市场, 且风险资产价格与保险盈余过程相关. 此外, 保险公司对模糊可持有不同偏好程度. 运用随机最优控制理论, 建立相关拓展的 HJB 方程, 通过求解拓展的 HJB 方程, 可得到鲁棒均衡再保险和投资策略以及均衡价值函数的解析解. 通过数值算例对该章结论进行说明.

第 6 章考虑了兼顾保险公司和再保险公司利益的均衡再保险和投资策略. 保险公司的盈余过程由带漂移的布朗运动描述, 保险公司可以通过比例再保险转移部分风险给再保险公司, 并且保险公司和再保险公司可分别投资于由一个风险资产和一个无风险资产组成的金融市场. 风险资产的价格过程服从 CEV 模型. 以保险公司和再保险公司的均值–方差标准的加权为目标, 运用随机控制理论, 建立相关拓展的 HJB 方程, 通过求解拓展的 HJB 方程, 可得到均衡再保险和投资策略以及均衡价值函数的解析解. 通过数值算例对该章结论进行说明.

第 7 章考虑了一类特殊的保险基金, 确定缴费型养老金计划的均衡投资策略. 将可违约资产引入确定缴费型养老金计划的投资中, 假设金融市场由一个无风险资产、一个可违约债券和一个风险资产组成, 其中风险资产的价格过程服从 CEV 模型. 此外, 由于在养老金计划的累积阶段会出现参与者死亡的情况, 本章考虑了具有保费返还的养老金计划, 即在养老金计划累积阶段, 如出现养老金计划参与者死亡的情况, 将其保费予以返还, 资本差额由健在的参与者平均分担. 运用随机控制理论, 建立相关拓展的 HJB 方程, 通过求解拓展的 HJB 方程, 可得到均衡投资策略以及均衡价值函数的解析解. 通过数值算例对该章结论进行说明.

第 8 章考虑了多个保险公司分担风险的均衡策略. 假设 n 个保险公司共同分担的外源风险由 Lévy 过程描述, 通过使用拉格朗日乘数法求解扩展的 HJB 方程, 并得到每个保险公司的均衡风险承担策略是比例和超额损失的混合形式. 此外, 还将结果与存在模型不确定情况下做对比, 通过数值算例对该章结论进行说明.

综观本书内容, 主要有四个创新点.

(1) 第 2 章和第 3 章分别考虑了具有随机利率、随机通货膨胀率和随机波动率的保险公司均衡再保险和投资问题. 在均值–方差模型中分别以比例再保险和超额损失再保险为再保险方式建模, 以带漂移的布朗运动和经典的 C-L 模型描述保险公司的盈余过程, 通过求解拓展的 HJB 方程得到了相关问题的均衡策略. 目前几乎没有关于这两个问题的研究结果, 这是本书的一个创新.

(2) 第 4 章和第 5 章考虑了模糊厌恶保险公司决策者的均衡再保险和投资问题. 第 4 章在均值–方差准则下研究了带跳的极端模糊厌恶保险公司决策者的均衡再保险和投资策略. 到目前为止, 还没有学者关注这方面的问题. 第 5 章将极端模糊厌恶保险公司决策者推广到 α-模糊厌恶保险公司决策者. 因为在实际情况中, 极端模糊厌恶的保险公司决策者是少数的. Heath 和 Tversky[61] 进行了一系列的实验, 说明了人对模糊的反应可以是较轻的模糊厌恶, 甚至在特定情况下 (如对真实情况比较了解或比较有经验) 是模糊偏好的. 因此, 在不同的模糊偏好下研究保险公司决策者的均衡再保险和投资策略是本书的另一个创新.

(3) 第 6 章同时考虑了保险公司和再保险公司的利益, 目前大部分文献仅考虑保险公司利益并得到均衡再保险和投资策略. 事实上, 根据保险公司意愿制定的保险合同并不一定为再保险公司所接受. 因此, 在保险公司和再保险公司的利益均衡考虑方面的探索是本书的一个创新. 目前, 有关保险公司投资管理问题的研究大多假设市场中只有无风险债券和股票. 然而, 市场数据显示, 近年来保险基金和社保基金投资人都积极投资于收益较高的可违约债券. 第 7 章将可违约债券考虑进了养老金投资问题中. 为养老金进行投资管理提供更加广泛的理论依据和方法论基础.

此外, 第 6 章和第 7 章采用 CEV 模型描述风险资产的价格过程. CEV 模型是几何布朗运动的推广且比几何布朗运动更符合实际, 与其他随机波动率模型相比, 具有便于显性分析解释的优点. CEV 模型可以解释实际金融市场中的隐含波动率偏斜的情况且易于显性地分析波动率偏斜对投资者最优策略带来的影响. 因此, 在 CEV 模型下研究保险基金和养老金投资问题是非常有意义的.

(4) 第 8 章首次在连续时间模型下考虑多个保险公司均衡风险分担策略, 并且假设风险分担函数为一般形式, 即不做具体假定, 在不考虑模糊和考虑模糊两种情况下得到了每个保险公司的风险分担策略, 对多个保险公司风险分担策略的探索是本书的又一个创新.

第 2 章 随机利率模型下的保险公司均衡再保险和投资策略选择

2.1 引 言

近年来, 随机利率模型被越来越多地在养老金以及保险基金管理研究中加以考虑. 在养老金管理问题中, Josa-Fombellida 和 Rincón-Zapatero[68] 在随机利率模型下考虑了确定收益型养老金计划最优投资问题. Deelstra 等[32] 使用鞅方法考虑了确定缴费型养老金计划最优投资问题, 而较多的文章使用随机最优控制来解决确定缴费型养老金计划最优投资问题. 例如, Cairns 等[24] 和 Giacinto 等[50] 在不同效用函数下研究了确定缴费型养老金计划最优投资问题. Han 和 Hung[58] 将利率风险和通货膨胀风险考虑进了确定缴费型养老金计划最优投资问题中. Guan 和 Liang[55] 在随机利率和 Heston 随机波动率模型下考虑了确定缴费型养老金计划最优投资问题. Guan 和 Liang[56] 在均值–方差目标下考虑了确定缴费型养老金计划最优投资问题. 在保险基金管理问题中, Li 和 Wu[81] 在随机波动率模型下, 考虑了保险公司破产概率的上界, 并利用纯概率方法得到了最优投资策略. Guan 和 Liang[54] 考虑了使得保险公司终端财富幂效用的期望值最大化的均衡再保险和投资策略.

到目前为止, 鲜有随机利率模型和均值–方差准则下的保险公司均衡再保险和投资问题的研究, 本章将致力于解决这一问题. 除了利率风险, 本章还引入了通货膨胀风险. 通货膨胀在时间较长的投资期中是很常见的现象. 关于通货膨胀风险的研究, 理论模型常常将名义利率、实际利率和通货膨胀指数联系在一起. 通货膨胀指数刻画了名义市场和实际市场之间的联系, 具体可参考 [21, 67, 105, 129] 或其他文献. 特别地, Han 和 Hung[58] 在确定缴费型养老金的最优投资问题中同时考虑了利率风险和通货膨胀风险. 随后, Guan 和 Liang[54] 将这两类风险引入到保险人均衡再保险和投资问题中. 本章主要是延拓了 Guan 和 Liang[54] 的工作. 不同于 [54], 我们在均值–方差准则下考虑均衡再保险和投资问题, 并得到均衡策略.

本章假设保险公司的盈余过程由带漂移的布朗运动描述, 保险公司可以通过比例再保险转移部分风险给再保险公司. 此外, 随机利率和通货膨胀风险被考虑进模型中. 瞬时名义利率服从 O-U 过程, 通货膨胀指数由扩散过程给出, 并与利率有关. 为了对冲利率和通货膨胀风险, 我们将零息债券和通货膨胀保值债券引入金融市场. 除了以上两种资产, 保险公司还可以投资于一个风险资产和一个无风险资产. 运用随机控制理论, 建立相关拓展的 HJB 方程, 通过求解拓展的 HJB 方程, 可得到均衡再保险和投资策略以及均衡价值函数的解析解. 最后, 通过数值模拟分析模型参数对均衡策略的影响.

2.2 随机利率模型

为了更好地建立模型, 本节首先介绍常见的几种随机利率模型. 随机利率模型是指以瞬时即期利率作为随机状态变量, 用一个风险中性测度下的随机过程描述利率变化的数学模型. 它主要分为单因素短期模型和多因素短期模型.

1. 单因素短期模型

(1) Merton 模型[103] 将短期利率描述成

$$\mathrm{d}R(t) = a\mathrm{d}t - \sigma_R \mathrm{d}W_R(t),$$

其中 a 和 σ_R 为正常数.

(2) Vasicek 模型[118] 将短期利率描述成

$$\mathrm{d}R(t) = a(b - R(t))\mathrm{d}t - \sigma_R \mathrm{d}W_R(t),$$

其中 a, b 和 σ_R 为正常数. Vasicek 模型考虑了均值回复, 即随时间的推移, 利率呈现出向某个长期平均水平收敛的趋势, 短期利率以速率 a 向水平 b 收敛.

(3) Rendleman-Bartter 模型[110] 将短期利率描述成

$$\mathrm{d}R(t) = aR(t)\mathrm{d}t - \sigma_R R(t)\mathrm{d}W_R(t),$$

其中 a 和 σ_R 为正常数.

(4) Cox-Ingersoll-Ross 模型[30] 将短期利率描述成

$$\mathrm{d}R(t) = a(b - R(t))\mathrm{d}t - \sigma_R \sqrt{R(t)}\mathrm{d}W_R(t),$$

其中 a, b 和 σ_R 为正常数.

(5) Ho-Lee 模型[63] 将短期利率描述成

$$\mathrm{d}R(t) = a(t)\mathrm{d}t - \sigma_R \mathrm{d}W_R(t),$$

其中 $a(t)$ 为关于 t 的有界函数, σ_R 为正常数.

(6) Hull-White 模型[64] 将短期利率描述成

$$\mathrm{d}R(t) = a(t)(b(t) - R(t))\mathrm{d}t - \sigma_R(t)\mathrm{d}W_R(t),$$

其中 $a(t)$, $b(t)$ 和 $\sigma_R(t)$ 均为关于 t 的有界函数.

Ho-Lee 模型和 Hull-White 模型可以看成 Merton 模型和 Vasicek 模型的推广.

2. 多因素短期模型

以上均为单因素模型, 除此之外, 还有多因素短期利率模型, 其中较为常用的是 Longstaff-Schwartz 两因素模型[92] 和 Chen 三因素模型[27].

2.3 模型建立

给定满足通常条件的完备信息流概率空间 $(\Omega, \mathcal{F}, \{\mathcal{F}_t\}_{t\in[0,T]}, \mathbb{P})$, 其中 $\mathcal{F}_t$ 表示到时刻 t 为止所获得的信息总和, 时刻 t 的决策基于信息流 $\mathcal{F}_t$, $\mathbb{P}$ 为实际测度. 假设本章中所有的随机过程均是该概率空间上的适应性过程. 保险和金融市场上交易是连续的, 且没有交易费用和税收产生.

假设保险公司的赔付过程服从扩散过程

$$\mathrm{d}C(t) = m\mathrm{d}t - n\mathrm{d}W_0(t),$$

其中 m 和 n 为正常数, $\{W_0(t)\}_{t\in[0,T]}$ 是一维标准布朗运动. 在不考虑再保险和投资的情况下, 保险公司的盈余过程为

$$\mathrm{d}R(t) = (c-m)\mathrm{d}t + n\mathrm{d}W_0(t),$$

其中 $c > 0$ 表示保险业务的保费收益率, 假设保费率计算方式依据期望保费原理, 即 $c = (1+\theta)m$, 其中 $\theta > 0$ 为保险人的安全载荷.

假设保险公司允许购买比例再保险或吸收新业务 (如作为其他保险公司的再保险公司, 参见 [10]) 来控制其保险业务风险. 在任意时刻 $t \in [0, T]$, 保险公司比例再保险/新业务的自留水平由风险暴露值 $p(t) \in [0, +\infty)$ 表示. 当 $p(t) \in [0, 1]$ 时, 对应于保险公司购买比例再保险的情形, 在任意时刻保险公司需要向再保险公司以比率 $(1+\eta)m(1-p(t))$ 支付保费, 其中 $\eta > \theta$ 为再保险公司的安全载荷. 同时对发生的每一个索赔, 原保险公司只需要支付索赔额的 $100p(t)\%$, 余下的 $100(1-p(t))\%$ 由再保险公司支付. 当 $p(t) \in [1, +\infty)$ 时, 对应于保险公司获取新业务的情形. 为了方便, 我们称风险暴露过程为再保险策略. 当采取再保险策略时, 保险公司盈余过程可表示为

$$\mathrm{d}X(t) = [(\theta-\eta)m + \eta m p(t)]\mathrm{d}t + p(t)n\mathrm{d}W_0(t). \tag{2.1}$$

考虑利率和通货膨胀风险, 假设瞬时名义利率 $R_n(t)$ 和通货膨胀指数 $I(t)$ 是随机过程, 而瞬时实际利率 $R_r(t)$ 是时间 t 的确定性函数. 假设 $R_n(t)$ 是均值回

复过程且由以下 O-U 过程描述

$$\mathrm{d}R_n(t)=a(b-R_n(t))\mathrm{d}t-\sigma_{R_n}\mathrm{d}W_{R_n}(t),\qquad R_n(0)=r_{n0},\tag{2.2}$$

其中 a, b, σ_{R_n} 是正常数, 且 $\{W_{R_n}(t)\}_{t\in[0,T]}$ 是与 $\{W_0(t)\}_{t\in[0,T]}$ 独立的另一个一维标准布朗运动. 类似于 [54], 我们用以下方程描述实际利率、名义利率和通货膨胀指数之间的关系

$$\begin{cases} R_n(t)-R_r(t)=\lim\limits_{\Delta\to 0}\dfrac{1}{\Delta t}\mathrm{E}^{\mathbb{Q}}[k(t,t+\Delta t)|\mathcal{F}_t],\\ k(t,t+\Delta t)=\dfrac{I(t+\Delta t)-I(t)}{I(t)}, \end{cases}$$

其中 $\mathrm{E}^{\mathbb{Q}}$ 是关于风险中性测度 $\mathbb{Q}$ 的期望. $k(t,t+\Delta t)$ 表示在 $[t,t+\Delta t]$ 上的通货膨胀, 且通货膨胀指数 $I(t)$ 满足以下方程

$$\frac{\mathrm{d}I(t)}{I(t)}=(R_n(t)-R_r(t))\mathrm{d}t+\sigma_{I_1}\mathrm{d}\tilde{W}_{R_n}(t)+\sigma_{I_2}\mathrm{d}\tilde{W}_I(t),\qquad I(0)=i_0,\tag{2.3}$$

其中 $\{\tilde{W}_{R_n}(t)\}_{t\in[0,T]}$ 和 $\{\tilde{W}_I(t)\}_{t\in[0,T]}$ 是两个关于风险中性测度 $\mathbb{Q}$ 相互独立的一维标准布朗运动. 假设风险 $\{W_{R_n}(t)\}_{t\in[0,T]}$ 的市场价格是 λ_{R_n}, 风险 $\{W_I(t)\}_{t\in[0,T]}$ 的市场价格是 λ_I, 由 Girsanov 定理可知, 在实际测度 $\mathbb{P}$ 下, 通货膨胀指数 $I(t)$ 满足以下方程

$$\frac{\mathrm{d}I(t)}{I(t)}=(R_n(t)-R_r(t))\mathrm{d}t+\sigma_{I_1}[\lambda_{R_n}\mathrm{d}t+\mathrm{d}W_{R_n}(t)]+\sigma_{I_2}[\lambda_I\mathrm{d}t+\mathrm{d}W_I(t)].\tag{2.4}$$

假设金融市场中存在四种可投资的资产, 分别是无风险资产、零息债券、通货膨胀保值债券和风险资产. 无风险资产的价格过程满足

$$\mathrm{d}S_0(t)=R_n(t)S_0(t)\mathrm{d}t,\qquad S_0(0)=1.\tag{2.5}$$

为了对冲名义利率风险, 零息债券 $B(t,T)$ 被引入市场. 零息债券是一种在到期日支付 1 美元的合同. 假设市场无套利, 则 $B(t,T)$ 满足下列方程 (参见 [19,54])

$$\begin{cases} \dfrac{\partial B(t,T)}{\partial t}+[a(b-R_n(t))+\lambda_{R_n}\sigma_{R_n}]\dfrac{\partial B(t,T)}{\partial R_n(t)}+\dfrac{\sigma_{R_n}^2\partial^2 B(t,T)}{2\partial(R_n(t))^2}=R_n(t)B(t,T),\\ B(T,T)=1. \end{cases}\tag{2.6}$$

$B(t,T)$ 的解为

$$B(t,T)=\exp[R_n(t)C(t,T)-A(t,T)],\tag{2.7}$$

其中

$$C(t,T)=\frac{\mathrm{e}^{-a(T-t)}-1}{a},$$

$$A(t,T)=-\int_t^T\left[(ab+\lambda_{R_n}\sigma_{R_n})C(s,T)+\frac{1}{2}\sigma_{R_n}^2(C(s,T))^2\right]\mathrm{d}s.$$

进一步 $B(t,T)$ 满足下列方程

$$\begin{cases}\dfrac{\mathrm{d}B(t,T)}{B(t,T)}=R_n(t)\mathrm{d}t+\sigma_B(T-t)[\lambda_{R_n}\mathrm{d}t+\mathrm{d}W_{R_n}(t)],\\ B(T,T)=1,\end{cases}\tag{2.8}$$

其中 $\sigma_B(t)=\dfrac{(1-\mathrm{e}^{-at})\sigma_{R_n}}{a}$. 我们可以通过在 $t-\mathrm{d}t$ 时刻卖出 $B(t-\mathrm{d}t,T)$, 且在 t 时刻购买 $B(t,T)$ 来对其进行投资. 但是, 由 [19] 可知, 在现实市场中可能不存在到期时刻为任意 $t>0$ 的零息债券. 为了方便, 我们引入到期时刻为常数 K_1 的滚动债券 $B_{K_1}(t)$, 其价格过程为 (参见 [19, 54])

$$\frac{\mathrm{d}B_{K_1}(t)}{B_{K_1}(t)}=R_n(t)\mathrm{d}t+\sigma_B(K_1)[\lambda_{R_n}\mathrm{d}t+\mathrm{d}W_{R_n}(t)],\tag{2.9}$$

且 $B_{K_1}(t)$ 和 $B(t,T)$ 之间的关系满足

$$\frac{\mathrm{d}B(t,T)}{B(t,T)}=\left(1-\frac{\sigma_B(T-t)}{\sigma_B(K_1)}\right)\frac{\mathrm{d}S_0(t)}{S_0(t)}+\frac{\sigma_B(T-t)}{\sigma_B(K_1)}\frac{\mathrm{d}B_{K_1}(t)}{B_{K_1}(t)}.\tag{2.10}$$

为了对冲通货膨胀风险, 我们引入通货膨胀保值债券 $P(t,T)$ 进入市场, $P(t,T)$ 在到期时刻 T 支付 $I(T)$. 由 [67] 可知, 当名义利率服从 O-U 过程时, 实际利率为非随机过程, 通货膨胀指数是 JY 模型的一个特例. 通过一般价格理论推导, $P(t,T)$ 可由以下方程决定 (参见 [54, 58])

$$\begin{cases}\dfrac{\partial P(t,T)}{\partial t}+[a(b-R_n(t))+\lambda_{R_n}\sigma_{R_n}]\dfrac{\partial P(t,T)}{\partial R_n(t)}+I(t)(R_n(t)-R_r(t))\dfrac{\partial P(t,T)}{\partial I(t)}\\ \qquad+\dfrac{\sigma_{R_n}^2\partial^2P(t,T)}{2\partial(R_n(t))^2}+\dfrac{(I(t))^2(\sigma_{I_1}^2+\sigma_{I_2}^2)\partial^2P(t,T)}{2\partial(I(t))^2}\\ \qquad-\dfrac{I(t)\sigma_{R_n}\sigma_{I_1}\partial^2P(t,T)}{\partial I(t)\partial R_n(t)}=R_n(t)P(t,T),\\ P(T,T)=I(T),\end{cases}\tag{2.11}$$

且 $P(t,T)$ 的解为

$$P(t,T)=I(t)\exp\left[-\int_t^T R_r(s)\mathrm{d}s\right].\tag{2.12}$$

根据 $P(t,T)$ 的解, 可以得到

$$\begin{cases} \dfrac{\mathrm{d}P(t,T)}{P(t,T)} = R_n(t)\mathrm{d}t + \sigma_{I_1}[\lambda_{R_n}\mathrm{d}t + \mathrm{d}W_{R_n}(t)] + \sigma_{I_2}[\lambda_I\mathrm{d}t + \mathrm{d}W_I(t)], \\ P(T,T) = I(T). \end{cases} \tag{2.13}$$

类似地, 一个到期时间为常数 K_2 的滚动债券 $P_{K_2}(t)$ 可被引入模型来代替 $P(t,T)$, 其价格过程为 (参见 [54,58])

$$\frac{\mathrm{d}P_{K_2}(t)}{P_{K_2}(t)} = R_n(t)\mathrm{d}t + \sigma_{I_1}[\lambda_{R_n}\mathrm{d}t + \mathrm{d}W_{R_n}(t)] + \sigma_{I_2}[\lambda_I\mathrm{d}t + \mathrm{d}W_I(t)]. \tag{2.14}$$

易知 $P_{K_2}(t)$ 和 $P(t,T)$ 之间的关系为

$$\frac{\mathrm{d}P(t,T)}{P(t,T)} = \frac{\mathrm{d}P_{K_2}(t)}{P_{K_2}(t)}. \tag{2.15}$$

此外, 市场上存在一个风险资产, 其价格过程为

$$\begin{aligned} \frac{\mathrm{d}S(t)}{S(t)} = & R_n(t)\mathrm{d}t + \sigma_{S_1}(\lambda_{R_n}\mathrm{d}t + \mathrm{d}W_{R_n}(t)) \\ & + \sigma_{S_2}(\lambda_I\mathrm{d}t + \mathrm{d}W_I(t)) + \sigma_{S_3}(\lambda_S\mathrm{d}t + \mathrm{d}W_S(t)), \end{aligned} \tag{2.16}$$

其中 $\{W_S(t)\}_{t\in[0,T]}$ 是定义在概率空间 $(\Omega, \mathcal{F}, \{\mathcal{F}_t\}_{t\in[0,T]}, \mathbb{P})$ 上的另一个标准布朗运动, 且 $\{W_0(t)\}_{t\in[0,T]}$, $\{W_{R_n}(t)\}_{t\in[0,T]}$, $\{W_I(t)\}_{t\in[0,T]}$ 和 $\{W_S(t)\}_{t\in[0,T]}$ 相互独立, λ_S 为风险 $\{W_S(t)\}_{t\in[0,T]}$ 的市场价格. 记 $\pi_B(t)$, $\pi_P(t)$, $\pi_S(t)$ 分别为投资在零息债券、通货膨胀保值债券和风险资产上的金额. 假设 $\boldsymbol{\pi}(t) = (\pi_B(t), \pi_P(t), \pi_S(t))^{\mathrm{T}}_{t\in[0,T]}$. 基于策略 $\boldsymbol{u} = (p(t), (\pi(t))^{\mathrm{T}})^{\mathrm{T}}_{t\in[0,T]}$, 保险公司的财富过程 $X^u(t)$ 满足以下方程

$$\begin{cases} \mathrm{d}X^u(t) = [R_n(t)X^u(t) + (\theta-\eta)m + \eta m p(t)]\mathrm{d}t + np(t)\mathrm{d}W_0(t) \\ \qquad\qquad + (\boldsymbol{\pi}(t))^{\mathrm{T}}\boldsymbol{\sigma}[\boldsymbol{\Lambda}\mathrm{d}t + \mathrm{d}\boldsymbol{W}(t)], \\ X^u(0) = x_0, \end{cases} \tag{2.17}$$

其中

$$\boldsymbol{\Lambda} = \begin{pmatrix} \lambda_{R_n} \\ \lambda_I \\ \lambda_S \end{pmatrix}, \quad \boldsymbol{\sigma} = \begin{pmatrix} \sigma_B(K_1) & 0 & 0 \\ \sigma_{I_1} & \sigma_{I_2} & 0 \\ \sigma_{S_1} & \sigma_{S_2} & \sigma_{S_3} \end{pmatrix}, \quad \mathrm{d}\boldsymbol{W}(t) = \begin{pmatrix} \mathrm{d}W_{R_n}(t) \\ \mathrm{d}W_I(t) \\ \mathrm{d}W_S(t) \end{pmatrix}.$$

定义 2.1(可行策略) 令 $O_0 := \mathbb{R}\times\mathbb{R}^+\times\mathbb{R}^+$ 且 $O := [0,T]\times O_0$. 对于任意 $t\in[0,T]$, 策略 $\boldsymbol{u} = (p(t), (\pi(t))^{\mathrm{T}})^{\mathrm{T}}_{t\in[0,T]}$ 是可行的, 如果其满足下述条件:

(1) 对于任意 $t \in [0,T]$, $p(t) \in [0,+\infty)$;

(2) $\boldsymbol{u}$ 是 $\mathcal{F}$-循序可测的, 且对于任意 $(t,x,r_n,i) \in O$,

$$\mathrm{E}_{t,x,r_n,i}\left[\int_t^T \Big((p(s))^2 + (\boldsymbol{\pi}(s))^{\mathrm{T}}\boldsymbol{\pi}(s)\Big)\mathrm{d}s\right] < +\infty,$$

其中 $\mathrm{E}_{t,x,r_n,i}[\cdot]$ 是基于 $X^{\boldsymbol{u}}(t)=x$, $R_n(t)=r_n$, $I(t)=i$ 的条件期望;

(3) 对于任意 $(x,r_n,i) \in O_0$, 方程 (2.17) 在 $[t,T]$ 上具有唯一强解

$$\{X^{\boldsymbol{u}}(s)\}_{s\in[t,T]}.$$

Π 表示所有可行策略的集合.

动态均值–方差问题是时间不一致问题, 大多数已有文献考虑了带预先承诺假设的策略, 这类策略只在初始时刻 0 时最优. 但是, 决策者经常会在将来的某个时刻改变预先的承诺. 因此, 我们考虑没有预先承诺假设的时间一致性策略. 由于市场上存在通货膨胀风险, 我们考虑终端时刻的实际价值的均值–方差问题, 即对于任意 $(t,x,r_n,i) \in O$, 目标为

$$\sup_{\boldsymbol{u}\in\Pi}\left\{\mathrm{E}_{t,x,r_n,i}\left[\frac{X^{\boldsymbol{u}}(T)}{I(T)}\right] - \frac{\gamma}{2}\mathrm{Var}_{t,x,r_n,i}\left[\frac{X^{\boldsymbol{u}}(T)}{I(T)}\right]\right\}, \tag{2.18}$$

其中 $\gamma > 0$ 是保险公司的风险厌恶系数.

为了简化表达, 方程 (2.17) 可以被写成

$$\mathrm{d}X^{\boldsymbol{u}}(t) = [R_n(t)X^{\boldsymbol{u}}(t) + (\theta-\eta)m]\mathrm{d}t + \boldsymbol{\pi}^{\mathrm{T}}\bar{\boldsymbol{\sigma}}[\bar{\boldsymbol{\Lambda}}\mathrm{d}t + \mathrm{d}\bar{\boldsymbol{W}}(t)], \tag{2.19}$$

其中

$$\bar{\boldsymbol{\Lambda}} = \begin{pmatrix} \dfrac{\eta m}{n} \\ \boldsymbol{\Lambda} \end{pmatrix}, \quad \bar{\boldsymbol{\sigma}} = \begin{pmatrix} n & \boldsymbol{0}^{\mathrm{T}} \\ 0 & \boldsymbol{\sigma} \end{pmatrix}, \quad \mathrm{d}\bar{\boldsymbol{W}}(t) = \begin{pmatrix} \mathrm{d}W_0(t) \\ \mathrm{d}\boldsymbol{W}(t) \end{pmatrix}.$$

以下两个引理可参见 [54] 中的引理 3.1 和引理 3.2.

引理 2.1 记

$$Z(t) = \exp\left\{\int_0^t \left[R_n(s) + \frac{1}{2}||\bar{\boldsymbol{\Lambda}}^{\mathrm{T}}\bar{\boldsymbol{\Lambda}}||\right]\mathrm{d}s + \int_0^t \bar{\boldsymbol{\Lambda}}^{\mathrm{T}}\mathrm{d}\bar{\boldsymbol{W}}(s)\right\},$$

则 $Z(t)$ 满足下列方程

$$\frac{\mathrm{d}Z(t)}{Z(t)} = \left[R_n(t) + \bar{\boldsymbol{\Lambda}}^{\mathrm{T}}\bar{\boldsymbol{\Lambda}}\right]\mathrm{d}t + \bar{\boldsymbol{\Lambda}}^{\mathrm{T}}\mathrm{d}\bar{\boldsymbol{W}}(t), \qquad Z(0)=1.$$

此外, $X^{\boldsymbol{u}}(t)$ 有以下形式

$$X^{\boldsymbol{u}}(t) = \mathrm{E}\left[-\int_t^T \frac{(\theta-\eta)mZ(t)}{Z(s)}\mathrm{d}s + \frac{X^{\boldsymbol{u}}(T)Z(t)}{Z(T)}\bigg|\mathcal{F}_t\right], \qquad t\in[0,T].$$

证明 对于过程 $\left\{\dfrac{X^{\boldsymbol{u}}(t)}{Z(t)}\right\}$ 运用 Itô 公式可得

$$\mathrm{d}\left(\frac{X^{\boldsymbol{u}}(t)}{Z(t)}\right)=(\theta-\eta)m(Z(t))^{-1}\mathrm{d}t+[(Z(t))^{-1}\boldsymbol{u}^{\mathrm{T}}-X^{\boldsymbol{u}}(t)(Z(t))^{-1}\bar{\boldsymbol{\Lambda}}^{\mathrm{T}}]\mathrm{d}\bar{\boldsymbol{W}}(t).$$

因此

$$\mathrm{d}\left[\frac{X^{\boldsymbol{u}}(t)}{Z(t)}-\int_0^t\frac{(\theta-\eta)m}{Z(s)}\mathrm{d}s\right]=[(Z(t))^{-1}\boldsymbol{u}^{\mathrm{T}}-X^{\boldsymbol{u}}(t)(Z(t))^{-1}\bar{\boldsymbol{\Lambda}}^{\mathrm{T}}]\mathrm{d}\bar{\boldsymbol{W}}(t).$$

则

$$\begin{aligned}
&\mathrm{E}\left[\frac{X^{\boldsymbol{u}}(t)}{Z(t)}-\int_0^t\frac{(\theta-\eta)m}{Z(s)}\mathrm{d}s\middle|\mathcal{F}_v\right]\\
=&\,\mathrm{E}\left[\int_0^t((Z(s))^{-1}\boldsymbol{u}^{\mathrm{T}}-X^{\boldsymbol{u}}(s)(Z(s))^{-1}\bar{\boldsymbol{\Lambda}}^{\mathrm{T}})\mathrm{d}\bar{\boldsymbol{W}}(s)\middle|\mathcal{F}_v\right]\\
=&\,\mathrm{E}\left[\int_0^v((Z(s))^{-1}\boldsymbol{u}^{\mathrm{T}}-X^{\boldsymbol{u}}(s)(Z(s))^{-1}\bar{\boldsymbol{\Lambda}}^{\mathrm{T}})\mathrm{d}\bar{\boldsymbol{W}}(s)\right.\\
&\left.+\int_v^t((Z(s))^{-1}\boldsymbol{u}^{\mathrm{T}}-X^{\boldsymbol{u}}(s)(Z(s))^{-1}\bar{\boldsymbol{\Lambda}}^{\mathrm{T}})\mathrm{d}\bar{\boldsymbol{W}}(s)\middle|\mathcal{F}_v\right]\\
=&\int_0^v((Z(s))^{-1}\boldsymbol{u}^{\mathrm{T}}-X^{\boldsymbol{u}}(s)(Z(s))^{-1}\bar{\boldsymbol{\Lambda}}^{\mathrm{T}})\mathrm{d}\bar{\boldsymbol{W}}(s)\\
&+\mathrm{E}\left[\int_v^t((Z(s))^{-1}\boldsymbol{u}^{\mathrm{T}}-X^{\boldsymbol{u}}(s)(Z(s))^{-1}\bar{\boldsymbol{\Lambda}}^{\mathrm{T}})\mathrm{d}\bar{\boldsymbol{W}}(s)\right]\\
=&\int_0^v((Z(s))^{-1}\boldsymbol{u}^{\mathrm{T}}-X^{\boldsymbol{u}}(s)(Z(s))^{-1}\bar{\boldsymbol{\Lambda}}^{\mathrm{T}})\mathrm{d}\bar{\boldsymbol{W}}(s)\\
=&\,\frac{X^{\boldsymbol{u}}(v)}{Z(v)}-\int_0^v\frac{(\theta-\eta)m}{Z(s)}\mathrm{d}s.
\end{aligned}$$

因此, $\left\{\dfrac{X^{\boldsymbol{u}}(t)}{Z(t)}-\displaystyle\int_0^t\frac{(\theta-\eta)m}{Z(s)}\mathrm{d}s\right\}_{t\in[0,T]}$ 是鞅. 定理得证. □

由引理 2.1可知, $Z(t)$ 是再保险市场和金融市场的联系纽带. 记

$$F(t)=\mathrm{E}\left[\int_t^T\frac{(\theta-\eta)mZ(t)}{Z(s)}\mathrm{d}s\middle|\mathcal{F}_t\right],$$

$F(t)$ 可以被看作财富过程 $X^{\boldsymbol{u}}(t)$ 中连续收入 $(\theta-\eta)m\mathrm{d}t$ 的折现值.

引理 2.2 折现值 $F(t)$ 可以被写成 $F(t)=(\theta-\eta)m\int_t^T B(t,s)\mathrm{d}s$, 且 $F(t)$ 满足下列方程

$$\begin{cases} \mathrm{d}F(t)=-(\theta-\eta)m\mathrm{d}t+F(t)[R_n(t)+\lambda_{R_n}\sigma_F(t,T)]\mathrm{d}t+F(t)\sigma_J(t,T)\mathrm{d}W_{R_n}(t), \\ F(T)=0, \end{cases} \tag{2.20}$$

其中 $\sigma_F(t,T)=\int_t^T \frac{(\theta-\eta)m\sigma_B(s-t)B(t,s)}{F(t)}\mathrm{d}s.$

证明 因为

$$F(t)=(\theta-\eta)m\int_t^T \mathrm{E}\left[\frac{Z(t)}{Z(s)}\bigg|\mathcal{F}_t\right]\mathrm{d}s,$$

通过计算可得 $\mathrm{E}\left[\frac{Z(t)}{Z(s)}\bigg|\mathcal{F}_t\right], s>t$. 由于

$$\{W_0(t)\}_{t\in[0,T]},\quad \{W_{R_n}(t)\}_{t\in[0,T]},\quad \{W_I(t)\}_{t\in[0,T]} \text{ 和 } \{W_S(t)\}_{t\in[0,T]}$$

是不相关的, 易知

$$\begin{aligned} \mathrm{E}\left[\frac{Z(t)}{Z(s)}\bigg|\mathcal{F}_t\right] &= \mathrm{E}\left[\exp\left(-\int_t^s\left(R_n(v)+\frac{1}{2}||\bar{\mathbf{\Lambda}}^{\mathrm{T}}\bar{\mathbf{\Lambda}}||\right)\mathrm{d}v-\int_t^s\bar{\mathbf{\Lambda}}^{\mathrm{T}}\mathrm{d}\bar{\boldsymbol{W}}(v)\right)\bigg|\mathcal{F}_t\right] \\ &= \mathrm{E}\left[\exp\left(-\int_t^s\left(R_n(v)+\frac{1}{2}\lambda_{R_n}^2\right)\mathrm{d}v-\int_t^s\lambda_{R_n}\mathrm{d}W_{R_n}(v)\right)\bigg|\mathcal{F}_t\right] \\ &= \mathrm{E}^{\mathbb{Q}}\left[\exp\left(-\int_t^s R_n(v)\mathrm{d}v\right)\bigg|\mathcal{F}_t\right]=B(t,s). \end{aligned}$$

因此 $F(t)=(\theta-\eta)m\int_t^T B(t,s)\mathrm{d}s$. 对引理 2.2 中的过程 $F(t)$ 求微分可得方程 (2.20). □

考虑定义为 $Y^{\bar{\boldsymbol{u}}}(t)=X^{\boldsymbol{u}}(t)+F(t)$ 的辅助过程 $Y^{\bar{\boldsymbol{u}}}(t)$, 且初始值为 $Y^{\bar{\boldsymbol{u}}}(0)=x_0+F(0)$, 可行策略 $\bar{\boldsymbol{u}}=(p(t),(\bar{\boldsymbol{\pi}}(t))^{\mathrm{T}})^{\mathrm{T}}_{t\in[0,T]}=\boldsymbol{u}+\left(0,\frac{F(t)\sigma_F(t,T)}{\sigma_B(K_1)},0,0\right)^{\mathrm{T}}_{t\in[0,T]}$. 由方程 (2.17) 和 (2.20) 可知

$$\begin{aligned} \mathrm{d}Y^{\bar{\boldsymbol{u}}}(t) &= \mathrm{d}X^{\boldsymbol{u}}(t)+\mathrm{d}F(t) \\ &= [R_n(t)Y^{\bar{\boldsymbol{u}}}(t)+\eta mp(t)]\mathrm{d}t+np(t)\mathrm{d}W_0(t)+(\bar{\boldsymbol{\pi}}(t))^{\mathrm{T}}\boldsymbol{\sigma}[\mathbf{\Lambda}\mathrm{d}t+\mathrm{d}W(t)]. \end{aligned} \tag{2.21}$$

因为 $F(T)=0$, 终端财富值 $Y^{\bar{\boldsymbol{u}}}(T)=X^{\boldsymbol{u}}(T)$, 因此可将原问题 (2.18) 转换成下列辅助问题, 定义

$$J^{\bar{\boldsymbol{u}}}(t,y,r_n,i)=\mathrm{E}_{t,y,r_n,i}\left[\frac{Y^{\bar{\boldsymbol{u}}}(T)}{I(T)}\right]-\frac{\gamma}{2}\mathrm{Var}_{t,y,r_n,i}\left[\frac{Y^{\bar{\boldsymbol{u}}}(T)}{I(T)}\right]. \tag{2.22}$$

目标是求得均衡价值函数

$$J^{\bar{\boldsymbol{u}}^*}(t,y,r_n,i)=\sup_{\bar{\boldsymbol{u}}\in\Pi}\left\{\mathrm{E}_{t,y,r_n,i}\left[\frac{Y^{\bar{\boldsymbol{u}}}(T)}{I(T)}\right]-\frac{\gamma}{2}\mathrm{Var}_{t,y,r_n,i}\left[\frac{Y^{\bar{\boldsymbol{u}}}(T)}{I(T)}\right]\right\}. \tag{2.23}$$

对于辅助问题 (2.23), 其可行策略满足下列命题.

命题 2.1 对于任意 $t\in[0,T]$, 辅助问题的可行策略 $\bar{u}$ 满足:

(1) 对于任意 $t\in[0,T]$, $p(t)\in[0,+\infty)$;

(2) $\bar{\boldsymbol{u}}$ 是 $\mathcal{F}$-循序可测的, 且对于任意 $(t,y,r_n,i)\in O$,

$$\mathrm{E}_{t,y,r_n,i}\left[\int_t^T\Big((p(s))^2+(\bar{\boldsymbol{\pi}}(s))^{\mathrm{T}}\bar{\boldsymbol{\pi}}(s)\Big)\mathrm{d}s\right]<+\infty,$$

其中 $\mathrm{E}_{t,y,r_n,i}[\cdot]$ 是基于 $Y^{\bar{\boldsymbol{u}}}(t)=y$, $R_n(t)=r_n$, $I(t)=i$ 的条件期望;

(3) 对于任意 $(y,r_n,i)\in O_0$, 方程 (2.21) 在 $[t,T]$ 上具有唯一强解

$$\{Y^{\bar{\boldsymbol{u}}}(s)\}_{s\in[t,T]}.$$

进一步, 我们给出均衡策略的定义.

定义 2.2 (均衡策略) 对于可行策略 $\bar{\boldsymbol{u}}^*=(p^*(t),(\bar{\boldsymbol{\pi}}^*(t))^{\mathrm{T}})^{\mathrm{T}}_{t\in[0,T]}$, 在初始状态 $(t,y,r_n,i)\in O$ 下, 定义下列策略

$$\bar{\boldsymbol{u}}_\varepsilon(s)=\begin{cases}(\tilde{p},\tilde{\boldsymbol{u}}^{\mathrm{T}})^{\mathrm{T}}, & t\leqslant s<t+\varepsilon,\\ \bar{\boldsymbol{u}}^*(s), & t+\varepsilon\leqslant s\leqslant T,\end{cases}$$

其中 $(\tilde{p},\tilde{\boldsymbol{u}}^{\mathrm{T}})^{\mathrm{T}}\in\Pi:=\mathbb{R}^+\times\mathbb{R}^3$, $\varepsilon\in\mathbb{R}^+$. 若对于任意 $(t,y,r_n,i)\in O$,

$$\liminf_{\varepsilon\downarrow 0}\frac{J^{\bar{\boldsymbol{u}}^*}(t,y,r_n,i)-J^{\bar{\boldsymbol{u}}^*_\varepsilon}(t,y,r_n,i)}{\varepsilon}\geqslant 0,$$

则 $\bar{\boldsymbol{u}}^*$ 称为均衡策略, 且均衡价值函数为 $J^{\bar{\boldsymbol{u}}^*}(t,y,r_n,i)$.

根据定义 2.2, 均衡策略是时间一致性的. 记 $C^{1,2,2,2}(O)=\{\psi(t,x,r_n,i)|\,\psi(t,\cdot,\cdot,\cdot)$ 在 $[0,T]$ 上是一次连续可微的, 且 $\psi(\cdot,x,r_n,i)$ 在 O_0 上是二次连续可微的$\}$. 为了得到问题 (2.23) 的均衡策略, 我们定义算子: 对于任意 $(t,y,r_n,i)\in O$, $\psi(t,y,r_n,i)\in C^{1,2,2,2}(O)$, 令

$$\mathcal{A}^{\bar{\boldsymbol{u}}}\psi(t,y,r_n,i)=\psi_t+\psi_y(r_ny+\eta mp+\bar{\boldsymbol{\pi}}^{\mathrm{T}}\boldsymbol{\sigma}\boldsymbol{\Lambda})+\psi_i i(r_n-r_r+\sigma_{I_1}\lambda_{R_n}+\sigma_{I_2}\lambda_I)$$

$$
\begin{aligned}
&+\psi_{r_n}a(b-r_n)+\frac{1}{2}\psi_{yy}(n^2p^2+\bar{\boldsymbol{\pi}}^{\mathrm{T}}\boldsymbol{\sigma}\boldsymbol{\sigma}^{\mathrm{T}}\bar{\boldsymbol{\pi}})+\frac{1}{2}\psi_{r_nr_n}\boldsymbol{\sigma}_R^{\mathrm{T}}\boldsymbol{\sigma}_R\\
&+\frac{1}{2}\psi_{ii}i^2\boldsymbol{\sigma}_I^{\mathrm{T}}\boldsymbol{\sigma}_I+\psi_{yr_n}\bar{\boldsymbol{\pi}}^{\mathrm{T}}\boldsymbol{\sigma}\boldsymbol{\sigma}_R+\psi_{yi}i\bar{\boldsymbol{\pi}}^{\mathrm{T}}\boldsymbol{\sigma}\boldsymbol{\sigma}_I+\psi_{ir_n}i\boldsymbol{\sigma}_R^{\mathrm{T}}\boldsymbol{\sigma}_I,
\end{aligned}
\tag{2.24}
$$

其中 ψ_t, ψ_y, ψ_{r_n}, ψ_i, ψ_{yy}, $\psi_{r_nr_n}$, ψ_{ii}, ψ_{yr_n}, ψ_{yi} 和 ψ_{ir_n} 为 ψ 关于相关变量的一阶二阶导数, 且 $\boldsymbol{\sigma}_R=(-\sigma_{R_n},0,0)^{\mathrm{T}}$, $\boldsymbol{\sigma}_I=(\sigma_{I_1},\sigma_{I_2},0)^{\mathrm{T}}$. 下面的验证定理给出了问题 (2.23) 的拓展的 HJB 方程.

定理 2.1 (验证定理) 对于最优化问题 (2.23), 如果存在实值函数 $V(t,y,r_n,i)$ 和 $g(t,y,r_n,i)\in C^{1,2,2,2}(O)$ 满足下列条件: 对于任意 $(t,y,r_n,i)\in O$,

$$
\sup_{\bar{\boldsymbol{u}}\in\Pi}\left\{\mathcal{A}^{\bar{\boldsymbol{u}}}V(t,y,r_n,i)-\mathcal{A}^{\bar{\boldsymbol{u}}}\frac{\gamma}{2}g^2(t,y,r_n,i)+\gamma g(t,y,r_n,i)\mathcal{A}^{\bar{\boldsymbol{u}}}g(t,y,r_n,i)\right\}=0,
\tag{2.25}
$$

$$
V(T,y,r_n,i)=\frac{y}{i},
\tag{2.26}
$$

$$
\mathcal{A}^{\bar{\boldsymbol{u}}^*}g(t,y,r_n,i)=0,\quad g(T,y,r_n,i)=\frac{y}{i}
\tag{2.27}
$$

且

$$
\begin{aligned}
\bar{\boldsymbol{u}}^*:=\arg\sup_{\bar{\boldsymbol{u}}\in\Pi}&\left\{\mathcal{A}^{\bar{\boldsymbol{u}}}V(t,y,r_n,i)-\mathcal{A}^{\bar{\boldsymbol{u}}}\frac{\gamma}{2}g^2(t,y,r_n,i)\right.\\
&\left.+\gamma g(t,y,r_n,i)\mathcal{A}^{\bar{\boldsymbol{u}}}g(t,y,r_n,i)\right\},
\end{aligned}
$$

则 $V(t,y,r_n,i)$ 是均衡价值函数, 即 $J^{\bar{\boldsymbol{u}}^*}(t,y,r_n,i)=V(t,y,r_n,i)$, 且

$$
\mathrm{E}_{t,y,r_n,i}[Y^{\bar{\boldsymbol{u}}^*}(T)]=g(t,y,r_n,i),
$$

$\bar{\boldsymbol{u}}^*$ 是辅助问题的均衡策略.

2.4 随机利率模型下的保险公司均衡再保险和投资策略求解

以下定理给出了保险公司的均衡再保险和投资策略以及均衡价值函数.

定理 2.2 在考虑随机利率和通货膨胀风险的模型下, 保险公司辅助问题的均衡再保险和投资策略为

$$
\begin{aligned}
p^*(t)&=\frac{\eta mI(t)\mathrm{e}^{-R_r(t)(T-t)}}{n^2\gamma},\\
(\bar{\boldsymbol{\pi}}^*(t))^{\mathrm{T}}&=\frac{(\Lambda-\sigma_I)^{\mathrm{T}}\sigma^{-1}I(t)\mathrm{e}^{-R_r(t)(T-t)}}{\gamma}+\sigma_I^{\mathrm{T}}\sigma^{-1}Y^{\bar{\boldsymbol{u}}^*}(t),
\end{aligned}
$$

均衡价值函数 $V(t,y,r_n,i)$ 为

$$V(t,y,r_n,i)=\frac{Y^{\bar{\boldsymbol{u}}^*}(t)\mathrm{e}^{R_r(t)(T-t)}}{I(t)}+\frac{1}{\gamma}\left(\frac{\eta^2m^2}{2n^2}+\frac{(\Lambda-\sigma_I)^{\mathrm{T}}(\Lambda-\sigma_I)}{2}\right)(T-t).$$

进一步, 原始问题 (2.18) 的均衡再保险和投资策略为

$$p^*(t)=\frac{\eta mI(t)\mathrm{e}^{-R_r(t)(T-t)}}{n^2\gamma},$$

$$(\boldsymbol{\pi}^*(t))^{\mathrm{T}}=\frac{(\Lambda-\sigma_I)^{\mathrm{T}}\sigma^{-1}I(t)\mathrm{e}^{-R_r(t)(T-t)}}{\gamma}+\sigma_I^{\mathrm{T}}\sigma^{-1}[X^{\boldsymbol{u}^*}(t)+F(t)]-\left(\frac{F(t)\sigma_F(t,T)}{\sigma_B(K_1)},0,0\right),$$

均衡价值函数 $V(t,x,r_n,i)$ 为

$$V(t,x,r_n,i)=\frac{[X^{\boldsymbol{u}^*}(t)+F(t)]\mathrm{e}^{R_r(t)(T-t)}}{I(t)}+\frac{1}{\gamma}\left(\frac{\eta^2m^2}{2n^2}+\frac{(\Lambda-\sigma_I)^{\mathrm{T}}(\Lambda-\sigma_I)}{2}\right)(T-t).$$

证明 式 (2.25) 关于 p 和 $\bar{\boldsymbol{\pi}}$ 求导可得均衡再保险和投资策略为

$$p^*=-\frac{\eta mV_y}{n^2(V_{yy}-\gamma g_y^2)},\tag{2.28}$$

$$\bar{\boldsymbol{\pi}}^*=-\frac{\boldsymbol{\sigma}^{\mathrm{T}}\boldsymbol{\Lambda}V_y+\boldsymbol{\sigma}^{\mathrm{T}}\boldsymbol{\sigma}_R(V_{yr_n}-\gamma g_yg_{r_n})+i\boldsymbol{\sigma}^{\mathrm{T}}\boldsymbol{\sigma}_I(V_{yi}-\gamma V_yV_i)}{\sigma^{\mathrm{T}}\sigma(V_{yy}-\gamma g_y^2)}.\tag{2.29}$$

为了求解方程 (2.25) 和 (2.27), 假设解具有以下形式

$$\begin{aligned}V(t,y,r_n,i)&=m_1(t,r_n)\frac{y}{i}+m_2(t,r_n),\\ g(t,y,r_n,i)&=\bar{m}_1(t,r_n)\frac{y}{i}+\bar{m}_2(t,r_n).\end{aligned}\tag{2.30}$$

边界条件为 $m_1(T,r_n)=\bar{m}_1(T,r_n)=1$ 和 $m_2(T,r_n)=\bar{m}_2(T,r_n)=0$, 则

$$V_t=m_{1t}\frac{y}{i}+m_{2t},\quad F_y=m_1\frac{1}{i},\quad V_{yy}=0,$$

$$V_{r_n}=m_{1r_n}\frac{y}{i}+m_{2r_n},\quad V_{r_nr_n}=m_{1r_nr_n}\frac{y}{i}+m_{2r_nr_n},$$

$$V_i=-m_1\frac{y}{i^2},\quad V_{ii}=2m_1\frac{y}{i^3},\quad V_{yr_n}=m_{1r_n}\frac{1}{i},$$

$$V_{yi} = -m_1\frac{1}{i^2}, \quad V_{ir_n} = -m_{1r_n}\frac{y}{i^2},$$

$$g_t = \bar{m}_{1t}\frac{y}{i} + \bar{m}_{2t}, \quad g_y = \bar{m}_1\frac{1}{i}, \quad g_{yy} = 0,$$

$$g_{r_n} = \bar{m}_{1r_n}\frac{y}{i} + \bar{m}_{2r_n}, \quad g_{r_nr_n} = \bar{m}_{1r_nr_n}\frac{y}{i} + \bar{m}_{2r_nr_n},$$

$$g_i = -\bar{m}_1\frac{y}{i^2}, \quad g_{ii} = 2\bar{m}_1\frac{y}{i^3}, \quad g_{yr_n} = \bar{m}_{1r_n}\frac{1}{i},$$

$$g_{yi} = -\bar{m}_1\frac{1}{i^2}, \quad g_{ir_n} = -\bar{m}_{1r_n}\frac{y}{i^2},$$

其中 m_1, m_2, $\bar{m}_1$ 和 $\bar{m}_2$ 是 $m_1(t,r_n)$, $m_2(t,r_n)$, $\bar{m}_1(t,r_n)$ 和 $\bar{m}_2(t,r_n)$ 的简写形式. 代以上偏导数到式 (2.28) 和 (2.29) 中可得

$$p^* = \frac{\eta m i m_1}{n^2\gamma\bar{m}_1^2}, \tag{2.31}$$

$$\bar{\boldsymbol{\pi}}^* = \frac{\boldsymbol{\sigma\Lambda} i m_1}{\boldsymbol{\sigma\sigma}^{\mathrm{T}}\gamma\bar{m}_1^2} + \frac{\boldsymbol{\sigma\sigma}_R(m_{1r_n}i - \gamma\bar{m}_1(\bar{m}_{1r_n}y + \bar{m}_{2r_n}i))}{\boldsymbol{\sigma\sigma}^{\mathrm{T}}\gamma\bar{m}_1^2} + \frac{\boldsymbol{\sigma\sigma}_I(-m_1 i + \gamma\bar{m}_1^2 y)}{\boldsymbol{\sigma\sigma}^{\mathrm{T}}\gamma\bar{m}_1^2}. \tag{2.32}$$

将式 (2.31) 和 (2.32) 代入式 (2.25) 和 (2.27) 中, 可得

$$\begin{aligned}
&\frac{y}{i}\Bigg\{m_{1t} + r_n m_1 - \frac{\boldsymbol{\Lambda}^{\mathrm{T}}\boldsymbol{\sigma}_R m_1\bar{m}_{1r_n}}{\bar{m}_1} + \boldsymbol{\Lambda}^{\mathrm{T}}\boldsymbol{\sigma}_I m_1 + a(b-r_n)m_{1r_n} \\
&- (r_n - r_r + \sigma_{I_1}\lambda_{R_n} + \sigma_{I_2}\lambda_I)m_1 + \frac{1}{2}\boldsymbol{\sigma}_R^{\mathrm{T}}\boldsymbol{\sigma}_R m_{1r_nr_n} - \frac{\boldsymbol{\sigma}_R^{\mathrm{T}}\boldsymbol{\sigma}_R m_{1r_n}\bar{m}_{1r_n}}{\bar{m}_1} \\
&+ \boldsymbol{\sigma}_R^{\mathrm{T}}\boldsymbol{\sigma}_I m_{1r_n} + \frac{\boldsymbol{\sigma}_R^{\mathrm{T}}\boldsymbol{\sigma}_I m_1\bar{m}_{1r_n}}{\bar{m}_1} - \frac{\boldsymbol{\sigma}_R^{\mathrm{T}}\boldsymbol{\sigma}_I m_1^2 m_{1r_n}}{\bar{m}_1^2}\Bigg\} + m_{2t} + \frac{\eta^2 m^2 m_1^2}{2n^2\gamma\bar{m}_1^2} \\
&+ \frac{\boldsymbol{\Lambda}^{\mathrm{T}}\boldsymbol{\Lambda} m_1^2}{2\gamma\bar{m}_1^2} + \frac{\boldsymbol{\Lambda}^{\mathrm{T}}\boldsymbol{\sigma}_R m_1 m_{1r_n}}{\gamma\bar{m}_1^2} - \frac{\boldsymbol{\Lambda}^{\mathrm{T}}\boldsymbol{\sigma}_R m_1\bar{m}_{2r_n}}{\bar{m}_1} + a(b-r_n)m_{2r_n} \\
&+ \frac{1}{2}\boldsymbol{\sigma}_R^{\mathrm{T}}\boldsymbol{\sigma}_R m_{2r_nr_n} + \frac{\boldsymbol{\sigma}_R^{\mathrm{T}}\boldsymbol{\sigma}_R m_{1r_n}^2}{2\gamma\bar{m}_1^2} - \frac{\boldsymbol{\sigma}_R^{\mathrm{T}}\boldsymbol{\sigma}_R m_{1r_n}\bar{m}_{2r_n}}{\bar{m}_1} - \frac{\boldsymbol{\Lambda}^{\mathrm{T}}\boldsymbol{\sigma}_I m_1^2}{\gamma\bar{m}_1^2} \\
&- \frac{\boldsymbol{\sigma}_R^{\mathrm{T}}\boldsymbol{\sigma}_I m_1 m_{1r_n}}{\gamma\bar{m}_1^2} + \frac{\boldsymbol{\sigma}_R^{\mathrm{T}}\boldsymbol{\sigma}_I m_1\bar{m}_{2r_n}}{\bar{m}_1} + \frac{\boldsymbol{\sigma}_I^{\mathrm{T}}\boldsymbol{\sigma}_I m_1^2}{2\gamma\bar{m}_1^2} = 0,
\end{aligned} \tag{2.33}$$

$$\begin{aligned}
&\frac{y}{i}\Bigg\{\bar{m}_{1t} + r_n\bar{m}_1 - \boldsymbol{\Lambda}^{\mathrm{T}}\boldsymbol{\sigma}_R\bar{m}_{1r_n} + \boldsymbol{\Lambda}^{\mathrm{T}}\boldsymbol{\sigma}_I\bar{m}_1 + a(b-r_n)\bar{m}_{1r_n} \\
&- (r_n - r_r + \sigma_{I_1}\lambda_{R_n} + \sigma_{I_2}\lambda_I)\bar{m}_1 + \frac{1}{2}\boldsymbol{\sigma}_R^{\mathrm{T}}\boldsymbol{\sigma}_R\bar{m}_{1r_nr_n} - \frac{\boldsymbol{\sigma}_R^{\mathrm{T}}\boldsymbol{\sigma}_R\bar{m}_{1r_n}^2}{\bar{m}_1} + \boldsymbol{\sigma}_R^{\mathrm{T}}\boldsymbol{\sigma}_I\bar{m}_{1r_n}\Bigg\}
\end{aligned}$$

$$+\bar{m}_{2t}+\frac{\eta^2m^2m_1}{n^2\gamma\bar{m}_1}+\frac{\boldsymbol{\Lambda}^{\mathrm{T}}\boldsymbol{\Lambda}m_1}{\gamma\bar{m}_1}+\frac{\boldsymbol{\Lambda}^{\mathrm{T}}\boldsymbol{\sigma}_Rm_{1r_n}}{\gamma\bar{m}_1}-\boldsymbol{\Lambda}^{\mathrm{T}}\boldsymbol{\sigma}_R\bar{m}_{2r_n}-\frac{\boldsymbol{\Lambda}^{\mathrm{T}}\boldsymbol{\sigma}_Im_1}{\gamma\bar{m}_1}$$
$$+a(b-r_n)\bar{m}_{2r_n}+\frac{1}{2}\boldsymbol{\sigma}_R^{\mathrm{T}}\boldsymbol{\sigma}_R\bar{m}_{2r_nr_n}+\frac{\boldsymbol{\Lambda}^{\mathrm{T}}\boldsymbol{\sigma}_Rm_1\bar{m}_{1r_n}}{\gamma\bar{m}_1^2}+\frac{\boldsymbol{\sigma}_R^{\mathrm{T}}\boldsymbol{\sigma}_Rm_{1r_n}\bar{m}_{1r_n}}{\gamma\bar{m}_1^2}$$
$$-\frac{\boldsymbol{\sigma}_R^{\mathrm{T}}\boldsymbol{\sigma}_R\bar{m}_{1r_n}\bar{m}_{2r_n}}{\bar{m}_1}-\frac{\boldsymbol{\sigma}_R^{\mathrm{T}}\boldsymbol{\sigma}_Im_1\bar{m}_{1r_n}}{\gamma\bar{m}_1^2}-\frac{\boldsymbol{\Lambda}^{\mathrm{T}}\boldsymbol{\sigma}_Im_1}{\gamma\bar{m}_1}-\frac{\boldsymbol{\sigma}_R^{\mathrm{T}}\boldsymbol{\sigma}_Im_{1r_n}}{\gamma\bar{m}_1}$$
$$+\boldsymbol{\sigma}_R^{\mathrm{T}}\boldsymbol{\sigma}_I\bar{m}_{2r_n}+\frac{\boldsymbol{\sigma}_I^{\mathrm{T}}\boldsymbol{\sigma}_Im_1}{\gamma\bar{m}_1}=0. \tag{2.34}$$

方程 (2.33) 和 (2.34) 可以关于 $\frac{y}{i}$ 分离变量, 得到以下方程

$$m_{1t}+r_nm_1-\frac{\boldsymbol{\Lambda}^{\mathrm{T}}\boldsymbol{\sigma}_Rm_1\bar{m}_{1r_n}}{\bar{m}_1}+\boldsymbol{\Lambda}^{\mathrm{T}}\boldsymbol{\sigma}_Im_1+a(b-r_n)m_{1r_n}$$
$$-(r_n-r_r+\sigma_{I_1}\lambda_{R_n}+\sigma_{I_2}\lambda_I)m_1+\frac{1}{2}\boldsymbol{\sigma}_R^{\mathrm{T}}\boldsymbol{\sigma}_Rm_{1r_nr_n}-\frac{\boldsymbol{\sigma}_R^{\mathrm{T}}\boldsymbol{\sigma}_Rm_{1r_n}\bar{m}_{1r_n}}{\bar{m}_1}$$
$$+\boldsymbol{\sigma}_R^{\mathrm{T}}\boldsymbol{\sigma}_Im_{1r_n}+\frac{\boldsymbol{\sigma}_R^{\mathrm{T}}\boldsymbol{\sigma}_Im_1\bar{m}_{1r_n}}{\bar{m}_1}-\frac{\boldsymbol{\sigma}_R^{\mathrm{T}}\boldsymbol{\sigma}_Im_1^2m_{1r_n}}{\bar{m}_1^2}=0,$$
$$m_{2t}+\frac{\eta^2m^2m_1^2}{2n^2\gamma\bar{m}_1^2}+\frac{\boldsymbol{\Lambda}^{\mathrm{T}}\boldsymbol{\Lambda}m_1^2}{2\gamma\bar{m}_1^2}+\frac{\boldsymbol{\Lambda}^{\mathrm{T}}\boldsymbol{\sigma}_Rm_1m_{1r_n}}{\gamma\bar{m}_1^2}-\frac{\boldsymbol{\Lambda}^{\mathrm{T}}\boldsymbol{\sigma}_Rm_1\bar{m}_{2r_n}}{\bar{m}_1}$$
$$+a(b-r_n)m_{2r_n}+\frac{1}{2}\boldsymbol{\sigma}_R^{\mathrm{T}}\boldsymbol{\sigma}_Rm_{2r_nr_n}+\frac{\boldsymbol{\sigma}_R^{\mathrm{T}}\boldsymbol{\sigma}_Rm_{1r_n}^2}{2\gamma\bar{m}_1^2}-\frac{\boldsymbol{\sigma}_R^{\mathrm{T}}\boldsymbol{\sigma}_Rm_{1r_n}\bar{m}_{2r_n}}{\bar{m}_1}$$
$$-\frac{\boldsymbol{\Lambda}^{\mathrm{T}}\boldsymbol{\sigma}_Im_1^2}{\gamma\bar{m}_1^2}-\frac{\boldsymbol{\sigma}_R^{\mathrm{T}}\boldsymbol{\sigma}_Im_1m_{1r_n}}{\gamma\bar{m}_1^2}+\frac{\boldsymbol{\sigma}_R^{\mathrm{T}}\boldsymbol{\sigma}_Im_1\bar{m}_{2r_n}}{\bar{m}_1}+\frac{\boldsymbol{\sigma}_I^{\mathrm{T}}\boldsymbol{\sigma}_Im_1^2}{2\gamma\bar{m}_1^2}=0, \tag{2.35}$$

$$\bar{m}_{1t}+r_n\bar{m}_1-\boldsymbol{\Lambda}^{\mathrm{T}}\boldsymbol{\sigma}_R\bar{m}_{1r_n}+\boldsymbol{\Lambda}^{\mathrm{T}}\boldsymbol{\sigma}_I\bar{m}_1+a(b-r_n)\bar{m}_{1r_n}$$
$$-(r_n-r_r+\sigma_{I_1}\lambda_{R_n}+\sigma_{I_2}\lambda_I)\bar{m}_1+\frac{1}{2}\boldsymbol{\sigma}_R^{\mathrm{T}}\boldsymbol{\sigma}_R\bar{m}_{1r_nr_n}$$
$$-\frac{\boldsymbol{\sigma}_R^{\mathrm{T}}\boldsymbol{\sigma}_R\bar{m}_{1r_n}^2}{\bar{m}_1}+\boldsymbol{\sigma}_R^{\mathrm{T}}\boldsymbol{\sigma}_I\bar{m}_{1r_n}=0,$$

$$\bar{m}_{2t}+\frac{\eta^2m^2m_1}{n^2\gamma\bar{m}_1}+\frac{\boldsymbol{\Lambda}^{\mathrm{T}}\boldsymbol{\Lambda}m_1}{\gamma\bar{m}_1}+\frac{\boldsymbol{\Lambda}^{\mathrm{T}}\boldsymbol{\sigma}_Rm_{1r_n}}{\gamma\bar{m}_1}-\boldsymbol{\Lambda}^{\mathrm{T}}\boldsymbol{\sigma}_R\bar{m}_{2r_n}$$
$$-\frac{\boldsymbol{\Lambda}^{\mathrm{T}}\boldsymbol{\sigma}_Im_1}{\gamma\bar{m}_1}+a(b-r_n)\bar{m}_{2r_n}+\frac{1}{2}\boldsymbol{\sigma}_R^{\mathrm{T}}\boldsymbol{\sigma}_R\bar{m}_{2r_nr_n}+\frac{\boldsymbol{\Lambda}^{\mathrm{T}}\boldsymbol{\sigma}_Rm_1\bar{m}_{1r_n}}{\gamma\bar{m}_1^2}$$
$$+\frac{\boldsymbol{\sigma}_R^{\mathrm{T}}\boldsymbol{\sigma}_Rm_{1r_n}\bar{m}_{1r_n}}{\gamma\bar{m}_1^2}-\frac{\boldsymbol{\sigma}_R^{\mathrm{T}}\boldsymbol{\sigma}_R\bar{m}_{1r_n}\bar{m}_{2r_n}}{\bar{m}_1}$$

$$
\begin{aligned}
&-\frac{\boldsymbol{\sigma}_R^{\mathrm{T}}\boldsymbol{\sigma}_I m_1 \bar{m}_{1r_n}}{\gamma \bar{m}_1^2}-\frac{\boldsymbol{\Lambda}^{\mathrm{T}}\boldsymbol{\sigma}_I m_1}{\gamma \bar{m}_1}\\
&-\frac{\boldsymbol{\sigma}_R^{\mathrm{T}}\boldsymbol{\sigma}_I m_{1r_n}}{\gamma \bar{m}_1}+\boldsymbol{\sigma}_R^{\mathrm{T}}\boldsymbol{\sigma}_I \bar{m}_{2r_n}+\frac{\boldsymbol{\sigma}_I^{\mathrm{T}}\boldsymbol{\sigma}_I m_1}{\gamma \bar{m}_1}=0.
\end{aligned}
\tag{2.36}
$$

为了求解式 (2.35) 和 (2.36), 我们假设具有以下形式的解

$$
\begin{aligned}
&m_1(t,r_n)=n_1(t)\mathrm{e}^{q(t)r_n}, \quad m_2(t,r_n)=n_2(t)r_n+n_3(t),\\
&\bar{m}_1(t,r_n)=\bar{n}_1(t)\mathrm{e}^{\bar{q}(t)r_n}, \quad \bar{m}_2(t,r_n)=\bar{n}_2(t)r_n+\bar{n}_3(t),
\end{aligned}
\tag{2.37}
$$

边界条件为 $n_1(T)=\bar{n}_1(T)=1$, $q(T)=\bar{q}(T)=n_2(T)=\bar{n}_2(T)=n_3(T)=\bar{n}_3(T)=0$, 且偏导数为

$$
\begin{aligned}
&m_{1t}=n_{1t}\mathrm{e}^{qr_n}+n_1 r_n q_t \mathrm{e}^{qr_n}, \quad m_{1r_n}=n_1 q\mathrm{e}^{qr_n}, \quad m_{1r_nr_n}=n_1q^2\mathrm{e}^{qr_n},\\
&m_{2t}=n_{2t}r_n+n_{3t}, \quad m_{2r_n}=n_2, \quad m_{2r_nr_n}=0,\\
&\bar{m}_{1t}=\bar{n}_{1t}\mathrm{e}^{\bar{q}r_n}+\bar{n}_1 r_n \bar{q}_t \mathrm{e}^{\bar{q}r_n}, \quad \bar{m}_{1r_n}=\bar{n}_1 \bar{q}\mathrm{e}^{\bar{q}r_n}, \quad \bar{m}_{1r_nr_n}=\bar{n}_1\bar{q}^2\mathrm{e}^{\bar{q}r_n},\\
&\bar{m}_{2t}=\bar{n}_{2t}r_n+\bar{n}_{3t}, \quad \bar{m}_{2r_n}=\bar{n}_2, \quad \bar{m}_{2r_nr_n}=0,
\end{aligned}
$$

其中 n_1, n_2, n_3, q, $\bar{n}_1$, $\bar{n}_2$, $\bar{n}_3$ 和 $\bar{q}$ 是 $n_1(t)$, $n_2(t)$, $n_3(t)$, $q(t)$, $\bar{n}_1(t)$, $\bar{n}_2(t)$, $\bar{n}_3(t)$ 和 $\bar{q}(t)$ 的简写形式. 将以上偏导数代入式 (2.35) 和 (2.36), 关于 r_n 分离变量后可得以下方程

$$
q_t-aq=0, \quad n_{2t}-an_2=0, \quad \bar{q}_t-a\bar{q}=0, \quad \bar{n}_{2t}-a\bar{n}_2=0,
$$

$$
\begin{aligned}
&n_{1t}+(\boldsymbol{\Lambda}^{\mathrm{T}}\boldsymbol{\sigma}_I+r_r-\sigma_{I_1}\lambda_{R_n}-\sigma_{I_2}\lambda_I)n_1-\frac{\boldsymbol{\sigma}_R^{\mathrm{T}}\boldsymbol{\sigma}_I n_1^3 q}{\bar{n}_1^2}\mathrm{e}^{2(q-\bar{q})r_n}\\
&+(ab+\boldsymbol{\sigma}_R^{\mathrm{T}}\boldsymbol{\sigma}_I)n_1 q+(-\boldsymbol{\Lambda}^{\mathrm{T}}\boldsymbol{\sigma}_R+\boldsymbol{\sigma}_R^{\mathrm{T}}\boldsymbol{\sigma}_I)n_1\bar{q}-\boldsymbol{\sigma}_R^{\mathrm{T}}\boldsymbol{\sigma}_R n_1 q\bar{q}+\frac{1}{2}\boldsymbol{\sigma}_R^{\mathrm{T}}\boldsymbol{\sigma}_R n_1 q^2=0,\\
&n_{3t}+abn_2+\left(\frac{\eta^2 m^2}{2n^2\gamma}+\frac{(\boldsymbol{\Lambda}-\boldsymbol{\sigma}_I)^{\mathrm{T}}(\boldsymbol{\Lambda}-\boldsymbol{\sigma}_I)}{2\gamma}\right)\frac{n_1^2\mathrm{e}^{2(q-\bar{q})r_n}}{\bar{n}_1^2}\\
&+\frac{(\boldsymbol{\Lambda}^{\mathrm{T}}\boldsymbol{\sigma}_R-\boldsymbol{\sigma}_R^{\mathrm{T}}\boldsymbol{\sigma}_I)n_1^2 q\mathrm{e}^{2(q-\bar{q})r_n}}{\gamma\bar{n}_1^2}+\frac{\boldsymbol{\sigma}_R^{\mathrm{T}}\boldsymbol{\sigma}_R n_1^2 q^2\mathrm{e}^{2(q-\bar{q})r_n}}{2\gamma\bar{n}_1^2}\\
&-\frac{(\boldsymbol{\Lambda}^{\mathrm{T}}\boldsymbol{\sigma}_R-\boldsymbol{\sigma}_R^{\mathrm{T}}\boldsymbol{\sigma}_I)n_1\bar{n}_2\mathrm{e}^{(q-\bar{q})r_n}}{\bar{n}_1}-\frac{\boldsymbol{\sigma}_R^{\mathrm{T}}\boldsymbol{\sigma}_R n_1\bar{n}_2 q\mathrm{e}^{(q-\bar{q})r_n}}{\bar{n}_1}=0,\\
&\bar{n}_{1t}+(\boldsymbol{\Lambda}^{\mathrm{T}}\boldsymbol{\sigma}_I+r_r-\sigma_{I_1}\lambda_{R_n}-\sigma_{I_2}\lambda_I)\bar{n}_1
\end{aligned}
$$

$$
\begin{aligned}
&+(ab+\boldsymbol{\sigma}_R^{\mathrm{T}}\boldsymbol{\sigma}_I-\boldsymbol{\Lambda}^{\mathrm{T}}\boldsymbol{\sigma}_R)\bar{n}_1\bar{q}-\frac{1}{2}\boldsymbol{\sigma}_R^{\mathrm{T}}\boldsymbol{\sigma}_R\bar{n}_1\bar{q}^2=0,\\
&\bar{n}_{3t}+(ab-\boldsymbol{\Lambda}^{\mathrm{T}}\boldsymbol{\sigma}_R+\boldsymbol{\sigma}_R^{\mathrm{T}}\boldsymbol{\sigma}_I)\bar{n}_2-\boldsymbol{\sigma}_R^{\mathrm{T}}\boldsymbol{\sigma}_R\bar{n}_2\bar{q}\\
&+\left(\frac{\eta^2m^2}{n^2\gamma}+\frac{(\boldsymbol{\Lambda}-\boldsymbol{\sigma}_I)^{\mathrm{T}}(\boldsymbol{\Lambda}-\boldsymbol{\sigma}_I)}{\gamma}\right)\frac{n_1\mathrm{e}^{(q-\bar{q})r_n}}{\bar{n}_1}\\
&+\frac{(\boldsymbol{\Lambda}^{\mathrm{T}}\boldsymbol{\sigma}_R-\boldsymbol{\sigma}_R^{\mathrm{T}}\boldsymbol{\sigma}_I)(q-\bar{q})n_1\mathrm{e}^{(q-\bar{q})r_n}}{\gamma\bar{n}_1}+\frac{\boldsymbol{\sigma}_R^{\mathrm{T}}\boldsymbol{\sigma}_Rn_1q\bar{q}\mathrm{e}^{(q-\bar{q})r_n}}{\gamma\bar{n}_1}=0.
\end{aligned}
$$

考虑边界条件可得

$$
\begin{aligned}
&q(t)=\bar{q}(t)=n_2(t)=\bar{n}_2(t)=0,\\
&n_1(t)=\bar{n}_1(t)=\mathrm{e}^{(\boldsymbol{\Lambda}^{\mathrm{T}}\boldsymbol{\sigma}_I+r_r-\sigma_{I_1}\lambda_{R_n}-\sigma_{I_2}\lambda_I)(T-t)}=\mathrm{e}^{r_r(T-t)},\\
&n_3(t)=\left(\frac{\eta^2m^2}{2n^2\gamma}+\frac{(\boldsymbol{\Lambda}-\boldsymbol{\sigma}_I)^{\mathrm{T}}(\boldsymbol{\Lambda}-\boldsymbol{\sigma}_I)}{2\gamma}\right)(T-t),\\
&\bar{n}_3(t)=\left(\frac{\eta^2m^2}{n^2\gamma}+\frac{(\boldsymbol{\Lambda}-\boldsymbol{\sigma}_I)^{\mathrm{T}}(\boldsymbol{\Lambda}-\boldsymbol{\sigma}_I)}{\gamma}\right)(T-t).
\end{aligned}
$$

目前已经得到 $m_1(t,r_n)$, $m_2(t,r_n)$, $\bar{m}_1(t,r_n)$ 和 $\bar{m}_2(t,r_n)$ 的表达式, 则易知辅助问题的均衡策略 $\bar{u}^*$ 以及均衡价值函数 $V(t,y,r_n,i)$. 进一步, 可得原问题的均衡策略和均衡价值函数. 定理 2.2 得证. □

注解 2.1 通过以上推导, 我们有以下几点发现. 第一, 该模型中, 名义利率和通货膨胀指数是紧密联系的, 而实际利率是确定的, 只需要对冲通货膨胀风险, 这也可以通过 $\pi^*(t)$ 的表达式解释. 方程 (2.32) 中 $\pi^*(t)$ 的第一项是自融资框架下均衡投资策略的一般形式, 第二项等于 0, 第三项是投资于通货膨胀保值债券部分, 用于对冲通货膨胀风险. 第二, 零息债券、通货膨胀保值债券和风险资产价格过程中的参数对均衡再保险策略没有影响, 同时保险市场的参数对均衡投资策略也没有影响. 这是因为赔付过程与三种资产的价格过程不相关, 这在实际市场中是很常见的现象.

注解 2.2 若不考虑通货膨胀风险, 则不存在通货膨胀保值债券, 均衡策略 $\hat{\boldsymbol{\pi}}^*=(\hat{p}^*(t),(\hat{\boldsymbol{\pi}}^*(t))^{\mathrm{T}})^{\mathrm{T}}_{t\in[0,T]}$ 为

$$
\begin{aligned}
\hat{p}^*(t)&=\frac{\eta m\mathrm{e}^{-\hat{q}(t)R_n(t)}}{n^2\gamma\hat{n}_1(t)},\\
(\hat{\boldsymbol{\pi}}^*(t))^{\mathrm{T}}&=(\hat{\pi}_B^*(t),\hat{\pi}_S^*(t))
\end{aligned}
$$

$$
\begin{aligned}
&= \frac{\hat{\boldsymbol{\Lambda}}^{\mathrm{T}}\hat{\boldsymbol{\sigma}}^{-1}\mathrm{e}^{-\hat{q}(t)R_n(t)}}{\gamma\hat{n}_1(t)} + \frac{\hat{\boldsymbol{\sigma}}_R^{\mathrm{T}}\hat{\boldsymbol{\sigma}}^{-1}\hat{q}(t)\mathrm{e}^{-\hat{q}(t)R_n(t)}}{\gamma\hat{n}_1(t)} \\
&\quad - \hat{\boldsymbol{\sigma}}_R^{\mathrm{T}}\hat{\boldsymbol{\sigma}}^{-1}\hat{q}(t)[X^{\hat{\boldsymbol{u}}^*}(t)+F(t)] - \left(\frac{F(t)\sigma_F(t,T)}{\sigma_B(K_1)}, 0\right),
\end{aligned}
$$

均衡价值函数为

$$
\hat{V}(t,x,r_n) = \hat{n}_1(t)\mathrm{e}^{\hat{q}(t)R_n(t)}[X^{\hat{\boldsymbol{u}}^*}(t)+F(t)] + \hat{n}_2(t),
$$

其中

$$
\hat{\boldsymbol{\Lambda}} = \begin{pmatrix} \lambda_{R_n} \\ \lambda_S \end{pmatrix}, \quad \hat{\boldsymbol{\sigma}} = \begin{pmatrix} \sigma_B(K_1) & 0 \\ \sigma_{S_1} & \sigma_{S_3} \end{pmatrix}, \quad \hat{\boldsymbol{\sigma}}_R = \begin{pmatrix} -\sigma_{R_n} \\ 0 \end{pmatrix}
$$

且

$$
\begin{aligned}
\hat{q}(t) &= \frac{1}{a}(1-\mathrm{e}^{a(t-T)}), \\
\hat{n}_1(t) &= \mathrm{e}^{\frac{ab-\hat{\boldsymbol{\Lambda}}^{\mathrm{T}}\hat{\boldsymbol{\sigma}}_R}{a}(T-t-\frac{1}{a}(1-\mathrm{e}^{a(t-T)}))-\frac{\hat{\boldsymbol{\sigma}}_R^{\mathrm{T}}\hat{\boldsymbol{\sigma}}_R}{2a^2}(T-t-\frac{2}{a}(1-\mathrm{e}^{a(t-T)})+\frac{1}{2a}(1-\mathrm{e}^{2a(t-T)}))}, \\
\hat{n}_2(t) &= \left(\frac{\eta^2 m^2}{2n^2\gamma} + \frac{\hat{\boldsymbol{\Lambda}}^{\mathrm{T}}\hat{\boldsymbol{\Lambda}}}{\gamma}\right)(T-t) + \frac{\hat{\boldsymbol{\Lambda}}^{\mathrm{T}}\hat{\boldsymbol{\sigma}}_R}{\gamma a}\left(T-t-\frac{1}{a}(1-\mathrm{e}^{a(t-T)})\right) \\
&\quad + \frac{\hat{\boldsymbol{\sigma}}_R^{\mathrm{T}}\hat{\boldsymbol{\sigma}}_R}{\gamma}\left(T-t-\frac{2}{a}\left(1-\mathrm{e}^{a(t-T)}\right)+\frac{1}{2a}(1-\mathrm{e}^{2a(t-T)})\right).
\end{aligned}
$$

注解 2.3 由定理 2.2 和注解 2.2 可知, 在没有通货膨胀风险的情况下, 均衡策略与随机名义利率 $R_n(t)$ 有关, 而同时考虑随机利率和通货膨胀风险情况下的均衡策略与 $R_n(t)$ 无关.

2.5 数值分析

本节将给出一些数值算例来说明模型参数对均衡再保险和投资策略的影响. 若无特别说明, 该数值部分的参数选择如下: $\eta = 0.2$, $\gamma = 2$, $m = 3$, $n = 1$, $a = 0.1$, $\sigma_{R_n} = 0.01$, $\sigma_{S_1} = 0.1$, $\sigma_{S_2} = 0.08$, $\sigma_{S_3} = 0.1$, $\sigma_{I_1} = 0.08$, $\sigma_{I_2} = 0.05$, $\lambda_{R_n} = 0.5$, $\lambda_I = 0.5$, $\lambda_S = 1$, $I(0) = 1$, $R_r(0) = 0.045$, $X(0) = 1$, $F(0) = 1$, $K_1 = 10$, $T = 10$ 和 $t = 0$.

在图 2.1 和图 2.2 中, 我们描绘了均衡再保险策略的动态行为. 图 2.1 给出了 m 和 n 对均衡再保险策略 p^* 的影响. 由图可知, m 和 p^* 之间具有正相关性, 而 n 和 p^* 之间具有负相关性. 这是因为 m 的增加意味着保险公司需要支付更多的再保险费用给再保险公司. 因此, 保险公司倾向购买较少的再保险, 自身承担更多的赔付. 而当 n 增加时, 对于保险公司来说, 其盈余过程具有更大的不确定性. 因此, 保险公司更倾向于购买更多的再保险来规避风险. 由图 2.2 可知, 均衡再保险策略 p^* 随着 γ 的增加而减少, 随着 η 的增加而增加. 这是因为 γ 越大, 保险公司的风险厌恶越大, 保险公司将把更多的风险分保给再保险人. 而越大的 η 意味着越高的再保险费用, 因此, 保险公司更倾向自身承担更多的赔付.

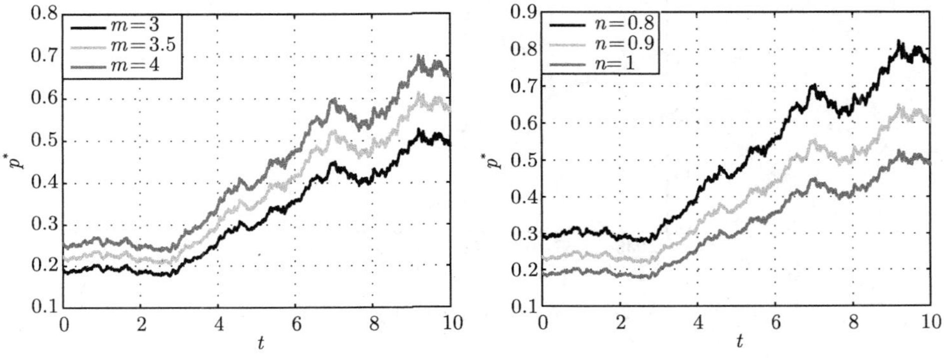

(a) (b)

图 2.1 m 和 n 对 p^* 的影响

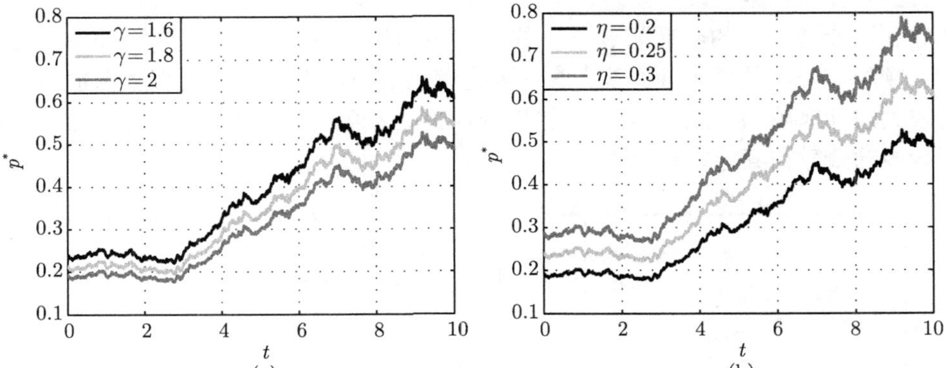

(a) (b)

图 2.2 γ 和 η 对 p^* 的影响

由于一些参数的变化将使得随机过程变化较大, 而利率和通货膨胀风险是随机的, 因此, 其他参数变化对均衡再保险和投资策略影响随着时间 t 变化的图像较难分析, 并且影响不直观. 不失一般性, 在下面的分析中，我们考虑在初始时刻 0, 一些参数对均衡再保险和投资策略的影响.

由图 2.3 可知, 均衡再保险策略 p^* 随着 $R_r(0)$ 的增加而减少. 这是因为在相同的通货膨胀风险下, 若实际利率 $R_r(0)$ 增加, 名义利率增加, 无风险资产收益率将增加, 保险公司将有更多的资产去购买再保险. 同时, $I(0)$ 的增加意味着更剧烈的通货膨胀, 市场相对不稳定, 因此, 保险公司自身会承担较多的赔付.

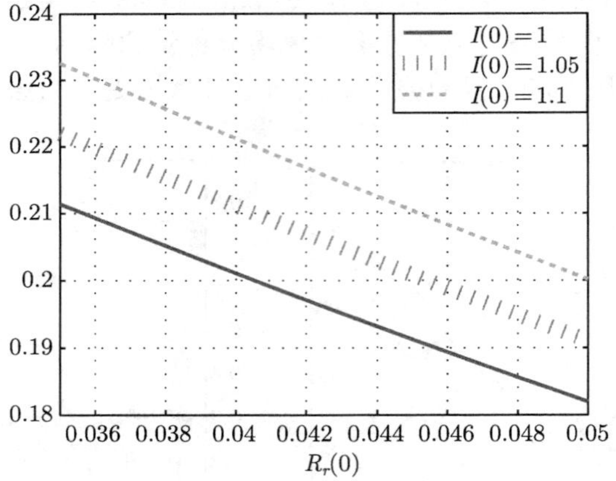

图 2.3　$R_r(0)$ 和 $I(0)$ 对 p^* 的影响

图 2.4 给出了 γ 和 σ_{I_1} 对均衡投资策略 π^* 的影响. 由图可知, γ 和 π^* 之间具有负相关性, 这意味着风险厌恶越大的保险公司将投资较少的金额在零息债券、通货膨胀保值债券以及风险资产上, 以此来减少风险. 同时, 保险公司投资在零息债券和风险资产上的金额随着 σ_{I_1} 的增加而增加, 而投资在通货膨胀保值债券上的金额随着 σ_{I_1} 的增加而减少. 这是因为较大的 σ_{I_1} 意味着通货膨胀保值债券具有较大波动风险, 所以, 保险公司将投资较少的金额在通货膨胀保值债券上, 而投资较多的金额在其他资产上.

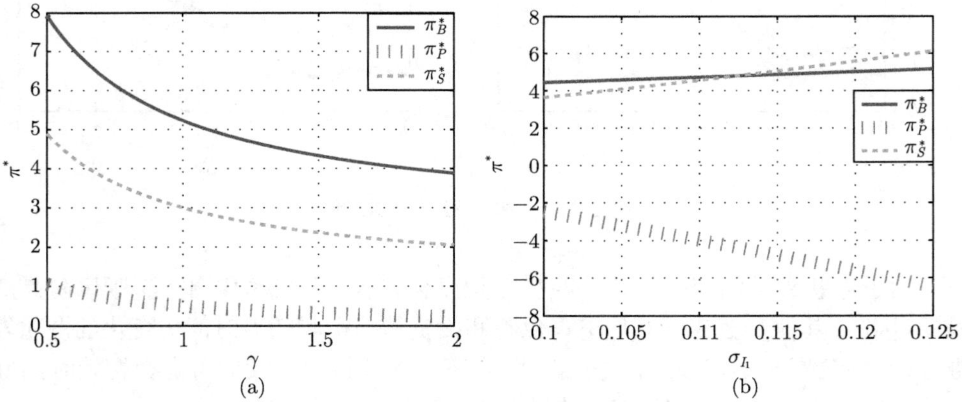

图 2.4　γ 和 σ_{I_1} 对 π^* 的影响

由图 2.5 可知, 均衡投资策略 π^* 随着 $R_r(0)$ 的增加而减少. 在相同的通货

膨胀率 $I(0)$ 下, 若实际利率 $R_r(0)$ 增加, 名义利率增加, 无风险资产更具有吸引力, 则保险公司将投资较多的金额在无风险资产上, 投资较少的金额在其他资产上. 此外, π^* 随着 $I(0)$ 的增加而增加, 这意味着保险公司更倾向增加投资. 这是因为通货膨胀率在一定范围内适度的增加, 将促进投资以达到经济增长.

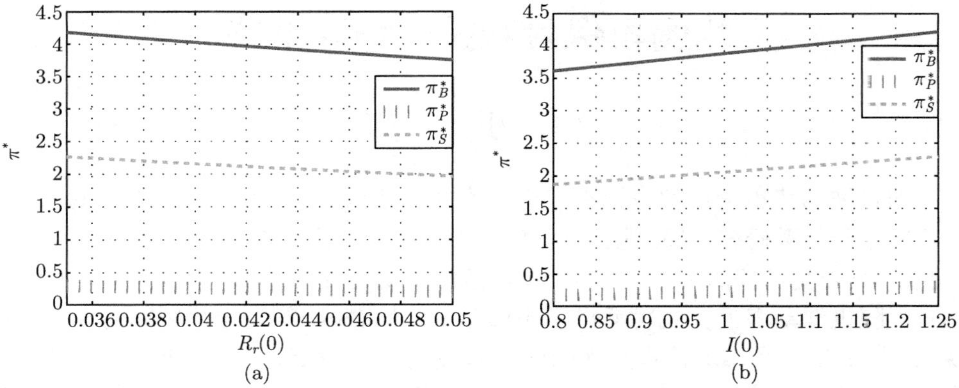

图 2.5 $R_r(0)$ 和 $I(0)$ 对 π^* 的影响

2.6 小结与展望

本章考虑了随机利率和随机通货膨胀率情况下的保险公司均衡再保险和投资策略, 假设保险公司的盈余过程由带漂移的布朗运动描述, 保险公司可以通过比例再保险转移部分风险给再保险公司. 为了对冲利率和通货膨胀风险, 我们将零息债券和通货膨胀保值债券引入金融市场. 除了以上两种资产, 保险公司还可以投资于一个风险资产和一个无风险资产. 运用随机控制理论, 建立相关拓展的 HJB 方程, 通过求解拓展的 HJB 方程, 可得到均衡再保险和投资策略以及均衡价值函数的解析解. 最后, 通过数值模拟分析模型参数对均衡策略的影响.

未来可以尝试更多的再保险形式, 如超额损失再保险等, 同时还可以考虑更多的随机利率模型、随机波动率模型等以丰富模型框架, 从而更贴近实际情况.

第 3 章 随机波动率模型下的保险公司均衡再保险和投资策略选择

3.1 引 言

随机波动率市场模型是指资产价格的方差是独立于价格本身的随机过程, 其广泛应用于金融研究问题, 尤其是衍生品市场中. 一般来说, 随机波动率模型是指满足均值-回复过程的模型, 长期均值收敛至某确定性的数值, 而方差将回复至其本身. 随机波动率模型成功解释了 Black-Scholes(BS) 模型无法解释的现实金融现象, 如衍生产品市场价格呈现的波动率微笑等, 且在最近二十年已经得到了学术界和实务界的一致认同. 因此, 假设风险资产的价格是随机过程而非确定性常数, 将使得量化金融分析和最优决策更加精确. 目前随机波动率模型在保险基金投资问题中被较多地考虑, 如 Gu 等[53] 和 Zhao 等[131] 分别在常方差弹性 (CEV) 模型和 Heston 模型下以最大化终端期望效用为目标考虑保险公司均衡再保险和投资策略. Shen 和 Zeng[113] 在随机波动率模型下以均值–方差准则为目标考虑保险公司预先承诺均衡再保险和投资策略.

到目前为止, 关于随机波动率模型和均值–方差标准下的保险公司均衡超额损失再保险和投资问题研究的文章还很少见, 本章致力于探讨这方面的问题. 本章所考虑的随机波动率模型可以涵盖 CEV 模型和 Heston 模型. 据我们所知, 超额损失再保险只在最优分红问题[4]、效用最大化问题[53,131] 和破产概率最小化问题[5] 中被考虑过. 此外, 只有 Shen 和 Zeng[113] 在随机波动率模型和均值–方差标准下考虑了再保险和投资问题. 本章与 [113] 的不同之处主要有三点. 第一, 本章内容考虑的超额损失再保险, 在一些情况下优于 [113] 考虑的比例再保险. 例如, Gerber[46], Asmussen 等[4], Bai 等[5] 与 Zeng 和 Luo[125] 指出当保费原理采用期望值保费原理, 分别在最大化调节系数、最大化累积期望分红、最小化破产概率和最大化期望效用目标下, 超额损失再保险优于比例再保险. 第二, 本章得到的是均值–方差问题的均衡策略, 而 Shen 和 Zeng[113] 关注的是均值-方差问题的预先承诺策略. 第三, 本章使用的方法是拓展的 HJB 方程的方法, 而 Shen 和 Zeng[113] 使用的是 BSDE 的方法.

本章假设保险公司的盈余过程由经典的 C-L 模型描述, 保险公司可以通过购买超额损失再保险转移部分风险给再保险公司, 并且保险公司可投资于由一个风险资产和一个无风险资产组成的金融市场. 市场的风险价格依赖于随机因子, 该随机因子是具有马氏性和仿射形式的双因子模型. 在之前的关于保险公司的均衡再保险和投资策略的研究中, 风险资产价格一般假设满足特定的模型, 而本章中没有预先假定具体模型, 模型可涵盖几何布朗运动、CEV 模型和 Heston 模型. 运用随机控制理论, 建立相关拓展的 HJB 方程, 通过求解拓展的 HJB 方程, 可得到均衡再保险和投资策略以及均衡价值函数的解析解. 此外, 本章考虑了两个特殊的情况, 即 Heston 模型和 CEV 模型. 最后, 本章以 Heston 模型为例, 通过数值模拟分析模型参数对均衡策略的影响.

3.2 随机波动率模型

近四十年, 学术界提出了多种随机波动率模型, 最早的内容见于 Cox 在 1975 年未发表的手稿 *Notes on Option Pricing I: Constant Elasticity of Diffusions*. Cox 在文中建立了以价格的幂函数来充当波动率的常方差弹性 (CEV) 模型. 由于 CEV 模型的波动率依赖于价格本身, 并非独立的随机过程, 所以多数学者认为它是局部的随机波动率模型. 十多年后, 陆续有学者提出各种随机波动率模型, 如 Stein E M 和 Stein J C[114] 提出了 Stein-Stein 模型, Heston[62] 提出了 Heston 模型等. Heston 模型和 CEV 模型是比较常用的两类随机波动率模型, 以下给出详细介绍.

1. Heston 模型

Heston 模型由 Heston[62] 提出, 该模型假设波动率是一个平方根过程, 利用对模型参数的一些限制, 保证了波动率的正定性. 风险资产的价格 $S(t)$ 满足 Heston 模型, 即满足

$$\mathrm{d}S(t) = S(t)\left[(r+\vartheta\alpha(t))\mathrm{d}t + \sqrt{\alpha(t)}\mathrm{d}W_1(t)\right], \qquad S(0)=s_0>0, \tag{3.1}$$

$$\mathrm{d}\alpha(t) = \kappa[\phi-\alpha(t)]\mathrm{d}t + \sigma_0\sqrt{\alpha(t)}[\rho\mathrm{d}W_1(t)+\sqrt{1-\rho^2}\mathrm{d}W_2(t)], \qquad \alpha(0)=\alpha_0>0, \tag{3.2}$$

其中, 过程 $\{\alpha(t)\}_{t\geqslant 0}$ 是方差过程, $\kappa>0$ 表示均值回复比率, $\phi>0$ 表示长期均值, σ_0 表示 $\alpha(t)$ 的随机波动程度, ρ 是风险资产价格与其波动之间的相关系数. 在 Heston 模型中, 为了使得方差 $\alpha(t)>0$, Feller 条件需要被满足, 即 $2\kappa\phi\geqslant\sigma_0^2$.

2. CEV 模型

CEV 模型由 Cox[31] 提出, 风险资产的价格 $S(t)$ 满足 CEV 模型, 即

$$\mathrm{d}S(t) = S(t)\left[\mu\mathrm{d}t + \sigma(S(t))^{\beta}\mathrm{d}W_1(t)\right], \qquad S(0)=s_0>0, \tag{3.3}$$

其中 μ, $\sigma(S(t))^{\beta}$, β 分别是期望收益率、瞬时波动和风险资产弹性参数. 若在式 (3.3) 中, 弹性参数 $\beta = 0$, 则 CEV 模型退化为几何布朗运动. 若 $\beta < 0$, 瞬时波动率 $\sigma(S(t))^{\beta}$ 随着风险资产价格的减小而增大, 且会产生厚左尾分布 (参见 [45,84]). 若 $\beta > 0$, 情况是相反的 (参见 [41,53]).

3.3 模型建立

给定满足通常条件的完备信息流概率空间 $(\Omega, \mathcal{F}, \{\mathcal{F}_t\}_{t\in[0,T]}, \mathbb{P})$, 其中 $\mathcal{F}_t$ 表示到时刻 t 为止所获得的信息总和, 时刻 t 的决策基于信息流 $\mathcal{F}_t$, $\mathbb{P}$ 为实际测度. 假设本章中所有的随机过程均是该概率空间上的适应性过程. 保险和金融市场上交易是连续的, 且没有交易费用和税收产生.

假设保险公司的盈余过程服从经典的 C-L 模型. Z_i, $i = 1, 2, 3, \cdots$ 表示第 i 次索赔额的大小, 假设索赔额 $Z_1, Z_2, \cdots$ 为相互独立同分布的正随机变量, 且具有相同分布函数 $F(z)$, 满足 $\int_0^{\infty} z^2 F(\mathrm{d}z) < \infty$. Z_i 的一阶矩和二阶矩为 $\mathrm{E}[Z_i] = \mu_Z$ 和 $\mathrm{E}[Z_i^2] = \sigma_Z^2$. 记 $D = \sup\{z : F(z) \leqslant 1\} < +\infty$, 则 $F(0) = 0$; 当 $0 < z < D$ 时, $0 < F(z) < 1$; 当 $z \geqslant D$ 时, $F(z) = 1$. 若没有再保险和投资时, 保险公司的盈余过程为

$$\bar{R}(t) = x_0 + ct - \sum_{i=1}^{N(t)} Z_i,$$

其中 $x_0 \geqslant 0$ 为初始盈余值; c 为保险业务的保费收益率; $\{N(t)\}_{t\geqslant 0}$ 是强度 (索赔发生率) 为 λ 的时齐泊松过程, 表示时间区间 $[0, t]$ 内索赔发生的次数. 假设保费率计算方式依据期望保费原理, 即 $c = (1+\theta)\lambda\mu_Z$, 其中 $\theta > 0$ 为保险公司的安全载荷.

为了分散保险业务的风险, 保险公司可购买超额损失再保险. 令 a 为超额损失再保险程度, $\min\{Z_i, a\}$ 表示保险人承担的赔付部分, 则保险公司的盈余过程为

$$\bar{R}^{(a)}(t) = x_0 + c^{(a)}t - \sum_{i=1}^{N(t)} \min\{Z_i, a\},$$

其中保费率为

$$\begin{aligned} c^{(a)} &= (1+\theta)\lambda\mu_Z - (1+\eta)\lambda(\mu_Z - \mathrm{E}[\min\{Z_i, a\}]) \\ &= (\theta - \eta)\lambda\mu_Z + (1+\eta)\lambda\mathrm{E}[\min\{Z_i, a\}], \end{aligned}$$

η 表示再保险公司的安全载荷. 假设 $\eta > \theta$, 这意味着再保险不是便宜的. 此外, 我们有

$$\mathrm{E}[\min\{Z_i, a\}] = \int_0^a (1 - F(z))\mathrm{d}z = \int_0^a \bar{F}(z)\mathrm{d}z,$$

$$\mathrm{E}[(\min\{Z_i, a\})^2] = \int_0^a 2z(1 - F(z))\mathrm{d}z = \int_0^a 2z\bar{F}(z)\mathrm{d}z,$$

其中 $\bar{F}(z) = 1 - F(z)$.

假设保险公司被允许投资在由一个无风险资产和一个风险资产组成的金融市场中, 其中无风险资产的价格过程为

$$\mathrm{d}S_0(t) = r(t)S_0(t)\mathrm{d}t, \qquad S_0(0) = 1, \tag{3.4}$$

$r(t) > 0$ 表示时刻 t 的无风险利率, 且满足 $r(\cdot) : [0, T] \to \mathbb{R}^+$ 是一个确定的、一致有界的函数. 风险资产的价格过程满足

$$\mathrm{d}S(t) = S(t)\left[\mu(t)\mathrm{d}t + \sigma(t)\mathrm{d}W_1(t)\right], \qquad S(0) = s_0 > 0, \tag{3.5}$$

其中 $\mu(t)$ 和 $\sigma(t) > 0$ 分别表示风险资产的期望收益率和波动率; $\{W_1(t)\}_{t\in[0,T]}$ 表示空间 $(\Omega, \mathcal{F}, \{\mathcal{F}_t\}_{t\in[0,T]}, \mathbb{P})$ 上的一维标准布朗运动, 并且与 $\{N(t)\}_{t\in[0,T]}$ 和 $\{Z_i\}_{i=1,2,\cdots}$ 不相关. 这里假设 $\{\mu(t)\}_{t\in[0,T]}$ 和 $\{\sigma(t)\}_{t\in[0,T]}$ 是 $\mathcal{F}$-可测、具有马氏性、连续有界的确定性函数或随机过程. 在此假设下, 优化问题直接依赖风险的市场价格. 我们将在下文中给出 $\{\mu(t)\}_{t\in[0,T]}$ 和 $\{\sigma(t)\}_{t\in[0,T]}$ 的一些具体结构, 例如例 3.1 中的 Heston 模型和例 3.2 中的 CEV 模型. 类似 [113], 我们记风险的市场价格为

$$\vartheta(t) := \frac{\mu(t) - r(t)}{\sigma(t)}, \tag{3.6}$$

并假设风险的市场价格 $\{\vartheta(t)\}_{t\in[0,T]}$ 与随机因子过程 $\{\alpha(t)\}_{t\in[0,T]}$ 有关, 即

$$\vartheta(t) = \vartheta\sqrt{\alpha(t)}, \qquad \vartheta \in \mathbb{R}_0 := \mathbb{R} \setminus \{0\}, \tag{3.7}$$

其中 $\{\alpha(t)\}_{t\in[0,T]}$ 满足下列马氏、仿射、双因子模型

$$\mathrm{d}\alpha(t) = \kappa[\phi - \alpha(t)]\mathrm{d}t + \sqrt{\alpha(t)}[k_1\mathrm{d}W_1(t) + k_2\mathrm{d}W_2(t)], \qquad \alpha(0) = \alpha_0 \geqslant 0, \tag{3.8}$$

κ, ϕ, k_1, k_2 均为正常数; $\{W_2(t)\}_{t\in[0,T]}$ 是空间 $(\Omega, \mathcal{F}, \{\mathcal{F}_t\}_{t\in[0,T]}, \mathbb{P})$ 上的另一个一维标准布朗运动, 且与 $\{W_1(t)\}_{t\in[0,T]}$, $\{N(t)\}_{t\in[0,T]}$ 和 $\{Z_i\}_{i=1,2,\cdots}$ 不相关. 此外, 假设双因子模型的解 $\alpha(t)$ 对任意 $t \in [0, T]$ 是非负的. 记 $\pi(t)$ 为在时刻 t 投

资在风险资产上的金额, 假设 $u=(a(t),\pi(t))_{t\in[0,T]}$. 基于 u, 保险公司的财富过程 $X^u(t)$ 满足以下方程

$$\begin{cases} \mathrm{d}X^u(t)=\mathrm{d}\bar{R}^{(a)}(t)+(X^u(t)-\pi(t))\dfrac{\mathrm{d}S_0(t)}{S_0(t)}+\pi(t)\dfrac{\mathrm{d}S(t)}{S(t)} \\ \qquad =\big\{r(t)X^u(t)+(\mu(t)-r(t))\pi(t)+(\theta-\eta)\lambda\mu_Z \\ \qquad\quad +(1+\eta)\lambda\mathrm{E}[\min\{Z_i,a\}]\big\}\mathrm{d}t \\ \qquad\quad +\dfrac{\pi(t)(\mu(t)-r(t))}{\vartheta\sqrt{\alpha(t)}}\mathrm{d}W_1(t)-\mathrm{d}\left(\displaystyle\sum_{i=1}^{N(t)}\min\{Z_i,a\}\right), \\ X^u(0)=x_0. \end{cases} \tag{3.9}$$

定义 3.1 (可行策略) 令 $O_0:=\mathbb{R}\times\mathbb{R}^+$ 且 $O:=[0,T]\times O_0$. 对于任意 $t\in[0,T]$, 策略 $u=(a(t),\pi(t))_{t\in[0,T]}$ 是可行的, 如果其满足下述条件

(1) 对于任意 $t\in[0,T]$, $a(t)\in[0,D]$;

(2) u 是 $\mathcal{F}$-可料的, 且对于任意 $(t,x,\alpha)\in O$,

$$\mathrm{E}_{t,x,\alpha}\left[\int_t^T\big((a(s))^2+(\pi(s)\sigma(s))^2\big)\mathrm{d}s\right]<\infty,$$

其中 $\mathrm{E}_{t,x,\alpha}[\cdot]$ 是基于 $X^u(t)=x$, $\alpha(t)=\alpha$ 的条件期望;

(3) 对于任意 $(x,\alpha)\in O_0$, 方程 (3.9) 在 $[t,T]$ 上具有唯一强解 $\{X^u(s)\}_{s\in[t,T]}$.

记 Π 为所有可行策略的集合.

我们在动态均值–方差标准下, 考虑没有预先承诺假设的时间一致性策略. 对于任意 $(t,x,\alpha)\in O$, 定义

$$J^u(t,x,\alpha)=\mathrm{E}_{t,x,\alpha}[X^u(T)]-\frac{\gamma}{2}\mathrm{Var}_{t,x,\alpha}[X^u(T)]. \tag{3.10}$$

目标是求得均衡价值函数

$$J^{u^*}(t,x,\alpha)=\sup_{u\in\Pi}\left\{\mathrm{E}_{t,x,\alpha}[X^u(T)]-\frac{\gamma}{2}\mathrm{Var}_{t,x,\alpha}[X^u(T)]\right\}. \tag{3.11}$$

进一步, 我们给出均衡策略的定义.

定义 3.2 (均衡策略) 对于可行策略 $u^*=(a^*(t),\pi^*(t))_{t\in[0,T]}$, 在初始状态 $(t,x,\alpha)\in O$ 下, 定义下列策略

$$u_\varepsilon(s)=\begin{cases}(\tilde{a},\tilde{\pi}), & t\leqslant s<t+\varepsilon,\\ u^*(s), & t+\varepsilon\leqslant s<T,\end{cases}$$

其中 $(\tilde{a},\tilde{\pi})\in\Pi:=[0,D]\times\mathbb{R}$, $\varepsilon\in\mathbb{R}^+$. 若对于任意 $(t,x,\alpha)\in O$,

$$\liminf_{\varepsilon\downarrow 0}\frac{J^{u^*}(t,x,\alpha)-J^{u_\varepsilon}(t,x,\alpha)}{\varepsilon}\geqslant 0,$$

则 u^* 被称为均衡策略, 而均衡价值函数为 $J^{u^*}(t,x,\alpha)$.

根据定义 3.2, 均衡策略是时间一致性的. 记 $C^{1,2,2}(O)=\{\psi(t,x,\alpha)|\psi(t,\cdot,\cdot)$ 在 $[0,T]$ 上是一次连续可微的, 且 $\psi(\cdot,x,\alpha)$ 在 O_0 上是二次连续可微的$\}$. 为了得到问题 (3.11) 的均衡策略, 我们定义算子: 对于任意 $(t,x,\alpha)\in O$, $\psi(t,x,\alpha)\in C^{1,2,2}(O)$, 令

$$\begin{aligned}\mathcal{A}^u\psi(t,x,\alpha)=\psi_t&+\big\{r(t)x+(\mu(t)-r(t))\pi+(\theta-\eta)\lambda\mu_Z\\&+(1+\eta)\lambda\mathrm{E}[\min\{Z_i,a\}]\big\}\psi_x+\kappa(\phi-\alpha)\psi_\alpha\\&+\frac{\pi^2(\mu(t)-r(t))^2}{2\vartheta^2\alpha}\psi_{xx}+\frac{\alpha(\rho_1^2+\rho_2^2)}{2}\psi_{\alpha\alpha}+\frac{\pi(\mu(t)-r(t))k_1}{\vartheta}\psi_{x\alpha}\\&+\lambda\mathrm{E}[\psi(t,x-\min\{Z_i,a\},\alpha)-\psi(t,x,\alpha)],\end{aligned}$$

其中 ψ_t, ψ_x, ψ_α, ψ_{xx}, $\psi_{\alpha\alpha}$ 和 $\psi_{x\alpha}$ 为 ψ 关于相关变量的一阶、二阶导数. 下面的验证定理给出了问题 (3.11) 的拓展的 HJB 方程.

定理 3.1 (验证定理) 对于最优化问题 (3.11), 如果存在实值函数 $V(t,x,\alpha)$ 和 $g(t,x,\alpha)\in C^{1,2,2}(O)$ 满足下列条件: 对于任意 $(t,x,\alpha)\in O$,

$$\sup_{u\in\Pi}\left\{\mathcal{A}^uV(t,x,\alpha)-\mathcal{A}^u\frac{\gamma}{2}(g(t,x,\alpha))^2+\gamma g(t,x,\alpha)\mathcal{A}^ug(t,x,\alpha)\right\}=0,\tag{3.12}$$

$$V(T,x,\alpha)=x,\tag{3.13}$$

$$\mathcal{A}^{u^*}g(t,x,\alpha)=0,\quad g(T,x,\alpha)=x\tag{3.14}$$

且

$$u^*:=\arg\sup_{u\in\Pi}\left\{\mathcal{A}^uV(t,x,\alpha)-\mathcal{A}^u\frac{\gamma}{2}(g(t,x,\alpha))^2+\gamma g(t,x,\alpha)\mathcal{A}^ug(t,x,\alpha)\right\},\tag{3.15}$$

则 $V(t,x,\alpha)$ 是均衡价值函数, 即 $J^{u^*}(t,x,\alpha)=V(t,x,\alpha)$, 且 $\mathrm{E}_{t,x,\alpha}[X^{u^*}(T)]=g(t,x,\alpha)$, u^* 是均衡策略.

3.4 随机波动率模型下的保险公司均衡再保险和投资策略求解

以下定理给出了保险公司的均衡再保险和投资策略以及均衡价值函数.

定理 3.2 对于均值–方差保险公司的超额损失再保险和投资问题,

(1) 若 $D > \frac{\eta}{\gamma}$, 均衡再保险和投资策略为

$$a^*(t) = \frac{\eta}{\gamma}\mathrm{e}^{-\int_t^T r(s)\mathrm{d}s}, \quad 0 \leqslant t \leqslant T, \tag{3.16}$$

$$\pi^*(t) = \begin{cases} \dfrac{\alpha\vartheta^2(\kappa + \vartheta k_1 \mathrm{e}^{(\kappa+\vartheta k_1)(t-T)})}{\gamma\vartheta\sqrt{\alpha(t)}\sigma(t)(\kappa + \vartheta k_1)}\mathrm{e}^{-\int_t^T r(s)\mathrm{d}s}, & \kappa + \vartheta k_1 \neq 0, \quad 0 \leqslant t \leqslant T, \\ \dfrac{\alpha\vartheta^2(1 - \vartheta k_1(T-t))}{\gamma\vartheta\sqrt{\alpha(t)}\sigma(t)}\mathrm{e}^{-\int_t^T r(s)\mathrm{d}s}, & \kappa + \vartheta k_1 = 0, \quad 0 \leqslant t \leqslant T, \end{cases} \tag{3.17}$$

均衡价值函数为

$$V(t, x, \alpha) = \mathrm{e}^{\int_t^T r(s)\mathrm{d}s}x + \tilde{A}(t)\alpha + \bar{A}_1(t); \tag{3.18}$$

(2) 若 $D \leqslant \frac{\eta}{\gamma}$, 均衡再保险策略为

$$a^*(t) = \begin{cases} \dfrac{\eta}{\gamma}\mathrm{e}^{-\int_t^T r(s)\mathrm{d}s}, & 0 \leqslant t \leqslant R^{-1}\left(R(T) + \ln\dfrac{\gamma D}{\eta}\right), \\ D, & R^{-1}\left(R(T) + \ln\dfrac{\gamma D}{\eta}\right) < t \leqslant T, \end{cases} \tag{3.19}$$

均衡投资策略由式 (3.17) 给出. 进一步, 均衡价值函数为

$$V(t, x, \alpha) = \begin{cases} \mathrm{e}^{\int_t^T r(s)\mathrm{d}s}x + \tilde{A}(t)\alpha + \bar{A}_2(t), & 0 \leqslant t \leqslant R^{-1}\left(R(T) + \ln\dfrac{\gamma D}{\eta}\right), \\ \mathrm{e}^{\int_t^T r(s)\mathrm{d}s}x + \tilde{A}(t)\alpha + \bar{A}_3(t), & R^{-1}\left(R(T) + \ln\dfrac{\gamma D}{\eta}\right) < t \leqslant T, \end{cases} \tag{3.20}$$

其中 $R(t) = \int_0^t r(s)\mathrm{d}s$ 和

$$\begin{aligned} \tilde{A}(t) = \frac{1}{2\gamma}\Bigg[& \frac{(k_1^2 + k_2^2)\vartheta^4 - \kappa\vartheta^2}{\kappa(\kappa + \vartheta k_1)^2}(\mathrm{e}^{\kappa(t-T)} - 1) \\ & + \frac{2(k_1^2 + k_2^2)\vartheta^4 + 2k_1\kappa\vartheta^3}{\vartheta k_1(\kappa + \vartheta k_1)^2}(\mathrm{e}^{\kappa(t-T)} - \mathrm{e}^{(\kappa+\vartheta k_1)(t-T)}) \\ & - \frac{k_2^2\vartheta^4}{(\kappa + 2\vartheta k_1)(\kappa + \vartheta k_1)^2}(\mathrm{e}^{\kappa(t-T)} - \mathrm{e}^{2(\kappa+\vartheta k_1)(t-T)})\Bigg], \end{aligned} \tag{3.21}$$

$$\bar{A}_1(t) = \int_t^T \left\{ \mathrm{e}^{\int_v^T r(s)\mathrm{d}s} \left[(\theta-\eta)\lambda\mu_Z + \eta\lambda \int_0^{\frac{\eta}{\gamma}\mathrm{e}^{-\int_v^T r(s)\mathrm{d}s}} \bar{F}(z)\mathrm{d}z \right] \right.$$

$$\left. - \gamma\lambda \mathrm{e}^{2\int_v^T r(s)\mathrm{d}s} \cdot \int_0^{\frac{\eta}{\gamma}\mathrm{e}^{-\int_v^T r(s)\mathrm{d}s}} z\bar{F}(z)\mathrm{d}z + \kappa\phi\tilde{A}(v) \right\} \mathrm{d}v, \tag{3.22}$$

$$\bar{A}_2(t) = \int_t^{R^{-1}\left(R(T)+\ln\frac{\gamma D}{\eta}\right)} \left\{ \mathrm{e}^{\int_v^T r(s)\mathrm{d}s} \left[(\theta-\eta)\lambda\mu_Z + \eta\lambda \int_0^{\frac{\eta}{\gamma}\mathrm{e}^{-\int_v^T r(s)\mathrm{d}s}} \bar{F}(z)\mathrm{d}z \right] \right.$$

$$\left. -\gamma\lambda \mathrm{e}^{2\int_v^T r(s)\mathrm{d}s} \cdot \int_0^{\frac{\eta}{\gamma}\mathrm{e}^{-\int_v^T r(s)\mathrm{d}s}} y\bar{F}(z)\mathrm{d}z + \kappa\phi\tilde{A}(v) \right\} \mathrm{d}v$$

$$+ \int_{R^{-1}\left(R(T)+\ln\frac{\gamma D}{\eta}\right)}^T \left\{ \mathrm{e}^{\int_v^T r(s)\mathrm{d}s} \left[(\theta-\eta)\lambda\mu_Z + \eta\lambda \int_0^D \bar{F}(z)\mathrm{d}z \right] \right.$$

$$\left. -\gamma\lambda \mathrm{e}^{2\int_v^T r(s)\mathrm{d}s} \cdot \int_0^D z\bar{F}(z)\mathrm{d}z + \kappa\phi\tilde{A}(v) \right\} \mathrm{d}v, \tag{3.23}$$

$$\bar{A}_3(t) = \int_t^T \left\{ \mathrm{e}^{\int_v^T r(s)\mathrm{d}s} \left[(\theta-\eta)\lambda\mu_Z + \eta\lambda \int_0^D \bar{F}(z)\mathrm{d}z \right] \right.$$

$$\left. -\gamma\lambda \mathrm{e}^{2\int_v^T r(s)\mathrm{d}s} \cdot \int_0^D z\bar{F}(z)\mathrm{d}z + \kappa\phi\tilde{A}(v) \right\} \mathrm{d}v. \tag{3.24}$$

证明 为了求解式 (3.12) 和 (3.14), 构造以下形式的解

$$\begin{aligned} V(t,x,\alpha) &= A(t)x + \tilde{A}(t)\alpha + \bar{A}(t), \quad A(T)=1, \quad \tilde{A}(T)=\bar{A}(T)=0, \\ g(t,x,\alpha) &= B(t)x + \tilde{B}(t)\alpha + \bar{B}(t), \quad B(T)=1, \quad \tilde{B}(T)=\bar{B}(T)=0. \end{aligned} \tag{3.25}$$

偏导数为

$$\begin{aligned} &V_t = A_t x + \tilde{A}_t\alpha + \bar{A}_t, \quad V_x = A, \quad V_\alpha = \tilde{A}, \quad V_{xx} = V_{\alpha\alpha} = V_{x\alpha} = 0, \\ &g_t = B_t x + \tilde{B}_t\alpha + \bar{B}_t, \quad g_x = B, \quad g_\alpha = \tilde{B}, \quad g_{xx} = g_{\alpha\alpha} = g_{x\alpha} = 0, \end{aligned} \tag{3.26}$$

其中 V, g, A, $\tilde{A}$, $\bar{A}$, B, $\tilde{B}$ 和 $\bar{B}$ 是 $V(t,x,\alpha)$, $g(t,x,\alpha)$, $A(t)$, $\tilde{A}(t)$, $\bar{A}(t)$, $B(t)$, $\tilde{B}(t)$ 和 $\bar{B}(t)$ 的简称. 将式 (3.25) 和 (3.26) 代入式 (3.12) 中可得

$$\sup_{u\in\Pi} \left\{ A_t x + \tilde{A}_t\alpha + \bar{A}_t + \{ r(t)x + (\mu(t)-r(t))\pi + (\theta-\eta)\lambda\mu_Z \right.$$

$$+ \eta\lambda\mathrm{E}[\min\{Z_i, a\}] \} A + \kappa(\phi-\alpha)\tilde{A} - \frac{\gamma\pi^2(\mu(t)-r(t))^2 B^2}{2\vartheta^2\alpha}$$

$$
\left.-\frac{\gamma(\lambda_1+\lambda)\mathrm{E}[(\min\{Z_i,a\})^2]B^2}{2}-\frac{\gamma\alpha(k_1^2+k_2^2)\tilde{B}^2}{2}-\frac{\gamma\pi(\mu(t)-r(t))k_1B\tilde{B}}{\vartheta}\right\}=0. \tag{3.27}
$$

式 (3.27) 关于 a 和 π 求导可得

$$
a^*=\frac{\eta A}{\gamma B^2},\qquad \pi^*=\frac{\alpha\vartheta(\vartheta A-\gamma k_1B\tilde{B})}{\gamma(\mu(t)-r(t))B^2}. \tag{3.28}
$$

将式 (3.28) 代入式 (3.27) 和 (3.14) 中, 并且关于 x 和 α 分离变量可得

$$
\begin{aligned}
&x[A_t+r(t)A]+\alpha\left[\tilde{A}_t-\kappa\tilde{A}-\frac{\gamma(k_1^2+k_2^2)\tilde{B}^2}{2}+\frac{(\vartheta A-\gamma k_1B\tilde{B})^2}{2\gamma B^2}\right]\\
&+\bar{A}_t+(\theta-\eta)\lambda\mu_ZA+\eta\lambda A\int_0^{a^*}\bar{F}(z)\mathrm{d}z+\kappa\phi\tilde{A}-\gamma\lambda B^2\int_0^{a^*}z\bar{F}(z)\mathrm{d}z=0,\\
&x[B_t+r(t)B]+\alpha\left[\tilde{B}_t-\kappa\tilde{B}+\frac{\vartheta(\vartheta A-\gamma k_1B\tilde{B})}{\gamma B}\right]\\
&+\bar{B}_t+(\theta-\eta)\lambda\mu_ZB+\eta\lambda B\int_0^{a^*}\bar{F}(z)\mathrm{d}z+\kappa\phi\tilde{B}=0.
\end{aligned}
$$

考虑边界条件可得

$$
\begin{aligned}
&A(t)=B(t)=\mathrm{e}^{\int_t^T r(w)\mathrm{d}w},\\
&\tilde{A}(t)=\mathrm{e}^{\kappa t}\int_t^T\mathrm{e}^{-\kappa v}\left[-\frac{\gamma(k_1^2+k_2^2)(\tilde{B}(v))^2}{2}+\frac{(\vartheta-\gamma k_1\tilde{B}(v))^2}{2\gamma}\right]\mathrm{d}v,\\
&\bar{A}(t)=\int_t^T\left\{\mathrm{e}^{\int_v^T r(w)\mathrm{d}w}\left[(\theta-\eta)\lambda\mu_Z+\eta\lambda\int_0^{a^*(v)}\bar{F}(z)\mathrm{d}z\right]\right.\\
&\qquad\left.-\gamma\lambda\mathrm{e}^{2\int_v^T r(w)\mathrm{d}w}\cdot\int_0^{a^*(v)}z\bar{F}(z)\mathrm{d}z+\kappa\phi\tilde{A}(v)\right\}\mathrm{d}v,\\
&\tilde{B}(t)=\frac{\vartheta^2}{\gamma(\kappa+\vartheta k_1)}\left[1-\mathrm{e}^{(\kappa+\vartheta k_1)(t-T)}\right],\\
&\bar{B}(t)=\int_t^T\left\{\mathrm{e}^{\int_v^T r(w)\mathrm{d}w}\left[(\theta-\eta)\lambda\mu_Z+\eta\lambda\int_0^{a^*(v)}\bar{F}(z)\mathrm{d}z\right]+\kappa\phi\tilde{B}(v)\right\}\mathrm{d}v.
\end{aligned} \tag{3.29}
$$

注意到若 $\kappa+\vartheta k_1$ 为 0，$\tilde{A}(t)$, $\bar{A}(t)$, $\tilde{B}(t)$ 和 $\bar{B}(t)$ 也为极限形式. 定理 3.2 得证.

□

下面给出比例再保险的情况.

注解 3.1 如果再保险合同中假设比例再保险策略 $p(t) \geqslant 0$, 在策略 $u_p = (p(t), \pi(t))_{t\in[0,T]}$ 控制下的保险公司的财富过程为

$$\begin{cases} \mathrm{d}X^{u_p}(t) = \{r(t)X^{u_p}(t) + (\mu(t) - r(t))\pi(t) + (\theta - \eta)\lambda\mu_Z + (1+\eta)p(t)\lambda\mu_Z\}\,\mathrm{d}t \\ \qquad + \dfrac{\pi(t)(\mu(t) - r(t))}{\vartheta\sqrt{\alpha(t)}}\mathrm{d}W_1(t) - p(t)\mathrm{d}\left(\displaystyle\sum_{i=1}^{N(t)} Z_i\right), \\ X^{u_p}(0) = x_0. \end{cases} \tag{3.30}$$

对于任意 (t, x, α), 目标函数为

$$\sup_{u_p\in\Pi_p} \left\{\mathrm{E}_{t,x,\alpha}[X^{u_p}(T)] - \frac{\gamma}{2}\mathrm{Var}_{t,x,\alpha}[X^{u_p}(T)]\right\}, \tag{3.31}$$

其中 $\Pi_p = \left\{(p(t), \pi(t))\middle| p(t) \geqslant 0, \mathrm{E}_{t,x,\alpha}\left[\int_0^T ((p(t))^2 + (\pi(t)\sigma(t))^2)\mathrm{d}t\right] < \infty\right\}$ 是比例再保险情况下所有可行策略的集合, 则均衡再保险策略为

$$p^*(t) = \frac{\eta\mu_Z}{\gamma\sigma_Z^2}\mathrm{e}^{-\int_t^T r(w)\mathrm{d}w}, \quad 0 \leqslant t \leqslant T, \tag{3.32}$$

均衡投资策略由式 (3.17) 给出, 相关的均衡价值函数为

$$V(t, x, \alpha) = \mathrm{e}^{\int_t^T r(s)\mathrm{d}s}x + \tilde{A}(t)\alpha + \bar{A}_4(t), \tag{3.33}$$

其中

$$\bar{A}_4(t) = \int_t^T \left\{\mathrm{e}^{\int_v^T r(w)\mathrm{d}w}(\theta - \eta)\lambda\mu_Z + \kappa\phi\tilde{A}(v) + \frac{\lambda\eta^2\mu_Z^2}{2\gamma\sigma_Z^2}\right\}\mathrm{d}v, \tag{3.34}$$

且 $\tilde{A}(t)$ 由式 (3.21) 给出.

注解 3.2 如果风险资产的价格过程服从几何布朗运动, 且赔付过程服从扩散过程, 均衡比例再保险和投资策略退化到 [127] 中的结果; 如果风险资产的价格过程服从 Heston 模型, 且赔付过程服从扩散过程, 均衡比例再保险和投资策略退化到 [83] 中的结果; 如果风险资产的价格过程服从 CEV 模型, 均衡比例再保险和投资策略退化到 [88] 中的结果. 此外, 均衡比例再保险与使得终端财富期望指数效用最大化的最优比例再保险[6] 一致.

注解 3.3 由定理 3.2 和注解 3.1 可知, 均衡再保险策略在比例再保险和超额损失再保险情况下是不同的, 但投资策略是相同的. 此外, 均衡再保险策略与风险资产的参数不相关.

双因子模型常用于描述风险资产的价格, 下面考虑两种特殊的随机波动率模型: Heston 模型和 CEV 模型.

例 3.1(Heston 模型) 若 $\mu(t)=r+\vartheta\alpha(t)$, $\sigma(t)=\sqrt{\alpha(t)}$, $r(t)=r$, $k_1=\sigma_0\rho$, $k_2=\sigma_0\sqrt{1-\rho^2}$, 其中 $r>0$, $\vartheta\in\mathbb{R}_0$, $\sigma_0>0$ 且 $\rho\in(-1,1)$, 则风险资产的价格服从 Heston 模型

$$\mathrm{d}S(t)=S(t)\left[(r+\vartheta\alpha(t))\mathrm{d}t+\sqrt{\alpha(t)}\mathrm{d}W_1(t)\right],\quad S(0)=s_0>0,\tag{3.35}$$

$$\mathrm{d}\alpha(t)=\kappa[\phi-\alpha(t)]\mathrm{d}t+\sigma_0\sqrt{\alpha(t)}[\rho\mathrm{d}W_1(t)+\sqrt{1-\rho^2}\mathrm{d}W_2(t)],\quad \alpha(0)=\alpha_0>0,\tag{3.36}$$

这是由式 (3.5)—(3.7) 给出的一个特殊模型. 此时, 随机因子过程 $\{\alpha(t)\}_{t\in[0,T]}$ 是方差过程, $\kappa>0$ 是均值回复比率, $\phi>0$ 为长期均值, σ_0 为 $\alpha(t)$ 的标准差, ρ 是风险资产价格与其波动之间的相关系数. 在 Heston 模型中, 风险的市场价格为 $\vartheta(t)=\vartheta\sqrt{\alpha(t)}$. 为了使得对任意 $t\in[0,T]$, 方差 $\alpha(t)>0$, Feller 条件需要被满足, 即 $2\kappa\phi\geqslant\sigma_0^2$. 则财富过程 (3.9) 变为

$$\begin{cases}\mathrm{d}X^u(t)=\{rX^u(t)+\pi(t)\vartheta\alpha(t)+(\theta-\eta)\lambda\mu_Z+(1+\eta)\lambda\mathrm{E}[\min\{Z_i,a\}]\}\,\mathrm{d}t\\ \qquad\qquad +\pi(t)\sqrt{\alpha(t)}\mathrm{d}W_1(t)-\mathrm{d}\left(\displaystyle\sum_{i=1}^{N(t)}\min\{Z_i,a\}\right),\\ X^u(0)=x_0.\end{cases}\tag{3.37}$$

对于 Heston 模型下的均值–方差保险公司的超额损失再保险和投资问题,

(1) 若 $D>\dfrac{\eta}{\gamma}$, 均衡再保险和投资策略为

$$a^*(t)=\frac{\eta}{\gamma}\mathrm{e}^{-r(T-t)},\quad 0\leqslant t\leqslant T,\tag{3.38}$$

$$\pi^*(t)=\begin{cases}\dfrac{\vartheta(\kappa+\vartheta\sigma_0\rho\mathrm{e}^{(\kappa+\vartheta\sigma_0\rho)(t-T)})}{\gamma(\kappa+\vartheta\sigma_0\rho)}\mathrm{e}^{-r(T-t)}, & \kappa+\vartheta\sigma_0\rho\neq0,\quad 0\leqslant t\leqslant T,\\ \dfrac{\vartheta(1-\vartheta\sigma_0\rho(T-t))}{\gamma}\mathrm{e}^{-r(T-t)}, & \kappa+\vartheta\sigma_0\rho=0,\quad 0\leqslant t\leqslant T,\end{cases}\tag{3.39}$$

相关的均衡价值函数为

$$V(t,x,\alpha)=\mathrm{e}^{r(T-t)}x+\hat{A}(t)\alpha+\bar{A}_5(t).\tag{3.40}$$

(2) 若 $D \leqslant \dfrac{\eta}{\gamma}$, 均衡再保险策略为

$$a^*(t)=\begin{cases}\dfrac{\eta}{\gamma}\mathrm{e}^{-r(T-t)}, & 0\leqslant t\leqslant T+\dfrac{1}{r}\ln\dfrac{\gamma D}{\eta},\\ D, & T+\dfrac{1}{r}\ln\dfrac{\gamma D}{\eta}<t\leqslant T,\end{cases}\tag{3.41}$$

均衡投资策略由式 (3.39) 给出. 进一步, 均衡价值函数为

$$V(t,x,\alpha)=\begin{cases}\mathrm{e}^{r(T-t)}x+\hat{A}(t)\alpha+\bar{A}_6(t), & 0\leqslant t\leqslant T+\dfrac{1}{r}\ln\dfrac{\gamma D}{\eta},\\ \mathrm{e}^{r(T-t)}x+\hat{A}(t)\alpha+\bar{A}_7(t), & T+\dfrac{1}{r}\ln\dfrac{\gamma D}{\eta}<t\leqslant T,\end{cases}\tag{3.42}$$

其中

$$\begin{aligned}\hat{A}(t)=\frac{1}{2\gamma}\bigg[&\frac{\sigma_0^2\vartheta^4-\kappa\vartheta^2}{\kappa(\kappa+\vartheta\sigma_0\rho)^2}(\mathrm{e}^{\kappa(t-T)}-1)\\&+\frac{2\sigma_0^2\vartheta^4+2\sigma_0\rho\kappa\vartheta^3}{\vartheta\sigma_0\rho(\kappa+\vartheta\sigma_0\rho)^2}(\mathrm{e}^{\kappa(t-T)}-\mathrm{e}^{(\kappa+\vartheta\sigma_0\rho)(t-T)})\\&-\frac{\sigma_0^2(1-\rho^2)\vartheta^4}{(\kappa+2\vartheta\sigma_0\rho)(\kappa+\vartheta\sigma_0\rho)^2}(\mathrm{e}^{\kappa(t-T)}-\mathrm{e}^{2(\kappa+\vartheta\sigma_0\rho)(t-T)})\bigg],\end{aligned}$$

$$\begin{aligned}\bar{A}_5(t)=\int_t^T\bigg\{&\mathrm{e}^{r(T-v)}\left[(\theta-\eta)\lambda\mu_Z+\eta\lambda\int_0^{\frac{\eta}{\gamma}\mathrm{e}^{-r(T-v)}}\bar{F}(z)\mathrm{d}z\right]\\&-\gamma\lambda\mathrm{e}^{2r(T-v)}\cdot\int_0^{\frac{\eta}{\gamma}\mathrm{e}^{-r(T-v)}}z\bar{F}(z)\mathrm{d}z+\kappa\phi\hat{A}(v)\bigg\}\mathrm{d}v,\end{aligned}$$

$$\begin{aligned}\bar{A}_6(t)=\int_t^{T+\frac{1}{r}\ln\frac{\gamma D}{\eta}}\bigg\{&\mathrm{e}^{r(T-v)}\left[(\theta-\eta)\lambda\mu_Z+\eta\lambda\int_0^{\frac{\eta}{\gamma}\mathrm{e}^{-r(T-v)}}\bar{F}(z)\mathrm{d}z\right]\\&-\gamma\lambda\mathrm{e}^{2r(T-v)}\cdot\int_0^{\frac{\eta}{\gamma}\mathrm{e}^{-r(T-v)}}z\bar{F}(z)\mathrm{d}z+\kappa\phi\hat{A}(v)\bigg\}\mathrm{d}v\\&+\int_{T+\frac{1}{r}\ln\frac{\gamma D}{\eta}}^T\bigg\{\mathrm{e}^{r(T-v)}\left[(\theta-\eta)\lambda\mu_Z+\eta\lambda\int_0^D\bar{F}(z)\mathrm{d}z\right]\\&-\gamma\lambda\mathrm{e}^{2r(T-v)}\cdot\int_0^D z\bar{F}(z)\mathrm{d}z+\kappa\phi\hat{A}(v)\bigg\}\mathrm{d}v,\end{aligned}$$

$$\bar{A}_7(t) = \int_t^T \left\{ \mathrm{e}^{r(T-v)} \left[(\theta - \eta)\lambda\mu_Z + \eta\lambda \int_0^D \bar{F}(z)\mathrm{d}z \right] \right.$$
$$\left. - \gamma\lambda \mathrm{e}^{2r(T-v)} \cdot \int_0^D z\bar{F}(z)\mathrm{d}z + \kappa\phi\hat{A}(v) \right\} \mathrm{d}v.$$

例 3.2 (CEV 模型) 若 $\mu(t) = \mu$, $\sigma(t) = \sigma(S(t))^\beta$, $r(t) = r$, 其中 $\mu > 0$, $r > 0$, $\sigma > 0$ 且 $\beta \in \mathbb{R}$ 使得 $\mu \neq r$, 则风险资产价格服从 CEV 模型

$$\mathrm{d}S(t) = S(t)\left[\mu \mathrm{d}t + \sigma(S(t))^\beta \mathrm{d}W_1(t)\right], \quad S(0) = s_0 > 0. \tag{3.43}$$

这里 β 称为风险资产的弹性参数, 对过程 $(S(t))^{-2\beta}$ 运用 Itô 公式可得

$$\mathrm{d}(S(t))^{-2\beta} = 2\beta\mu \left[\left(\beta + \frac{1}{2}\right)\frac{\sigma^2}{\mu} - (S(t))^{-2\beta} \right] \mathrm{d}t - 2\beta\sigma(S(t))^{-\beta}\mathrm{d}W_1(t). \tag{3.44}$$

令$\alpha(t) = (S(t))^{-2\beta}$, $\kappa = 2\beta\mu$, $\phi = \left(\beta + \dfrac{1}{2}\right)\dfrac{\sigma^2}{\mu}$, $k_1 = -2\beta\sigma$, $k_2 = 0$ 且 $\vartheta = \dfrac{\mu - r}{\sigma}$, 则式 (3.5)—(3.7)可表示 CEV 模型. 在这种情况下, 风险的市场价格为 $\vartheta(t) = \dfrac{\mu - r}{\sigma}\sqrt{\alpha(t)} = \dfrac{\mu - r}{\sigma(S(t))^\beta}$. 若在式 (3.43) 中, 弹性参数 $\beta = 0$, 则 CEV 模型退化成几何布朗运动. 若 $\beta < 0$, 瞬时波动率 $\sigma(S(t))^\beta$ 随着风险资产价格的减小而增大, 且会产生厚左尾分布 (参见 [45,84]). 若 $\beta > 0$, 这种情况是相反的 (参见 [41,53]). 则财富过程 (3.9) 变为

$$\begin{cases} \mathrm{d}X^u(t) = \{rX^u(t) + (\mu - r)\pi(t) + (\theta - \eta)\lambda\mu_Z + (1+\eta)\lambda \mathrm{E}[\min\{Y_i, a\}]\}\,\mathrm{d}t \\ \qquad\qquad + \pi(t)\sigma(S(t))^\beta \mathrm{d}W_1(t) - \mathrm{d}\left(\displaystyle\sum_{i=1}^{N(t)} \min\{Z_i, a\}\right), \\ X^u(0) = x_0. \end{cases} \tag{3.45}$$

对于 CEV 模型下的均值–方差保险公司的超额损失再保险和投资问题,

(1) 若 $D > \dfrac{\eta}{\gamma}$, 均衡再保险和投资策略为

$$a^*(t) = \frac{\eta}{\gamma}\mathrm{e}^{-r(T-t)}, \quad 0 \leqslant t \leqslant T, \tag{3.46}$$

$$\pi^*(t) = \frac{(\mu - r)}{\gamma\sigma^2 s^{2\beta}\mathrm{e}^{r(T-t)}}\left[1 + \frac{\mu - r}{r}(1 - \mathrm{e}^{2r\beta(t-T)})\right], \quad 0 \leqslant t \leqslant T, \tag{3.47}$$

相关的均衡价值函数为

$$V(t,x,\alpha)=\mathrm{e}^{r(T-t)}x+\breve{A}(t)\alpha+\bar{A}_8(t). \tag{3.48}$$

(2) 若 $D\leqslant\dfrac{\eta}{\gamma}$, 均衡再保险策略为

$$a^*(t)=\begin{cases}\dfrac{\eta}{\gamma}\mathrm{e}^{-r(T-t)}, & 0\leqslant t\leqslant T+\dfrac{1}{r}\ln\dfrac{\gamma D}{\eta},\\ D, & T+\dfrac{1}{r}\ln\dfrac{\gamma D}{\eta}<t\leqslant T,\end{cases} \tag{3.49}$$

均衡投资策略由式 (3.47) 给出. 进一步, 均衡价值函数为

$$V(t,x,\alpha)=\begin{cases}\mathrm{e}^{r(T-t)}x+\breve{A}(t)\alpha+\bar{A}_9(t), & 0\leqslant t\leqslant T+\dfrac{1}{r}\ln\dfrac{\gamma D}{\eta},\\ \mathrm{e}^{r(T-t)}x+\breve{A}(t)\alpha+\bar{A}_{10}(t), & T+\dfrac{1}{r}\ln\dfrac{\gamma D}{\eta}<t\leqslant T,\end{cases} \tag{3.50}$$

其中

$$\begin{aligned}\breve{A}(t)=&\frac{1}{2\gamma}\left[\frac{2\beta(\mu-r)^4-\mu(\mu-r)^2}{4\beta^2r^2\mu\sigma^2}(\mathrm{e}^{2\beta\mu(t-T)}-1)\right.\\&\left.+\frac{2(\mu-r)^2}{\sigma^2}(\mathrm{e}^{2\beta\mu(t-T)}-\mathrm{e}^{2\beta r(t-T)})\right],\end{aligned}$$

$$\begin{aligned}\bar{A}_8(t)=&\int_t^T\left\{\mathrm{e}^{r(T-v)}\left[(\theta-\eta)\lambda\mu_Z+\eta\lambda\int_0^{\frac{\eta}{\gamma}\mathrm{e}^{-r(T-v)}}\bar{F}(z)\mathrm{d}z\right]\right.\\&\left.-\gamma\lambda\mathrm{e}^{2r(T-v)}\cdot\int_0^{\frac{\eta}{\gamma}\mathrm{e}^{-r(T-v)}}z\bar{F}(z)\mathrm{d}z+\beta(2\beta+1)\sigma^2\breve{A}(v)\right\}\mathrm{d}v,\end{aligned}$$

$$\begin{aligned}\bar{A}_9(t)=&\int_t^{T+\frac{1}{r}\ln\frac{\gamma D}{\eta}}\left\{\mathrm{e}^{r(T-v)}\left[(\theta-\eta)\lambda\mu_Z+\eta\lambda\int_0^{\frac{\eta}{\gamma}\mathrm{e}^{-r(T-v)}}\bar{F}(z)\mathrm{d}z\right]\right.\\&\left.-\gamma\lambda\mathrm{e}^{2r(T-v)}\cdot\int_0^{\frac{\eta}{\gamma}\mathrm{e}^{-r(T-v)}}z\bar{F}(z)\mathrm{d}z+\beta(2\beta+1)\sigma^2\breve{A}(v)\right\}\mathrm{d}v\\&+\int_{T+\frac{1}{r}\ln\frac{\gamma D}{\eta}}^T\left\{\mathrm{e}^{r(T-v)}\left[(\theta-\eta)\lambda\mu_Z+\eta\lambda\int_0^D\bar{F}(z)\mathrm{d}z\right]\right.\\&\left.-\gamma\lambda\mathrm{e}^{2r(T-v)}\cdot\int_0^D z\bar{F}(z)\mathrm{d}z+\beta(2\beta+1)\sigma^2\breve{A}(v)\right\}\mathrm{d}v,\end{aligned}$$

$$\bar{A}_{10}(t) = \int_t^T \left\{ \mathrm{e}^{r(T-v)} \left[(\theta-\eta)\lambda\mu_Z + \eta\lambda \int_0^D \bar{F}(z)\mathrm{d}z \right] \right.$$
$$\left. -\gamma\lambda\mathrm{e}^{2r(T-v)} \cdot \int_0^D z\bar{F}(z)\mathrm{d}z + \beta(2\beta+1)\sigma^2\breve{A}(v) \right\} \mathrm{d}v.$$

注解 3.4 由例 3.1 和例 3.2 可知, 均衡超额损失再保险和投资策略可以退化到 [131] 和 [53] 中的结果. Zhao 等[131] 和 Gu 等[53] 分别在 Heston 模型和 CEV 模型下考虑了以最大化终端财富期望指数效用为目标的保险公司最优超额损失再保险和投资问题.

注解 3.5 由注解 3.2 和注解 3.4 可知, 均值–方差问题的均衡策略和最大化终端财富期望指数效用目标下的最优策略是等价的. 这个结果与 [14] 中的命题 5.1 和 [9] 中的注 1 一致: 对于每一个时间不一致问题, 存在一个时间一致最优控制问题使得时间一致问题的最优策略与时间不一致问题的均衡策略等价.

3.5 数值分析

在这部分中, 我们以 Heston 模型为例, 给出一些数值算例来说明模型参数对均衡再保险和投资策略的影响. 假设赔付 Z 服从参数为 λ_Z 的指数分布, 即 Z 的概率密度函数为 $f(z)=\lambda_Z\mathrm{e}^{-\lambda_Z z}$, $z \geqslant 0$. 为了贴近实际, 我们参考 [42] 来设定金融市场参数, [42] 使用标准普尔 500 指数以及纳斯达克 100 指数收益率来估计 Heston 模型的参数. 若无特别说明, 该数值部分的参数选择如下: $r=0.03$, $\theta=0.1$, $\eta=0.2$, $\gamma=1$, $\kappa=0.0231$, $\phi=0.9052$, $\sigma_0=0.1434$, $\vartheta=0.0113$, $\rho=\pm0.3974$, $\lambda=1$, $\lambda_Z=1$, $x=1$, $\alpha=1$, $T=10$ 和 $t=0$.

由式 (3.38) 可知, 在 Heston 模型下均衡再保险策略 a^* 关于各参数的导数分别为: $\dfrac{\partial a^*}{\partial t}>0$, $\dfrac{\partial a^*}{\partial r}<0$, $\dfrac{\partial a^*}{\partial \gamma}<0$ 和 $\dfrac{\partial a^*}{\partial \eta}>0$. 则有以下结论. ① a^* 随着时间 t 和再保险公司安全载荷 η 的增加而增加. 随着时间的增加, 保险公司具有足够的资金累积, 并愿意承担更多的风险; 而随着 η 的增加, 再保费较高, 为了减少支付给再保险公司的费用, 保险公司更倾向自己承担更多的风险. ② a^* 随着无风险利率 r 和保险公司风险厌恶系数 γ 的增加而减少. 主要原因是随着 r 的增加, 无风险资产更具吸引力, 因此, 保险公司愿意投资更多的资产在无风险资产上, 而不是购买再保险. 此外, 随着 γ 的增加, 保险公司更加风险厌恶, 因此会购买更多再保险来分担风险.

由式 (3.39) 可知, 在 Heston 模型下均衡投资策略 π^* 比较复杂, 依赖不同参数. 因此, 很难去解析地通过求导的方式分析不同参数对 π^* 的影响. 下面, 我们将数值地分析各参数对 π^* 的影响.

图 3.1 给出了 γ 和 ϑ 对均衡投资策略 π^* 的影响. 由图 3.1 可知, γ 与 π^* 之间具有负相关性, 这意味着较高的风险厌恶系数将使得保险公司投资较少的金额在风险资产上. 同时, π^* 随着 ϑ 的增加而增加, 这是由于随着 ϑ 的增加, 风险资产收益率在提高. 因此, 较高的 ϑ 使得保险公司决定投资较多的金额在风险资产上. 此外, 由图 3.1 可知, ρ 的正负性对于 π^* 关于 γ 和 ϑ 的变化走势的影响是类似的.

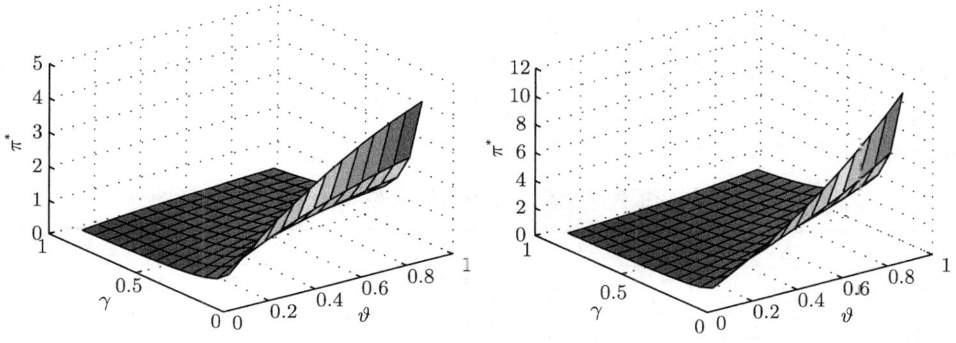

(a) (b)

图 3.1 当 $\rho = 0.3974$ 和 $\rho = -0.3974$ 时, γ 和 ϑ 对 π^* 的影响

图 3.2 给出了 $\alpha(t)$ 的参数, 即 κ 和 σ_0 对均衡投资策略 π^* 的影响. 由图 3.2 可知, ρ 的正负性对于 π^* 关于 κ 和 σ_0 变化走势的影响是不同的. 若 $\rho < 0$, 较大的 κ 使得 π^* 较小. 这是因为 κ 反映了 $\alpha(t)$ 向 ϕ 靠近的速度. 当 $\rho < 0$ 时, 风险资产价格和其波动之间的变化是相反的. 因此, 较大的 κ 意味着风险资产的波动不稳定, 保险公司将减少在风险资产上的投资. 此外, 若 $\rho < 0$, π^* 随着 σ_0 的增加而增加, 这是因为当 σ_0 增加时, 风险资产的波动变得剧烈. 若 $\rho < 0$, 由于风险资

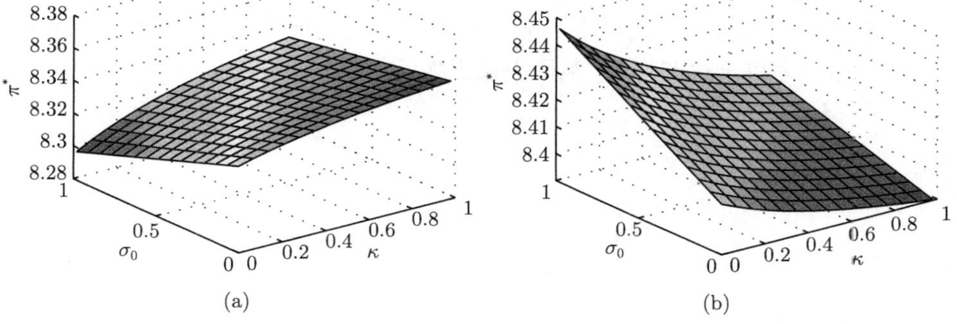

(a) (b)

图 3.2 当 $\rho = 0.3974$ 和 $\rho = -0.3974$ 时, κ 和 σ_0 对 π^* 的影响

产的价格与波动之间具有负相关性, 较为剧烈的波动使得风险资产的期望收益增加. 因此, 保险公司将增加在风险资产上的投资. 当 $\rho > 0$ 时, κ 和 σ_0 对 π^* 的影响与 $\rho < 0$ 的情况相反, 这里不做详细介绍了.

表 3.1 分别给出了在超额损失再保险和比例再保险情况下均衡价值函数的情况. 由表 3.1 可知, 在超额损失再保险情况下的均衡价值函数 $V_{\text{excess-of-loss}}(t,x,\alpha)$ 比在比例再保险情况下的均衡价值函数 $V_{\text{proportional}}(t,x,\alpha)$ 大, 这意味着在我们的模型中超额损失再保险优于比例再保险. 该结果与 Gerber[46], Asmussen 等[4], Zeng 和 Luo[127], Bai 等[5] 在期望值保费原理下分别讨论最大化调节系数、最大化累积期望折现分红、最大化终端财富期望效用和最小化破产概率问题得到的结果一致. 因此, 超额损失再保险在一些情况下是具有优势的, 在现实情况中, 许多保险公司更倾向选择超额损失再保险.

表 3.1 超额损失再保险和比例再保险对均衡价值函数的影响

t	0	1	2	3	4	5	6
$V_{\text{excess-of-loss}}(t,x,\alpha)$	0.2892	0.3736	0.4547	0.5328	0.6078	0.6800	0.7493
$V_{\text{proportional}}(t,x,\alpha)$	0.1903	0.2847	0.3759	0.4640	0.5489	0.6310	0.7101

3.6 小结与展望

本章假设保险公司的盈余过程由经典的 C-L 模型描述, 保险公司可以通过超额损失再保险转移部分风险给再保险公司, 并且保险公司可投资于由一个风险资产和一个无风险资产组成的金融市场. 市场的风险价格依赖于随机因子, 该随机因子是具有马氏性和仿射形式的双因子模型. 在之前的关于保险公司的均衡再保险和投资策略的研究中, 风险资产价格一般假设满足特定的模型, 而本章中没有预先假定具体模型, 模型可涵盖几何布朗运动、CEV 模型和 Heston 模型. 运用随机控制理论, 建立相关拓展的 HJB 方程, 通过求解拓展的 HJB 方程, 可得到均衡再保险和投资策略以及均衡价值函数的解析解.

未来可以综合考虑随机利率和随机波动率等更复杂的金融市场模型, 并将再保险形式拓展为更一般的形式, 从而更贴近实际情况.

第 4 章 极端模糊厌恶情景下的保险公司均衡再保险和投资策略选择

4.1 引 言

根据已有文献的研究, 模糊又称模型不确定性, 或者称为考虑最优化问题的鲁棒策略. 由于资产价格的随机动态模型的漂移参数难以准确估计, 即便是最为简单的 BS 模型, 用 Maximum Likelihood Estimation(MLE) 方法估计得出的漂移参数也有非常大的误差. 所以对于理性的投资人来说, 很自然会考虑最优鲁棒策略以降低因参数估计错误造成的风险. 建立模型不确定的方法有很多种, 有些学者通过给予模型参数一个范围, 考虑在此范围之内的最坏情形发生时的最优投资策略, 如 [99, 130] 等. 但是这种方法忽略了投资人自身对模型不确定性的主观感受, 从而无法准确描绘不同投资人对模型不确定性的看法. Anderson 等[2] 定义了投资人的偏好参数, 并用其来量化投资人对模型不确定性的程度. 第 4 章和第 5 章均采用此种方法描述模型不确定性.

目前, 均值–方差目标下带跳的模糊厌恶保险公司决策者的均衡再保险和投资问题还鲜有研究, 本章将对此进行探讨. 关于一般金融投资问题, 少量文献研究了带跳的鲁棒最优投资问题, 例如, Branger 和 Larsen[20], Aït-Sahalia 和 Matthys[1] 在幂效用下研究了极端模糊厌恶投资者的最优投资问题, 并指出了极端模糊厌恶对扩散风险和跳风险的影响不同. Zheng 等[133] 在 CEV 模型下考虑了极端模糊厌恶保险公司决策者的均衡再保险和投资问题. 因此, 忽略跳风险将引起较大的损失.

本章假设保险公司的盈余过程由经典的 C-L 模型描述, 保险公司可以通过比例再保险转移部分风险给再保险公司, 并且保险公司可投资于由一个风险资产和一个无风险资产组成的金融市场. 风险资产的价格过程服从跳–扩散模型. 假设市场的真实模型与估计的参考模型之间有一定的偏离, 即考虑了模型不确定性. 假设保险公司对扩散风险和跳风险都是模糊厌恶的. 运用随机最优控制理论, 建立相关拓展的 HJB 方程, 通过求解拓展的 HJB 方程, 可得到鲁棒均衡再保险和投资策略. 本章中也给出了一些特例. 最后, 通过数值模拟分析模型参数对均衡策略以及效用损失的影响.

4.2 模糊厌恶模型

第 4 章和第 5 章考虑的是均值–方差准则下的模型不确定性问题. 早期模型不确定性问题[2] 考虑的是终端财富期望效用最大化问题, 下面我们简要介绍一种模型不确定性建模方法.

首先考虑模型不确定性中立投资人的最优投资问题. 假设投资人可在有限决策区间 $[0,T]$ 上做决策, 且具有如下效用函数

$$U(X^u(T)),$$

其中 $X^u(T)$ 表示在控制 u 下投资人的终端财富. 投资人的目标为最大化其终端财富的期望效用

$$\sup_{u\in\Pi} \mathrm{E}^{\mathbb{P}}[U(X^u(T))], \tag{4.1}$$

Π 表示该情况下投资人的可行策略集.

下面按照 Anderson 等[2,3] 的方法, 在问题 (4.1) 中引入模型不确定性. 假设给定的概率测度 $\mathbb{P}$ 为投资者的参考 (概率) 模型, 其对一套基于统计方法估计出来的参数 (称为参考参数) 持怀疑态度. Anderson 等[3] 提出模型不确定厌恶的投资人将所有等价于概率 $\mathbb{P}$ 的测度 $\mathbb{Q}^\phi$, $\mathbb{Q}^\phi\sim\mathbb{P}$,

$$\mathcal{Q}:=\{\mathbb{Q}^\phi:\phi\in\Theta\}, \tag{4.2}$$

都考虑为可代替模型. 利用 Girsanov 定理可建立概率测度 $\mathbb{P}$ 与其他等价概率测度 $\mathbb{Q}^\phi$ 之间的数学联系: 对于每一个 $\mathbb{Q}^\phi\in\mathcal{Q}$, 存在着循序可测的过程 $\phi(t)$ 使得

$$\left.\frac{\mathrm{d}\mathbb{Q}^\phi}{\mathrm{d}\mathbb{P}}\right|_{\mathcal{F}_T}=\Lambda^\phi(T),$$

其中

$$\Lambda^\phi(t)=\exp\left\{\int_0^t\phi(s)\mathrm{d}W(s)-\frac{1}{2}\int_0^t(\phi(s))^2\mathrm{d}s\right\} \tag{4.3}$$

是一个 $\mathbb{P}$-鞅, $\mathrm{d}W(t)$ 是测度 $\mathbb{P}$ 下的布朗运动.

一般情况下, 需要假设 $\phi(t)$ 满足 Novikov 条件来保证 $\Lambda^\phi(t)$ 的鞅性质. 根据 Girsanov 定理, 在给定的概率测度 $\mathbb{Q}^\phi\in\mathcal{Q}$ 下, 使用 ϕ 来定义新的 $\mathbb{Q}$ 布朗运动如下:

$$\mathrm{d}W^\phi(t)=\mathrm{d}W(t)-\phi(t)\mathrm{d}t.$$

假设模糊厌恶投资人鲁棒性最优策略 u^* 将最优化最坏情形 $\mathbb{Q}^{\phi^*}\in\mathcal{Q}$ 下的目标函数. 我们将通过以下的步骤来寻找此鲁棒最优策略: 首先任意取定一个可

行策略 u, 基于这个策略, 选取概率测度 $\mathbb{Q}^{\phi^*}(u) \in \mathcal{Q}$ 使得效用函数最小 (称之为策略 u 下的最坏情形). 由 Girsanov 定理, 每一个 $\phi(t)$ 将对应一个可替代模型 $\mathbb{Q}^{\phi}(u)$, 故在 u 下的最坏模型 $\mathbb{Q}^{\phi^*}(u)$ 可以被控制 $\phi^*(t)$ 所决定. 这里我们将 $\mathbb{Q}^{\phi^*}(\cdot)$ 视为一个从可行策略集到 $\mathcal{Q}$ 集合上的映射. 随后在可行策略集中最大化效用函数, 从而得到具体的鲁棒最优策略 u^* 最大化最坏情形的值函数. 通过以上方法, 找到的 $\mathbb{Q}^{\phi^*} = \mathbb{Q}^{\phi^*}(u^*)$, 即是我们要寻找的最坏情形概率模型.

虽然投资人愿意考虑所有等价于参考模型 $\mathbb{P}$ 的可替代模型, 但是他知道参考模型 $\mathbb{P}$ 是由实证数据估计出来的唯一结果, 因此他认为可替代模型不应该偏离参考模型太远 (其可容许的偏离程度将取决于投资人对参考模型 $\mathbb{P}$ 的信心). 所以, 我们将惩罚参考模型和可替代模型之间的差距, 故初始问题 (4.1) 可被调整为 Anderson 等[2] 及 Hanson 和 Sargent[59] 提出的鲁棒控制问题

$$\sup_{u\in\Pi}\inf_{\phi\in\Theta} \mathrm{E}^{\phi}\left\{U(X(T)) + \int_0^T \frac{1}{\varphi(s)}R(s)\mathrm{d}s\right\}, \tag{4.4}$$

其中 $\varphi(t)$ 表示对于投资人的不确定性风险偏好参数, 它被用来度量 t 时刻对参考模型 $\mathbb{P}$ 的怀疑程度, $R(t)$ 是 t 时刻 $\mathbb{P}$ 和 $\mathbb{Q}^{\phi}$ 之间的相对熵(用来度量两测度之间的距离). 类似 Hanson 和 Sargent[59]定义 $R(t) := \dfrac{1}{2}(\phi(t))^2$, 用 $\mathrm{E}^{\phi}\left[\int_0^T R(s)\mathrm{d}s\right]$ 度量整个决策区间内 $\mathbb{P}$ 与 $\mathbb{Q}^{\phi}$ 的差异. 在以上的模型框架下, 当可替代模型偏离参考模型的时候, 对效用函数将发生惩罚. 在最优化问题 (4.4) 中, 选定此惩罚函数, 使得在模型参数范围无界的情况下也能够找到内部的最优策略.

当偏好参数$\phi \equiv 0$ 时, 投资人将非常确信真实模型就是 $\mathbb{P}$, 任何偏移于 $\mathbb{P}$ 的模型将会被$\dfrac{1}{\varphi}R$ 项极大地惩罚. 最小化内部问题必将迫使可代替模型 $\mathbb{Q}^{\phi}$ 等同于参考模型 $\mathbb{P}$, 导致 $R \equiv 0$, 进一步导致 $\dfrac{1}{\varphi}R \equiv 0$, 问题 (4.4) 将退化为无模型不确定性的原问题 (4.1). 相反地, 如果 $\varphi \equiv \infty$, 投资人将对参考模型没有任何信心, 因此惩罚函数项 $\dfrac{1}{\varphi}R$ 消失, 由于参数的无约束性, 情形将退化为一个病态的极大极小问题而无法求解.

关于模型不确定性问题, Anderson 等[2] 首先将模型不确定性引入定价模型, 提出了可替代模型的数学建模. Uppal 和 Wang[117] 在 Anderson 等[2] 的模型中引入了投资者对模型不确定性的厌恶程度. Maenhout[95] 研究了带模型不确定性的跨期投资消费问题. Liu 等[91] 研究了模型不确定性在期权定价中的作用. Maenhout[96] 将模型不确定性问题置于带随机风险溢价的模型中, 并提出了测量模型不确定性厌恶系数的合理方法. Xu 等[120] 在 Heston 随机波动率市场下考

虑了一个鲁棒均衡定价模型. Liu[90] 基于时变投资机会, 在模型不确定性下研究了消费投资选择问题. Flor 和 Larsen[44] 在随机利率下考虑了模糊厌恶投资者的最优投资策略. Munk 和 Rubtsov[104] 将随机利率和随机通货膨胀率引入模糊厌恶投资者的组合投资管理问题中. Yi 等[123] 在一个包含一对股票的金融市场中考虑了模型不确定性最优投资组合选择问题. 由以上文献可知, 相较于研究风险资产参数的估计误差, 投资者更倾向考虑与估计模型相近的可选择模型来研究模型不确定性问题. 这种方法已经用于均衡再保险和投资问题中. 例如, Zhang 和 Siu[130], Lin 等[89] 和 Korn 等[74] 通过博弈理论研究了保险公司在模型不确定性下的最优决策问题. 但是此类文献并没有考虑模型不确定性厌恶程度, 从而无法体现出保险公司决策时的个体差异, 而下面的文献则克服了这一问题. Yi 等[121] 和 Yi 等[122] 分别在终端财富期望指数效用最大化和均值–方差目标下得到了模糊厌恶保险公司决策者的均衡再保险和投资策略. Pun 和 Wong[109] 在多维随机波动率模型下考虑了模糊厌恶保险公司决策者的均衡再保险和投资问题.

4.3 模型建立

给定满足通常条件的完备信息流概率空间 $(\Omega, \mathcal{F}, \{\mathcal{F}_t\}_{t\in[0,T]}, \mathbb{P})$, 其中 $\mathcal{F}_t$ 表示到时刻 t 为止所获得的信息总和, 时刻 t 的决策基于信息流 $\mathcal{F}_t$, $\mathbb{P}$ 为实际测度. 假设本章中所有的随机过程均是该概率空间上的适应性过程. 保险和金融市场上交易是连续的, 且没有交易费用和税收产生.

假设保险公司的盈余过程服从经典的 C-L 模型, 即

$$R(t) = x_0 + ct - \sum_{i=1}^{N_1(t)} Z_i,$$

其中 $x_0 \geqslant 0$ 为初始财富, c 表示保费率, $\sum\limits_{i=1}^{N_1(t)} Z_i$ 为复合泊松过程, 表示到时刻 t 的累积赔付, $\{N_1(t)\}_{t\in[0,T]}$ 表示时间区间 $[0,t]$ 内索赔发生的次数, 是强度 (索赔发生率) 为 $\lambda_1 > 0$ 的时齐泊松过程. 假设索赔额 Z_1, $Z_2, \cdots$ 为相互独立同分布的正随机变量, 且具有相同分布函数 $F(z)$、有限一阶矩 $\mathrm{E}[Z_i] = \mu_Z$ 和二阶矩 $\mathrm{E}[Z_i^2] = \sigma_Z^2$. 进一步, 假设保费率计算方式依据期望保费原理, 即 $c = (1+\theta)\lambda_1\mu_Z$, 其中 $\theta > 0$ 是保险公司的安全载荷.

此外, 保险公司允许购买比例再保险或吸收新业务来控制其保险业务风险. 在任意时刻 $t \in [0,T]$, 保险公司比例再保险/新业务的自留水平由风险暴露值 $p(t) \in [0,+\infty)$ 表示. 当 $p(t) \in [0,1]$ 时, 对应于保险公司购买比例再保险的情形, 在任意时刻保险公司需要向再保险公司以速率 $(1+\eta)\lambda_1\mu_Z(1-p(t))$ 支付保

费, 其中 $\eta > \theta$ 为再保险公司的安全载荷, 同时对发生的每一个索赔, 原保险公司只需要支付索赔额的 $100p(t)\%$, 余下的 $100(1-p(t))\%$ 由再保险公司支付; 当 $p(t) \in [1,+\infty)$ 时, 对应于保险公司获取新业务的情形. 同样, 称风险暴露过程为再保险策略. 当采取再保险策略时, 保险公司盈余过程可表示为

$$\mathrm{d}R(t) = [(\theta-\eta)\lambda_1\mu_Z + (1+\eta)p(t)\lambda_1\mu_Z]\mathrm{d}t - p(t)\mathrm{d}\sum_{i=1}^{N_1(t)} Z_i.$$

假设保险公司可以投资于由一个无风险资产和一个风险资产组成的金融市场, 其中无风险资产价格满足

$$\mathrm{d}S_0(t) = r_0 S_0(t)\mathrm{d}t, \tag{4.5}$$

$r_0 > 0$ 表示无风险利率. 风险资产价格满足跳–扩散过程

$$\mathrm{d}S(t) = S(t)\left[\mu\mathrm{d}t + \sigma\mathrm{d}W(t) + \mathrm{d}\sum_{i=1}^{N_2(t)} Y_i\right], \tag{4.6}$$

其中 μ 和 σ 为正常数, $\{W(t)\}_{t\in[0,T]}$ 是一维标准布朗运动, $\{N_2(t)\}_{t\in[0,T]}$ 表示在 $[0,t]$ 期间资产价格发生跳的次数, 是强度为 $\lambda_2 > 0$ 的时齐泊松过程, Y_i 表示第 i 次风险资产发生跳的大小, 且 Y_i, $i=1,2,\cdots$ 为相互独立同分布的正随机变量, 具有相同分布函数 $G(y)$、有限一阶矩 $\mathrm{E}[Y_i]=\mu_Y$ 和二阶矩 $\mathrm{E}[Y_i^2]=\sigma_Y^2$. 类似 [20], 假设 $\{W(t)\}_{t\in[0,T]}$, $\sum_{i=1}^{N_1(t)} Z_i$ 和 $\sum_{i=1}^{N_2(t)} Y_i$ 相互独立. 此外, 条件 $P\{Y_i \geqslant -1, i\geqslant 1\} = 1$ 用于保证风险资产价格为正. 一般来说, 风险资产的期望收益应比无风险利率大, 即 $\mu + \lambda_2\mu_Y > r_0$.

我们用 $\Omega\times[0,T]\times[0,\infty)$ 上的泊松随机测度 $N_1(\cdot,\cdot)$ 和 $\Omega\times[0,T]\times[-1,\infty)$ 的泊松随机测度 $N_2(\cdot,\cdot)$ 表示复合泊松过程 $\sum_{i=1}^{N_1(t)} Z_i$ 和 $\sum_{i=1}^{N_2(t)} Y_i$, 即

$$\sum_{i=1}^{N_1(t)} Z_i = \int_0^t\int_0^\infty zN_1(\mathrm{d}s,\mathrm{d}z), \quad \forall t\in[0,T],$$

$$\sum_{i=1}^{N_2(t)} Y_i = \int_0^t\int_{-1}^\infty yN_2(\mathrm{d}s,\mathrm{d}y), \quad \forall t\in[0,T].$$

记 $\nu_1(\mathrm{d}t,\mathrm{d}z) = \lambda_1\mathrm{d}t\mathrm{d}F(z)$, $\nu_2(\mathrm{d}t,\mathrm{d}y) = \lambda_2\mathrm{d}t\mathrm{d}G(y)$, 则

$$\mathrm{E}\left[\sum_{i=1}^{N_1(t)} Z_i\right] = \int_0^t\int_0^\infty z\nu_1(\mathrm{d}s,\mathrm{d}z), \quad \forall t\in[0,T],$$

$$\mathrm{E}\left[\sum_{i=1}^{N_2(t)} Y_i\right] = \int_0^t \int_{-1}^{\infty} y\nu_2(\mathrm{d}s, \mathrm{d}y), \qquad \forall t \in [0, T],$$

且 $\nu_1(\cdot,\cdot)$ 和 $\nu_2(\cdot,\cdot)$ 分别是随机测度 $N_1(\cdot,\cdot)$ 和 $N_2(\cdot,\cdot)$ 的补偿过程. 因此, 补偿测度 $\tilde{N}_1(\cdot,\cdot) = N_1(\cdot,\cdot) - \nu_1(\cdot,\cdot)$ 和 $\tilde{N}_2(\cdot,\cdot) = N_2(\cdot,\cdot) - \nu_2(\cdot,\cdot)$ 与复合泊松过程 $\sum\limits_{i=1}^{N_1(t)} Z_i$ 和 $\sum\limits_{i=1}^{N_2(t)} Y_i$ 有如下关系

$$\int_0^t \int_0^{\infty} z\tilde{N}_1(\mathrm{d}s, \mathrm{d}z) = \sum_{i=1}^{N_1(t)} Z_i - \mathrm{E}\left[\sum_{i=1}^{N_1(t)} Z_i\right], \qquad \forall t \in [0, T],$$

$$\int_0^t \int_{-1}^{\infty} y\tilde{N}_2(\mathrm{d}s, \mathrm{d}y) = \sum_{i=1}^{N_2(t)} Y_i - \mathrm{E}\left[\sum_{i=1}^{N_2(t)} Y_i\right], \qquad \forall t \in [0, T].$$

记 $\pi(t)$ 为在时刻 t 投资在风险资产上的金额, 假设 $u = (p(t), \pi(t))_{t\in[0,T]}$. 基于 u, 保险公司的财富过程 $X^u(t)$ 满足以下方程

$$\begin{cases} \mathrm{d}X^u(t) = [r_0 X^u(t) + (\mu - r_0)\pi(t) + (\theta - \eta)\lambda_1\mu_Z + (1+\eta)p(t)\lambda_1\mu_Z]\,\mathrm{d}t \\ \qquad\qquad + \pi(t)\sigma \mathrm{d}W(t) - \displaystyle\int_0^{\infty} p(t)zN_1(\mathrm{d}t, \mathrm{d}z) + \int_{-1}^{\infty} \pi(t)yN_2(\mathrm{d}t, \mathrm{d}y), \\ X^u(0) = x_0. \end{cases} \tag{4.7}$$

以上框架是传统的再保险和投资模型, 其中保险公司决策者是模糊中性的. 但在现实生活中, 大量的保险公司决策者是模糊厌恶的, 他们希望警惕自己免受最坏的情况. 为了考虑模糊厌恶, 定义给定的概率测度 $\mathbb{P}$ 为保险公司的参考 (概率) 模型, 其对应一套基于统计方法估计出来的参数 (称为参考参数). 由于随机微分方程的参数估计非常不稳定, 所以模糊厌恶保险公司决策者有理由对参考模型持怀疑态度. Anderson 等[3] 提出模型不确定厌恶的投资者将所有等价于测度 $\mathbb{P}$ 的测度 $\mathbb{Q}^{\phi}$, $\mathbb{Q}^{\phi} \sim \mathbb{P}$,

$$\mathcal{Q} := \{\mathbb{Q}^{\phi} : \phi \in \Theta\},$$

都考虑为可替代模型. 利用 Girsanov 定理[70] 可建立概率测度 $\mathbb{P}$ 与其他等价概率测度 $\mathbb{Q}^{\phi}$ 之间的数学联系, 即对于每一个 $\mathbb{Q}^{\phi} \in \mathcal{Q}$, 存在概率扭曲函数 $\phi(t) := (\phi_1(t), \phi_2(t), \phi_3(t))_{t\in[0,T]} \in \Theta$ 满足以下三个条件:

(1) 对于任意 $t \in [0, T]$, $\phi_1(t)$, $\phi_2(t)$, $\phi_3(t)$ 是循序可测的;

(2) 对于任意 $(t, \omega) \in [0, T] \times \Omega$, $\phi_2(t), \phi_3(t) > 0$;

(3) $\mathrm{E}\left[\exp\left(\frac{1}{2}\int_0^T(\phi_1(t))^2\mathrm{d}t+\sum_{i=1}^{2}\lambda_i\int_0^T\left(\phi_{i+1}(t)\ln\phi_{i+1}(t)-\phi_{i+1}(t)+1\right)\mathrm{d}t\right)\right]$ $<\infty$, 且使得

$$\frac{\mathrm{d}\mathbb{Q}^\phi}{\mathrm{d}\mathbb{P}}\bigg|_{\mathcal{F}_T}=\Lambda^\phi(T),$$

其中

$$\begin{aligned}\Lambda^\phi(t)=\exp\bigg\{&\int_0^t\phi_1(s)\mathrm{d}W(s)-\frac{1}{2}\int_0^t(\phi_1(s))^2\mathrm{d}s+\int_0^t\int_0^\infty\ln\phi_2(\omega)N_1(\mathrm{d}s,\mathrm{d}z)\\&+\int_0^t\int_0^\infty(1-\phi_2(s))\nu_1(\mathrm{d}s,\mathrm{d}z)+\int_0^t\int_{-1}^\infty\ln\phi_3(s)N_2(\mathrm{d}s,\mathrm{d}y)\\&+\int_0^t\int_{-1}^\infty(1-\phi_3(s))\nu_2(\mathrm{d}s,\mathrm{d}y)\bigg\}\end{aligned}\tag{4.8}$$

是一个 $\mathbb{P}$-鞅. 一般情况下, 需要假设 $\phi(t)$ 满足 Novikov 条件来保证 $\Lambda^\phi(t)$ 的鞅性质. 在此假设下, $\Lambda^\phi(t)$ 是基于域流 $\mathcal{F}_t$ 的 $\mathbb{P}$-鞅. 根据 Girsanov 定理, 在给定的概率测度 $\mathbb{Q}^\phi\in\mathcal{Q}$ 下, 使用 $\phi(t)$ 来定义新的 $\mathbb{Q}^\phi$ 布朗运动如下

$$\mathrm{d}W^\phi(t)=\mathrm{d}W(t)-\phi_1(t)\mathrm{d}t,$$

泊松过程 $N_1(t)$ 和 $N_2(t)$ 变为强度分别为 $\lambda_1\phi_2(t)$ 和 $\lambda_2\phi_3(t)$ 的过程 $N_1^\phi(t)$ 和 $N_2^\phi(t)$. 类似 [20], 为了处理方便, 跳 Z_i 和 Y_i 的分布函数已知, 且在测度 $\mathbb{P}$ 和 $\mathbb{Q}^\phi$ 下是一致的. 进一步可得到保险公司在测度 $\mathbb{Q}^\phi$ 下的财富过程为

$$\begin{cases}\mathrm{d}X^u(t)=[r_0X^u(t)+(\mu-r_0)\pi(t)+(\theta-\eta)\lambda_1\mu_Z+(1+\eta)p(t)\lambda_1\mu_Z\\\qquad\qquad+\pi(t)\sigma\phi_1(t)]\mathrm{d}t+\pi(t)\sigma\mathrm{d}W^\phi(t)-\displaystyle\int_0^\infty p(t)zN_1^\phi(\mathrm{d}t,\mathrm{d}z)\\\qquad\qquad+\displaystyle\int_{-1}^\infty\pi(t)yN_2^\phi(\mathrm{d}t,\mathrm{d}y),\\X^u(0)=x_0,\end{cases}\tag{4.9}$$

其中 $N_1^\phi(\mathrm{d}t,\mathrm{d}z)$ 和 $N_2^\phi(\mathrm{d}t,\mathrm{d}y)$ 是测度 $\mathbb{Q}^\phi$ 下的泊松随机测度.

定义 4.1 (可行策略) 令 $O_0:=\mathbb{R}$ 且 $O:=[0,T]\times O_0$. 对于任意 $t\in[0,T]$, 策略 $u=(p(t),\pi(t))_{t\in[0,T]}$ 是可行的, 如果其满足下述条件:

(1) 对于任意 $t\in[0,T]$, $p(t)\in[0,+\infty)$;

(2) u 是 $\mathcal{F}$-可料的, 且对于任意 $(t,x)\in O$, $\mathrm{E}_{t,x}^\phi\left[\int_t^T\left((p(s))^2+(\pi(s))^2\right)\mathrm{d}s\right]<\infty$, 其中 $\mathrm{E}_{t,x}^\phi[\cdot]$ 是基于 $X^u(t)=x$ 的条件期望;

(3) 对于任意 $(t,x)\in O$, 方程 (4.9) 在 $[t,T]$ 上具有唯一强解 $\{X^u(s)\}_{s\in[t,T]}$.

记 Π 为所有可行策略的集合.

本章中, 我们同样在动态均值–方差标准下, 考虑没有预先承诺假设的时间一致性策略. 假设保险公司决策者是极端模糊厌恶的, 即保险公司考虑最坏情况下的最优选择. 对于任意 $(t,x)\in O$, 定义

$$J^u(t,x)=\inf_{\phi\in\Theta}\hat{J}^{u,\phi}(t,x)=\hat{J}^{u,\phi^u}(t,x), \tag{4.10}$$

其中

$$\begin{aligned}\hat{J}^{u,\phi}(t,x)=&\mathrm{E}_{t,x}^{\phi}\left[\int_t^T\left(\frac{(\phi_1(s))^2}{2\beta_1}+\frac{\lambda_1(\phi_2(s)\ln\phi_2(s)-\phi_2(s)+1)}{\beta_2}\right.\right.\\&\left.\left.+\frac{\lambda_2(\phi_3(s)\ln\phi_3(s)-\phi_3(s)+1)}{\beta_3}\right)\mathrm{d}s\right]+\mathrm{E}_{t,x}^{\phi}[X^u(T)]\\&-\frac{\gamma}{2}\mathrm{Var}_{t,x}^{\phi}[X^u(T)],\end{aligned}$$

β_1, β_2 和 β_3 是非负的, 表示保险公司决策者的模糊厌恶程度, 即 β_1, β_2 和 β_3 越大, 保险公司决策者越厌恶模糊. 参考模型的偏差惩罚由期望中的前三项表示, 由扩散和跳风险产生的相对熵决定, 从时刻 t 到 $t+\mathrm{d}t$, 相对熵的增加量为

$$\left[\frac{1}{2}(\phi_1(t))^2+\lambda_1(\phi_2(t)\ln\phi_2(t)-\phi_2(t)+1)+\lambda_2(\phi_3(t)\ln\phi_3(t)-\phi_3(t)+1)\right]\mathrm{d}t. \tag{4.11}$$

目标是求得均衡价值函数

$$J^{u^*}(t,x)=\sup_{u\in\Pi}\inf_{\phi\in\Theta}\hat{J}^{u,\phi}(t,x). \tag{4.12}$$

进一步, 我们给出均衡策略的定义.

定义 4.2 (均衡策略) 对于可行策略 $u^*=(p^*(t),\pi^*(t))_{t\in[0,T]}$, 在初始状态 $(t,x)\in O$, 定义下列策略

$$u_\varepsilon(s)=\begin{cases}(\tilde{p},\tilde{\pi}), & t\leqslant s<t+\varepsilon,\\ u^*(s), & t+\varepsilon\leqslant s\leqslant T,\end{cases}$$

其中 $(\tilde{p},\tilde{\pi})\in\Pi:=\mathbb{R}^+\times\mathbb{R}$, $\varepsilon\in\mathbb{R}^+$. 若对于任意 $(t,x)\in O$,

$$\liminf_{\varepsilon\downarrow0}\frac{J^{u^*}(t,x)-J^{u_\varepsilon}(t,x)}{\varepsilon}\geqslant0,$$

则 u^* 被称为均衡策略, 而均衡价值函数为 $J^{u^*}(t,x)$.

根据定义 4.2, 均衡策略是时间一致性的. 记 $C^{1,2}(O)=\{\phi(t,x)|\phi(t,\cdot)$ 在 $[0,T]$ 上是一次连续可微的, 且 $\phi(\cdot,x)$ 在 O_0 上是二次连续可微的$\}$. 为了得到问题 (4.12) 的均衡策略, 我们定义算子: 对于任意 $(t,x)\in O$, $\psi(t,x)\in C^{1,2}(O)$, 令

$$\begin{aligned}\mathcal{A}^{u,\phi}\psi(t,x)=&\psi_t+[r_0x+(\mu-r_0)\pi+(\theta-\eta)\lambda_1\mu_Z+(1+\eta)p\lambda_1\mu_Z+\pi\sigma\phi_1]\psi_x\\&+\frac{1}{2}\pi^2\sigma^2\psi_{xx}+\lambda_1\phi_2\mathrm{E}^{\phi}[\psi(t,x-pz)-\psi(t,x)]\\&+\lambda_2\phi_3\mathrm{E}^{\phi}[\psi(t,x+\pi y)-\psi(t,x)],\end{aligned}$$

其中 ψ_t, ψ_x 和 ψ_{xx} 为 ψ 关于相关变量的一阶、二阶导数. 下面的验证定理给出了问题 (4.12) 的拓展的 HJB 方程.

定理 4.1(验证定理) 对于问题 (4.12), 如果存在实值函数 $V(t,x)$ 和 $g(t,x)\in C^{1,2}(O)$ 满足下列条件: 对于任意 $(t,x)\in O$,

$$\begin{aligned}\sup_{u\in\Pi}\inf_{\phi\in\Theta}\Bigg\{&\mathcal{A}^{u,\phi}V(t,x)-\mathcal{A}^{u,\phi}\frac{\gamma}{2}(g(t,x))^2+\gamma g(t,x)\mathcal{A}^{u,\phi}g(t,x)+\frac{(\phi_1(t))^2}{2\beta_1}\\&+\frac{\lambda_1(\phi_2(t)\ln\phi_2(t)-\phi_2(t)+1)}{\beta_2}+\frac{\lambda_2(\phi_3(t)\ln\phi_3(t)-\phi_3(t)+1)}{\beta_3}\Bigg\}=0,\\&V(T,x)=x,\end{aligned}\tag{4.13}$$

$$\mathcal{A}^{u^*,\phi^*}g(t,x)=0,\quad g(T,x)=x\tag{4.14}$$

和

$$\begin{aligned}(u^*,\phi^*):=\arg\sup_{u\in\Pi}\inf_{\phi\in\Theta}\Bigg\{&\mathcal{A}^{u}V(t,x)-\mathcal{A}^{u}\frac{\gamma}{2}(g(t,x))^2+\gamma g(t,x)\mathcal{A}^{u}g(t,x)\\&+\frac{(\phi_1(t))^2}{2\beta_1}+\frac{\lambda_1(\phi_2(t)\ln\phi_2(t)-\phi_2(t)+1)}{\beta_2}\\&+\frac{\lambda_2(\phi_3(t)\ln\phi_3(t)-\phi_3(t)+1)}{\beta_3}\Bigg\},\end{aligned}\tag{4.15}$$

且 $\phi^*=\phi^{u^*}$, 则 $V(t,x)$ 是均衡价值函数, 即 $J^{u^*}(t,x)=V(t,x)$, 且 $\mathrm{E}_{t,x}[X^{u^*}(T)]=g(t,x)$, u^* 是均衡策略.

4.4 极端模糊厌恶情景下的保险公司均衡再保险和投资策略求解

以下定理给出了极端模糊厌恶保险公司决策者的均衡再保险和投资策略以及均衡价值函数.

定理 4.2 对于均衡再保险和投资问题 (4.12), 鲁棒均衡策略为

$$p^*(t)=\frac{\mathrm{e}^{-r_0(T-t)}}{\gamma\sigma_Z^2}\left[(1+\eta)\mu_Z\mathrm{e}^{-\beta_2\left(\mu_Z p^*(t)\mathrm{e}^{r_0(T-t)}+\frac{\gamma\sigma_Z^2(p^*(t))^2\mathrm{e}^{2r_0(T-t)}}{2}\right)}-\mu_Z\right], \tag{4.16}$$

$$\begin{aligned}\pi^*(t)=\frac{\mathrm{e}^{-r_0(T-t)}}{\beta_1+\gamma}\Bigg\{&\frac{\mu-r_0}{\sigma^2}-\frac{\lambda_2(-\mu_Y+\gamma\sigma_Y^2\pi^*(t)\mathrm{e}^{r_0(T-t)})}{\sigma^2}\\&\cdot\mathrm{e}^{\beta_3\left(-\mu_Y\pi^*(t)\mathrm{e}^{r_0(T-t)}+\frac{\gamma\sigma_Y^2(\pi^*(t))^2\mathrm{e}^{2r_0(T-t)}}{2}\right)}\Bigg\},\end{aligned} \tag{4.17}$$

均衡价值函数为

$$V(t,x)=x\mathrm{e}^{r_0(T-t)}+\frac{(\eta-\theta)\lambda_1\mu_Z}{r_0}(1-\mathrm{e}^{r_0(T-t)})+\int_t^T l_1(s)\mathrm{d}s+\int_t^T l_2(s)\mathrm{d}s. \tag{4.18}$$

最坏情况下的测度为

$$\phi_1^*(t)=-\beta_1\pi^*(t)\sigma\mathrm{e}^{r_0(T-t)}, \tag{4.19}$$

$$\phi_2^*(t)=\mathrm{e}^{\beta_2\left(\mu_Z p^*(t)\mathrm{e}^{r_0(T-t)}+\frac{\gamma\sigma_Z^2(p^*(t))^2\mathrm{e}^{2r_0(T-t)}}{2}\right)}, \tag{4.20}$$

$$\phi_3^*(t)=\mathrm{e}^{\beta_3\left(-\mu_Y\pi^*(t)\mathrm{e}^{r_0(T-t)}+\frac{\gamma\sigma_Y^2(\pi^*(t))^2\mathrm{e}^{2r_0(T-t)}}{2}\right)}, \tag{4.21}$$

其中

$$\begin{aligned}l_1(s)=&(1+\eta)p^*(s)\lambda_1\mu_Z\mathrm{e}^{r_0(T-s)}\\&+\frac{\lambda_1}{\beta_2}\left(1-\mathrm{e}^{\beta_2\left(\mu_Z p^*(s)\mathrm{e}^{r_0(T-s)}+\frac{\gamma\sigma_Z^2(p^*(s))^2\mathrm{e}^{2r_0(T-s)}}{2}\right)}\right),\end{aligned} \tag{4.22}$$

$$\begin{aligned}l_2(s)=&(\mu-r_0)\pi^*(s)\mathrm{e}^{r_0(T-s)}-\frac{(\pi^*(s))^2\sigma^2(\beta_1+\gamma)\mathrm{e}^{2r_0(T-s)}}{2}\\&+\frac{\lambda_2}{\beta_3}\left(1-\mathrm{e}^{\beta_3\left(-\mu_Y\pi^*(s)\mathrm{e}^{r_0(T-s)}+\frac{\gamma\sigma_Y^2(\pi^*(s))^2\mathrm{e}^{2r_0(T-s)}}{2}\right)}\right).\end{aligned} \tag{4.23}$$

证明 为了求解式 (4.13) 和 (4.14), 构造解的形式为

$$V(t,x)=A(t)x+B(t),\quad A(T)=1,\quad B(T)=0, \tag{4.24}$$

$$g(t,x)=\bar{A}(t)x+\bar{B}(t),\quad \bar{A}(T)=1,\quad \bar{B}(T)=0. \tag{4.25}$$

偏导数为

$$\begin{aligned}&V_t=A_tx+B_t,\quad V_x=A,\quad V_{xx}=0,\\&g_t=\bar{A}_tx+\bar{B}_t,\quad g_x=\bar{A},\quad g_{xx}=0,\end{aligned} \tag{4.26}$$

其中 V, g, A, B, $\bar{A}$ 和 $\bar{B}$ 为 $V(t,x)$, $g(t,x)$, $A(t)$, $B(t)$, $\bar{A}(t)$ 和 $\bar{B}(t)$ 的简写.

将式 (4.24)—(4.26) 代入式 (4.13), 可得

$$\sup_{u\in\Pi}\inf_{\phi\in\Theta}\left\{A_t x + B_t + [r_0 x + (\mu - r_0)\pi + (\theta-\eta)\lambda_1\mu_Z + (1+\eta)p\lambda_1\mu_Z + \pi\sigma\phi_1 \right.$$
$$-\lambda_1\mu_Z p\phi_2 + \lambda_2\mu_Y\pi\phi_3]A - \frac{\gamma p^2\lambda_1\sigma_Z^2\phi_2\bar{A}^2}{2} - \frac{\gamma\pi^2(\sigma^2+\lambda_2\sigma_Y^2\phi_3)\bar{A}^2}{2}$$
$$\left.+\frac{\phi_1^2}{2\beta_1} + \frac{\lambda_1(\phi_2\ln\phi_2 - \phi_2 + 1)}{\beta_2} + \frac{\lambda_2(\phi_3\ln\phi_3 - \phi_3+1)}{\beta_3}\right\} = 0. \quad (4.27)$$

根据一阶最优性条件, 使得式 (4.27) 最小化部分的最优 $\phi_1^*(t)$, $\phi_2^*(t)$ 和 $\phi_3^*(t)$ 为

$$\begin{aligned}\phi_1^* &= -\beta_1\pi\sigma A,\\ \phi_2^* &= \mathrm{e}^{\beta_2\left(\mu_Z pA + \frac{\gamma\sigma_Z^2 p^2\bar{A}^2}{2}\right)},\\ \phi_3^* &= \mathrm{e}^{\beta_3\left(-\mu_Y\pi A + \frac{\gamma\sigma_Y^2\pi^2\bar{A}^2}{2}\right)}.\end{aligned} \quad (4.28)$$

将式 (4.28) 代入式 (4.27), 可得

$$\sup_{u\in\Pi}\left\{A_t x + B_t + [r_0 x + (\mu - r_0)\pi + (\theta-\eta)\lambda_1\mu_Z + (1+\eta)p\lambda_1\mu_Z]A\right.$$
$$-\frac{\pi^2\sigma^2(\beta_1 A^2 + \gamma\bar{A}^2)}{2} + \frac{\lambda_1}{\beta_2}\left(1 - \mathrm{e}^{\beta_2\left(\mu_Z pA + \frac{\gamma\sigma_Z^2p^2\bar{A}^2}{2}\right)}\right)$$
$$\left.+\frac{\lambda_2}{\beta_3}\left(1 - \mathrm{e}^{\beta_3\left(-\mu_Y\pi A + \frac{\gamma\sigma_Y^2\pi^2\bar{A}^2}{2}\right)}\right)\right\} = 0. \quad (4.29)$$

式 (4.29) 关于 u 求导, 可得

$$(\mu_Z A + \gamma\sigma_Z^2 p^*\bar{A}^2)\mathrm{e}^{\beta_2\left(\mu_Z p^* A + \frac{\gamma\sigma_Z^2(p^*)^2\bar{A}^2}{2}\right)} = (1+\eta)\mu_Z A, \quad (4.30)$$

$$\pi^* = \frac{1}{\beta_1A^2 + \gamma\bar{A}^2}\left\{\frac{(\mu - r_0)A}{\sigma^2}\right.$$
$$\left.-\frac{\lambda_2(-\mu_Y A + \gamma\sigma_Y^2\pi^*\bar{A}^2)}{\sigma^2}\mathrm{e}^{\beta_3\left(-\mu_Y\pi^*A + \frac{\gamma\sigma_Y^2(\pi^*)^2\bar{A}^2}{2}\right)}\right\}. \quad (4.31)$$

将式 (4.30) 和 (4.31) 代入式 (4.14) 和 (4.29), 可得

$$x(A_t + r_0A) + B_t + (\mu - r_0)\pi^*A + (\theta - \eta)\lambda_1\mu_Z A + (1+\eta)p^*\lambda_1\mu_Z A$$

$$
\begin{aligned}
&-\frac{(\pi^*)^2\sigma^2(\beta_1A^2+\gamma\bar{A}^2)}{2}+\frac{\lambda_1}{\beta_2}\left(1-\mathrm{e}^{\beta_2\left(\mu_Z p^* A+\frac{\gamma\sigma_Z^2(p^*)^2\bar{A}^2}{2}\right)}\right)\\
&+\frac{\lambda_2}{\beta_3}\left(1-\mathrm{e}^{\beta_3\left(-\mu_Y\pi^* A+\frac{\gamma\sigma_Y^2(\pi^*)^2\bar{A}^2}{2}\right)}\right)=0,\\
&x(\bar{A}_t+r_0\bar{A})+\bar{B}_t+(\mu-r_0)\pi^*\bar{A}+(\theta-\eta)\lambda_1\mu_Z\bar{A}+(1+\eta)p^*\lambda_1\mu_Z\bar{A}\\
&-(\pi^*)^2\sigma^2\beta_1A\bar{A}-\lambda_1\mu_Z p^*\bar{A}\mathrm{e}^{\beta_2\left(\mu_Z p^* A+\frac{\gamma\sigma_Z^2(p^*)^2\bar{A}^2}{2}\right)}\\
&+\lambda_2\mu_Y\pi^*\bar{A}\mathrm{e}^{\beta_3\left(-\mu_Y\pi^* A+\frac{\gamma\sigma_Y^2(\pi^*)^2\bar{A}^2}{2}\right)}=0.
\end{aligned}
$$

关于 x 分离变量可得以下方程

$$
\begin{aligned}
&A_t+r_0A=0,\quad \bar{A}_t+r_0\bar{A}=0,\\
&B_t+(\mu-r_0)\pi^*A+(\theta-\eta)\lambda_1\mu_ZA+(1+\eta)p^*\lambda_1\mu_ZA\\
&-\frac{(\pi^*)^2\sigma^2(\beta_1A^2+\gamma\bar{A}^2)}{2}+\frac{\lambda_1}{\beta_2}\left(1-\mathrm{e}^{\beta_2\left(\mu_Z p^* A+\frac{\gamma\sigma_Z^2(p^*)^2\bar{A}^2}{2}\right)}\right)\\
&+\frac{\lambda_2}{\beta_3}\left(1-\mathrm{e}^{\beta_3\left(-\mu_Y\pi^* A+\frac{\gamma\sigma_Y^2(\pi^*)^2\bar{A}^2}{2}\right)}\right)=0,\\
&\bar{B}_t+(\mu-r_0)\pi^*\bar{A}+(\theta-\eta)\lambda_1\mu_Z\bar{A}+(1+\eta)p^*\lambda_1\mu_Z\bar{A}\\
&-(\pi^*)^2\sigma^2\beta_1A\bar{A}-\lambda_1\mu_Z p^*\bar{A}\mathrm{e}^{\beta_2\left(\mu_Z p^* A+\frac{\gamma\sigma_Z^2(p^*)^2\bar{A}^2}{2}\right)}\\
&+\lambda_2\mu_Y\pi^*\bar{A}\mathrm{e}^{\beta_3\left(-\mu_Y\pi^* A+\frac{\gamma\sigma_Y^2(\pi^*)^2\bar{A}^2}{2}\right)}=0.
\end{aligned}
$$

考虑边界条件可得

$$
\begin{aligned}
&A(t)=\mathrm{e}^{r_0(T-t)},\quad \bar{A}(t)=\mathrm{e}^{r_0(T-t)},\\
&B(t)=\frac{(\eta-\theta)\lambda_1\mu_Z}{r_0}(1-\mathrm{e}^{r_0(T-t)})+\int_t^T l_1(s)\mathrm{d}s+\int_t^T l_2(s)\mathrm{d}s,\\
&\bar{B}(t)=\frac{(\eta-\theta)\lambda_1\mu_Z}{r_0}(1-\mathrm{e}^{r_0(T-t)})+\int_t^T \bar{l}_1(s)\mathrm{d}s+\int_t^T \bar{l}_2(s)\mathrm{d}s,
\end{aligned}
\tag{4.32}
$$

其中

$$
l_1(s)=(1+\eta)p^*(s)\lambda_1\mu_Z\mathrm{e}^{r_0(T-s)}
$$

$$+\frac{\lambda_1}{\beta_2}\left(1-\mathrm{e}^{\beta_2\left(\mu_Z p^*(s)\mathrm{e}^{r_0(T-s)}+\frac{\gamma\sigma_Z^2(p^*(s))^2\mathrm{e}^{2r_0(T-s)}}{2}\right)}\right),$$

$$l_2(s)=(\mu-r_0)\pi^*(s)\mathrm{e}^{r_0(T-s)}-\frac{(\pi^*(s))^2\sigma^2(\beta_1+\gamma)\mathrm{e}^{2r_0(T-s)}}{2}$$

$$+\frac{\lambda_2}{\beta_3}\left(1-\mathrm{e}^{\beta_3\left(-\mu_Y\pi^*(s)\mathrm{e}^{r_0(T-s)}+\frac{\gamma\sigma_Y^2(\pi^*(s))^2\mathrm{e}^{2r_0(T-s)}}{2}\right)}\right),$$

$$\bar{l}_1(s)=(1+\eta)p^*(s)\lambda_1\mu_Z\mathrm{e}^{r_0(T-s)} \tag{4.33}$$

$$-\lambda_1\mu_Z p^*(s)\mathrm{e}^{r_0(T-s)}\mathrm{e}^{\beta_2\left(\mu_Z p^*(s)\mathrm{e}^{r_0(T-s)}+\frac{\gamma\sigma_Z^2(p^*(s))^2\mathrm{e}^{2r_0(T-s)}}{2}\right)},$$

$$\bar{l}_2(s)=(\mu-r_0)\pi^*(s)\mathrm{e}^{r_0(T-s)}-(\pi^*(s))^2\sigma^2\beta_1\mathrm{e}^{2r_0(T-s)}$$

$$+\lambda_2\mu_Y\pi^*(s)\mathrm{e}^{r_0(T-s)}\mathrm{e}^{\beta_3\left(-\mu_Y\pi^*(s)\mathrm{e}^{r_0(T-s)}+\frac{\gamma\sigma_Y^2(\pi^*(s))^2\mathrm{e}^{2r_0(T-s)}}{2}\right)}.$$

因此, 式 (4.30) 和 (4.31) 变为

$$p^*(t)=\frac{\mathrm{e}^{-r_0(T-t)}}{\gamma\sigma_Z^2}\left[(1+\eta)\mu_Z\mathrm{e}^{-\beta_2\left(\mu_Z p^*(t)\mathrm{e}^{r_0(T-t)}+\frac{\gamma\sigma_Z^2(p^*(t))^2\mathrm{e}^{2r_0(T-t)}}{2}\right)}-\mu_Z\right], \tag{4.34}$$

$$\pi^*(t)=\frac{\mathrm{e}^{-r_0(T-t)}}{\beta_1+\gamma}\left\{\frac{\mu-r_0}{\sigma^2}-\frac{\lambda_2(-\mu_Y+\gamma\sigma_Y^2\pi^*(t)\mathrm{e}^{r_0(T-t)})}{\sigma^2}\right.$$

$$\left.\cdot\,\mathrm{e}^{\beta_3\left(-\mu_Y\pi^*(t)\mathrm{e}^{r_0(T-t)}+\frac{\gamma\sigma_Y^2(\pi^*(t))^2\mathrm{e}^{2r_0(T-t)}}{2}\right)}\right\}. \tag{4.35}$$

由简单的推导, 易知 $\phi^*=\phi^{u^*}$. 定理 4.2 得证. □

命题 4.1 式 (4.16) 和 (4.17) 存在唯一正根, 即存在唯一的 $p^*(t)\in[0,+\infty)$ 和 $\pi^*(t)\in[0,+\infty)$ 满足式 (4.16) 和 (4.17).

证明 (1) 首先证明 $p^*(t)$ 的存在唯一性. 化简之后, 式 (4.16) 变为

$$(\mu_Z+\gamma\sigma_Z^2p^*\mathrm{e}^{r_0(T-t)})\mathrm{e}^{\beta_2\left(\mu_Z p^*\mathrm{e}^{r_0(T-t)}+\frac{\gamma\sigma_Z^2(p^*)^2\mathrm{e}^{2r_0(T-t)}}{2}\right)}=(1+\eta)\mu_Z.$$

令

$$h_1(p)=(\mu_Z+\gamma\sigma_Z^2p\mathrm{e}^{r_0(T-t)})\mathrm{e}^{\beta_2\left(\mu_Z p\mathrm{e}^{r_0(T-t)}+\frac{\gamma\sigma_Z^2p^2\mathrm{e}^{2r_0(T-t)}}{2}\right)}-(1+\eta)\mu_Z.$$

有

$$h_1'(p)=(\mu_Z+\gamma\sigma_Z^2p\mathrm{e}^{r_0(T-t)})^2\beta_2\mathrm{e}^{r_0(T-t)}\mathrm{e}^{\beta_2\left(\mu_Z p\mathrm{e}^{r_0(T-t)}+\frac{\gamma\sigma_Z^2p^2\mathrm{e}^{2r_0(T-t)}}{2}\right)}$$

$$
\begin{aligned}
&+\gamma\sigma_Z^2 \mathrm{e}^{r_0(T-t)}\mathrm{e}^{\beta_2\left(\mu_Z p\mathrm{e}^{r_0(T-t)}+\frac{\gamma\sigma_Z^2 p^2\mathrm{e}^{2r_0(T-t)}}{2}\right)}\\
&>0,
\end{aligned}
$$

这意味着 $h_1(p)$ 是关于 p 的单调递增函数. 此外, 易知存在正参数 κ 使得

$$
(\mu_Z+\gamma\sigma_Z^2\kappa\mathrm{e}^{r_0(T-t)})\mathrm{e}^{\beta_2\left(\mu_Z\kappa\mathrm{e}^{r_0(T-t)}+\frac{\gamma\sigma_Z^2\kappa^2\mathrm{e}^{2r_0(T-t)}}{2}\right)}>(1+\eta)\mu_Z,
$$

即 $h_1(\kappa)>0$. 由于 $h_1(0)=-\eta\mu_Z\mathrm{e}^{r_0(T-t)}<0$, 式 (4.16) 存在唯一正根.

(2) 其次证明 $\pi^*(t)$ 的存在唯一性. 式 (4.17) 可以转变成

$$
\begin{aligned}
(\beta_1+\gamma)\pi^*(t)\sigma^2\mathrm{e}^{r_0(T-t)}=&\ \mu-r_0-\lambda_2(-\mu_Y+\gamma\sigma_Y^2\pi^*(t)\mathrm{e}^{r_0(T-t)})\\
&\cdot\mathrm{e}^{\beta_3\left(-\mu_Y\pi^*(t)\mathrm{e}^{r_0(T-t)}+\frac{\gamma\sigma_Y^2(\pi^*(t))^2\mathrm{e}^{2r_0(T-t)}}{2}\right)}.
\end{aligned}
$$

假设

$$
\begin{aligned}
h_2(\pi)=&\ \mu-r_0-\lambda_2(-\mu_Y+\gamma\sigma_Y^2\pi^*(t)\mathrm{e}^{r_0(T-t)})\\
&\cdot\mathrm{e}^{\beta_3\left(-\mu_Y\pi^*(t)\mathrm{e}^{r_0(T-t)}+\frac{\gamma\sigma_Y^2(\pi^*(t))^2\mathrm{e}^{2r_0(T-t)}}{2}\right)}-(\beta_1+\gamma)\pi^*(t)\sigma^2\mathrm{e}^{r_0(T-t)},
\end{aligned}
$$

有

$$
\begin{aligned}
h_2'(\pi)=&-\lambda_2\gamma\sigma_Y^2\mathrm{e}^{r_0(T-t)}\mathrm{e}^{\beta_3\left(-\mu_Y\pi\mathrm{e}^{r_0(T-t)}+\frac{\gamma\sigma_Y^2\pi^2\mathrm{e}^{2r_0(T-t)}}{2}\right)}\\
&-\lambda_2\beta_3\mathrm{e}^{r_0(t-T)}(-\mu_Y+\gamma\sigma_Y^2\pi\mathrm{e}^{r_0(T-t)})^2\mathrm{e}^{\beta_3\left(-\mu_Y\pi\mathrm{e}^{r_0(T-t)}+\frac{\gamma\sigma_Y^2\pi^2\mathrm{e}^{2r_0(T-t)}}{2}\right)}\\
&-(\beta_1+\gamma)\sigma^2\mathrm{e}^{r_0(T-t)}\\
<&\ 0,
\end{aligned}
$$

这意味着 $h_2(\pi)$ 是关于 π 的单调递减函数. 进一步, 有 $h_2(0)=\mu-r_0+\lambda_2\mu_Y>0$. 并且, 可得若 $\pi>\max\left\{\dfrac{\mu_Y}{\gamma\sigma_Y^2\mathrm{e}^{r_0(T-t)}},\dfrac{\mu-r_0}{(\beta_1+\gamma)\sigma^2\mathrm{e}^{r_0(T-t)}}\right\}>0$, 有 $h_2(\pi)<0$. 因此, 式 (4.17) 存在唯一正根. □

下文讨论一些特殊情况, 如无模糊情况、无跳情况和仅投资情况, 并给出相关的均衡策略和均衡价值函数.

注解 4.1(无模糊情况) 若所有的模糊厌恶参数 β_1, β_2 和 β_3 均为 0, 模型退化为无模糊保险公司的最优化问题. 测度 $\mathbb{P}$ 下的无模糊保险公司的财富过程为

$$
\mathrm{d}X^{u_1}(t)=[r_0X^{u_1}(t)+(\mu-r_0)\pi_1(t)+(\theta-\eta)\lambda_1\mu_Z+(1+\eta)p_1(t)\lambda_1\mu_Z]\,\mathrm{d}t
$$

$$+ \pi_1(t)\sigma \mathrm{d}W(t) - \int_0^\infty p_1(t)zN_1(\mathrm{d}t,\mathrm{d}z) + \int_{-1}^\infty \pi_1(t)yN_2(\mathrm{d}t,\mathrm{d}y). \tag{4.36}$$

最优化问题为

$$\sup_{u_1\in\Pi}\left\{\mathrm{E}_{t,x}[X^{u_1}(T)] - \frac{\gamma}{2}\mathrm{Var}_{t,x}[X^{u_1}(T)]\right\}. \tag{4.37}$$

均衡再保险和投资策略 $u_1^* = (p_1^*(t),\pi_1^*(t))_{t\in[0,T]}$ 及均衡价值函数 $V_1(t,x)$ 为

$$p_1^*(t) = \frac{\eta\mu_Z\mathrm{e}^{-r_0(T-t)}}{\gamma\sigma_Z^2}, \tag{4.38}$$

$$\pi_1^*(t) = \frac{(\mu - r_0 + \lambda_2\mu_Y)\mathrm{e}^{-r_0(T-t)}}{\gamma(\sigma^2+\lambda_2\sigma_Y^2)}, \tag{4.39}$$

$$\begin{aligned} V_1(t,x) = {} & x\mathrm{e}^{r_0(T-t)} + \frac{(\eta-\theta)\lambda_1\mu_Z}{r_0}(1-\mathrm{e}^{r_0(T-t)}) \\ & + \frac{\lambda_1\eta^2\mu_Z^2(T-t)}{2\gamma\sigma_Z^2} + \frac{(\mu-r_0+\lambda_2\mu_Y)^2(T-t)}{2\gamma(\sigma^2+\lambda_2\sigma_Y^2)}. \end{aligned} \tag{4.40}$$

我们发现式 (4.38)—(4.39) 给出的均衡再保险和投资策略可以退化为 [128] 的情况, 这意味着我们的模型延拓了 [128] 的模型到极端模糊厌恶情况.

注解 4.2(无跳情况) (1) 我们考虑在盈余过程中无跳的情况下, 极端模糊厌恶保险公司决策者的均衡再保险和投资问题. 若盈余过程中无跳, 根据 [52, 108], 我们用扩散过程逼近保险公司的盈余过程

$$\mathrm{d}R(t) = [(\theta-\eta)\lambda_1\mu_Z + \eta p_2(t)\lambda_1\mu_Z]\mathrm{d}t + \sqrt{\lambda_1}p_2(t)\sigma_Z\mathrm{d}W_0(t). \tag{4.41}$$

考虑投资后, 在测度 $\mathbb{Q}^\phi$ 下保险公司的盈余过程为

$$\begin{aligned} \mathrm{d}X^{u_2}(t) = {} & \big[r_0X^{u_2}(t) + (\mu-r_0)\pi_2(t) + (\theta-\eta)\lambda_1\mu_Z + \eta p_2(t)\lambda_1\mu_Z \\ & + \pi_2(t)\sigma\phi_1(t) + \sqrt{\lambda_1}\sigma_Z\phi_2(t)\big]\mathrm{d}t + \pi_2(t)\sigma\mathrm{d}W^\phi(t) \\ & + \sqrt{\lambda_1}p_2(t)\sigma_Z\mathrm{d}W_0^\phi(t) + \int_{-1}^\infty \pi_2(t)yN_2^\phi(\mathrm{d}t,\mathrm{d}y), \end{aligned} \tag{4.42}$$

其中 $\{W_0^\phi(t)\}_{t\in[0,T]}$ 是一维标准布朗运动, 且与 $\{W^\phi(t)\}_{t\in[0,T]}$ 和 $\sum_{i=1}^{N_2^\phi(t)} Y_i$ 不相关. 相关的最优化问题变为

$$\sup_{u_2\in\Pi}\inf_{\phi\in\Theta}\Bigg\{\mathrm{E}_{t,x}^\phi\left[\int_t^T\left(\frac{(\phi_1(s))^2}{2\varphi_1(s)} + \frac{(\phi_2(s))^2}{2\varphi_2(s)} + \frac{\lambda_2(\phi_3(s)\ln\phi_3(s) - \phi_3(s)+1)}{\varphi_3(s)}\right)\mathrm{d}s\right]$$

$$+\mathrm{E}_{t,x}^{\phi}[X^{u_2}(T)]-\frac{\gamma}{2}\mathrm{Var}_{t,x}^{\phi}[X^{u_2}(T)]\Big\}. \tag{4.43}$$

则通过类似的计算可得均衡再保险和投资策略 $u_2^*=(p_2^*(t),\pi_2^*(t))_{t\in[0,T]}$ 为

$$p_2^*(t)=\frac{\eta\mu_Z\mathrm{e}^{-r_0(T-t)}}{\sigma_Z^2(\beta_2+\gamma)}, \tag{4.44}$$

$$\pi_2^*(t)=\frac{\mathrm{e}^{-r_0(T-t)}}{\beta_1+\gamma}\bigg\{\frac{\mu-r_0}{\sigma^2}-\frac{\lambda_2(-\mu_Y+\gamma\sigma_Y^2\pi_2^*(t)\mathrm{e}^{r_0(T-t)})}{\sigma^2}\cdot\mathrm{e}^{\beta_3\left(-\mu_Y\pi_2^*(t)\mathrm{e}^{r_0(T-t)}+\frac{\gamma\sigma_Y^2(\pi_2^*(t))^2\mathrm{e}^{2r_0(T-t)}}{2}\right)}\bigg\}, \tag{4.45}$$

相关的均衡价值函数 $V_2(t,x)$ 为

$$V_2(t,x)=x\mathrm{e}^{r_0(T-t)}+\frac{(\eta-\theta)\lambda_1\mu_Z}{r_0}(1-\mathrm{e}^{r_0(T-t)})+\frac{\lambda_1\eta^2\mu_Z^2(T-t)}{2\sigma_Z^2(\beta_2+\gamma)}+\int_t^T l_3(s)\mathrm{d}s, \tag{4.46}$$

其中

$$l_3(s)=(\mu-r_0)\pi_2^*(s)\mathrm{e}^{r_0(T-s)}-\frac{(\pi_2^*(s))^2\sigma^2(\beta_1+\gamma)\mathrm{e}^{2r_0(T-s)}}{2}+\frac{\lambda_2}{\beta_3}\left(1-\mathrm{e}^{\beta_3\left(-\mu_Y\pi_2^*(s)\mathrm{e}^{r_0(T-s)}+\frac{\gamma\sigma_Y^2(\pi_2^*(s))^2\mathrm{e}^{2r_0(T-s)}}{2}\right)}\right). \tag{4.47}$$

(2) 我们考虑在风险资产价格过程中无跳的情况下，极端模糊厌恶保险公司决策者的均衡再保险和投资策略，即 $\lambda_2=0$，则最优化问题和财富过程变为

$$\sup_{u_3\in\Pi}\inf_{\phi\in\Theta}\bigg\{\mathrm{E}_{t,x}^{\phi}\bigg[\int_t^T\bigg(\frac{(\phi_1(s))^2}{2\varphi_1(s)}+\frac{\lambda_1(\phi_2(s)\ln\phi_2(s)-\phi_2(s)+1)}{\varphi_2(s)}\bigg)\mathrm{d}s\bigg]+\mathrm{E}_{t,x}^{\phi}[X^{u_3}(T)]-\frac{\gamma}{2}\mathrm{Var}_{t,x}^{\phi}[X^{u_3}(T)]\bigg\} \tag{4.48}$$

和

$$\mathrm{d}X^{u_3}(t)=[r_0X^{u_3}(t)+(\mu-r_0)\pi_3(t)+(\theta-\eta)\lambda_1\mu_Z+(1+\eta)p_3(t)\lambda_1\mu_Z+\pi_3(t)\sigma\phi_1(t)]\mathrm{d}t+\pi_3(t)\sigma\mathrm{d}W^{\phi}(t)-\int_0^\infty p_3(t)zN_1^{\phi}(\mathrm{d}t,\mathrm{d}z). \tag{4.49}$$

则均衡再保险和投资策略 $u_3^*=(p_3^*(t),\pi_3^*(t))_{t\in[0,T]}$ 为

$$p_3^*(t)=\frac{\mathrm{e}^{-r_0(T-t)}}{\gamma\sigma_Z^2}\left[(1+\eta)\mu_Z\mathrm{e}^{-\beta_2\left(\mu_Zp_3^*(t)\mathrm{e}^{r_0(T-t)}+\frac{\gamma\sigma_Z^2(p_3^*(t))^2\mathrm{e}^{2r_0(T-t)}}{2}\right)}-\mu_Z\right], \tag{4.50}$$

$$\pi_3^*(t)=\frac{(\mu-r_0)\mathrm{e}^{-r_0(T-t)}}{\sigma^2(\beta_1+\gamma)},\tag{4.51}$$

相关的价值函数 $V_3(t,x)$ 为

$$\begin{aligned}V_3(t,x)=&x\mathrm{e}^{r_0(T-t)}+\frac{(\eta-\theta)\lambda_1\mu_Z}{r_0}(1-\mathrm{e}^{r_0(T-t)})\\&+\frac{(\mu-r_0)^2(T-t)}{2\sigma^2(\beta_1+\gamma)}+\int_t^T l_4(s)\mathrm{d}s,\end{aligned}\tag{4.52}$$

其中

$$\begin{aligned}l_4(s)=&(1+\eta)p_3^*(s)\lambda_1\mu_Z\mathrm{e}^{r_0(T-s)}\\&+\frac{\lambda_1}{\beta_2}\left(1-\mathrm{e}^{\beta_2\left(\mu_Z p_3^*(s)\mathrm{e}^{r_0(T-s)}+\frac{\gamma\sigma_Z^2(p_3^*(s))^2\mathrm{e}^{2r_0(T-s)}}{2}\right)}\right).\end{aligned}\tag{4.53}$$

(3) 我们考虑在盈余过程和风险资产价格过程中无跳的情况下, 极端模糊厌恶保险公司决策者的均衡再保险和投资策略. 在这种情况下, 盈余过程和最优化问题为

$$\begin{aligned}\mathrm{d}X^{u_4}(t)=&\big[r_0X^{u_4}(t)+(\mu-r_0)\pi_4(t)+(\theta-\eta)\lambda_1\mu_Z+\eta p_4(t)\lambda_1\mu_Z+\pi_4(t)\sigma\phi_1(t)\\&+\sqrt{\lambda_1}\sigma_Z\phi_2(t)\big]\mathrm{d}t+\pi_4(t)\sigma\mathrm{d}W^\phi(t)+\sqrt{\lambda_1}p_4(t)\sigma_Z\mathrm{d}W_0^\phi(t)\end{aligned}\tag{4.54}$$

和

$$\begin{aligned}\sup_{u_4\in\Pi}\inf_{\phi\in\Theta}\Bigg\{&\mathrm{E}_{t,x}^\phi\left[\int_t^T\left(\frac{(\phi_1(s))^2}{2\varphi_1(s)}+\frac{(\phi_2(s))^2}{2\varphi_2(s)}\right)\mathrm{d}s\right]\\&+\mathrm{E}_{t,x}^\phi[X^{u_2}(T)]-\frac{\gamma}{2}\mathrm{Var}_{t,x}^\phi[X^{u_2}(T)]\Bigg\}.\end{aligned}\tag{4.55}$$

进一步, 均衡再保险和投资策略 $u_4^*=(p_4^*(t),\pi_4^*(t))_{t\in[0,T]}$ 以及均衡价值函数 $V_4(t,x)$ 分别为

$$p_4^*(t)=\frac{\eta\mu_Z\mathrm{e}^{-r_0(T-t)}}{\sigma_Z^2(\beta_2+\gamma)},\tag{4.56}$$

$$\pi_4^*(t)=\frac{(\mu-r_0)\mathrm{e}^{-r_0(T-t)}}{\sigma^2(\beta_1+\gamma)},\tag{4.57}$$

$$\begin{aligned}V_4(t,x)=&x\mathrm{e}^{r_0(T-t)}+\frac{(\eta-\theta)\lambda_1\mu_Z}{r_0}(1-\mathrm{e}^{r_0(T-t)})\\&+\frac{(\mu-r_0)^2(T-t)}{2\sigma^2(\beta_1+\gamma)}+\frac{\lambda_1\eta^2\mu_Z^2(T-t)}{2\sigma_Z^2(\beta_2+\gamma)}.\end{aligned}\tag{4.58}$$

(4) 我们在不考虑模糊和跳的情况下，研究保险公司的均衡再保险和投资策略. 保险公司的财富过程为

$$\mathrm{d}X^{u_5}(t) = [r_0 X^{u_5}(t) + (\mu - r_0)\pi_5(t) + (\theta - \eta)\lambda_1 \mu_Z + \eta p_5(t)\lambda_1 \mu_Z]\,\mathrm{d}t$$
$$+ \pi_5(t)\sigma \mathrm{d}W(t) + \sqrt{\lambda_1} p_5(t)\sigma_Z \mathrm{d}W_0(t). \tag{4.59}$$

对于最优化问题

$$\sup_{u_5 \in \Pi} \left\{ \mathrm{E}_{t,x}[X^{u_5}(T)] - \frac{\gamma}{2} \mathrm{Var}_{t,x}[X^{u_5}(T)] \right\}, \tag{4.60}$$

均衡再保险和投资策略 $u_5^* = (p_5^*(t), \pi_5^*(t))_{t\in[0,T]}$ 以及相关的价值函数 $V_5(t,x)$ 分别为

$$p_5^*(t) = \frac{\eta \mu_Z \mathrm{e}^{-r_0(T-t)}}{\gamma \sigma_Z^2}, \tag{4.61}$$

$$\pi_5^*(t) = \frac{(\mu - r_0)\mathrm{e}^{-r_0(T-t)}}{\gamma \sigma^2}, \tag{4.62}$$

$$V_5(t,x) = x\mathrm{e}^{r_0(T-t)} + \frac{(\eta - \theta)\lambda_1 \mu_Z}{r_0}(1 - \mathrm{e}^{r_0(T-t)})$$
$$+ \frac{\lambda_1 \eta^2 \mu_Z^2 (T-t)}{2\gamma \sigma_Z^2} + \frac{(\mu - r_0)^2 (T-t)}{2\gamma \sigma^2}. \tag{4.63}$$

我们发现由式 (4.51)—(4.57) 给出的均衡投资策略与 [95] 中的结论是类似的. 此外, 在不考虑模糊和跳情况下的保险公司的均衡再保险和投资策略可以退化到 [127] 中的结论.

注解 4.3(仅投资情况) (1) 考虑极端模糊厌恶保险公司决策者的均衡投资策略. 若全部的赔付风险均由保险人承担, 则其财富过程变为

$$\mathrm{d}X^{u_6}(t) = [r_0 X^{u_6}(t) + (\mu - r_0)\pi_6(t) + (\theta - \eta)\lambda_1 \mu_Z + (1+\eta)\lambda_1 \mu_Z$$
$$+ \pi_6(t)\sigma\phi_1(t)]\mathrm{d}t + \pi_6(t)\sigma \mathrm{d}W^{\phi}(t) - \int_0^{\infty} z N_1^{\phi}(\mathrm{d}t, \mathrm{d}z)$$
$$+ \int_{-1}^{\infty} \pi_6(t) y N_2^{\phi}(\mathrm{d}t, \mathrm{d}y). \tag{4.64}$$

对于最优化问题

$$\sup_{u_6 \in \Pi} \inf_{\phi \in \Theta} \left\{ \mathrm{E}_{t,x}^{\phi} \left[\int_t^T \left(\frac{(\phi_1(s))^2}{2\varphi_1(s)} + \frac{(\phi_2(s))^2}{2\varphi_2(s)} + \frac{\lambda_2(\phi_3(s)\ln\phi_3(s) - \phi_3(s) + 1)}{\varphi_3(s)} \right) \mathrm{d}s \right] \right.$$

$$+\mathrm{E}_{t,x}^{\phi}[X^{u_6}(T)]-\frac{\gamma}{2}\mathrm{Var}_{t,x}^{\phi}[X^{u_6}(T)]\bigg\},\tag{4.65}$$

鲁棒均衡投资策略 $u_6^*=(\pi_6^*(t))_{t\in[0,T]}$ 为

$$\pi_6^*(t)=\frac{\mathrm{e}^{-r_0(T-t)}}{\beta_1+\gamma}\bigg\{\frac{\mu-r_0}{\sigma^2}-\frac{\lambda_2(-\mu_Y+\gamma\sigma_Y^2\pi_6^*(t)\mathrm{e}^{r_0(T-t)})}{\sigma^2}$$

$$\cdot\,\mathrm{e}^{\beta_3\left(-\mu_Y\pi_6^*(t)\mathrm{e}^{r_0(T-t)}+\frac{\gamma\sigma_Y^2(\pi_6^*(t))^2\mathrm{e}^{2r_0(T-t)}}{2}\right)}\bigg\},\tag{4.66}$$

相关的均衡价值函数 $V_6(t,x)$ 为

$$V_6(t,x)=x\mathrm{e}^{r_0(T-t)}-\frac{(1+\theta)\lambda_1\mu_Z}{r_0}(1-\mathrm{e}^{r_0(T-t)})+\int_t^T l_5(s)\mathrm{d}s+\int_t^T l_6(s)\mathrm{d}s,\tag{4.67}$$

其中

$$l_5(s)=\frac{\lambda_1}{\beta_2}\left(1-\mathrm{e}^{\beta_2\left(\mu_Z\mathrm{e}^{r_0(T-s)}+\frac{\gamma\sigma_Z^2\mathrm{e}^{2r_0(T-s)}}{2}\right)}\right),\tag{4.68}$$

$$l_6(s)=(\mu-r_0)\pi_6^*(s)\mathrm{e}^{r_0(T-s)}-\frac{(\pi_6^*(s))^2\sigma^2(\beta_1+\gamma)\mathrm{e}^{2r_0(T-s)}}{2}$$

$$+\frac{\lambda_2}{\beta_3}\left(1-\mathrm{e}^{\beta_3\left(-\mu_Y\pi_6^*(s)\mathrm{e}^{r_0(T-s)}+\frac{\gamma\sigma_Y^2(\pi_6^*(s))^2\mathrm{e}^{2r_0(T-s)}}{2}\right)}\right).\tag{4.69}$$

(2) 考虑在没有保险业务的情况下, 极端模糊厌恶投资者的均衡投资策略. 财富过程和相关的最优化问题为

$$\mathrm{d}X^{u_7}(t)=[r_0X^{u_7}(t)+(\mu-r_0)\pi_7(t)+\pi_7(t)\sigma\phi_1(t)]\mathrm{d}t$$

$$+\pi_7(t)\sigma\mathrm{d}W^{\phi}(t)+\int_{-1}^{\infty}\pi_7(t)yN_2^{\phi}(\mathrm{d}t,\mathrm{d}y)\tag{4.70}$$

和

$$\sup_{u_7\in\Pi}\inf_{\phi\in\Theta}\bigg\{\mathrm{E}_{t,x}^{\phi}\left[\int_t^T\left(\frac{(\phi_1(s))^2}{2\varphi_1(s)}+\frac{\lambda_2(\phi_3(s)\ln\phi_3(s)-\phi_3(s)+1)}{\varphi_3(s)}\right)\mathrm{d}s\right]$$

$$+\mathrm{E}_{t,x}^{\phi}[X^{u_7}(T)]-\frac{\gamma}{2}\mathrm{Var}_{t,x}^{\phi}[X^{u_7}(T)]\bigg\},\tag{4.71}$$

则鲁棒均衡投资策略 $u_7^*=(\pi_7^*(t))_{t\in[0,T]}$ 为

$$\pi_7^*(t)=\frac{\mathrm{e}^{-r_0(T-t)}}{\beta_1+\gamma}\bigg\{\frac{\mu-r_0}{\sigma^2}-\frac{\lambda_2(-\mu_Y+\gamma\sigma_Y^2\pi_7^*(t)\mathrm{e}^{r_0(T-t)})}{\sigma^2}$$

$$\cdot\,\mathrm{e}^{\beta_3\left(-\mu_Y\pi_7^*(t)\mathrm{e}^{r_0(T-t)}+\frac{\gamma\sigma_Y^2(\pi_7^*(t))^2\mathrm{e}^{2r_0(T-t)}}{2}\right)}\bigg\},\tag{4.72}$$

均衡价值函数 $V_7(t,x)$ 为

$$V_7(t,x)=xe^{r_0(T-t)}+\int_t^T l_7(s)\mathrm{d}s, \tag{4.73}$$

其中

$$\begin{aligned}l_7(s)=&(\mu-r_0)\pi_7^*(s)e^{r_0(T-s)}-\frac{(\pi_7^*(s))^2\sigma^2(\beta_1+\gamma)e^{2r_0(T-s)}}{2}\\&+\frac{\lambda_2}{\beta_3}\left(1-e^{\beta_3\left(-\mu_Y\pi_7^*(s)e^{r_0(T-s)}+\frac{\gamma\sigma_Y^2(\pi_7^*(s))^2e^{2r_0(T-s)}}{2}\right)}\right).\end{aligned} \tag{4.74}$$

我们发现由式 (4.66) 和式 (4.72) 给出的鲁棒均衡投资策略与 [20] 中的结论类似.

4.5 数值分析

在这部分中, 我们给出一些数值算例来说明模型参数对均衡再保险和投资策略以及效用损失的影响. 假设赔付 Z 和风险资产中的跳 Y 分别服从参数为 λ_Z 和 λ_Y 的指数分布, 即 Z 的概率密度函数为 $f(z)=\lambda_Z e^{-\lambda_Z z}$, $z\geqslant 0$; Y 的概率密度函数为 $g(y)=\lambda_Y e^{-\lambda_Y(y+1)}$, $y\geqslant -1$. 若无特别说明, 该数值部分的参数选择如下: $r_0=0.03$, $\mu=0.08$, $\sigma=0.25$, $\theta=0.1$, $\eta=0.2$, $\gamma=1$, $\beta_1=0.5$, $\beta_2=0.5$, $\beta_3=0.7$, $\lambda_1=1$, $\lambda_2=1$, $\lambda_Z=1$, $\lambda_Y=1$, $x=1$, $T=10$ 和 $t=0$.

图 4.1 给出了模糊厌恶参数 β_2、风险厌恶系数 γ、盈余过程中跳分布参数 λ_Z 和再保险公司的安全载荷 η 对均衡再保险策略 p^* 的影响. 由图 4.1 可知 p^* 随着 β_2 和 γ 的增加而减少, 而 p^* 随着 λ_Z 和 η 的增加而增加. 这是因为若模糊厌恶保险公司具有较高的模糊厌恶程度, 则倾向购买更多的比例再保险来分散风险.

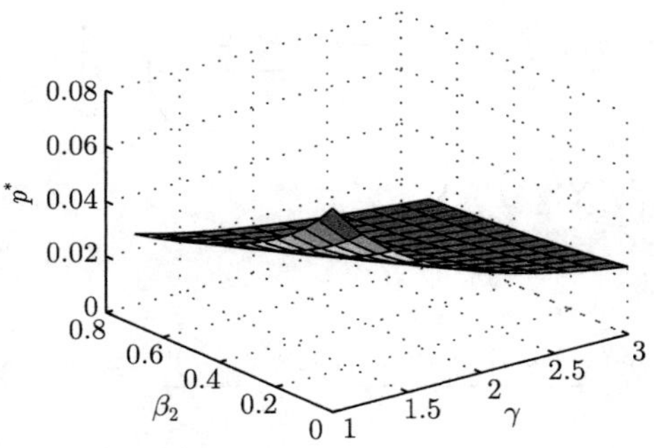

(a)

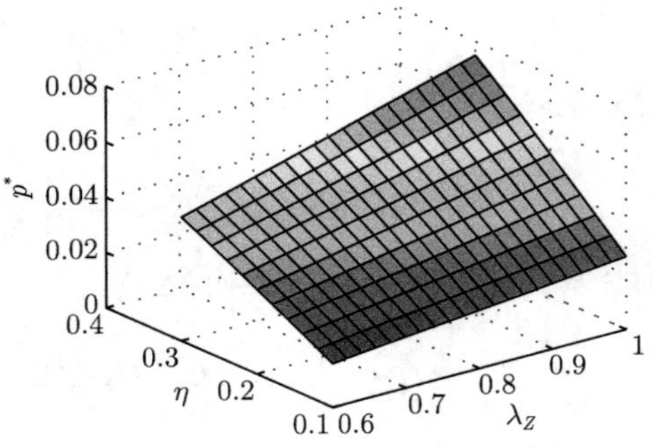

(b)

图 4.1　β_2, γ, λ_Z 和 η 对 p^* 的影响

若保险公司更加风险厌恶, 即 γ 增大, 保险公司则愿意分给再保险公司更多的风险. 当 λ_Z 增加时, Z 的均值和方差都会变小, 因此, 当风险厌恶相同时, 保险公司可以承担更多保险业务. 当 η 增加时, 为了减少较高的再保险费用的支付, 保险公司更愿意自己承担更多的风险.

图 4.2 给出了模糊厌恶参数 β_1, β_3, 风险资产价格中的跳强度和跳分布参数 λ_2 和 λ_Y 对均衡投资策略 π^* 的影响. 由图 4.2 可知 β_3 和 λ_2 对 π^* 的影响不明显, 并且较难确定. 我们进一步通过表 4.1 来说明细微的差别. 由图 4.2 和表 4.1 可知, π^* 随着 β_1 和 β_3 的增大而减小. 这是因为若模糊厌恶保险公司决策者具有较高的模糊厌恶参数, 他将减少在风险资产上的投资. 此外, π^* 随着 λ_2 的增大而较小, 随着 λ_Y 的增大而增大. 这是因为较大的 λ_2 意味着风险资产价格中跳的强度更强. 因此, 投资在风险资产上的金额将减少. 此外, 较大的 λ_Y 意味着 Y 的均值和方差都变小, 在相同风险厌恶下, 保险公司将投资更多的金额在风险资产上.

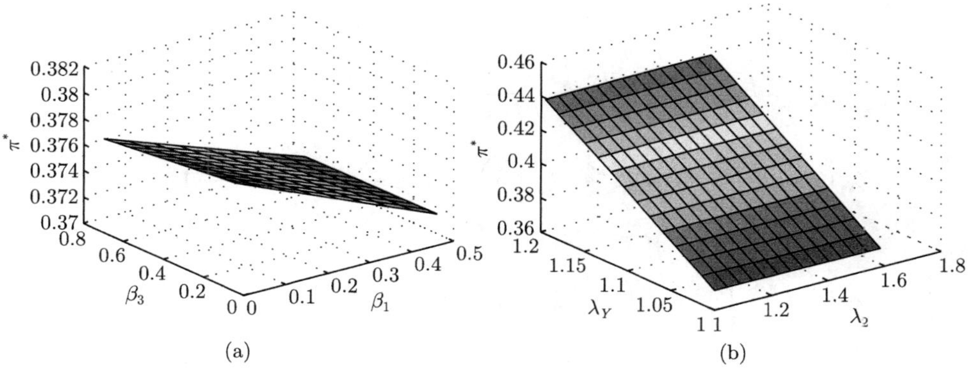

图 4.2 β_1, β_3, λ_Y 和 λ_2 对 π^* 的影响

表 4.1 β_3 和 λ_2 对 π^* 的影响

β_3	0	0.1	0.2	0.3	0.4	0.5	0.6	0.7
π^*	0.3718	0.3718	0.3718	0.3717	0.3717	0.3717	0.3716	0.3716
λ_2	1.0	1.1	1.2	1.3	1.4	1.5	1.6	1.7
π^*	0.3719	0.3718	0.3717	0.3716	0.3715	0.3714	0.3713	0.3712

下面将给出效用损失的数值例子. 首先, 我们研究由于忽略模糊厌恶带来的效用损失. 假设模糊厌恶保险人不采取由定理 4.1 给出的均衡策略 $u^* = (p^*(t), \pi^*(t))_{t\in[0,T]}$, 而采取由注 4.1 给出的假设保险公司是无模糊情况下的策略 $u_1^* = (p_1^*(t), \pi_1^*(t))_{t\in[0,T]}$. 此时的均衡价值函数为

$$
\begin{aligned}
V_8(t,x) = \inf_{\phi\in\Theta}\Bigg\{\mathrm{E}_{t,x}^{\phi}\Bigg[\int_t^T\Bigg(&\frac{(\phi_1(s))^2}{2\beta_1}+\frac{\lambda_1(\phi_2(s)\ln\phi_2(s)-\phi_2(s)+1)}{\beta_2}\\
&+\frac{\lambda_2(\phi_3(s)\ln\phi_3(s)-\phi_3(s)+1)}{\beta_3}\Bigg)\mathrm{d}s\Bigg]\\
&+\mathrm{E}_{t,x}^{\phi}[X^{u_1^*}(T)]-\frac{\gamma}{2}\mathrm{Var}_{t,x}^{\phi}[X^{u_1^*}(T)]\Bigg\}.
\end{aligned}
\tag{4.75}
$$

注意到用于描述可选择模型的 $\phi_1(t)$, $\phi_2(t)$ 和 $\phi_3(t)$ 仍然依赖于再保险和投资策略. 不同于最优情况, 此时的再保险和投资策略是确定的. 通过类似的推导, 可得在次最优策略 u_1^* 下的均衡价值函数为

$$
\begin{aligned}
&V_8(t,x)\\
=\ &x\mathrm{e}^{r_0(T-t)}+\frac{(\eta-\theta)\lambda_1\mu_Z}{r_0}(1-\mathrm{e}^{r_0(T-t)})\\
&+\frac{(\mu-r_0)(\mu-r_0+\lambda_2\mu_Y)(T-t)}{\gamma(\sigma^2+\lambda_2\sigma_Y^2)}-\frac{\sigma^2(\mu-r_0+\lambda_2\mu_Y)^2(\beta_1+\gamma)(T-t)}{2\gamma^2(\sigma^2+\lambda_2\sigma_Y^2)^2}\\
&+\frac{\lambda_1(T-t)}{\beta_2}\left(1-\mathrm{e}^{\beta_2\left(\frac{\eta\mu_Z^2}{\gamma\sigma_Z^2}+\frac{\eta^2\mu_Z^2}{2\gamma\sigma_Z^2}\right)}\right)+\frac{\eta(1+\eta)\lambda_1\mu_Z^2(T-t)}{\gamma\sigma_Z^2}\\
&+\frac{\lambda_2(T-t)}{\beta_3}\left(1-\mathrm{e}^{\beta_3\left(\frac{-\mu_Y(\mu-r_0+\lambda_2\mu_Y)}{\gamma(\sigma^2+\lambda_2\sigma_Y^2)}+\frac{\sigma_Y^2(\mu-r_0+\lambda_2\mu_Y)^2}{2\gamma(\sigma^2+\lambda_2\sigma_Y^2)^2}\right)}\right).
\end{aligned}
\tag{4.76}
$$

基于以上的推导, 我们得到了不同情况下的均衡价值函数. 为了公平地比较这些价值函数, 我们假设在无跳和有跳情况下, 风险资产的期望收益率和波动率相同, 即 $\mu_{\text{no jump}}=\mu+\lambda_2\mathrm{E}[Y_i]$ 且 $\sigma^2_{\text{no jump}}=\sigma^2+\lambda_2\mathrm{E}[Y_i^2]$. 由表 4.2 可知均衡价值函数在无跳的情况下 ($V_4(t,x)$)、在无再保险的情况下 ($V_6(t,x)$) 以及在次最优策略控制下 ($V_8(t,x)$) 的价值函数均小于初始模型的均衡价值函数 ($V(t,x)$).

表 4.2 不同情况下的均衡价值函数

t	0	1	2	3	4	5	6	7	8
$V(t,x)$	2.9585	2.7741	2.5869	2.3971	2.2047	2.0098	1.8124	1.6127	1.4107
$V_4(t,x)$	0.9763	0.9901	1.0012	1.0096	1.0154	1.0187	1.0195	1.0203	1.0210
$V_6(t,x)$	0.1538	0.2422	0.3353	0.4257	0.5135	0.6088	0.6816	0.7521	0.8103
$V_8(t,x)$	2.6660	2.5109	2.3530	2.1924	2.0293	1.8636	1.6955	1.5250	1.3522

进一步, 我们定义忽略模糊带来的效用损失

$$L_1 := 1 - \frac{V_8(t,x)}{V(t,x)}, \tag{4.77}$$

其中 $V(t,x)$ 和 $V_8(t,x)$ 由式 (4.18) 和 (4.76) 给出.

由图 4.3 可知, 忽略模糊带来的损失 L_1 随着时间 $T-t$ 的增加而增加. 比较图 4.3 的两幅图, 可知 L_1 的差别比较大, 因此, $T-t$ 对 L_1 的影响比较重要. 此外, 由图 4.3 和表 4.3 可知, 模糊厌恶参数 β_1, β_2 和 β_3 与 L_1 具有正相关作用, 这意味着若模糊厌恶保险公司决策者对于实际模型掌握较少的信息 (β_1, β_2 和 β_3 较大), 则忽略模糊带来的损失将会增加.

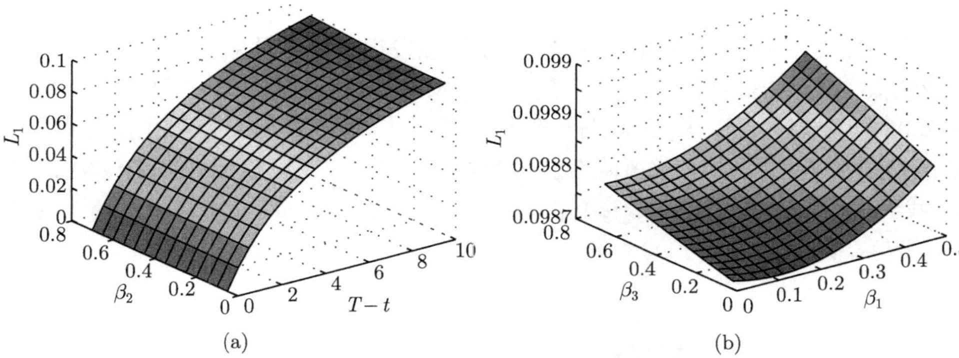

图 4.3 $T-t$, β_1, β_2 和 β_3 对 L_1 的影响

表 4.3 β_2 对 L_1 的影响

β_2	0	0.1	0.2	0.3	0.4	0.5	0.6	0.7
L_1	NaN	0.0941	0.0945	0.0951	0.0958	0.0967	0.0977	0.0988

注: NaN 表示无法计算出具体数值.

由图 4.4 可知, 忽略模糊带来的损失, L_1 随着 λ_1 和 λ_2 的增加而增加, 而随着 λ_Z 和 λ_Y 的增加而减少. 较大的 λ_1 和 λ_2 意味着盈余过程和风险资产价格过程中的跳强度变大, 因此, 模糊厌恶保险公司决策者将会遭遇到更多的损失. 此外, Z 和 Y 的方差随着 λ_Z 和 λ_Y 的增大而减小, 因此, λ_Z 和 λ_Y 越大, 盈余过程和风险资产价格过程的波动越小, 则忽略模糊带来的损失越小.

下面我们研究忽略跳风险带来的效用损失, 定义其如下

$$L_2 := 1 - \frac{V_4(t,x)}{V(t,x)}, \tag{4.78}$$

其中 $V(t,x)$ 和 $V_4(t,x)$ 由式 (4.18) 和 (4.58) 给出.

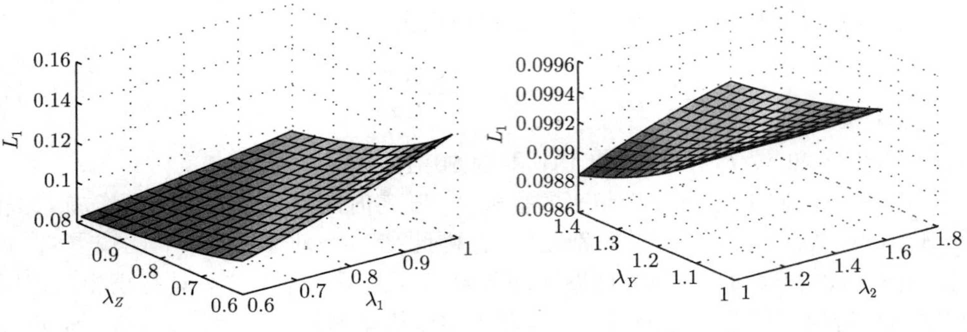

(a)　　(b)

图 4.4　$\lambda_1, \lambda_Z, \lambda_2$ 和 λ_Y 对 L_1 的影响

比较图 4.3—图 4.4 和图 4.5—图 4.6, 可以发现模型参数对 L_2 的影响比对 L_1 的影响大, 这意味着在投资组合问题中, 跳风险是不能被忽略的. 在现实生活中, 自 2008 年金融危机以来, 风险资产价格时常发生跳动, 特别是金融市场会产生共跳 (参见 [17,40]). 因此, 跳风险在金融市场中随处可见, 应该被考虑进模型中. 此外, 我们发现 λ_Y 对 L_2 的影响不如 λ_Y 对 L_1 的影响明显, 由表 4.4 可知, L_2 也是随着 λ_Y 的增大而减小.

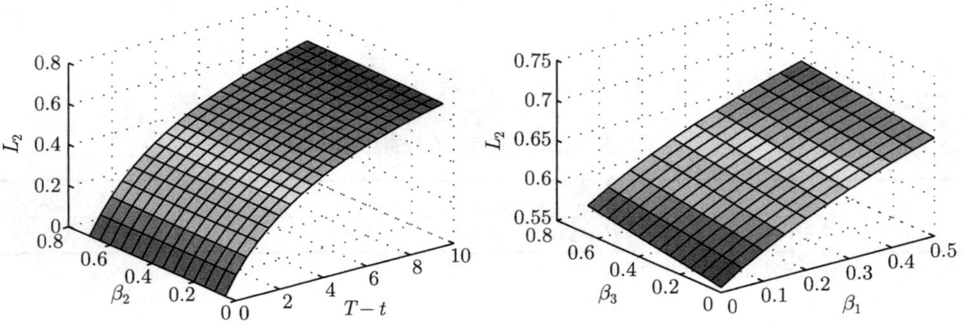

(a)　　(b)

图 4.5　$T-t, \beta_1, \beta_2$ 和 β_3 对 L_2 的影响

最后, 我们考虑忽略再保险带来的效用损失, 定义其如下

$$L_3 := 1 - \frac{V_6(t,x)}{V(t,x)}, \tag{4.79}$$

其中 $V(t,x)$ 和 $V_6(t,x)$ 由式 (4.18) 和 (4.67) 给出.

比较图 4.7—图 4.8 和图 4.3—图 4.6, 并且根据表 4.3—表 4.4 可知, 一些模型参数对 L_3 的影响与对 L_1 和 L_2 的影响类似. 不同于 L_1 和 L_2, 比起对扩散风

险的模糊厌恶参数 β_1, L_3 对盈余过程和风险资产价格中跳的模糊厌恶参数 β_2 和 β_3 更为敏感, 这意味着跳风险对忽略再保险带来的效用损失同样重要.

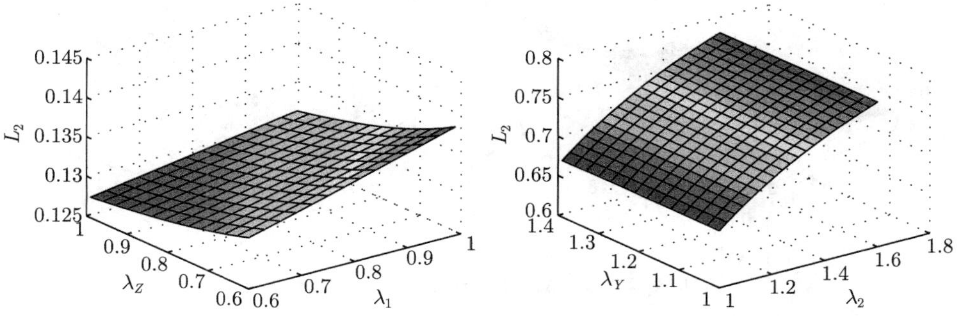

(a) (b)

图 4.6 λ_1, λ_Z, λ_2 和 λ_Y 对 L_2 的影响

表 4.4 β_2 和 λ_Y 对 L_2 和 L_3 的影响

β_2	0	0.1	0.2	0.3	0.4	0.5	0.6	0.7
L_2	NaN	0.6648	0.6667	0.6683	0.6696	0.6708	0.6718	0.6727
L_3	NaN	0.2223	0.2805	0.3506	0.4354	0.5385	0.6642	0.8182
λ_Y	1.0	1.1	1.2	1.3	1.4	1.5	1.6	1.7
L_2	0.6727	0.6727	0.6727	0.6726	0.6726	0.6725	0.6725	0.6724
L_3	0.8039	0.8038	0.8037	0.8036	0.8035	0.8034	0.8033	0.8032

注：NaN 表示无法计算出具体数值.

由图 4.1—图 4.8 可知, 模糊和跳风险对均衡再保险和投资策略以及相关的均衡价值函数有重要的影响. 此外, 三种情况下的效用损失都非常明显, 由忽略跳风险和不考虑再保险带来的效用损失大于忽略模糊带来的效用损失, 这意味着在鲁棒均衡再保险和投资问题中考虑跳风险和再保险是有必要的.

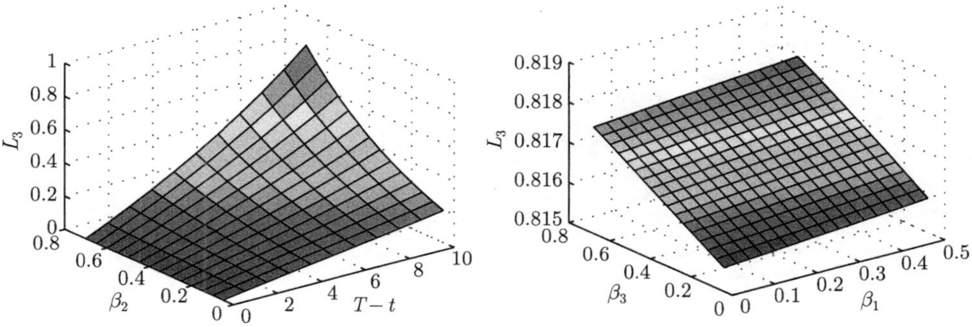

(a) (b)

图 4.7 $T-t$, β_1, β_2 和 β_3 对 L_3 的影响

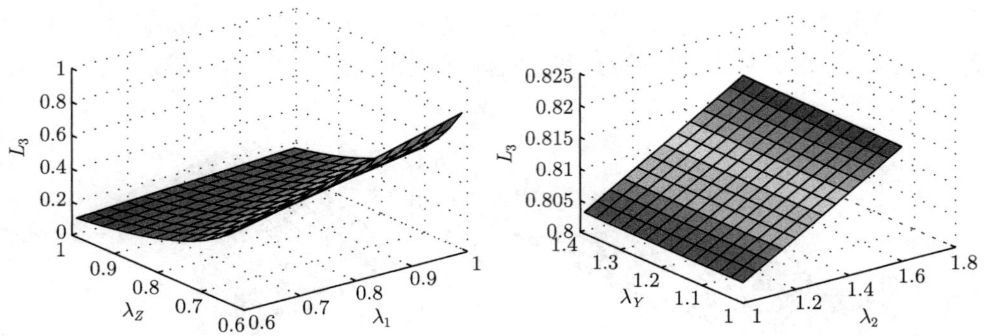

(a) (b)

图 4.8 λ_1, λ_Z, λ_2 和 λ_Y 对 L_3 的影响

4.6 小结与展望

本章假设保险公司的盈余过程由经典的 C-L 模型描述, 保险公司可以通过比例再保险转移部分风险给再保险公司, 并且保险公司可投资于由一个风险资产和一个无风险资产组成的金融市场. 风险资产的价格过程服从跳–扩散模型. 假设市场的真实模型与估计的参考模型之间有一定的偏离, 即考虑了模型不确定性. 假设保险公司对扩散风险和跳风险都是模糊厌恶的. 运用随机最优控制理论, 建立相关拓展的 HJB 方程, 通过求解拓展的 HJB 方程, 可得到鲁棒均衡再保险和投资策略. 本章中也给出了一些特例. 最后, 通过数值模拟分析模型参数对均衡策略以及效用损失的影响.

未来可以尝试非极端模糊厌恶的情况、更一般的再保险形式、更复杂的金融市场的情况, 以及丰富模糊厌恶情况下保险公司再保险和投资策略的研究.

第 5 章　α-模糊厌恶情景下的保险公司均衡再保险和投资策略选择

5.1 引　言

在第 4 章中我们研究了极端模糊厌恶保险公司决策者的鲁棒均衡再保险和投资策略. 在实际情况中, 极端模糊厌恶的保险公司决策者是少数的. Heath 和 Tversky[61] 进行了一系列的实验说明了人对模糊的反应可以是较轻的模糊厌恶, 甚至在特定情况下 (如对真实情况比较了解或比较有经验) 是模糊偏好的. 基于此, 本章内容在均值–方差标准下研究 α-模糊厌恶保险公司决策者的均衡再保险和投资策略, 即

$$\alpha \inf_{\phi\in\Theta}\left\{\mathrm{E}^{\phi}[X]-\frac{\gamma}{2}\mathrm{Var}^{\phi}[X]+\mathrm{E}^{\phi}[h_{\beta}(\phi)]\right\}$$
$$+\hat{\alpha}\sup_{\phi\in\Theta}\left\{\mathrm{E}^{\phi}[X]-\frac{\gamma}{2}\mathrm{Var}^{\phi}[X]-\mathrm{E}^{\phi}[h_{\beta}(\phi)]\right\},$$

这里, α 表示模糊好恶程度 ($\alpha=1,\ 1/2,\ 0$ 分别表示极端模糊厌恶、模糊中性和极端模糊偏好), γ 表示风险厌恶程度, 函数 $h_{\beta}(\phi)$ 表示对测度 $\mathbb{Q}^{\phi}$ 关于参考测度 $\mathbb{P}$ 偏移的惩罚. 本章与已有文献最大的不同是, α-模糊厌恶模型通过 α 区分了模糊好恶程度. 这种思想其实在效用最大化问题中已有体现, 如 [48, 49, 71, 72, 97].

本章假设保险公司的盈余过程由谱负 Lévy 过程描述, 保险公司可以通过比例再保险转移部分风险给再保险公司, 并且保险公司可投资于由一个风险资产和一个无风险资产组成的金融市场, 且风险资产价格与保险盈余过程相关. 此外, 保险公司对模糊可持有不同偏好程度. 运用随机最优控制理论, 给出并证明验证定理, 建立相关拓展的 HJB 方程, 通过求解拓展的 HJB 方程, 可得到鲁棒均衡再保险和投资策略以及均衡价值函数的解析解. 最后, 通过数值模拟分析模型参数对均衡策略的影响.

5.2 模 型 建 立

给定满足通常条件的完备信息流概率空间 $(\Omega,\mathcal{F},\{\mathcal{F}_t\}_{t\in[0,T]},\mathbb{P})$, 其中 $\mathcal{F}_t$ 表示到时刻 t 为止所获得的信息总和, 时刻 t 的决策基于信息流 $\mathcal{F}_t$, $\mathbb{P}$ 为实际测度.

假设本章中所有的随机过程均是该概率空间上的适应性过程. 保险和金融市场上交易是连续的, 且没有交易费用和税收产生.

假设在不考虑再保险和投资的情况下, 盈余过程由谱负 Lévy 过程描述

$$\mathrm{d}U(t) = c\mathrm{d}t + \sigma_1 \mathrm{d}W_1(t) - \int_0^\infty zN(\mathrm{d}t, \mathrm{d}z), \quad U(0) > 0, \tag{5.1}$$

其中 $c > 0$ 为保费率, $\{W_1(t)\}_{t\in[0,T]}$ 为一维标准布朗运动, 表示保险过程的扰动, 波动率为 $\sigma_1 > 0$, 且 $N(\mathrm{d}t, \mathrm{d}z)$ 是泊松随机测度, 与 $\{W_1(t)\}_{t\in[0,T]}$ 不相关, 表示在时间 $(t, t+\mathrm{d}t)$ 中赔付大小为 $(z, z+\mathrm{d}z)$ 的赔付数量. 记 $N(\mathrm{d}t, \mathrm{d}z)$的补偿测度为 $\tilde{N}(\mathrm{d}t, \mathrm{d}z) = N(\mathrm{d}t, \mathrm{d}z) - \upsilon(\mathrm{d}z)\mathrm{d}t$, 其中 υ 是一个 Lévy 测度使得 $\int_0^\infty z\upsilon(\mathrm{d}z) < \infty$. 进一步, 我们假设保费率 c 根据期望值保费原理计算, 即 $c = (1+\theta)\int_0^\infty z\upsilon(\mathrm{d}z)$, 其中 $\theta > 0$ 是保险公司的安全载荷. 谱负 Lévy 模型 (5.1) 在精算风险理论中被经常使用, 例如 [76, 77] 给出了相关内容的回顾. 该模型比许多再保险和投资问题中所使用的经典保险模型更一般化, 如 C-L 模型[126]、扩散模型[108], 以及跳–扩散模型[128].

假设保险公司允许购买比例再保险或吸收新业务来控制其保险业务风险. 在任意时刻 $t \in [0, T]$, 保险公司比例再保险/新业务的自留水平由风险暴露值 $p(t) \in [0, +\infty)$ 表示. 当 $p(t) \in [0, 1]$ 时, 对应于保险公司购买比例再保险的情形, 在任意时刻保险公司需要向再保险公司以比率$(1+\eta)(1-p(t))\int_0^\infty z\upsilon(\mathrm{d}z)$ 支付保费, 其中 $\eta > \theta$ 为再保险公司的安全载荷, 同时对发生的每一个索赔, 原保险公司只需要支付索赔额的 $100p(t)\%$, 余下的 $100(1-p(t))\%$ 由再保险公司支付; 当 $p(t) \in [1, +\infty)$ 时, 对应于保险公司获取新业务的情形. 同样, 称风险暴露过程为再保险策略. 当采取再保险策略时, 保险公司盈余过程可表示为

$$\begin{aligned}\mathrm{d}R(t) &= \mathrm{d}U(t) - (1+\eta)(1-p(t))\int_0^\infty z\upsilon(\mathrm{d}z)\mathrm{d}t + (1-p(t))\int_0^\infty zN(\mathrm{d}t, \mathrm{d}z) \\ &= [\theta - \eta + \eta p(t)]\int_0^\infty z\upsilon(\mathrm{d}z)\mathrm{d}t + \sigma_1\mathrm{d}W_1(t) - p(t)\int_0^\infty z\tilde{N}(\mathrm{d}t, \mathrm{d}z)\end{aligned}$$

此外, 保险公司可以投资在由一个无风险资产和一个风险资产构成的金融市场上. 无风险资产的价格满足

$$\mathrm{d}B(t) = r_0 B(t)\mathrm{d}t,$$

其中 $r_0 > 0$ 表示无风险利率. 风险资产价格定义为

$$\mathrm{d}S(t) = S(t)\mu\mathrm{d}t + \sigma_2 S(t)\left(\rho\mathrm{d}W_1(t) + \hat{\rho}\mathrm{d}W_2(t)\right),$$

其中 $\mu \in \mathbb{R}$, $\sigma_2 > 0$, $\rho \in [-1,1]$, $\hat{\rho} = \sqrt{1-\rho^2}$ 且 $\{W_2(t)\}_{t\in[0,T]}$ 是另一个与 $\{W_1(t)\}_{t\in[0,T]}$ 和 $N(\mathrm{d}t,\mathrm{d}z)$ 相互独立的标准布朗运动. 记 $\pi(t)$ 为在时间 t 时投资在风险资产上的金额, 假设 $u = (p(t),\pi(t))_{t\in[0,T]}$. 基于 u, 保险公司的财富过程 $X^u(t)$ 满足以下方程

$$\begin{cases} \mathrm{d}X^u(t) = \pi(t)\dfrac{\mathrm{d}S(t)}{S(t)} + (X^u(t)-\pi(t))\,r_0\mathrm{d}t + \mathrm{d}R(t) \\ \qquad = \left[r_0X^u(t) + (\mu - r)\pi(t) + (\theta - \eta + \eta p(t))\displaystyle\int_0^\infty z\upsilon(\mathrm{d}z)\right]\mathrm{d}t \\ \qquad\quad -p(t)\displaystyle\int_0^\infty z\tilde{N}(\mathrm{d}t,\mathrm{d}z) + (\sigma_1 + \pi(t)\sigma_2\rho)\,\mathrm{d}W_1(t) + \pi(t)\sigma_2\hat{\rho}\mathrm{d}W_2(t), \\ X^u(0) = x_0. \end{cases} \tag{5.2}$$

为了在保险和金融风险中考虑模糊性, 我们定义一系列概率测度. 首先, 我们定义概率扭曲函数

$$\phi := (\phi_1(t),\phi_2(t),\phi_3(t,z))_{t\in[0,T],z>0} \in \Theta,$$

若 $\phi_1(t)$, $\phi_2(t)$ 和 $\phi_3(t,z)$ 是 t 和 z 的确定性函数[①]且满足对于任意 $t\in[0,T]$,

$$\exp\left\{\int_t^T \frac{(\phi_1(s))^2 + (\phi_2(s))^2}{2}\mathrm{d}s \right.$$
$$\left. + \int_t^T\int_0^\infty [(1-\phi_3(s,z))\ln(1-\phi_3(s,z)) + \phi_3(s,z)]\upsilon(\mathrm{d}z)\mathrm{d}s\right\} < \infty.$$

每一个概率扭曲函数 $\phi\in\Theta$ 与一个概率测度 $\mathbb{Q}^\phi \sim \mathbb{P}$ 对应, 使得 Radon-Nikodym 导数过程 $\left.\dfrac{\mathrm{d}\mathbb{Q}^\phi}{\mathrm{d}\mathbb{P}}\right|_{\mathcal{F}_t} := \Lambda^\phi(t)$ 由下式给出

$$\Lambda^\phi(t) = \exp\left\{ -\int_0^t \phi_1(s)\mathrm{d}W_1(s) - \frac{1}{2}\int_0^t(\phi_1(s))^2\mathrm{d}s - \int_0^t \phi_2(s)\mathrm{d}W_2(s)\right.$$
$$- \frac{1}{2}\int_0^t(\phi_2(s))^2\mathrm{d}s + \int_0^t\int_0^\infty \ln(1-\phi_3(s,z))\tilde{N}(\mathrm{d}s,\mathrm{d}z)$$
$$\left. + \int_0^t\int_0^\infty[\ln(1-\phi_3(s,z)) + \phi_3(s,z)]\upsilon(\mathrm{d}z)\mathrm{d}s\right\}.$$

① 这个限制主要是为了得到考虑模糊均值–方差问题的时间一致性策略, 验证定理的证明需要 $\mathrm{Var}^\phi[X^u(T)]$ 具有精确表达. 若 ϕ 和布朗运动 (W_1,W_2) 存在相关性, 则 $\mathrm{Var}^\phi[X^u(T)]$ 的表达不确定, 除非 ϕ 是确定的. 这个限制并不奇怪, 在定义 5.2 给出的均衡策略的定义局部扰动 $\tilde{u}(s) = (\tilde{p},\tilde{\pi})$ 中, 当 $t\leqslant s\leqslant t+\varepsilon$ 时也限制了常数策略. 这个限制可以在一些情况下被去掉, 如在均值–方差预先承诺策略框架下 (参见 [122]), 在最小化破产概率目标下 (参见 [11]) 和在效用最大化目标下 (参见 [133]).

定义一族概率测度

$$\mathcal{Q} = \{\mathbb{Q}^{\phi} : \phi \in \Theta\}.$$

显然有 $\mathbb{P} \in \mathcal{Q}$. 由 Girsanov 定理 (参见 [106] 中的定理 1.35) 知

$$\mathrm{d}W_1^{\phi}(t) = \mathrm{d}W_1(t) + \phi_1(t)\mathrm{d}t, \quad \mathrm{d}W_2^{\phi}(t) = \mathrm{d}W_2(t) + \phi_2(t)\mathrm{d}t \tag{5.3}$$

是 $\mathbb{Q}^{\phi}$-布朗运动, 且

$$\tilde{N}^{\phi}(\mathrm{d}t, \mathrm{d}z) = \tilde{N}(\mathrm{d}t, \mathrm{d}z) + \phi_3(t, z)\upsilon(\mathrm{d}z)\mathrm{d}t \tag{5.4}$$

是 $\mathbb{Q}^{\phi}$-补偿泊松随机测度, 该补偿测度在测度 $\mathbb{Q}^{\phi}$ 下的强度为 $(1-\phi_3(t,z))\upsilon(\mathrm{d}z)$. 由式 (5.2)—(5.4) 易知, 在测度 $\mathbb{Q}^{\phi}$ 下, 财富过程的动态过程 $X^u(t)$ 为

$$\begin{cases} \mathrm{d}X^u(t) = \bigg[r_0 X^u(t) + (\mu - r)\pi(t) + (\theta - \eta + \eta p(t)) \displaystyle\int_0^{\infty} z\upsilon(\mathrm{d}z) \\ \qquad - (\sigma_1 + \pi(t)\sigma_2\rho)\,\phi_1(t) - \pi(t)\sigma_2\hat{\rho}\phi_2(t) + p(t) \displaystyle\int_0^{\infty} z\phi_3(t,z)\upsilon(\mathrm{d}z)\bigg]\mathrm{d}t \\ \qquad + (\sigma_1 + \pi(t)\sigma_2\rho)\,\mathrm{d}W_1^{\phi}(t) + \pi(t)\sigma_2\hat{\rho}\mathrm{d}W_2^{\phi}(t) - p(t) \displaystyle\int_0^{\infty} z\tilde{N}^{\phi}(\mathrm{d}t, \mathrm{d}z), \\ X^u(0) = x_0. \end{cases} \tag{5.5}$$

定义 5.1 (可行策略) 令 $O_0 := \mathbb{R}$ 且 $O := [0,T] \times O_0$. 对于任意 $t \in [0,T]$, 策略 $u = (p(t), \pi(t))_{t\in[0,T]}$ 是可行的, 如果其满足下述条件

(1) 对于任意 $t \in [0,T]$, $p(t) \in [0,+\infty)$;

(2) u 是 $\mathcal{F}$-可料的, 且对于任意 $(t,x) \in O$, $\mathrm{E}_{t,x}^{\underline{\phi}^u}\left[\displaystyle\int_t^T \left((p(s))^2 + (\pi(s))^2\right)\mathrm{d}s\right] < \infty$, $\mathrm{E}_{t,x}^{\overline{\phi}^u}\left[\displaystyle\int_t^T \left((p(s))^2 + (\pi(s))^2\right)\mathrm{d}s\right] < \infty$, 其中 $\mathrm{E}_{t,x}^{\phi}[\cdot]$ 是基于 $X^u(t) = x$ 的条件期望;

(3) 对于任意 $(t,x) \in O$, 方程 (5.5) 在 $[t,T]$ 上具有唯一强解 $\{X^u(s)\}_{s\in[t,T]}$.

记 Π 为所有可行策略的集合.

根据 Hurwitz 的 α-悲观主义原则和 α-最大最小期望效用 (参见 [48, 71, 97]), 定义 α-模糊厌恶均值–方差标准, 对于 $\alpha \in [0,1]$,

$$\begin{aligned} J_{\alpha}^u(t,x) &:= \alpha \inf_{\phi\in\Theta} \underline{J}^{u,\phi}(t,x) + \hat{\alpha} \sup_{\phi\in\Theta} \overline{J}^{u,\phi}(t,x) \\ &= \alpha \underline{J}^{u,\underline{\phi}^u}(t,x) + \hat{\alpha}\overline{J}^{u,\overline{\phi}^u}(t,x), \end{aligned}$$

其中

$$\underline{J}^{u,\phi}(t,x)=\mathrm{E}_{t,x}^{\phi}[X^u(T)]-\frac{\gamma}{2}\mathrm{Var}_{t,x}^{\phi}[X^u(T)]+\int_t^T h_\beta(\phi(s))\mathrm{d}s \tag{5.6}$$

和

$$\overline{J}^{u,\phi}(t,x)=\mathrm{E}_{t,x}^{\phi}[X^u(T)]-\frac{\gamma}{2}\mathrm{Var}_{t,x}^{\phi}[X^u(T)]-\int_t^T h_\beta(\phi(s))\mathrm{d}s. \tag{5.7}$$

记 $\underline{\phi}^u$ 和 $\overline{\phi}^u$ 分别是达到式 (5.6) 极小和极大部分的概率扭曲函数，且惩罚函数为

$$h_\beta(\phi(s)):=\frac{(\phi_1(s))^2}{2\beta_1}+\frac{(\phi_2(s))^2}{2\beta_2}+\frac{\int_0^\infty[(1-\phi_3(s,z))\ln(1-\phi_3(s,z))+\phi_3(s,z)]\,\upsilon(\mathrm{d}z)}{\beta_3}. \tag{5.8}$$

本章限制 α 满足

$$\frac{1}{2}\leqslant\alpha\leqslant 1. \tag{5.9}$$

特别地, $\alpha=\dfrac{1}{2}$ 表示模糊中立态度, $\alpha=1$ 表示极端模糊厌恶态度, α 的值越大表示保险人对模糊的态度越厌恶. 假设 (5.9) 主要有以下两个原因. 第一, Bossaerts 等[18] 证明了风险厌恶和模糊厌恶之间存在正相关性, 而均值–方差问题是风险厌恶的, 因此, 我们假设保险公司决策者是模糊厌恶的. 第二, 在假设 (5.9) 下, 由式 (5.10) 定义的价值函数是一致有界的, 不需要对模型参数有任何限制. 换句话说, 如果选择特定的模型参数, 假设 (5.9) 可以被去掉. 在 α-模糊均值–方差标准 (5.6) 下, 与参考测度 $\mathbb{P}$ 的偏差会通过项 $\displaystyle\int_t^T h_\beta(\phi(s))\mathrm{d}s$ 被惩罚, 其中常数向量 $\beta=(\beta_1,\beta_2,\beta_3)\in(0,\infty)^3$ 表示保险公司对参考测度模糊的程度. 具体来说, 可以从式 (5.3) 和 (5.4) 中得到. β_1,β_2,β_3 分别表示对保险保费、风险资产收益和保险负债的模糊. 当 $\beta\downarrow 0$ 时, $\inf_{\phi\in\Theta}\underline{J}^{u,\phi}(t,x)$ 和 $\sup_{\phi\in\Theta}\overline{J}^{u,\phi}(t,x)$ 将在 $\phi=0$ 时达到, 这与参考测度 $\mathbb{P}$ 有关. 则 (5.6) 简化为没有模糊的经典均值–方差问题. 另一方面, 当 $\beta\uparrow\infty$ 时, 惩罚函数 $h_\beta(\phi(s))$ 消失, 这意味着保险和金融风险是极端模糊的. β 值越大意味着模糊程度越高. 注意到

$$\int_0^T h_{(1,1,1)}(\phi(s))\mathrm{d}s=\mathrm{E}[\Lambda^\phi(T)\ln\Lambda^\phi(T)],$$

被称为测度 $\mathbb{Q}^\phi$ 关于测度 $\mathbb{P}$ 的相对熵. 本章目标是求得均衡价值函数

$$J_\alpha^{u^*}(t,x)=\sup_{u\in\Pi}J_\alpha^u(t,x). \tag{5.10}$$

进一步, 我们给出均衡策略的定义.

定义 5.2 (均衡策略) 对于可行策略 $u^*=(p^*(t),\pi^*(t))_{t\in[0,T]}$, 在初始状态 $(t,x)\in O$, 定义下列策略

$$u_\varepsilon(s)=\begin{cases}(\tilde{p},\tilde{\pi}), & t\leqslant s\leqslant t+\varepsilon,\\ u^*(s), & t+\varepsilon<s\leqslant T,\end{cases}$$

其中 $(\tilde{p},\tilde{\pi})\in\Pi:=[0,+\infty)\times\mathbb{R}$, $\varepsilon>0$. 若对于任意 $(t,x)\in O$,

$$\liminf_{\varepsilon\downarrow 0}\frac{J_\alpha^{u^*}(t,x)-J_\alpha^{u_\varepsilon}(t,x)}{\varepsilon}\geqslant 0,$$

则 u^* 被称为均衡策略, 而均衡价值函数为 $J_\alpha^{u^*}(t,x)$.

本章中, 我们对 Lévy 测度 v 做以下假设.

假设 5.1 (1) 若保险赔付分布存在模糊, 即函数 $\phi_3(t,z):[0,T]\times[0,\infty)\to(-\infty,1)$ 依赖 z, 我们假设存在 $c>0$,

$$\int_0^1 zv(\mathrm{d}z)<\infty,\qquad \int_1^\infty \mathrm{e}^{cz^2}v(\mathrm{d}z)<\infty.$$

(2) 若保险赔付分布不存在模糊, 即函数 $\phi_3(t):[0,T]\to(-\infty,1)$ 不依赖 z, 我们假设

$$v(0,\infty)<\infty,\qquad \int_1^\infty z^2v(\mathrm{d}z)<\infty.$$

注意到假设 5.1 中的情况 (2), 保险公司盈余过程 (5.1) 中的跳部分在测度 $\mathbb{P}$ 下服从强度为 $v(0,\infty)<\infty$ 的复合泊松过程. 这也是一般模糊结构中常用的跳的简化过程, 例如 [1,20,126].

根据定义 5.2, 均衡策略是时间一致性的. 记 $C^{1,2}(O)=\{\phi(t,x)|\phi(t,\cdot)$ 在 $[0,T]$ 上是一次连续可微的, 且 $\phi(\cdot,x)$ 在 O_0 上是二次连续可微的$\}$. 为了得到问题 (5.10) 的均衡策略, 我们定义算子: 对于任意 $(t,x)\in O$, $\psi(t,x)\in C^{1,2}(O)$, 令

$$\begin{aligned}&\mathcal{A}^{u,\phi}\psi(t,x)\\&=\psi_t+\bigg[r_0x+(\mu-r)\pi+(\theta-\eta+(1+\eta)p)\int_0^\infty zv(\mathrm{d}z)\\&\quad-(\sigma_1+\pi\sigma_2\rho)\phi_1(t)-\pi\sigma_2\hat{\rho}\phi_2(t)\bigg]\psi_x+\left(\frac{1}{2}\sigma_1^2+\pi\sigma_1\sigma_2\rho+\frac{1}{2}\pi^2\sigma_2^2\right)\psi_{xx}\\&\quad+\int_0^\infty(\psi(t,x-pz)-\psi(t,x))(1-\phi_3(t,z))v(\mathrm{d}z),\end{aligned}$$

其中 ψ_t, ψ_x 和 ψ_{xx} 为 ψ 关于相关变量的一阶、二阶导数. 下面的验证定理给出了问题 (5.10) 的拓展的 HJB 方程.

定理 5.1 (验证定理) 对于问题 (5.10), 如果存在实值函数 $V(t,x)$, $\underline{g}(t,x)$, $\overline{g}(t,x) \in C^{1,2}(O)$ 满足下列条件:

(1) 对于任意 $(t,x) \in O$,

$$\sup_{u\in\Pi}\left\{\alpha \inf_{\phi\in\Theta}\left[\mathcal{A}^{u,\phi}V(t,x) - \mathcal{A}^{u,\phi}\frac{\gamma}{2}(\underline{g}(t,x))^2 + \gamma\underline{g}(t,x)\mathcal{A}^{u,\phi}\underline{g}(t,x) + h_\beta(\phi(t))\right]\right.$$
$$\left. +\hat{\alpha}\sup_{\phi\in\Theta}\left[\mathcal{A}^{u,\phi}V(t,x) - \mathcal{A}^{u,\phi}\frac{\gamma}{2}(\overline{g}(t,x))^2 + \gamma\overline{g}(t,x)\mathcal{A}^{u,\phi}\overline{g}(t,x) - h_\beta(\phi(t))\right]\right\} = 0,$$

$$\begin{cases} V(T,x) = x, \\ \mathcal{A}^{u^*,\underline{\phi}^*}\underline{g}(t,x) = \mathcal{A}^{u^*,\overline{\phi}^*}\overline{g}(t,x) = 0, \\ \underline{g}(T,x) = \overline{g}(T,x) = x \end{cases} \tag{5.11}$$

且

$$(u^*, \underline{\phi}^*, \overline{\phi}^*)$$
$$:= \arg\sup_{u\in\Pi}\left\{\alpha \inf_{\phi\in\Theta}\left[\mathcal{A}^{u,\phi}V(t,x) - \mathcal{A}^{u,\phi}\frac{\gamma}{2}(\underline{g}(t,x))^2 + \gamma\underline{g}(t,x)\mathcal{A}^{u,\phi}\underline{g}(t,x) + h_\beta(\phi(t))\right]\right.$$
$$\left. +\hat{\alpha}\sup_{\phi\in\Theta}\left[\mathcal{A}^{u,\phi}V(t,x) - \mathcal{A}^{u,\phi}\frac{\gamma}{2}(\overline{g}(t,x))^2 + \gamma\overline{g}(t,x)\mathcal{A}^{u,\phi}\overline{g}(t,x) - h_\beta(\phi(t))\right]\right\};$$

(2) 对于任意 $(t,x) \in O$, $u^*(t)$, $\overline{\phi}^*(t)$, $\underline{\phi}^*(t)$, $\mathcal{A}^{u^*,\underline{\phi}^*}V(t,x)$, $\mathcal{A}^{u^*,\overline{\phi}^*}V(t,x)$, $\mathcal{A}^{u^*,\underline{\phi}^*}(\underline{g}(t,x))^2$ 和 $\mathcal{A}^{u^*,\overline{\phi}^*}(\overline{g}(t,x))^2$ 均为 t 的确定性函数, 且与 x 不相关;

(3) $\underline{\phi}^* = \underline{\phi}^{u^*}$ 且 $\overline{\phi}^* = \overline{\phi}^{u^*}$, 则 $V(t,x)$ 是均衡价值函数, 即 $J_\alpha^{u^*}(t,x) = V(t,x)$. $\underline{g}(t,x) = \mathrm{E}_{t,x}^{\underline{\phi}^*}[X^{u^*}(T)]$ 且 $\overline{g}(t,x) = \mathrm{E}_{t,x}^{\overline{\phi}^*}[X^{u^*}(T)]$, u^* 是均衡策略.

为了证明定理 5.1, 首先给出两个引理. 由于 $\overline{J}^{u,\overline{\phi}^u}(t,x) - \underline{J}^{u,\underline{\phi}^u}(t,x)$ 与 x 无关, 将其简化为 $\overline{J}^{u,\overline{\phi}^u}(t,\cdot) - \underline{J}^{u,\underline{\phi}^u}(t,\cdot)$. 接下来, 对于与 x 无关的函数使用相同的记号.

引理 5.1 考虑确定性策略 $u = (p(t), \pi(t))_{t\in[0,T]}$,

(1) 折现过程 $\{\mathrm{e}^{-r_0 t}X^u(t)\}_{t\in[0,T]}$ 在任意测度 $\mathbb{Q}^\phi \in \mathcal{Q}$ 下具有独立增量性;

(2) 函数 $\overline{J}^{u,\overline{\phi}^u}(t,x) - \underline{J}^{u,\underline{\phi}^u}(t,x)$ 与 x 无关;

(3) 对于任意 $0 \leqslant t \leqslant w \leqslant T$, 在式 (5.6) 中达到极小和极大的概率扭曲函数分别与在下式中得到极小和极大的概率扭曲函数一致,

$$\inf_{\phi\in\Theta}\left\{\mathrm{E}^\phi[\mathrm{e}^{r_0(T-w)}X^u(w) - \mathrm{e}^{r_0(T-t)}X^u(t)]\right.$$
$$\left. - \frac{\gamma}{2}\mathrm{Var}^\phi[\mathrm{e}^{r_0(T-w)}X^u(w) - \mathrm{e}^{r_0(T-t)}X^u(t)] + \int_t^w h_\beta(\phi(s))\mathrm{d}s\right\},$$

$$\sup_{\phi\in\Theta}\left\{\mathrm{E}^{\phi}[\mathrm{e}^{r_0(T-w)}X^u(w)-\mathrm{e}^{r_0(T-t)}X^u(t)]\right.$$
$$\left.-\frac{\gamma}{2}\mathrm{Var}^{\phi}[\mathrm{e}^{r_0(T-w)}X^u(w)-\mathrm{e}^{r_0(T-t)}X^u(t)]-\int_t^w h_\beta(\phi(s))\mathrm{d}s\right\},$$

扭曲函数分别为

$$\begin{cases}\underline{\phi}_1^u(t)=\beta_1(\sigma_1+\sigma_2\rho\pi(t))\mathrm{e}^{r_0(T-t)},\\ \underline{\phi}_2^u(t)=\beta_2\sigma_2\hat{\rho}\pi(t)\mathrm{e}^{r_0(T-t)},\\ \underline{\phi}_3^u(t,z)=1-\mathrm{e}^{\beta_3\left(p(t)z\mathrm{e}^{r_0(T-t)}+\frac{\gamma}{2}(p(t))^2z^2\mathrm{e}^{2r_0(T-t)}\right)}\end{cases}\tag{5.12}$$

和

$$\begin{cases}\overline{\phi}_1^u(t)=-\beta_1(\sigma_1+\sigma_2\rho\pi(t))\mathrm{e}^{r_0(T-t)},\\ \overline{\phi}_2^u(t)=-\beta_2\sigma_2\hat{\rho}\pi(t)\mathrm{e}^{r_0(T-t)},\\ \overline{\phi}_3^u(t,z)=1-\mathrm{e}^{-\beta_3(p(t)z\mathrm{e}^{r_0(T-t)}+\frac{\gamma}{2}(p(t))^2z^2\mathrm{e}^{2r_0(T-t)})}.\end{cases}\tag{5.13}$$

证明　(1) 对式 (5.5) 应用 Itô 公式可得

$$\begin{aligned}&\mathrm{e}^{-r_0T}X^u(T)-\mathrm{e}^{-r_0t}X^u(t)\\ =&\int_t^T\mathrm{e}^{-r_0s}\left[(\mu-r_0)\pi(s)+(\theta-\eta+\eta p(s))\int_0^\infty z\upsilon(\mathrm{d}z)\right]\mathrm{d}s\\ =&+\int_t^T\mathrm{e}^{-r_0s}\left[-(\sigma_1+\pi(s)\sigma_2\rho)\,\phi_1(s)-\pi(s)\sigma_2\hat{\rho}\phi_2(s)+p(s)\int_0^\infty z\phi_3(s,z)\upsilon(\mathrm{d}z)\right]\mathrm{d}s\\ &+\int_t^T\mathrm{e}^{-r_0s}\,(\sigma_1+\pi(s)\sigma_2\rho)\,\mathrm{d}W_1^{\phi}(s)+\int_t^T\mathrm{e}^{-r_0s}\pi(s)\sigma_2\hat{\rho}\mathrm{d}W_2^{\phi}(s)\\ &-\int_t^T\mathrm{e}^{-r_0s}p(s)\int_0^\infty z\tilde{N}^{\phi}(\mathrm{d}s,\mathrm{d}z).\end{aligned}\tag{5.14}$$

独立增量性可由 u 和 ϕ 均为确定性函数得到.

(2) 从式 (5.7) 中减去 (5.6), 且运用 $\overline{\phi}^u,\underline{\phi}^u\in\Theta$ 可得

$$\begin{aligned}&\overline{J}^{u,\overline{\phi}^u}(t,x)-\underline{J}^{u,\underline{\phi}^u}(t,x)\\ =&\mathrm{E}_{t,x}^{\overline{\phi}^u}[X^u(T)]-\mathrm{E}_{t,x}^{\underline{\phi}^u}[X^u(T)]-\frac{\gamma}{2}\mathrm{Var}_{t,x}^{\overline{\phi}^u}[X^u(T)]\\ &+\frac{\gamma}{2}\mathrm{Var}_{t,x}^{\underline{\phi}^u}[X^u(T)]+\int_t^T h_\beta(\overline{\phi}^u(s))\mathrm{d}s-\int_t^T h_\beta(\underline{\phi}^u(s))\mathrm{d}s.\end{aligned}$$

由部分 (1) 可得 $X^u(T)-\mathrm{e}^{r_0(T-t)}X^u(t)$ 与 $X^u(t)$ 在测度 $\mathbb{Q}^{\overline{\phi}^u}$ 和 $\mathbb{Q}^{\underline{\phi}^u}$ 下相互独立. 因此

$$\begin{aligned}
&\overline{J}^{u,\overline{\phi}^u}(t,x)-\underline{J}^{u,\underline{\phi}^u}(t,x)\\
=&\mathrm{E}_{t,x}^{\overline{\phi}^u}[X^u(T)-\mathrm{e}^{r_0(T-t)}X^u(t)]-\mathrm{E}_{t,x}^{\underline{\phi}^u}[X^u(T)-\mathrm{e}^{r_0(T-t)}X^u(t)]\\
&-\frac{\gamma}{2}\mathrm{Var}_{t,x}^{\overline{\phi}^u}[X^u(T)-\mathrm{e}^{r_0(T-t)}X^u(t)]+\frac{\gamma}{2}\mathrm{Var}_{t,x}^{\underline{\phi}^u}[X^u(T)-\mathrm{e}^{r_0(T-t)}X^u(t)]\\
&+\int_t^T h_\beta(\overline{\phi}^u(s))\mathrm{d}s-\int_t^T h_\beta(\underline{\phi}^u(s))\mathrm{d}s\\
=&\mathrm{E}^{\overline{\phi}^u}[X^u(T)-\mathrm{e}^{r_0(T-t)}X^u(t)]-\mathrm{E}^{\underline{\phi}^u}[X^u(T)-\mathrm{e}^{r_0(T-t)}X^u(t)]\\
&-\frac{\gamma}{2}\mathrm{Var}^{\overline{\phi}^u}[X^u(T)-\mathrm{e}^{r_0(T-t)}X^u(t)]+\frac{\gamma}{2}\mathrm{Var}^{\underline{\phi}^u}[X^u(T)-\mathrm{e}^{r_0(T-t)}X^u(t)]\\
&+\int_t^T h_\beta(\overline{\phi}^u(s))\mathrm{d}s-\int_t^T h_\beta(\underline{\phi}^u(s))\mathrm{d}s
\end{aligned}$$

与 x 无关.

(3) 由式 (5.14) 和 (5.8) 可知

$$\begin{aligned}
&\mathrm{E}^{\phi}[\mathrm{e}^{r_0(T-w)}X^u(w)-\mathrm{e}^{r_0(T-t)}X^u(t)]-\frac{\gamma}{2}\mathrm{Var}^{\phi}[\mathrm{e}^{r_0(T-w)}X^u(w)\\
&-\mathrm{e}^{r_0(T-t)}X^u(t)]\pm\int_t^w h_\beta(\phi(s))\mathrm{d}s\\
=&\int_t^w \mathrm{e}^{r_0(T-s)}\left[(\mu-r_0)\pi(s)+(\theta-\eta+\eta p(s))\int_0^\infty z\upsilon(\mathrm{d}z)\right]\mathrm{d}s\\
&+\int_t^w \mathrm{e}^{r_0(T-s)}\Big[-(\sigma_1+\pi(s)\sigma_2\rho)\,\phi_1(s)-\pi(s)\sigma_2\hat{\rho}\phi_2(s)\\
&+p(s)\int_0^\infty z\phi_3(s,z)\upsilon(\mathrm{d}z)\Big]\mathrm{d}s\\
&-\frac{\gamma}{2}\int_t^w \mathrm{e}^{2r_0(T-s)}\left[(\sigma_1+\pi(s)\sigma_2\rho)^2+(\pi(s)\sigma_2\hat{\rho})^2+(p(s))^2\int_0^\infty z^2\phi_3(s,z)\upsilon(\mathrm{d}z)\right]\mathrm{d}s\\
&\pm\int_t^w \frac{(\phi_1(s))^2}{2\beta_1}+\frac{(\phi_2(s))^2}{2\beta_2}+\frac{\displaystyle\int_0^\infty[(1-\phi_3(s,z))\ln(1-\phi_3(s,z))+\phi_3(s,z)]\,\upsilon(\mathrm{d}z)}{\beta_3}\mathrm{d}s,
\end{aligned}\tag{5.15}$$

其中 X 的方差项可以由 [106] 中的注 1.18 得到. 由式 (5.15) 的一阶最优性条件可知 $\underline{\phi}^u$ 和 $\overline{\phi}^u$ 的表达式分别由式 (5.12) 和 (5.13) 给出. 注意到 $\underline{\phi}^u$ 和 $\overline{\phi}^u$ 均与 w

无关. 进一步, 由于

$$\mathrm{E}^{\phi}[X^u(T)-\mathrm{e}^{r_0(T-t)}X^u(t)]-\frac{\gamma}{2}\mathrm{Var}^{\phi}[X^u(T)-\mathrm{e}^{r_0(T-t)}X^u(t)]\pm\int_t^T h_\beta(\phi(s))\mathrm{d}s$$
$$=\mathrm{E}^{\phi}_{t,x}[X^u(T)]-\mathrm{e}^{r_0(T-t)}x-\frac{\gamma}{2}\mathrm{Var}^{\phi}_{t,x}[X^u(T)]\pm\int_t^T h_\beta(\phi(s))\mathrm{d}s,$$

在式 (5.15) 中令 $w=T$, 可得由式 (5.12) 和 (5.13) 给出的 $\underline{\phi}^u$ 和 $\overline{\phi}^u$ 也达到了式 (5.6) 的极小和极大部分. □

为了证明 u^* 是均衡策略, 引理 5.2 先说明由定义 5.2 定义的扰动策略的一些性质.

引理 5.2 在定理 5.1 的条件 (2) 和 (3) 下, 考虑确定策略

$$u_\varepsilon(s)=\begin{cases}\tilde{u}, & s\in[t,t+\varepsilon),\\ u^*(s), & s\in[t+\varepsilon,T],\end{cases}$$

其中 $\tilde{u}=(\tilde{p},\tilde{\pi})\in[0,+\infty)\times\mathbb{R}$, $t\in[0,T]$ 且 $\varepsilon>0$.

(1) 达到式 (5.6) 中极小和极大部分的相关概率扭曲函数为

$$\underline{\phi}^{u_\varepsilon}(s)=\begin{cases}\underline{\phi}^{\tilde{u}} & s\in[t,t+\varepsilon),\\ \underline{\phi}^{u^*}(s), & s\in[t+\varepsilon,T]\end{cases}\quad 和\quad \overline{\phi}^{u_\varepsilon}(s)=\begin{cases}\overline{\phi}^{\tilde{u}} & s\in[t,t+\varepsilon),\\ \overline{\phi}^{u^*}(s), & s\in[t+\varepsilon,T].\end{cases}\tag{5.16}$$

(2) 对于任意使得下列条件期望有限的可测函数 $f:\mathbb{R}\to\mathbb{R}$, 有

$$\mathrm{E}^{\underline{\phi}^{u_\varepsilon}}_{t,x}[f(X^{u_\varepsilon}(T))]=\mathrm{E}^{\underline{\phi}^{\tilde{u}}}_{t,x}\left[\mathrm{E}^{\underline{\phi}^*}_{t+\varepsilon,X^{\tilde{u}}(t+\varepsilon)}[f(X^{u^*}(T))]\right]\tag{5.17}$$

且

$$\mathrm{E}^{\overline{\phi}^{u_\varepsilon}}_{t,x}[f(X^{u_\varepsilon}(T))]=\mathrm{E}^{\overline{\phi}^{\tilde{u}}}_{t,x}\left[\mathrm{E}^{\overline{\phi}^*}_{t+\varepsilon,X^{\tilde{u}}(t+\varepsilon)}[f(X^{u^*}(T))]\right].\tag{5.18}$$

证明 (1) 在任意测度 $\mathbb{Q}^{\phi}\in\mathcal{Q}$ 下, 由策略 u_ε 的定义可得, 给定 $X^{u_\varepsilon}(t)=X^{\tilde{u}}(t)$,

$$X^{u_\varepsilon}(t+\varepsilon)\overset{\mathrm{d}}{=}X^{\tilde{u}}(t+\varepsilon)\quad(\mathrm{d}\ 表示“同分布”)\tag{5.19}$$

和

$$\mathrm{e}^{-r_0T}X^{u_\varepsilon}(T)-\mathrm{e}^{-r_0(t+\varepsilon)}X^{u_\varepsilon}(t+\varepsilon)\overset{\mathrm{d}}{=}\mathrm{e}^{-r_0T}X^{u^*}(T)-\mathrm{e}^{-r_0(t+\varepsilon)}X^{u^*}(t+\varepsilon).\tag{5.20}$$

进一步, 回忆引理 5.1 的第一部分, $X^{u_\varepsilon}(T)-\mathrm{e}^{r_0(T-t-\varepsilon)}X^{u_\varepsilon}(t+\varepsilon)$ 和 $X^{u_\varepsilon}(t+\varepsilon)$ 在任意测度 $\mathbb{Q}^{\phi}\in\mathcal{Q}$ 下是独立的, 这与式 (5.19) 和 (5.20) 一起可得

$$\underline{J}^{u_\varepsilon,\phi}(t,x)=\mathrm{E}^{\phi}_{t,x}[X^{u_\varepsilon}(T)]-\frac{\gamma}{2}\mathrm{Var}^{\phi}_{t,x}[X^{u_\varepsilon}(T)]+\int_t^T h_\beta(\phi(s))\mathrm{d}s$$

$$:= F^{\phi}(t+\varepsilon, T) + F^{\phi}(t, t+\varepsilon), \tag{5.21}$$

其中

$$\begin{aligned}
&F^{\phi}(t+\varepsilon, T)\\
=&\mathrm{E}^{\phi}[X^{u_\varepsilon}(T) - \mathrm{e}^{r_0(T-t-\varepsilon)}X^{u_\varepsilon}(t+\varepsilon)]\\
&-\frac{\gamma}{2}\mathrm{Var}^{\phi}[X^{u_\varepsilon}(T) - \mathrm{e}^{r_0(T-t-\varepsilon)}X^{u_\varepsilon}(t+\varepsilon)] + \int_{t+\varepsilon}^{T} h_\beta(\phi(s))\mathrm{d}s\\
=&\mathrm{E}^{\phi}[X^{u^*}(T) - \mathrm{e}^{r_0(T-t-\varepsilon)}X^{u^*}(t+\varepsilon)]\\
&-\frac{\gamma}{2}\mathrm{Var}^{\phi}[X^{u^*}(T) - \mathrm{e}^{r_0(T-t-\varepsilon)}X^{u^*}(t+\varepsilon)] + \int_{t+\varepsilon}^{T} h_\beta(\phi(s))\mathrm{d}s
\end{aligned}$$

且

$$\begin{aligned}
F^{\phi}(t, t+\varepsilon) :=& \mathrm{E}_{t,x}^{\phi}[\mathrm{e}^{r_0(T-t-\varepsilon)}X^{u_\varepsilon}(t+\varepsilon)] - \frac{\gamma}{2}\mathrm{Var}_{t,x}^{\phi}[\mathrm{e}^{r_0(T-t-\varepsilon)}X^{u_\varepsilon}(t+\varepsilon)]\\
&+\int_{t}^{t+\varepsilon} h_\beta(\phi(s))\mathrm{d}s\\
=&\mathrm{E}_{t,x}^{\phi}[\mathrm{e}^{r_0(T-t-\varepsilon)}X^{\tilde{u}}(t+\varepsilon)] - \frac{\gamma}{2}\mathrm{Var}_{t,x}^{\phi}[\mathrm{e}^{r_0(T-t-\varepsilon)}X^{\tilde{u}}(t+\varepsilon)]\\
&+\int_{t}^{t+\varepsilon} h_\beta(\phi(s))\mathrm{d}s.
\end{aligned}$$

引理 5.1 的第三部分中令 $w=T$ 且 $t=t+\varepsilon$ 可得

$$\{\underline{\phi}^{u^*}(s)\}_{s\in[t+\varepsilon,\ T]} = \arg\min_{\phi\in\Theta} F^{\phi}(t+\varepsilon, T).$$

类似地, 引理 5.1 的第三部分中令 $w=t+\varepsilon$ 且 $t=t$ 可得

$$\{\underline{\phi}^{\tilde{u}}(s)\}_{s\in[t,t+\varepsilon)} = \arg\min_{\phi\in\Theta} F^{\phi}(t, t+\varepsilon).$$

式 (5.16) 的第一个关系由式 (5.21) 即可得到, 且第二个关系可同理证得.

(2) 令 $f:\mathbb{R}\to\mathbb{R}$ 为使得所有条件期望有限的可测函数. 由式 (5.16) 可知

$$\begin{aligned}
\mathrm{E}_{t,x}^{\underline{\phi}^{u_\varepsilon}}[f(X^{u_\varepsilon}(T))] &= \mathrm{E}^{\underline{\phi}^{u_\varepsilon}}\left[\mathrm{E}^{\underline{\phi}^{u_\varepsilon}}\left[f(X^{u_\varepsilon}(T))\Big|X^{u_\varepsilon}(t+\varepsilon)\right]\Big|X^{u_\varepsilon}(t)=x\right]\\
&= \mathrm{E}^{\underline{\phi}^{\tilde{u}}}\left[\mathrm{E}^{\underline{\phi}^{*}}\left[f(X^{u_\varepsilon}(T))\Big|X^{u_\varepsilon}(t+\varepsilon)\right]\Big|X^{u_\varepsilon}(t)=x\right].
\end{aligned}$$

回忆式 (5.19) 给定 $X^{u_\varepsilon}(t) = X^{\tilde{u}}(t) = x$, 有 $X^{u_\varepsilon}(t+\varepsilon) \overset{\mathrm{d}}{=} X^{\tilde{u}}(t+\varepsilon)$. 因此, 由强 Markov 性质可知

$$\mathrm{E}_{t,x}^{\underline{\phi}^{u_\varepsilon}}[f(X^{u_\varepsilon}(T))] = \mathrm{E}^{\underline{\phi}^{\tilde{u}}}\left[\mathrm{E}^{\underline{\phi}^{*}}\left[f(X^{u_\varepsilon}(T))|\,X^{u_\varepsilon}(t+\varepsilon)\right]\Big|\,X^{u_\varepsilon}(t)=x\right]$$

$$= \mathrm{E}^{\underline{\phi}^{\tilde{u}}}\left[\mathrm{E}^{\underline{\phi}^*}\left[f(X^{u_\varepsilon}(T))|\, X^{u_\varepsilon}(t+\varepsilon) = X^{\tilde{u}}(t+\varepsilon)\right]\Big|\, X^{\tilde{u}}(t) = x\right]$$

$$= \mathrm{E}^{\underline{\phi}^{\tilde{u}}}_{t,x}\left[\mathrm{E}^{\underline{\phi}^*}_{t+\varepsilon, X^{\tilde{u}}(t+\varepsilon)}\left[f(X^{u_\varepsilon}(T))\right]\right]. \tag{5.22}$$

给定 $X^{u_\varepsilon}(t+\varepsilon) = X^{u^*}(t+\varepsilon) = X^{\tilde{u}}(t+\varepsilon)$, 由于 $X^{u_\varepsilon}(s)$ 和 $X^{u^*}(s)$ 的动态过程在 $s \in (t+\varepsilon, T]$ 中是相同的, 可得 $X^{u_\varepsilon}(T) \overset{\mathrm{d}}{=} X^*(T)$, 即

$$\mathrm{E}^{\underline{\phi}^*}_{t+\varepsilon, X^{\tilde{u}}(t+\varepsilon)}\left[f(X^{u_\varepsilon}(T))\right] = \mathrm{E}^{\underline{\phi}^*}_{t+\varepsilon, X^{\tilde{u}}(t+\varepsilon)}\left[f(X^{u^*}(T))\right].$$

将上式代入式 (5.22) 可得式 (5.17). 方程 (5.18) 可对称地得到. □

下面证明定理 5.1.

证明 **步骤 1.** 证明函数 $\underline{g}$, $\overline{g}$ 和 V 的表达. 在定理 5.1 的所有条件下, 有

$$\underline{g}(t,x) = \mathrm{E}^{\underline{\phi}^*}_{t,x}[X^{u^*}(T)], \qquad \overline{g}(t,x) = \mathrm{E}^{\overline{\phi}^*}_{t,x}[X^{u^*}(T)], \qquad V(t,x) = J^{u^*}_\alpha(t,x). \tag{5.23}$$

由式 (5.11), Dynkin 公式和式 (5.11) 的第二个关系, 可得

$$\mathrm{E}^{\underline{\phi}^*}_{t,x}[\underline{g}(T, X^{u^*}(T))] = \underline{g}(t,x) + \mathrm{E}^{\underline{\phi}^*}_{t,x}\left[\int_t^T \mathcal{A}^{u^*,\underline{\phi}^*}\underline{g}(s, X^{u^*}(s))\mathrm{d}s\right] = \underline{g}(t,x).$$

另一方面, 由式 (5.11) 的第三个关系, 可得

$$\underline{g}(t,x) = \mathrm{E}^{\underline{\phi}^*}_{t,x}[\underline{g}(T, X^{u^*}(T))] = \mathrm{E}^{\underline{\phi}^*}_{t,x}[X^{u^*}(T)].$$

类似地, 可得 $\overline{g}(t,x) = \mathrm{E}^{\overline{\phi}^*}_{t,x}[X^{u^*}(T)]$.

下面, 证明 $V(t,x) = J^{u^*}_\alpha(t,x)$. 由于使得拓展的 HJB 方程 (5.11) 取得最优的策略为 $(u^*, \underline{\phi}^*, \overline{\phi}^*)$, 由条件 (2) 和式 (5.11) 的第二个关系, 拓展的 HJB 方程 (5.11) 可被改写为

$$\begin{aligned}&\alpha\left\{\mathcal{A}^{u^*,\underline{\phi}^*}V(t,\cdot) - \frac{\gamma}{2}\mathcal{A}^{u^*,\underline{\phi}^*}(\underline{g}(t,\cdot))^2 + h_\beta(\underline{\phi}^*(t))\right\}\\&+\hat{\alpha}\left\{\mathcal{A}^{u^*,\overline{\phi}^*}V(t,\cdot) - \frac{\gamma}{2}\mathcal{A}^{u^*,\overline{\phi}^*}(\overline{g}(t,\cdot))^2 - h_\beta(\overline{\phi}^*(t))\right\} = 0.\end{aligned} \tag{5.24}$$

由式 (5.11) 的第一个关系、Dynkin 公式和条件 (2) 可得

$$\mathrm{E}^{\underline{\phi}^*}_{t,x}[X^{u^*}(T)] = \mathrm{E}^{\underline{\phi}^*}_{t,x}[V(T, X^{u^*}(T))] = V(t,x) + \int_t^T \mathcal{A}^{u^*,\underline{\phi}^*}V(s,\cdot)\mathrm{d}s,$$

$$\mathrm{E}^{\overline{\phi}^*}_{t,x}[X^{u^*}(T)] = \mathrm{E}^{\overline{\phi}^*}_{t,x}[V(T, X^{u^*}(T))] = V(t,x) + \int_t^T \mathcal{A}^{u^*,\overline{\phi}^*}V(s,\cdot)\mathrm{d}s.$$

以上两式的线性组合为

$$\begin{aligned}&\alpha \mathrm{E}_{t,x}^{\underline{\phi}^*}[X^{u^*}(T)]+\hat{\alpha}\mathrm{E}_{t,x}^{\overline{\phi}^*}[X^{u^*}(T)]\\&=V(t,x)+\alpha\int_t^T \mathcal{A}^{u^*,\underline{\phi}^*}V(s,\cdot)\mathrm{d}s+\hat{\alpha}\int_t^T \mathcal{A}^{u^*,\overline{\phi}^*}V(s,\cdot)\mathrm{d}s.\end{aligned}$$

将式 (5.24) 代入最后一个式子可得

$$\begin{aligned}V(t,x)=&\ \alpha\left\{\mathrm{E}_{t,x}^{\underline{\phi}^*}[X^{u^*}(T)]-\frac{\gamma}{2}\int_t^T \mathcal{A}^{u^*,\underline{\phi}^*}(\underline{g}(s,\cdot))^2\mathrm{d}s+\int_t^T h_\beta(\underline{\phi}^*(s))\mathrm{d}s\right\}\\&+\hat{\alpha}\left\{\mathrm{E}_{t,x}^{\overline{\phi}^*}[X^{u^*}(T)]-\frac{\gamma}{2}\int_t^T \mathcal{A}^{u^*,\overline{\phi}^*}(\overline{g}(s,\cdot))^2\mathrm{d}s-\int_t^T h_\beta(\overline{\phi}^*(s))\mathrm{d}s\right\}.\end{aligned}\tag{5.25}$$

为了证明式 (5.25) 右边等于 $J_\alpha^{u^*}(t,x)$, 需要找到

$$\int_t^T \mathcal{A}^{u^*,\underline{\phi}^*}(\underline{g}(s,\cdot))^2\mathrm{d}s,\quad \int_t^T \mathcal{A}^{u^*,\overline{\phi}^*}(\overline{g}(s,\cdot))^2\mathrm{d}s$$

和 $X^{u^*}(T)$ 方差之间的联系. 再一次使用式 (5.11) 的第三个关系、Dynkin 公式和条件 (2), 可得

$$\begin{aligned}&\alpha \mathrm{E}_{t,x}^{\underline{\phi}^*}[(X^{u^*}(T))^2]+\hat{\alpha}\mathrm{E}_{t,x}^{\overline{\phi}^*}[(X^{u^*}(T))^2]\\&=\alpha \mathrm{E}_{t,x}^{\underline{\phi}^*}[(\underline{g}(T,X^{u^*}(T)))^2]+\hat{\alpha}\mathrm{E}_{t,x}^{\overline{\phi}^*}[(\overline{g}(T,X^{u^*}(T)))^2]\\&=\alpha(\underline{g}(t,x))^2+\alpha\int_t^T \mathcal{A}^{u^*,\underline{\phi}^*}(\underline{g}(s,\cdot))^2\mathrm{d}s+\hat{\alpha}(\overline{g}(t,x))^2+\hat{\alpha}\int_t^T \mathcal{A}^{u^*,\overline{\phi}^*}(\overline{g}(s,\cdot))^2\mathrm{d}s\\&=\alpha\left(\mathrm{E}_{t,x}^{\underline{\phi}^*}[X^{u^*}(T)]\right)^2+\alpha\int_t^T \mathcal{A}^{u^*,\underline{\phi}^*}(\underline{g}(s,\cdot))^2\mathrm{d}s+\hat{\alpha}\left(\mathrm{E}_{t,x}^{\overline{\phi}^*}[X^{u^*}(T)]\right)^2\\&\quad+\hat{\alpha}\int_t^T \mathcal{A}^{u^*,\overline{\phi}^*}(\overline{g}(s,\cdot))^2\mathrm{d}s,\end{aligned}\tag{5.26}$$

其中最后一步是因为式 (5.23) 的前两个关系. 注意到 (5.26) 等价于

$$\begin{aligned}&\alpha \mathrm{Var}_{t,x}^{\underline{\phi}^*}[X^{u^*}(T)]+\hat{\alpha}\mathrm{Var}_{t,x}^{\overline{\phi}^*}[X^{u^*}(T)]\\&=\alpha\int_t^T \mathcal{A}^{u^*,\underline{\phi}^*}(\underline{g}(s,\cdot))^2\mathrm{d}s+\hat{\alpha}\int_t^T \mathcal{A}^{u^*,\overline{\phi}^*}(\overline{g}(s,\cdot))^2\mathrm{d}s.\end{aligned}\tag{5.27}$$

最后, 将式 (5.27) 代入式 (5.25) 中可得

$$V(t,x)=\alpha\left\{\mathrm{E}_{t,x}^{\underline{\phi}^*}[X^{u^*}(T)]-\frac{\gamma}{2}\mathrm{Var}_{t,x}^{\underline{\phi}^*}[X^{u^*}(T)]+\int_t^T h_\beta(\underline{\phi}^*(s))\mathrm{d}s\right\}$$

$$
\begin{aligned}
&+\hat{\alpha}\left\{\mathrm{E}_{t,x}^{\overline{\phi}^*}[X^{u^*}(T)]-\frac{\gamma}{2}\mathrm{Var}_{t,x}^{\overline{\phi}^*}[X^{u^*}(T)]-\int_t^T h_\beta(\overline{\phi}^*(s))\mathrm{d}s\right\}\\
&=\alpha\left\{\mathrm{E}_{t,x}^{\underline{\phi}^{u^*}}[X^{u^*}(T)]-\frac{\gamma}{2}\mathrm{Var}_{t,x}^{\underline{\phi}^{u^*}}[X^{u^*}(T)]+\int_t^T h_\beta(\underline{\phi}^{u^*}(s))\mathrm{d}s\right\}\\
&+\hat{\alpha}\left\{\mathrm{E}_{t,x}^{\overline{\phi}^{u^*}}[X^{u^*}(T)]-\frac{\gamma}{2}\mathrm{Var}_{t,x}^{\overline{\phi}^{u^*}}[X^{u^*}(T)]-\int_t^T h_\beta(\overline{\phi}^{u^*}(s))\mathrm{d}s\right\}\\
&=J_\alpha^{u^*}(t,x),
\end{aligned}
\tag{5.28}
$$

其中式 (5.28) 的第二个方程是由于条件 (3), 最后一个方程是由于式 (5.6).

步骤 2. 证明在定理 5.1 中的所有条件下, u^* 是均衡策略.

考虑引理 5.2 中给出的扰动策略. 为了证明 u^* 是均衡策略, 由定义 5.2 可知

$$
J_\alpha^{u_\varepsilon}(t,x)-J_\alpha^{u^*}(t,x)\leqslant o(\varepsilon).
$$

因此, 在下面的证明中, 首先得到 $J_\alpha^{u_\varepsilon}(t,x)-J_\alpha^{u^*}(t,x)$ 的表达式, 然后说明它是 $o(\varepsilon)$ 有界的.

由式 (5.6) 和 (5.17) 可知

$$
\begin{aligned}
\underline{J}^{u_\varepsilon,\underline{\phi}^{u_\varepsilon}}(t,x)&=\mathrm{E}_{t,x}^{\underline{\phi}^{u_\varepsilon}}\left[X^{u_\varepsilon}(T)-\frac{\gamma}{2}(X^{u_\varepsilon}(T))^2\right]+\frac{\gamma}{2}\left(\mathrm{E}_{t,x}^{\underline{\phi}^{u_\varepsilon}}[X^{u_\varepsilon}(T)]\right)^2\\
&\quad+\int_t^T h_\beta(\underline{\phi}^{u_\varepsilon}(s))\mathrm{d}s\\
&=\mathrm{E}_{t,x}^{\underline{\phi}^{\tilde{u}}}\left[\mathrm{E}_{t+\varepsilon,X^{\tilde{u}}(t+\varepsilon)}^{\underline{\phi}^*}\left[X^{u^*}(T)-\frac{\gamma}{2}(X^{u^*}(T))^2\right]\right]\\
&\quad+\frac{\gamma}{2}\left(\mathrm{E}_{t,x}^{\underline{\phi}^{\tilde{u}}}[\mathrm{E}_{t+\varepsilon,X^{\tilde{u}}(t+\varepsilon)}^{\underline{\phi}^*}[X^{u^*}(T)]]\right)^2+\int_t^{t+\varepsilon} h_\beta(\underline{\phi}^{\tilde{u}}(s))\mathrm{d}s\\
&\quad+\int_{t+\varepsilon}^T h_\beta(\underline{\phi}^*(s))\mathrm{d}s\\
&=\mathrm{E}_{t,x}^{\underline{\phi}^{\tilde{u}}}\left[\underline{J}^{u^*,\underline{\phi}^*}(t+\varepsilon,X^{\tilde{u}}(t+\varepsilon))\right]-\frac{\gamma}{2}\mathrm{E}_{t,x}^{\underline{\phi}^{\tilde{u}}}\left[\left(\mathrm{E}_{t+\varepsilon,X^{\tilde{u}}(t+\varepsilon)}^{\underline{\phi}^*}\left[X^{u^*}(T)\right]\right)^2\right]\\
&\quad+\frac{\gamma}{2}\left(\mathrm{E}_{t,x}^{\underline{\phi}^{\tilde{u}}}[\mathrm{E}_{t+\varepsilon,X^{\tilde{u}}(t+\varepsilon)}^{\underline{\phi}^*}[X^{u^*}(T)]]\right)^2+\int_t^{t+\varepsilon} h_\beta(\underline{\phi}^{\tilde{u}}(s))\mathrm{d}s\\
&=\mathrm{E}_{t,x}^{\underline{\phi}^{\tilde{u}}}\left[\underline{J}^{u^*,\underline{\phi}^*}(t+\varepsilon,X^{\tilde{u}}(t+\varepsilon))\right]-\frac{\gamma}{2}\mathrm{E}_{t,x}^{\underline{\phi}^{\tilde{u}}}\left[(\underline{g}(t+\varepsilon,X^{\tilde{u}}(t+\varepsilon)))^2\right]\\
&\quad+\frac{\gamma}{2}\left(\mathrm{E}_{t,x}^{\underline{\phi}^{\tilde{u}}}[\underline{g}(t+\varepsilon,X^{\tilde{u}}(t+\varepsilon))]\right)^2+\int_t^{t+\varepsilon} h_\beta(\underline{\phi}^{\tilde{u}}(s))\mathrm{d}s,
\end{aligned}
\tag{5.29}
$$

其中最后一步是由于式 (5.23). 类似地, 可得

$$
\overline{J}^{u_\varepsilon,\overline{\phi}^{u_\varepsilon}}(t,x)=\mathrm{E}_{t,x}^{\overline{\phi}^{\tilde{u}}}[\overline{J}^{u^*,\overline{\phi}^*}(t+\varepsilon,X^{\tilde{u}}(t+\varepsilon))]-\frac{\gamma}{2}\mathrm{E}_{t,x}^{\overline{\phi}^{\tilde{u}}}\left[(\overline{g}(t+\varepsilon,X^{\tilde{u}}(t+\varepsilon)))^2\right]
$$

$$+\frac{\gamma}{2}\left(\mathrm{E}_{t,x}^{\overline{\phi}^{\tilde{u}}}\left[\overline{g}(t+\varepsilon,X^{\tilde{u}}(t+\varepsilon))\right]\right)^2-\int_t^{t+\varepsilon}h_\beta(\overline{\phi}^{\tilde{u}}(s))\mathrm{d}s. \tag{5.30}$$

由式 (5.29) 和 (5.30) 的线性组合, 可得

$$\begin{aligned}J_\alpha^{u_\varepsilon}(t,x)&=\alpha\underline{J}^{u_\varepsilon,\underline{\phi}^{u_\varepsilon}}(t,x)+\hat{\alpha}\overline{J}^{u_\varepsilon,\overline{\phi}^{u_\varepsilon}}(t,x)\\&=\alpha\mathrm{E}_{t,x}^{\underline{\phi}^{\tilde{u}}}[\underline{J}^{u^*,\underline{\phi}^*}(t+\varepsilon,X^{\tilde{u}}(t+\varepsilon))]+\hat{\alpha}\mathrm{E}_{t,x}^{\overline{\phi}^{\tilde{u}}}[\overline{J}^{u^*,\overline{\phi}^*}(t+\varepsilon,X^{\tilde{u}}(t+\varepsilon))]\\&\quad-\frac{\alpha\gamma}{2}\mathrm{E}_{t,x}^{\underline{\phi}^{\tilde{u}}}\left[(\underline{g}(t+\varepsilon,X^{\tilde{u}}(t+\varepsilon)))^2\right]+\frac{\alpha\gamma}{2}\left(\mathrm{E}_{t,x}^{\underline{\phi}^{\tilde{u}}}\left[\underline{g}(t+\varepsilon,X^{\tilde{u}}(t+\varepsilon))\right]\right)^2\\&\quad-\frac{\hat{\alpha}\gamma}{2}\mathrm{E}_{t,x}^{\overline{\phi}^{\tilde{u}}}\left[(\overline{g}(t+\varepsilon,X^{\tilde{u}}(t+\varepsilon)))^2\right]+\frac{\hat{\alpha}\gamma}{2}\left(\mathrm{E}_{t,x}^{\overline{\phi}^{\tilde{u}}}\left[\overline{g}(t+\varepsilon,X^{\tilde{u}}(t+\varepsilon))\right]\right)^2\\&\quad+\alpha\int_t^{t+\varepsilon}h_\beta(\underline{\phi}^{\tilde{u}}(s))\mathrm{d}s-\hat{\alpha}\int_t^{t+\varepsilon}h_\beta(\overline{\phi}^{\tilde{u}}(s))\mathrm{d}s.\end{aligned}$$

两边同时减去 $J_\alpha^{u^*}(t,x)$, 运用条件 (3), 并代入 $(\underline{g}(t,x))^2$ 和 $(\overline{g}(t,x))^2$ 的剩余项, 可得

$$J_\alpha^{u_\varepsilon}(t,x)-J_\alpha^{u^*}(t,x)=J_\alpha^{u_\varepsilon}(t,x)-\alpha\underline{J}^{u^*,\underline{\phi}^*}(t,x)-\hat{\alpha}\overline{J}^{u^*,\overline{\phi}^*}(t,x):=H_\varepsilon,$$

其中

$$\begin{aligned}H_\varepsilon:=&\ \alpha\left\{\mathrm{E}_{t,x}^{\underline{\phi}^{\tilde{u}}}[\underline{J}^{u^*,\underline{\phi}^*}(t+\varepsilon,X^{\tilde{u}}(t+\varepsilon))]-\underline{J}^{u^*,\underline{\phi}^*}(t,x)\right\}\\&+\hat{\alpha}\left\{\mathrm{E}_{t,x}^{\overline{\phi}^{\tilde{u}}}[\overline{J}^{u^*,\overline{\phi}^*}(t+\varepsilon,X^{\tilde{u}}(t+\varepsilon))]-\overline{J}^{u^*,\overline{\phi}^*}(t,x)\right\}\\&-\frac{\alpha\gamma}{2}\left\{\mathrm{E}_{t,x}^{\underline{\phi}^{\tilde{u}}}\left[(\underline{g}(t+\varepsilon,X^{\tilde{u}}(t+\varepsilon)))^2\right]-(\underline{g}(t,x))^2\right\}\\&+\frac{\alpha\gamma}{2}\left\{\left(\mathrm{E}_{t,x}^{\underline{\phi}^{\tilde{u}}}\left[\underline{g}(t+\varepsilon,X^{\tilde{u}}(t+\varepsilon))\right]\right)^2-(\underline{g}(t,x))^2\right\}\\&-\frac{\hat{\alpha}\gamma}{2}\left\{\mathrm{E}_{t,x}^{\overline{\phi}^{\tilde{u}}}\left[(\overline{g}(t+\varepsilon,X^{\tilde{u}}(t+\varepsilon)))^2\right]-(\overline{g}(t,x))^2\right\}\\&+\frac{\hat{\alpha}\gamma}{2}\left\{\left(\mathrm{E}_{t,x}^{\overline{\phi}^{\tilde{u}}}\left[\overline{g}(t+\varepsilon,X^{\tilde{u}}(t+\varepsilon))\right]\right)^2-(\overline{g}(t,x))^2\right\}\\&+\alpha\int_t^{t+\varepsilon}h_\beta(\underline{\phi}^{\tilde{u}}(s))\mathrm{d}s-\hat{\alpha}\int_t^{t+\varepsilon}h_\beta(\overline{\phi}^{\tilde{u}}(s))\mathrm{d}s.\end{aligned} \tag{5.31}$$

下面证明 $H_\varepsilon\leqslant o(\varepsilon)$. 为了简化标记, 定义算子

$$\mathcal{A}_\varepsilon^{u,\phi}\psi(t,x):=\mathrm{E}_{t,x}^{\phi}[\psi(t+\varepsilon,X^u(t+\varepsilon))]-\psi(t,x),$$

其中 $u\in\Pi$, $\phi\in\Theta$, $\varepsilon>0$ 是足够小的常数, 且 $\psi\in C^{1,2}([0,T]\times\mathbb{R})$. 由引理 5.2 可得

$$\mathcal{A}_\varepsilon^{\tilde{u},\underline{\phi}^{u_\varepsilon}}\psi(t,x)=\mathcal{A}_\varepsilon^{\tilde{u},\underline{\phi}^{\tilde{u}}}\psi(t,x),\qquad \mathcal{A}_\varepsilon^{\tilde{u},\overline{\phi}^{u_\varepsilon}}\psi(t,x)=\mathcal{A}_\varepsilon^{\tilde{u},\overline{\phi}^{\tilde{u}}}\psi(t,x), \tag{5.32}$$

从式 (5.11) 中进一步可得

$$\lim_{\varepsilon\downarrow 0}\frac{1}{\varepsilon}\mathcal{A}_{\varepsilon}^{\tilde{u},\underline{\phi}^{u_\varepsilon}}\psi(t,x)=\mathcal{A}^{\tilde{u},\underline{\phi}^{\tilde{u}}}\psi(t,x),\qquad \lim_{\varepsilon\downarrow 0}\frac{1}{\varepsilon}\mathcal{A}_{\varepsilon}^{\tilde{u},\overline{\phi}^{u_\varepsilon}}\psi(t,x)=\mathcal{A}^{\tilde{u},\overline{\phi}^{\tilde{u}}}\psi(t,x). \tag{5.33}$$

使用记号 $\mathcal{A}_{\varepsilon}^{u,\phi}$ 和式 (5.32), 可以将式 (5.31) 中的 H_ε 改写为

$$\begin{aligned}H_\varepsilon=&\,\alpha\mathcal{A}_{\varepsilon}^{\tilde{u},\underline{\phi}^{\tilde{u}}}\underline{J}^{u^*,\underline{\phi}^*}(t,x)-\frac{\alpha\gamma}{2}\mathcal{A}_{\varepsilon}^{\tilde{u},\underline{\phi}^{\tilde{u}}}(\underline{g}(t,x))^2\\&+\frac{\alpha\gamma}{2}\left\{\left(\mathrm{E}_{t,x}^{\underline{\phi}^{\tilde{u}}}\left[\underline{g}(t+\varepsilon,X^{\tilde{u}}(t+\varepsilon))\right]\right)^2-(\underline{g}(t,x))^2\right\}\\&+\alpha\int_t^{t+\varepsilon}h_\beta(\underline{\phi}^{\tilde{u}}(s))\mathrm{d}s+\hat{\alpha}\mathcal{A}_{\varepsilon}^{\tilde{u},\overline{\phi}^{\tilde{u}}}\overline{J}^{u^*,\overline{\phi}^*}(t,x)-\frac{\hat{\alpha}\gamma}{2}\mathcal{A}_{\varepsilon}^{\tilde{u},\overline{\phi}^{\tilde{u}}}(\overline{g}(t,x))^2\\&+\frac{\hat{\alpha}\gamma}{2}\left\{\left(\mathrm{E}_{t,x}^{\overline{\phi}^{\tilde{u}}}\left[\overline{g}(t+\varepsilon,X^{\tilde{u}}(t+\varepsilon))\right]\right)^2-(\overline{g}(t,x))^2\right\}-\hat{\alpha}\int_t^{t+\varepsilon}h_\beta(\overline{\phi}^{\tilde{u}}(s))\mathrm{d}s.\end{aligned} \tag{5.34}$$

由于主要通过拓展的 HJB 方程 (5.11) 来证明式 (5.34) 的右边是 $o(\varepsilon)$ 有界的, 先用 $\mathcal{A}^{\tilde{u},\underline{\phi}^{\tilde{u}}}\underline{g}(t,x)$ 和 $\mathcal{A}^{\tilde{u},\overline{\phi}^{\tilde{u}}}\overline{g}(t,x)$ 改写 $\left(\mathrm{E}_{t,x}^{\underline{\phi}^{\tilde{u}}}\left[\underline{g}(t+\varepsilon,X^{\tilde{u}}(t+\varepsilon))\right]\right)^2$ 和 $\left(\mathrm{E}_{t,x}^{\overline{\phi}^{\tilde{u}}}\left[\overline{g}(t+\varepsilon,X^{\tilde{u}}(t+\varepsilon))\right]\right)^2$. 由 Dynkin 公式, 可得

$$\mathrm{E}_{t,x}^{\underline{\phi}^{\tilde{u}}}[\underline{g}(t+\varepsilon,X^{\tilde{u}}(t+\varepsilon))]=\underline{g}(t,x)+\mathrm{E}_{t,x}^{\underline{\phi}^{\tilde{u}}}\left[\int_t^{t+\varepsilon}\mathcal{A}^{\tilde{u},\underline{\phi}^{\tilde{u}}}\underline{g}(s,X^{\tilde{u}}(s))\mathrm{d}s\right],$$

这意味着

$$\begin{aligned}&\left[\mathrm{E}_{t,x}^{\underline{\phi}^{\tilde{u}}}(\underline{g}(t+\varepsilon,X^{\tilde{u}}(t+\varepsilon)))\right]^2-(\underline{g}(t,x))^2\\=&\,2\underline{g}(t,x)\mathrm{E}_{t,x}^{\underline{\phi}^{\tilde{u}}}\left[\int_t^{t+\varepsilon}\mathcal{A}^{\tilde{u},\underline{\phi}^{\tilde{u}}}\underline{g}(s,X^{\tilde{u}}(s))\mathrm{d}s\right]+o(\varepsilon).\end{aligned} \tag{5.35}$$

类似地,

$$\begin{aligned}&\left[\mathrm{E}_{t,x}^{\overline{\phi}^{\tilde{u}}}(\overline{g}(t+\varepsilon,X^{\tilde{u}}(t+\varepsilon)))\right]^2-(\overline{g}(t,x))^2\\=&\,2\overline{g}(t,x)\mathrm{E}_{t,x}^{\overline{\phi}^{\tilde{u}}}\left[\int_t^{t+\varepsilon}\mathcal{A}^{\tilde{u},\overline{\phi}^{\tilde{u}}}\overline{g}(s,X^{\tilde{u}}(s))\mathrm{d}s\right]+o(\varepsilon).\end{aligned} \tag{5.36}$$

将式 (5.35) 和 (5.36) 代入式 (5.34) 可得

$$\begin{aligned}H_\varepsilon-o(\varepsilon)=&\,\alpha\mathcal{A}_{\varepsilon}^{\tilde{u},\underline{\phi}^{\tilde{u}}}\underline{J}^{u^*,\underline{\phi}^*}(t,x)-\frac{\alpha\gamma}{2}\mathcal{A}_{\varepsilon}^{\tilde{u},\underline{\phi}^{\tilde{u}}}(\underline{g}(t,x))^2\\&+\alpha\gamma\underline{g}(t,x)\mathrm{E}_{t,x}^{\underline{\phi}^{\tilde{u}}}\left[\int_t^{t+\varepsilon}\mathcal{A}^{\tilde{u},\underline{\phi}^{\tilde{u}}}\underline{g}(s,X^{\tilde{u}}(s))\mathrm{d}s\right]\end{aligned}$$

$$+\alpha\int_t^{t+\varepsilon}h_\beta(\underline{\phi}^{\tilde{u}}(s))\mathrm{d}s+\hat{\alpha}\mathcal{A}_\varepsilon^{\tilde{u},\overline{\phi}^{\tilde{u}}}\overline{J}^{u^*,\overline{\phi}^*}(t,x)-\frac{\hat{\alpha}\gamma}{2}\mathcal{A}_\varepsilon^{\tilde{u},\overline{\phi}^{\tilde{u}}}(\overline{g}(t,x))^2$$
$$+\hat{\alpha}\gamma\overline{g}(t,x)\mathrm{E}_{t,x}^{\overline{\phi}^{\tilde{u}}}\left[\int_t^{t+\varepsilon}\mathcal{A}^{\tilde{u},\overline{\phi}^{\tilde{u}}}\overline{g}(s,X^{\tilde{u}}(s))\mathrm{d}s\right]-\hat{\alpha}\int_t^{t+\varepsilon}h_\beta(\overline{\phi}^{\tilde{u}}(s))\mathrm{d}s. \tag{5.37}$$

接着证明式 (5.37) 的右边是 $o(\varepsilon)$ 有界的. 由拓展的 HJB 方程 (5.11) 可得

$$\alpha\left[\mathcal{A}^{\tilde{u},\underline{\phi}^{\tilde{u}}}V(t,x)-\frac{\gamma}{2}\mathcal{A}^{\tilde{u},\underline{\phi}^{\tilde{u}}}(\underline{g}(t,x))^2+\gamma\underline{g}(t,x)\mathcal{A}^{\tilde{u},\underline{\phi}^{\tilde{u}}}\underline{g}(t,x)+h_\beta(\underline{\phi}^{\tilde{u}}(t))\right]$$
$$+\hat{\alpha}\left[\mathcal{A}^{\tilde{u},\overline{\phi}^{\tilde{u}}}V(t,x)-\frac{\gamma}{2}\mathcal{A}^{\tilde{u},\overline{\phi}^{\tilde{u}}}(\overline{g}(t,x))^2+\gamma\overline{g}(t,x)\mathcal{A}^{\tilde{u},\overline{\phi}^{\tilde{u}}}\overline{g}(t,x)-h_\beta(\overline{\phi}^{\tilde{u}}(t))\right]\leqslant 0. \tag{5.38}$$

由式 (5.23) 可知

$$\begin{aligned}&\alpha\mathcal{A}^{\tilde{u},\underline{\phi}^{\tilde{u}}}V(t,x)+\hat{\alpha}\mathcal{A}^{\tilde{u},\overline{\phi}^{\tilde{u}}}V(t,x)\\&=\alpha\mathcal{A}^{\tilde{u},\underline{\phi}^{\tilde{u}}}\left[\alpha\underline{J}^{u^*,\underline{\phi}^*}(t,x)+\hat{\alpha}\overline{J}^{u^*,\overline{\phi}^*}(t,x)\right]+\hat{\alpha}\mathcal{A}^{\tilde{u},\overline{\phi}^{\tilde{u}}}\left[\alpha\underline{J}^{u^*,\underline{\phi}^*}(t,x)+\hat{\alpha}\overline{J}^{u^*,\overline{\phi}^*}(t,x)\right]\\&=\alpha\hat{\alpha}(\mathcal{A}^{\tilde{u},\underline{\phi}^{\tilde{u}}}-\mathcal{A}^{\tilde{u},\overline{\phi}^{\tilde{u}}})\left[\overline{J}^{u^*,\overline{\phi}^*}(t,\cdot)-\underline{J}^{u^*,\underline{\phi}^*}(t,\cdot)\right]\\&\quad+\alpha\mathcal{A}^{\tilde{u},\underline{\phi}^{\tilde{u}}}\underline{J}^{u^*,\underline{\phi}^*}(t,x)+\hat{\alpha}\mathcal{A}^{\tilde{u},\overline{\phi}^{\tilde{u}}}\overline{J}^{u^*,\overline{\phi}^*}(t,x).\end{aligned} \tag{5.39}$$

回忆引理 5.1 的第一部分 $\overline{J}^{u^*,\overline{\phi}^*}(t,\cdot)-\underline{J}^{u^*,\underline{\phi}^*}(t,\cdot)$ 与 x 无关. 因此, 由式 (5.11) 易知

$$\begin{aligned}&\mathcal{A}^{\tilde{u},\underline{\phi}^{\tilde{u}}}\left(\overline{J}^{u^*,\overline{\phi}^*}(t,\cdot)-\underline{J}^{u^*,\underline{\phi}^*}(t,\cdot)\right)-\mathcal{A}^{\tilde{u},\overline{\phi}^{\tilde{u}}}\left(\overline{J}^{u^*,\overline{\phi}^*}(t,\cdot)-\underline{J}^{u^*,\underline{\phi}^*}(t,\cdot)\right)\\&=\frac{\mathrm{d}\left(\overline{J}^{u^*,\overline{\phi}^*}(t,\cdot)-\underline{J}^{u^*,\underline{\phi}^*}(t,\cdot)\right)}{\mathrm{d}t}-\frac{\mathrm{d}\left(\overline{J}^{u^*,\overline{\phi}^*}(t,\cdot)-\underline{J}^{u^*,\underline{\phi}^*}(t,\cdot)\right)}{\mathrm{d}t}\\&=0.\end{aligned} \tag{5.40}$$

将式 (5.40) 代入式 (5.39) 可知

$$\alpha\mathcal{A}^{\tilde{u},\underline{\phi}^{\tilde{u}}}V(t,x)+\hat{\alpha}\mathcal{A}^{\tilde{u},\overline{\phi}^{\tilde{u}}}V(t,x)=\alpha\mathcal{A}^{\tilde{u},\underline{\phi}^{\tilde{u}}}\underline{J}^{u^*,\underline{\phi}^*}(t,x)+\hat{\alpha}\mathcal{A}^{\tilde{u},\overline{\phi}^{\tilde{u}}}\overline{J}^{u^*,\overline{\phi}^*}(t,x).$$

进一步将最后一个方程代入式 (5.38) 中, 可得

$$\alpha\left[\mathcal{A}^{\tilde{u},\underline{\phi}^{\tilde{u}}}\underline{J}^{u^*,\underline{\phi}^*}(t,x)-\frac{\gamma}{2}\mathcal{A}^{\tilde{u},\underline{\phi}^{\tilde{u}}}(\underline{g}(t,x))^2+\gamma\underline{g}(t,x)\mathcal{A}^{\tilde{u},\underline{\phi}^{\tilde{u}}}\underline{g}(t,x)+h_\beta(\underline{\phi}^{\tilde{u}}(t))\right]$$
$$+\hat{\alpha}\left[\mathcal{A}^{\tilde{u},\overline{\phi}^{\tilde{u}}}\overline{J}^{u^*,\overline{\phi}^*}(t,x)-\frac{\gamma}{2}\mathcal{A}^{\tilde{u},\overline{\phi}^{\tilde{u}}}(\overline{g}(t,x))^2+\gamma\overline{g}(t,x)\mathcal{A}^{\tilde{u},\overline{\phi}^{\tilde{u}}}\overline{g}(t,x)-h_\beta(\overline{\phi}^{\tilde{u}}(t))\right]\leqslant 0.$$

上式与式 (5.33) 可得

$$\alpha\mathcal{A}_{\varepsilon}^{\tilde{u},\underline{\phi}^{\tilde{u}}}\underline{J}^{u^*,\underline{\phi}^*}(t,x)-\frac{\alpha\gamma}{2}\mathcal{A}_{\varepsilon}^{\tilde{u},\underline{\phi}^{\tilde{u}}}(\underline{g}(t,x))^2+\alpha\gamma\underline{g}(t,x)\mathrm{E}_{t,x}^{\underline{\phi}^{\tilde{u}}}\left[\int_t^{t+\varepsilon}\mathcal{A}^{\tilde{u},\underline{\phi}^{\tilde{u}}}\underline{g}(s,X^{\tilde{u}}(s))\mathrm{d}s\right]$$
$$+\alpha\int_t^{t+\varepsilon}h_\beta(\underline{\phi}^{\tilde{u}}(s))\mathrm{d}s+\hat{\alpha}\mathcal{A}_{\varepsilon}^{\tilde{u},\overline{\phi}^{\tilde{u}}}\overline{J}^{u^*,\overline{\phi}^*}(t,x)-\frac{\hat{\alpha}\gamma}{2}\mathcal{A}_{\varepsilon}^{\tilde{u},\overline{\phi}^{\tilde{u}}}(\overline{g}(t,x))^2$$
$$+\hat{\alpha}\gamma\overline{g}(t,x)\mathrm{E}_{t,x}^{\overline{\phi}^{\tilde{u}}}\left[\int_t^{t+\varepsilon}\mathcal{A}^{\tilde{u},\overline{\phi}^{\tilde{u}}}\overline{g}(s,X^{\tilde{u}}(s))\mathrm{d}s\right]-\hat{\alpha}\int_t^{t+\varepsilon}h_\beta(\overline{\phi}^{\tilde{u}}(s))\mathrm{d}s\leqslant o(\varepsilon). \tag{5.41}$$

最后, 将式 (5.41) 代入式 (5.37) 中可得

$$J_\alpha^{u_\varepsilon}(t,x)-J_\alpha^{u^*}(t,x)=H_\varepsilon\leqslant o(\varepsilon),$$

这意味着 u^* 是均衡策略. □

5.3 α-模糊厌恶情景下的保险公司均衡再保险和投资策略求解

以下定理给出了 α-模糊厌恶保险公司决策者的均衡再保险和投资策略以及均衡价值函数.

定理 5.2 考虑 α-模糊厌恶再保险和投资问题 (5.10).

(1) 均衡再保险策略 $p^*(t)$ 由下式确定

$$0=\int_0^\infty\Big\{(1+\eta)z\mathrm{e}^{r_0(T-t)}-\alpha\left(z\mathrm{e}^{r_0(T-t)}+\gamma p^*(t)z^2\mathrm{e}^{2r_0(T-t)}\right)$$
$$\mathrm{e}^{\beta_3\left(p^*(t)z\mathrm{e}^{r_0(T-t)}+\frac{\gamma}{2}(p^*(t))^2z^2\mathrm{e}^{2r_0(T-t)}\right)}-\hat{\alpha}\left(z\mathrm{e}^{r_0(T-t)}+\gamma p^*(t)z^2\mathrm{e}^{2r_0(T-t)}\right)$$
$$\mathrm{e}^{-\beta_3\left(p^*(t)z\mathrm{e}^{r_0(T-t)}+\frac{\gamma}{2}(p^*(t))^2z^2\mathrm{e}^{2r_0(T-t)}\right)}\Big\}v(\mathrm{d}z) \tag{5.42}$$

均衡投资策略为

$$\pi^*(t)=\frac{(\mu-r_0)\mathrm{e}^{-r_0(T-t)}-\sigma_1\sigma_2\rho\gamma-(2\alpha-1)\,\beta_1\sigma_1\sigma_2\rho}{\sigma_2^2\left[\gamma+(2\alpha-1)(\beta_1\rho^2+\beta_2\hat{\rho}^2)\right]}. \tag{5.43}$$

(2) 均衡价值函数为

$$J_\alpha^{u^*}(t,x)=\mathrm{e}^{r_0(T-t)}x+B(t),$$

其中

$$B(t)=\int_t^T\Big\{(\theta-\eta+(1+\eta)p^*(s))\mathrm{e}^{r_0(T-s)}\int_0^\infty zv(\mathrm{d}z)-\frac{1}{2}\gamma\sigma_1^2\mathrm{e}^{2r_0(T-s)}$$

$$
\begin{aligned}
&-\frac{2\alpha-1}{2}\beta_1\sigma_1^2\mathrm{e}^{2r_0(T-s)}\\
&+\frac{[\mu-r_0-\sigma_1\sigma_2\rho\gamma\mathrm{e}^{r_0(T-s)}-(2\alpha-1)\beta_1\sigma_1\sigma_2\rho\mathrm{e}^{r_0(T-s)}]^2}{2\sigma_2^2\left[\gamma+(2\alpha-1)(\beta_1\rho^2+\beta_2\hat{\rho}^2)\right]}\\
&+\frac{\alpha}{\beta_3}\int_0^{\infty}\left(1-\mathrm{e}^{\beta_3\left(p^*(s)z\mathrm{e}^{r_0(T-s)}+\frac{\gamma}{2}(p^*(s))^2z^2\mathrm{e}^{2r_0(T-s)}\right)}\right)\upsilon(\mathrm{d}z)\\
&-\frac{\hat{\alpha}}{\beta_3}\int_0^{\infty}\left(1-\mathrm{e}^{-\beta_3\left(p^*(s)z\mathrm{e}^{r_0(T-s)}+\frac{\gamma}{2}(p^*(s))^2z^2\mathrm{e}^{2r_0(T-s)}\right)}\right)\upsilon(\mathrm{d}z)\Bigg\}\mathrm{d}s. \quad (5.44)
\end{aligned}
$$

(3) 极端模糊厌恶和极端模糊偏好测度的相关概率扭曲函数分别为

$$
\begin{cases}
\underline{\phi}_1^*(t)=\beta_1(\sigma_1+\sigma_2\rho\pi^*(t))\mathrm{e}^{r_0(T-t)},\\
\underline{\phi}_2^*(t)=\beta_2\sigma_2\hat{\rho}\pi^*(t)\mathrm{e}^{r_0(T-t)},\\
\underline{\phi}_3^*(t,z)=1-\mathrm{e}^{\beta_3\left(p^*(t)z\mathrm{e}^{r_0(T-t)}+\frac{\gamma}{2}(p^*(t))^2z^2\mathrm{e}^{2r_0(T-t)}\right)}
\end{cases} \quad (5.45)
$$

且

$$
\begin{cases}
\overline{\phi}_1^*(t)=-\beta_1(\sigma_1+\sigma_2\rho\pi^*(t))\mathrm{e}^{r_0(T-t)},\\
\overline{\phi}_2^*(t)=-\beta_2\sigma_2\hat{\rho}\pi^*(t)\mathrm{e}^{r_0(T-t)},\\
\overline{\phi}_3^*(t,z)=1-\mathrm{e}^{-\beta_3\left(p^*(t)z\mathrm{e}^{r_0(T-t)}+\frac{\gamma}{2}(p^*(t))^2z^2\mathrm{e}^{2r_0(T-t)}\right)}.
\end{cases} \quad (5.46)
$$

证明 我们首先求解满足定理 5.1 的条件 (1) 的 $V,\underline{g},\overline{g},\underline{\phi}^*,\overline{\phi}^*$, 进而验证条件 (2) 和 (3).

通过计算, 可以改写拓展的 HJB 方程 (5.11) 如下

$$
\begin{aligned}
&\sup_{u\in\Pi}\Bigg\{V_t+\left[r_0x+(\mu-r_0)\pi+(\theta-\eta+(1+\eta)p)\int_0^{\infty}z\upsilon(\mathrm{d}z)\right]V_x\\
&\quad+\frac{1}{2}(\sigma_1^2+2\pi\sigma_1\sigma_2\rho+\pi^2\sigma_2^2)(V_{xx}-\alpha\gamma\underline{g}_x^2-\hat{\alpha}\gamma\overline{g}_x^2)\\
&\quad+\alpha\inf_{\phi\in\Theta}\left\{L^{u,\phi}(V,\underline{g})+h_\beta(\phi)\right\}+\hat{\alpha}\sup_{\phi\in\Theta}\left\{L^{u,\phi}(V,\overline{g})-h_\beta(\phi)\right\}\Bigg\}=0, \quad (5.47)
\end{aligned}
$$

其中

$$
\begin{aligned}
L^{u,\phi}(V,g):=&\int_0^{\infty}\left(V(t,x-pz)-V(t,x)-\frac{\gamma}{2}\left(g(t,x-pz)-g(t,x)\right)^2\right)\\
&\times(1-\phi_3(t,z))\upsilon(\mathrm{d}z)-\left[(\sigma_1+\pi\sigma_2\rho)\phi_1+\pi\sigma_2\hat{\rho}\phi_2\right]V_x.
\end{aligned}
$$

式 (5.47) 关于 ϕ 运用一阶最优性条件, 使得式 (5.47) 得到极小和极大部分的 ϕ 分别为

$$\begin{cases} \underline{\phi}_1^* = \beta_1(\sigma_1 + \pi\sigma_2\rho)V_x, \\ \underline{\phi}_2^* = \beta_2\pi\sigma_2\hat{\rho}V_x, \\ \underline{\phi}_3^* = 1 - \exp\left\{-\beta_3\left[V(t,x-pz) - V(t,x) - \dfrac{\gamma}{2}(\underline{g}(t,x-pz) - \underline{g}(t,x))^2\right]\right\} \end{cases} \tag{5.48}$$

和

$$\begin{cases} \overline{\phi}_1^* = -\beta_1(\sigma_1 + \pi\sigma_2\rho)V_x, \\ \overline{\phi}_2^* = -\beta_2\pi\sigma_2\hat{\rho}V_x, \\ \overline{\phi}_3^* = 1 - \exp\left\{\beta_3\left[V(t,x-pz) - V(t,x) - \dfrac{\gamma}{2}(\overline{g}(t,x-pz) - \overline{g}(t,x))^2\right]\right\}. \end{cases} \tag{5.49}$$

将式 (5.48) 和 (5.49) 代入式 (5.47) 可得

$$\begin{aligned} \sup_{u\in\Pi}\Bigg\{ & V_t + \left[r_0x + (\mu - r_0)\pi + (\theta - \eta + (1+\eta)p)\int_0^\infty zv(\mathrm{d}z)\right]V_x \\ & + \frac{1}{2}(\sigma_1^2 + 2\pi\sigma_1\sigma_2\rho + \pi^2\sigma_2^2)(V_{xx} - \alpha\gamma\underline{g}_x^2 - \hat{\alpha}\gamma\overline{g}_x^2) \\ & + \frac{1-2\alpha}{2}\left[\beta_1(\sigma_1 + \pi\sigma_2\rho)^2 + \beta_2\pi^2\sigma_2^2\hat{\rho}^2\right]V_x^2 \\ & + \frac{\alpha}{\beta_3}\int_0^\infty\Bigg[1 - \exp\Bigg\{ -\beta_3\Bigg[V(t,x-pz) - V(t,x) \\ & - \frac{\gamma}{2}(\underline{g}(t,x-pz) - \underline{g}(t,x))^2\Bigg]\Bigg\}\Bigg]v(\mathrm{d}z) \\ & - \frac{\hat{\alpha}}{\beta_3}\int_0^\infty\Bigg[1 - \exp\Bigg\{\beta_3\Bigg[V(t,x-pz) - V(t,x) \\ & - \frac{\gamma}{2}(\overline{g}(t,x-pz) - \overline{g}(t,x))^2\Bigg]\Bigg\}\Bigg]v(\mathrm{d}z)\Bigg\} = 0. \end{aligned} \tag{5.50}$$

进一步, 式 (5.50) 关于 p 和 π 运用一阶最优性条件, 均衡策略为

$$\begin{aligned} & \int_0^\infty\Bigg\{(1+\eta)zV_x(t,x) + \alpha\Bigg[- zV_x(t,x-p^*z) + \gamma z(\underline{g}(t,x-p^*z) \\ & - \underline{g}(t,x))\underline{g}_x(t,x-p^*z)\Bigg] \\ & \times\exp\Bigg\{ - \beta_3\Bigg[V(t,x-p^*z) - V(t,x) - \frac{\gamma}{2}(\underline{g}(t,x-p^*z) - \underline{g}(t,x))^2\Bigg]\Bigg\} \end{aligned}$$

$$+\hat{\alpha}[-zV_x(t,x-p^*z)+\gamma z(\overline{g}(t,x-p^*z)-\overline{g}(t,x))\overline{g}_x(t,x-p^*z)]$$
$$\times\exp\left\{\beta_3\left[V(t,x-p^*z)-V(t,x)-\frac{\gamma}{2}(\overline{g}(t,x-p^*z)-\overline{g}(t,x))^2\right]\right\}\upsilon(\mathrm{d}z)=0 \tag{5.51}$$

且

$$\pi^*=-\frac{(\mu-r_0)V_x+\sigma_1\sigma_2\rho(V_{xx}-\alpha\gamma\underline{g}_x^2-\hat{\alpha}\gamma\overline{g}_x^2)+(1-2\alpha)\beta_1\sigma_1\sigma_2\rho V_x^2}{\sigma_2^2\left[V_{xx}-\alpha\gamma\underline{g}_x^2-\hat{\alpha}\gamma\overline{g}_x^2+(1-2\alpha)(\beta_1\rho^2+\beta_2\hat{\rho}^2)V_x^2\right]}. \tag{5.52}$$

构造在边界条件 (5.11) 下式 (5.50) 的解的形式为

$$\begin{cases} V(t,x)=A(t)x+B(t),\\ \underline{g}(t,x)=\underline{a}(t)x+\underline{b}(t),\\ \overline{g}(t,x)=\overline{a}(t)x+\overline{b}(t), \end{cases} \tag{5.53}$$

其中 $A(t),B(t),\underline{a}(t),\underline{b}(t),\overline{a}(t),\overline{b}(t)$ 是 t 的方程. 由边界条件 (5.11) 中的第一个和第三个关系, 可得

$$A(T)=\underline{a}(T)=\overline{a}(T)=1,\qquad B(T)=\underline{b}(T)=\overline{b}(T)=0.$$

将式 (5.52) 和 (5.53) 代入式 (5.50), 可得

$$A'x+B'+r_0Ax+(\theta-\eta+(1+\eta)p^*)A\int_0^\infty z\upsilon(\mathrm{d}z)-\frac{1}{2}\sigma_1^2\gamma(\alpha\underline{a}^2+\hat{\alpha}\overline{a}^2)$$
$$+\frac{1-2\alpha}{2}\beta_1\sigma_1^2A^2+\frac{\left[(\mu-r_0)A-\sigma_1\sigma_2\rho\gamma(\alpha\underline{a}^2+\hat{\alpha}\overline{a}^2)+(1-2\alpha)\beta_1\sigma_1\sigma_2\rho A^2\right]^2}{2\sigma_2^2\left[\alpha\gamma\underline{a}^2+\hat{\alpha}\gamma\overline{a}^2-(1-2\alpha)(\beta_1\rho^2+\beta_2\hat{\rho}^2)A^2\right]}$$
$$+\int_0^\infty\left[\frac{\alpha}{\beta_3}\left(1-\mathrm{e}^{\beta_3\left(p^*zA+\frac{\gamma}{2}(p^*)^2z^2\underline{a}^2\right)}\right)\right.$$
$$\left.-\frac{\hat{\alpha}}{\beta_3}\left(1-\mathrm{e}^{-\beta_3\left(p^*zA+\frac{\gamma}{2}(p^*)^2z^2\overline{a}^2\right)}\right)\right]\upsilon(\mathrm{d}z)=0. \tag{5.54}$$

类似地, 将式 (5.52) 和 (5.53) 代入边界条件 (5.11) 的第二个关系中, 可得

$$\underline{a}'x+\underline{b}'+r_0x\underline{a}+(\theta-\eta+(1+\eta)p^*)\underline{a}\int_0^\infty z\upsilon(\mathrm{d}z)$$
$$-\beta_1\sigma_1^2\underline{a}A-\sigma_2^2\underline{a}A(\beta_1\rho^2+\beta_2\hat{\rho}^2)(\pi^*)^2+\left[(\mu-r_0)\underline{a}-2\beta_1\sigma_1\sigma_2\rho\underline{a}A\right]\pi^*$$
$$-p^*\underline{a}\int_0^\infty z\mathrm{e}^{\beta_3\left(p^*zA+\frac{\gamma}{2}(p^*)^2z^2\underline{a}^2\right)}\upsilon(\mathrm{d}z)=0, \tag{5.55}$$

$$\overline{a}'x+\overline{b}'+r_0x\overline{a}+(\theta-\eta+(1+\eta)p^*)\overline{a}\int_0^\infty z\upsilon(\mathrm{d}z)+\beta_1\sigma_1^2\overline{a}A$$

$$+\sigma_2^2\overline{a}A(\beta_1\rho^2+\beta_2\hat{\rho}^2)(\pi^*)^2+[(\mu-r_0)\overline{a}+2\beta_1\sigma_1\sigma_2\rho A\overline{a}A]\,\pi^*$$

$$-p^*\overline{a}\int_0^\infty z\mathrm{e}^{-\beta_3\left(p^*zA+\frac{\gamma}{2}(p^*)^2z^2\overline{a}^2\right)}\upsilon(\mathrm{d}z)=0. \tag{5.56}$$

匹配 x 项的系数可得

$$A(t)'+r_0A(t)=\underline{a}(t)'+r_0\underline{a}(t)=\overline{a}(t)'+r_0\overline{a}(t)=0. \tag{5.57}$$

由边界条件 $A(T)=\underline{a}(T)=\overline{a}(T)=1$ 可得

$$A(t)=\underline{a}(t)=\overline{a}(t)=\mathrm{e}^{r_0(T-t)},\quad t\in[0,T]. \tag{5.58}$$

将式 (5.58) 代入 (5.54)—(5.56)，可得关于 $B(t)$, $\underline{b}(t)$ 和 $\overline{b}(t)$ 的一阶常微分方程. 使用边界条件 $B(T)=\underline{b}(T)=\overline{b}(T)=0$, 可得 $B(t)$ 的表达式由式 (5.44) 给出, $\underline{b}(t)$ 和 $\overline{b}(t)$ 分别为

$$\begin{aligned}\underline{b}(t)=&\int_t^T\Bigg\{(\theta-\eta+(1+\eta)p^*(s))\mathrm{e}^{r_0(T-s)}\int_0^\infty z\upsilon(\mathrm{d}z)-\beta_1\sigma_1^2\mathrm{e}^{2r_0(T-s)}\\&+[(\mu-r_0)\mathrm{e}^{r_0(T-s)}-2\beta_1\sigma_1\sigma_2\rho\mathrm{e}^{2r_0(T-s)}]\pi^*(s)\\&-\sigma_2^2\mathrm{e}^{2r_0(T-s)}(\beta_1\rho^2+\beta_2\hat{\rho}^2)(\pi^*(s))^2\\&-p^*(s)\mathrm{e}^{r_0(T-s)}\int_0^\infty z\mathrm{e}^{\beta_3\left(p^*(s)z\mathrm{e}^{r_0(T-s)}+\frac{\gamma}{2}(p^*(s))^2z^2\mathrm{e}^{2r_0(T-s)}\right)}\upsilon(\mathrm{d}z)\Bigg\}\mathrm{d}s,\end{aligned}$$

$$\begin{aligned}\overline{b}(t)=&\int_t^T\Bigg\{(\theta-\eta+(1+\eta)p^*(s))\mathrm{e}^{r_0(T-s)}\int_0^\infty z\upsilon(\mathrm{d}z)+\beta_1\sigma_1^2\mathrm{e}^{2r_0(T-s)}\\&+[(\mu-r_0)\mathrm{e}^{r_0(T-s)}+2\beta_1\sigma_1\sigma_2\rho\mathrm{e}^{2r_0(T-s)}]\pi^*(s)\\&+\sigma_2^2\mathrm{e}^{2r_0(T-s)}(\beta_1\rho^2+\beta_2\hat{\rho}^2)(\pi^*(s))^2\\&-p^*(s)\mathrm{e}^{r_0(T-s)}\int_0^\infty z\mathrm{e}^{-\beta_3\left(p^*(s)z\mathrm{e}^{r_0(T-s)}+\frac{\gamma}{2}(p^*(s))^2z^2\mathrm{e}^{2r_0(T-s)}\right)}\upsilon(\mathrm{d}z)\Bigg\}\,\mathrm{d}s.\end{aligned}$$

进一步, 将式 (5.53) 和 (5.58) 代入式 (5.48), (5.49), (5.51) 和 (5.52) 中可得 $\underline{\phi}^*,\overline{\phi}^*$. p^* 和 π^* 的表达式分别由式 (5.45), (5.46), (5.42) 和 (5.43) 给出.

下面将验证以上求得的策略满足定理 5.1 中的条件 (2) 和 (3). 对于条件 (2), $u^*(t)$, $\overline{\phi}^*(t)$ 和 $\underline{\phi}^*(t)$ 显然是与 x 无关的. 进一步, 通过计算可知 $\mathcal{A}^{u^*,\underline{\phi}^*}V(t,x)$ 和

$\mathcal{A}^{u^*,\overline{\phi}^*}V(t,x)$ 是与 x 无关的, 这是因为关系 (5.57) 成立, 而 $\mathcal{A}^{u^*,\underline{\phi}^*}(\underline{g}(t,x))^2$ 和 $\mathcal{A}^{u^*,\overline{\phi}^*}(\overline{g}(t,x))^2$ 与 x 无关, 这与由式 (5.55) 和 (5.56) 给出的 $\underline{b}(t)$ 和 $\overline{b}(t)$ 满足的常微分方程的形式有关, 或等价地,

$$
\begin{aligned}
0 = \underline{b}'(t) + \mathrm{e}^{r_0(T-t)}\bigg[&(\mu - r_0)\pi^*(t) + (\theta - \eta + (1+\eta)p^*(t))\int_0^\infty z\upsilon(\mathrm{d}z) \\
&- (\sigma_1 + \pi^*(t)\sigma_2\rho)\underline{\phi}_1^*(t) - \pi\sigma_2\hat{\rho}\underline{\phi}_2^*(t)\bigg] - \mathrm{e}^{r_0(T-t)}p^*(t)\int_0^\infty z(1-\underline{\phi}_3^*(t,z))\upsilon(\mathrm{d}z),
\end{aligned}
$$

$$
\begin{aligned}
0 = \overline{b}'(t) + \mathrm{e}^{r_0(T-t)}\bigg[&(\mu - r_0)\pi^*(t) + (\theta - \eta + (1+\eta)p^*(t))\int_0^\infty z\upsilon(\mathrm{d}z) \\
&- (\sigma_1 + \pi^*(t)\sigma_2\rho)\overline{\phi}_1^*(t) - \pi\sigma_2\hat{\rho}\overline{\phi}_2^*(t)\bigg] - \mathrm{e}^{r_0(T-t)}p^*(t)\int_0^\infty z(1-\overline{\phi}_3^*(t,z))\upsilon(\mathrm{d}z).
\end{aligned}
$$

最后, 易知由式 (5.45) 和 (5.46) 给出的 $\underline{\phi}^*$ 和 $\overline{\phi}^*$ 的表达与由式 (5.12) 和 (5.13) 给出的 $\underline{\phi}^{u^*}$ 和 $\overline{\phi}^{u^*}$ 的表达等价. 因此定理 5.1 的条件 (3) 满足. □

注解 5.1 由式 (5.42) 和 (5.43) 易知均衡再保险策略 $p^*(t)$ 与保费收入的模糊程度 (β_1)、风险资产收益的模糊程度 (β_2) 以及相关系数 ρ 无关; 而均衡投资策略 $\pi^*(t)$ 与保险负债的模糊程度 (β_3) 无关. 同时, 均衡策略 $(p^*(t),\pi^*(t))_{t\in[0,T]}$ 与状态变量 x 无关. 这个缺点来源于常数风险厌恶的假设, 详细的讨论可参见 [15].

注解 5.2 通过计算可知由式 (5.42) 和 (5.43) 给出的 α-模糊保险公司决策者的均衡再保险和投资策略与在确定概率测度 $\mathbb{Q}^{\phi^\alpha}$ 下的不考虑模糊的均衡再保险和投资策略等价, 其中

$$
\begin{cases}
\phi_1^\alpha = (2\alpha-1)\beta_1(\sigma_1 + \sigma_2\rho\pi^*(t))\mathrm{e}^{r_0(T-t)}, \\
\phi_2^\alpha = (2\alpha-1)\beta_2\sigma_2\hat{\rho}\pi^*(t)\mathrm{e}^{r_0(T-t)}, \\
\begin{aligned}\phi_3^\alpha = 1 &- \alpha\mathrm{e}^{\beta_3\left(p^*(t)z\mathrm{e}^{r_0(T-t)} + \frac{\gamma}{2}(p^*(t))^2z^2\mathrm{e}^{2r_0(T-t)}\right)} \\ &- \hat{\alpha}\mathrm{e}^{-\beta_3\left(p^*(t)z\mathrm{e}^{r_0(T-t)} + \frac{\gamma}{2}(p^*(t))^2z^2\mathrm{e}^{2r_0(T-t)}\right)}.\end{aligned}
\end{cases}
$$

由于均衡再保险策略 p^* 由式 (5.42) 隐式地表达, 我们讨论式 (5.42) 的存在和唯一性.

命题 5.1 对于任意固定的 $t\in[0,T]$, 式 (5.42) 存在唯一解 $p^*(t)\in[0,+\infty)$.

证明 对于任意固定的 $t\in[0,T]$, 令

$$
\begin{aligned}
f(p,z) := &(1+\eta)z\mathrm{e}^{r_0(T-t)} \\
&-\alpha\left(z\mathrm{e}^{r_0(T-t)} + \gamma pz^2\mathrm{e}^{2r_0(T-t)}\right)\mathrm{e}^{\beta_3\left(pz\mathrm{e}^{r_0(T-t)} + \frac{\gamma}{2}p^2z^2\mathrm{e}^{2r_0(T-t)}\right)} \\
&-\hat{\alpha}\left(z\mathrm{e}^{r_0(T-t)} + \gamma pz^2\mathrm{e}^{2r_0(T-t)}\right)\mathrm{e}^{-\beta_3\left(pz\mathrm{e}^{r_0(T-t)} + \frac{\gamma}{2}p^2z^2\mathrm{e}^{2r_0(T-t)}\right)}.
\end{aligned}
$$

可以改写式 (5.42) 如下

$$\int_0^\infty f(p,z)\upsilon(\mathrm{d}z)=0. \tag{5.59}$$

由于 $pz\mathrm{e}^{r_0(T-t)+\frac{\gamma}{2}p^2z^2\mathrm{e}^{2r_0(T-t)}}\geqslant 0$, 我们有

$$\begin{aligned}
&\beta_3\left(z\mathrm{e}^{r_0(T-t)}+\gamma pz^2\mathrm{e}^{2r_0(T-t)}\right)^2\\
&\times\left[\hat{\alpha}\mathrm{e}^{-\beta_3\left(pz\mathrm{e}^{r_0(T-t)}+\frac{\gamma}{2}p^2z^2\mathrm{e}^{2r_0(T-t)}\right)}-\alpha\mathrm{e}^{\beta_3\left(pz\mathrm{e}^{r_0(T-t)}+\frac{\gamma}{2}p^2z^2\mathrm{e}^{2r_0(T-t)}\right)}\right]\\
\leqslant\ &\beta_3\left(z\mathrm{e}^{r_0(T-t)}+\gamma pz^2\mathrm{e}^{2r_0(T-t)}\right)^2(\hat{\alpha}-\alpha)\mathrm{e}^{\beta_3\left(pz\mathrm{e}^{r_0(T-t)}+\frac{\gamma}{2}p^2z^2\mathrm{e}^{2r_0(T-t)}\right)}\\
\leqslant\ &0,
\end{aligned}$$

其中, 最后一步由式 (5.9) 给出的 $\hat{\alpha}-\alpha=1-2\alpha\leqslant 0$. 由式 (5.59) 和 (5.60) 可知

$$\begin{aligned}
\frac{\partial f(p,z)}{\partial p}=&-\alpha\left[\gamma z^2\mathrm{e}^{2r_0(T-t)}+\beta_3\left(z\mathrm{e}^{r_0(T-t)}+\gamma pz^2\mathrm{e}^{2r_0(T-t)}\right)^2\right]\\
&\times\mathrm{e}^{\beta_3\left(pz\mathrm{e}^{r_0(T-t)}+\frac{\gamma}{2}p^2z^2\mathrm{e}^{2r_0(T-t)}\right)}\\
&-\hat{\alpha}\left[\gamma z^2\mathrm{e}^{2r_0(T-t)}-\beta_3\left(z\mathrm{e}^{r_0(T-t)}+\gamma pz^2\mathrm{e}^{2r_0(T-t)}\right)^2\right]\\
&\times\mathrm{e}^{-\beta_3\left(pz\mathrm{e}^{r_0(T-t)}+\frac{\gamma}{2}p^2z^2\mathrm{e}^{2r_0(T-t)}\right)}\\
=&-\alpha\gamma z^2\mathrm{e}^{2r_0(T-t)}\mathrm{e}^{\beta_3\left(pz\mathrm{e}^{r_0(T-t)}+\frac{\gamma}{2}p^2z^2\mathrm{e}^{2r_0(T-t)}\right)}\\
&-\hat{\alpha}\gamma z^2\mathrm{e}^{2r_0(T-t)}\mathrm{e}^{-\beta_3\left(pz\mathrm{e}^{r_0(T-t)}+\frac{\gamma}{2}p^2z^2\mathrm{e}^{2r_0(T-t)}\right)}\\
&+\beta_3\left(z\mathrm{e}^{r_0(T-t)}+\gamma pz^2\mathrm{e}^{2r_0(T-t)}\right)^2\\
&\times\left[\hat{\alpha}\mathrm{e}^{-\beta_3\left(pz\mathrm{e}^{r_0(T-t)}+\frac{\gamma}{2}p^2z^2\mathrm{e}^{2r_0(T-t)}\right)}-\alpha\mathrm{e}^{\beta_3\left(pz\mathrm{e}^{r_0(T-t)}+\frac{\gamma}{2}p^2z^2\mathrm{e}^{2r_0(T-t)}\right)}\right]\\
\leqslant&-\alpha\gamma z^2\mathrm{e}^{2r_0(T-t)}\mathrm{e}^{\beta_3\left(pz\mathrm{e}^{r_0(T-t)}+\frac{\gamma}{2}p^2z^2\mathrm{e}^{2r_0(T-t)}\right)}\\
&-\hat{\alpha}\gamma z^2\mathrm{e}^{2r_0(T-t)}\mathrm{e}^{-\beta_3\left(pz\mathrm{e}^{r_0(T-t)}+\frac{\gamma}{2}p^2z^2\mathrm{e}^{2r_0(T-t)}\right)}\\
<&\ 0.
\end{aligned}$$

此外, 由单调收敛定理和 $f(0,z)=\eta z\mathrm{e}^{r_0(T-t)}$ 可得

$$\lim_{p\downarrow 0}\int_0^\infty f(p,z)\upsilon(\mathrm{d}z)=\eta\mathrm{e}^{r_0(T-t)}\int_0^\infty z\upsilon(\mathrm{d}z)>0$$

和

$$\lim_{p\uparrow\infty}\int_0^\infty f(p,z)v(\mathrm{d}z)=-\infty.$$

因此, 式 (5.59) 或等价的式 (5.42) 存在唯一正根 p^*. □

由于式 (5.42) 和 (5.43) 分别给出了均衡再保险和投资策略 u^* 的解析解, 我们可以讨论模糊与风险厌恶系数 α, β_1, β_2, β_3 和 γ 对策略 u^* 的影响.

命题 5.2　对于任意给定的 $t\in[0,T]$, 均衡再保险策略 $p^*(t)$ 关于 α, β_3 和 γ 是单调递减函数.

证明　我们只证明 $p^*(t)$ 关于 α 是单调递减的, 同理可证 $p^*(t)$ 关于 β_3 和 γ 是单调递减的. 式 (5.42) 关于 α 求导, 提出 $\dfrac{\partial p^*(t)}{\partial\alpha}$ 项可得

$$C(t)\frac{\partial p^*(t)}{\partial\alpha}+D(t)=0,\tag{5.60}$$

其中

$$\begin{aligned}C(t)=&\alpha\int_0^\infty \mathrm{e}^{\beta_3\left(p^*(t)z\mathrm{e}^{r_0(T-t)}+\frac{\gamma}{2}(p^*(t))^2z^2\mathrm{e}^{2r_0(T-t)}\right)}\\&\times\left[\gamma z^2\mathrm{e}^{2r_0(T-t)}+\beta_3\left(z\mathrm{e}^{r_0(T-t)}+\gamma p^*(t)z^2\mathrm{e}^{2r_0(T-t)}\right)^2\right]v(\mathrm{d}z)\\&+\hat{\alpha}\int_0^\infty \mathrm{e}^{-\beta_3\left(p^*(t)z\mathrm{e}^{r_0(T-t)}+\frac{\gamma}{2}(p^*(t))^2z^2\mathrm{e}^{2r_0(T-t)}\right)}\\&\times\left[\gamma z^2\mathrm{e}^{2r_0(T-t)}-\beta_3\left(z\mathrm{e}^{r_0(T-t)}+\gamma p^*(t)z^2\mathrm{e}^{2r_0(T-t)}\right)^2\right]v(\mathrm{d}z),\\D(t)=&\int_0^\infty \mathrm{e}^{\beta_3\left(p^*(t)z\mathrm{e}^{r_0(T-t)}+\frac{\gamma}{2}(p^*(t))^2z^2\mathrm{e}^{2r_0(T-t)}\right)}\\&\times\left(z\mathrm{e}^{r_0(T-t)}+\gamma p^*(t)z^2\mathrm{e}^{2r_0(T-t)}\right)v(\mathrm{d}z)\\&-\int_0^\infty \mathrm{e}^{-\beta_3\left(p^*(t)z\mathrm{e}^{r_0(T-t)}+\frac{\gamma}{2}(p^*(t))^2z^2\mathrm{e}^{2r_0(T-t)}\right)}\\&\times\left(z\mathrm{e}^{r_0(T-t)}+\gamma p^*(t)z^2\mathrm{e}^{2r_0(T-t)}\right)v(\mathrm{d}z).\end{aligned}$$

由 $\alpha\in\left[\dfrac{1}{2},1\right]$, 可得 $C(t)>0$ 和 $D(t)>0$. 因此, 由式 (5.60) 可得 $\dfrac{\partial p^*(t)}{\partial\alpha}<0$. □

注解 5.3　命题 5.2 说明了保险公司在下列三种情况下倾向通过购买更多的再保险, 承担较少的保险风险, 即减少风险暴露率 $p^*(t)$: ① 保险公司决策者更模糊厌恶 (较大的 α); ② 保险公司决策者更风险厌恶 (较大的 γ); ③ 保险负债更模糊 (较大的 β_3). 有意思的是, 我们在模糊框架下的结论与 [85] 在贝叶斯框架下的结论一致, 这说明了当赔付到达不可知时, 再保险策略更保守.

均衡投资策略 $\pi^*(t)$ 与模糊与风险厌恶系数 α, β_1, β_2 和 γ 之间的关系比较复杂.

命题 5.3 (1) 若 $\rho=0$, 均衡投资策略 $\pi^*(t)$ 与 β_1 不相关. 此外, 若 $\mu\geqslant$(或 $\leqslant$)r_0, 则 $\pi^*(t)\geqslant$(或 $\leqslant$)0, 且关于 α 和 γ 递减 (或递增).

(2) 若 $\rho\leqslant$(或 $\geqslant$)$\dfrac{(\mu-r_0)\mathrm{e}^{-r_0(T-t)}}{\sigma_1\sigma_2\left[\gamma+(2\alpha-1)\beta_1\right]}$, 则 $\pi^*(t)\geqslant$(或 $\leqslant$)0 且 $\pi^*(t)$ 关于 β_2 递减 (或递增).

证明 (1) 当 $\rho=0$ 时, 由式 (5.43) 可知 $\pi^*(t)$ 与 β_1 无关. 对式 (5.43) 求导可得

$$\left\{\begin{aligned}&\frac{\partial\pi^*(t)}{\partial\alpha}=\frac{-2(\mu-r_0)(\beta_1\rho^2+\beta_2\hat{\rho}^2)\mathrm{e}^{-r_0(T-t)}+2\gamma\rho\hat{\rho}^2\sigma_1\sigma_2(\beta_2-\beta_1)}{\sigma_2^2\left[\gamma+(2\alpha-1)(\beta_1\rho^2+\beta_2\hat{\rho}^2)\right]^2},\\&\frac{\partial\pi^*(t)}{\partial\gamma}=\frac{-(\mu-r_0)\mathrm{e}^{-r_0(T-t)}+(2\alpha-1)\rho\hat{\rho}^2\sigma_1\sigma_2(\beta_1-\beta_2)}{\sigma_2^2\left[\gamma+(2\alpha-1)(\beta_1\rho^2+\beta_2\hat{\rho}^2)\right]^2}.\end{aligned}\right.\tag{5.61}$$

在式 (5.61) 中, 令 $\rho=0$ 即可得到关于 α 和 γ 的单调性.

(2) 由式 (5.43) 可得

$$\pi^*(t)\left\{\begin{aligned}&>0,\quad\rho<\frac{(\mu-r_0)\mathrm{e}^{-r_0(T-t)}}{\sigma_1\sigma_2\left[\gamma+(2\alpha-1)\beta_1\right]},\\&=0,\quad\rho=\frac{(\mu-r_0)\mathrm{e}^{-r_0(T-t)}}{\sigma_1\sigma_2\left[\gamma+(2\alpha-1)\beta_1\right]},\\&<0,\quad\rho>\frac{(\mu-r_0)\mathrm{e}^{-r_0(T-t)}}{\sigma_1\sigma_2\left[\gamma+(2\alpha-1)\beta_1\right]}.\end{aligned}\right.\tag{5.62}$$

进一步, 对式 (5.43) 关于 β_2 求导可得

$$\begin{aligned}\frac{\partial\pi^*(t)}{\partial\beta_2}&=\frac{-(2\alpha-1)\hat{\rho}^2\left[(\mu-r_0)\mathrm{e}^{-r_0(T-t)}-\sigma_1\sigma_2\rho\gamma-(2\alpha-1)\beta_1\sigma_1\sigma_2\rho\right]}{\sigma_2^2\left[\gamma+(2\alpha-1)(\beta_1\rho^2+\beta_2\hat{\rho}^2)\right]^2}\\&=\frac{-(2\alpha-1)\hat{\rho}^2}{\gamma+(2\alpha-1)(\beta_1\rho^2+\beta_2\hat{\rho}^2)}\pi^*(t).\end{aligned}$$

由于 $\alpha\in\left[\dfrac{1}{2},1\right]$, 由式 (5.62) 和上式可得当 $\rho\leqslant\dfrac{(\mu-r_0)\mathrm{e}^{-r_0(T-t)}}{\sigma_1\sigma_2\left[\gamma+(2\alpha-1)\beta_1\right]}$ 时, 有 $\dfrac{\partial\pi^*(t)}{\partial\beta_2}\leqslant0$; 当 $\rho\geqslant\dfrac{(\mu-r_0)\mathrm{e}^{-r_0(T-t)}}{\sigma_1\sigma_2\left[\gamma+(2\alpha-1)\beta_1\right]}$ 时, 有 $\dfrac{\partial\pi^*(t)}{\partial\beta_2}\geqslant0$. □

注解 5.4 命题 5.3 中的 (1) 意味着当保险和金融风险不相关时, 若保险公司决策者更模糊厌恶或风险厌恶, 均衡投资策略变得更加保守. 此外, 由式 (5.43)

和 (5.61) 不难看出该结论在 $\rho \approx 0$ 或 $|\mu - r_0|$ 不是很小的时候依然成立. 命题 5.3 中的 (2) 意味着若风险资产收益更模糊 (较大的 β_2), 保险人总是采取保守的投资策略 (投资较少或卖空较少风险资产).

注解 5.5 当 $\rho \neq 0$ 时, 对于模糊中性保险公司决策者 $\left(\alpha = \dfrac{1}{2}\right)$, 记 π_{AN}^* 为风险中性均衡投资策略

$$\pi_{\mathrm{AN}}^*(t) = \frac{(\mu - r_0)\mathrm{e}^{-r_0(T-t)} - \sigma_1\sigma_2\rho\gamma}{\sigma_2^2\gamma}. \tag{5.63}$$

有意思的是, 由式 (5.43) 可知

$$\pi_{\mathrm{AN}}^*(t) = \pi_{\mathrm{NR}}^*(t), \tag{5.64}$$

其中, π_{NR}^* 表示无模糊情况下的策略 $(\beta_1, \beta_2 \downarrow 0)$. 关系 (5.64) 意味着模糊中性投资策略与无模糊情况下的投资策略是等价的.

对于模糊厌恶保险公司决策者 $\left(\alpha > \dfrac{1}{2}\right)$ 有

$$\lim_{\beta_1 \to \infty} \pi^*(t) = -\frac{\sigma_1}{\sigma_2\rho}, \qquad \lim_{\beta_2 \to \infty} \pi^*(t) = 0. \tag{5.65}$$

这意味着保险公司在面对不同种类的极端模糊时, 将采用不同的均衡投资策略. 式 (5.65) 中的第一个关系意味着如果保费极端模糊, 保险公司将完全依赖保险和金融风险的多样收益, 而第二个关系说明了如果风险资产收益极端模糊, 保险公司将不再投资风险资产. 这里的不同之处主要是因为安全载荷关系 $\eta > \theta$, 对于保险公司来说完全转移保险风险给再保险公司是不明智的.

下面我们考虑定理 5.2 的一些特殊情况.

推论 5.1 (1) 对于极端模糊厌恶保险公司决策者 $(\alpha = 1)$, 均衡再保险和投资策略 (p^*, π^*) 为

$$\begin{cases} \displaystyle\int_0^{\infty} \Big\{(1+\eta)z\mathrm{e}^{r_0(T-t)} - \left(z\mathrm{e}^{r_0(T-t)} + \gamma p^*(t)z^2\mathrm{e}^{2r_0(T-t)}\right) \\ \quad \times \mathrm{e}^{\beta_3\left(p^*(t)z\mathrm{e}^{r_0(T-t)} + \frac{\gamma}{2}(p^*(t))^2z^2\mathrm{e}^{2r_0(T-t)}\right)}\Big\}\upsilon(\mathrm{d}z) = 0, \\ \pi^*(t) = \dfrac{(\mu - r_0)\mathrm{e}^{-r_0(T-t)} - \sigma_1\sigma_2\rho\gamma - \beta_1\sigma_1\sigma_2\rho}{\sigma_2^2\left[\gamma + (\beta_1\rho^2 + \beta_2\hat{\rho}^2)\right]}. \end{cases}$$

(2) 对于模糊中性保险公司决策者 $\left(\alpha = \dfrac{1}{2}\right)$, 均衡再保险和投资策略 (p^*, π^*) 为

$$\begin{cases} \displaystyle\int_0^\infty \Big\{(1+\eta)z\mathrm{e}^{r_0(T-t)} - \frac{1}{2}\left(z\mathrm{e}^{r_0(T-t)} + \gamma p^*(t)z^2\mathrm{e}^{2r_0(T-t)}\right) \\ \times\mathrm{e}^{\beta_3\left(p^*(t)z\mathrm{e}^{r_0(T-t)}+\frac{\gamma}{2}(p^*(t))^2z^2\mathrm{e}^{2r_0(T-t)}\right)} - \dfrac{1}{2}\left(z\mathrm{e}^{r_0(T-t)} + \gamma p^*(t)z^2\mathrm{e}^{2r_0(T-t)}\right) \\ \times\mathrm{e}^{-\beta_3\left(p^*(t)z\mathrm{e}^{r_0(T-t)}+\frac{\gamma}{2}(p^*(t))^2z^2\mathrm{e}^{2r_0(T-t)}\right)}\Big\}\upsilon(\mathrm{d}z) = 0, \\ \pi^*(t) = \dfrac{(\mu-r_0)\mathrm{e}^{-r_0(T-t)} - \sigma_1\sigma_2\rho\gamma}{\sigma_2^2\gamma}. \end{cases}$$

(3) 若 $(\beta_1,\beta_2,\beta_3)\downarrow(0,0,0)$, 均衡再保险和投资策略 (p^*,π^*) 为

$$\begin{cases} p^*(t) = \dfrac{\eta\mathrm{e}^{-r_0(T-t)}\displaystyle\int_0^\infty z\upsilon(\mathrm{d}z)}{\gamma\displaystyle\int_0^\infty z^2\upsilon(\mathrm{d}z)}, \\ \pi^*(t) = \dfrac{(\mu-r)\mathrm{e}^{-r_0(T-t)} - \sigma_1\sigma_2\rho\gamma}{\sigma_2^2\gamma}. \end{cases}$$

推论 5.1 在一些方面延拓了 [126, 128] 的结论: ① 本节考虑了一般的模糊厌恶框架 (包含模糊中性和极端模糊厌恶态度); ② 本节不仅考虑了赔付频率的模糊, 也考虑了赔付分布的模糊; ③ 本节中保险盈余由谱负 Lévy 过程[①]描述; ④ 本节考虑了保险和金融风险的相关性.

推论 5.2 假设保险赔付的分布没有模糊, Lévy 测度满足假设 5.1 中的第 (2) 部分, 均衡再保险策略 $p^*(t)$ 由下式确定

$$\begin{aligned} &(1+\eta)\mathrm{e}^{r_0(T-t)}\int_0^\infty z\upsilon(\mathrm{d}z) \\ =\ &\alpha\mathrm{e}^{\frac{\beta_3}{\lambda}\int_0^\infty\left(p^*(t)z\mathrm{e}^{r_0(T-t)}+\frac{\gamma}{2}(p^*(t))^2z^2\mathrm{e}^{2r_0(T-t)}\right)\upsilon(\mathrm{d}z)} \\ &\cdot\int_0^\infty\left(z\mathrm{e}^{r_0(T-t)}+\gamma p^*(t)z^2\mathrm{e}^{2r_0(T-t)}\right)\upsilon(\mathrm{d}z) \\ &+\hat{\alpha}\mathrm{e}^{-\frac{\beta_3}{\lambda}\int_0^\infty\left(p^*(t)z\mathrm{e}^{r_0(T-t)}+\frac{\gamma}{2}(p^*(t))^2z^2\mathrm{e}^{2r_0(T-t)}\right)\upsilon(\mathrm{d}z)} \\ &\cdot\int_0^\infty\left(z\mathrm{e}^{r_0(T-t)}+\gamma p^*(t)z^2\mathrm{e}^{2r_0(T-t)}\right)\upsilon(\mathrm{d}z), \end{aligned}$$

其中 $\lambda := \upsilon(0,\infty) < \infty$ 是跳的强度.

① 谱负 Lévy 过程可以包含 [126] 中研究的复合泊松跳过程.

5.4 数值分析

在这部分中, 我们给出一些数值算例来说明模型参数对均衡再保险和投资策略的影响. 由于一般模型参数 $(\mu, r, \sigma_1, \sigma_2, \theta, \eta)$ 对均衡再保险和投资策略的影响已经被很多已有文献研究 (例如 [126,128]), 因此, 在这部分中, 我们关注模糊参数 $\alpha, \beta_1, \beta_2, \beta_3$, 以及风险系数 γ、相关系数 ρ、时间变量 t 对均衡再保险和投资策略的影响. 假设累积保险赔付服从复合泊松过程, 即在不考虑再保险和投资的情况下, 保险公司盈余的动态过程为

$$U(t)=U(0)+ct+\sigma_1 W_1(t)-\sum_{i=1}^{N(t)}Z_i,$$

其中 $\{N(t)\}_{t\in[0,T]}$ 表示强度 (索赔发生率) 为 $\lambda>0$ 的时齐泊松过程, 表示时间区间 $[0,t]$ 内索赔发生的次数, 且 Z_1, Z_2, $\cdots$ 与 $N(t)$ 不相关. 假设索赔额 Z_1, $Z_2,\cdots$ 为相互独立同分布的正随机变量, 且在 $(0,\infty)$ 上服从参数为 μ_Z 和 σ_Z 截断正态分布. 因此, 相关的 Lévy 测度为

$$\upsilon(\mathrm{d}z)=\lambda\frac{\dfrac{1}{\sigma_Z\sqrt{2\pi}}\exp\left(-\dfrac{(z-\mu_Z)^2}{2\sigma_Z^2}\right)}{1-\Phi\left(\dfrac{-\mu_Z}{\sigma_Z}\right)}\mathrm{d}z,\quad z>0.$$

这满足假设 5.1 中的 (1). 若无特别说明, 该数值部分的参数选择如下: $r_0=0.03$, $\mu=0.08$, $\sigma=0.25$, $\theta=0.1$, $\eta=0.2$, $\gamma=1$, $\beta_1=0.5$, $\beta_2=0.5$, $\beta_3=0.7$, $\lambda_1=1$, $\lambda_2=1$, $\lambda_Z=1$, $\lambda_Y=1$, $x=1$, $T=10$ 和 $t=0$.

由于 p^* 由式 (5.42) 隐式地确定, 我们运用二分法来确定式 (5.42) 的根. 由图 5.1 和图 5.2 可知 p^* 随着 α, β_3 和 γ 的增加而减少, 这与命题 5.2 中的结论一致. 如在注解 5.3 中所讨论的, 如果保险公司决策者更加模糊厌恶、风险厌恶, 或者对保险负债更加模糊厌恶, 他更倾向承担较少的保险风险. 此外, 由图 5.2 可知 p^* 随着 t 的增加而增加, 即当时间更接近于到期日, 保险公司将购买较少的再保险, 这是因为再保险公司安全载荷比保险公司安全载荷高. 事实上, 由式 (5.42) 可以分析出不论参数怎么选择, p^* 总是随着 t 的增加而增加.

通过对 π^* 的表达式 (5.43) 关于 t 求导可得

$$\frac{\partial\pi^*}{\partial t}=\frac{r(\mu-r_0)\mathrm{e}^{-r_0(T-t)}}{\sigma_2^2\left[\gamma+(2\alpha-1)(\beta_1\rho^2+\beta_2\hat{\rho}^2)\right]}.$$

因此, 当 $\mu\geqslant$ (或 $\leqslant$)r 时, π^* 是关于 t 递增 (或递减) 的. 图 5.3 中清晰地表达了这个关系.

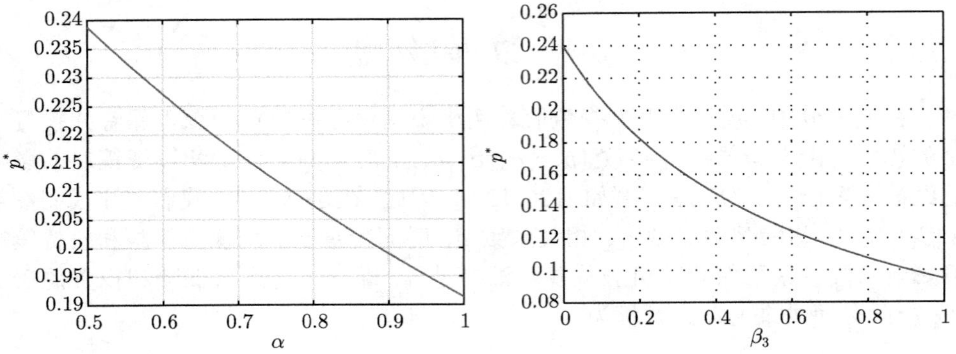

(a)　　(b)

图 5.1　α 和 β_3 对 p^* 的影响

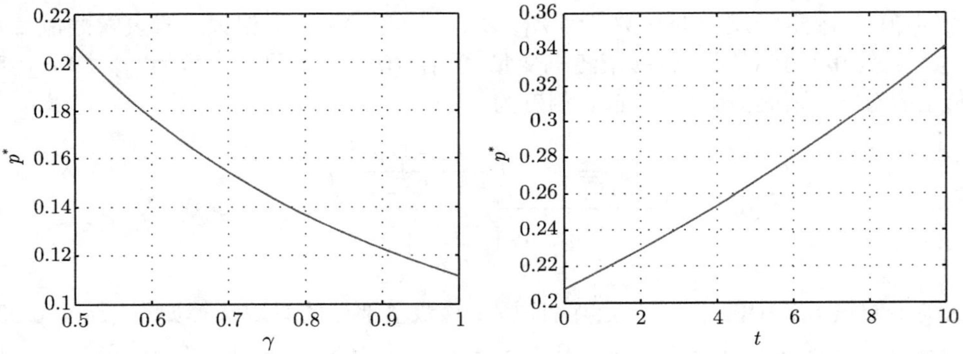

(a)　　(b)

图 5.2　γ 和 t 对 p^* 的影响

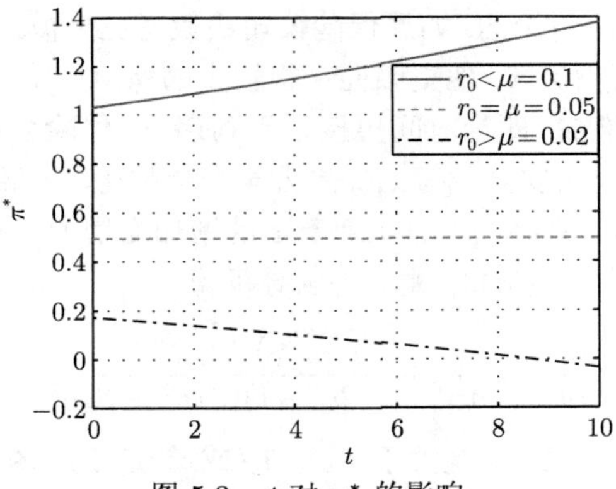

图 5.3　t 对 π^* 的影响

由图 5.4 (a) 可知 $\pi^* \geqslant$ (或 $\leqslant$) 0, 且当 ρ 小于 (或大于) $\dfrac{(\mu - r_0)\mathrm{e}^{-r_0(T-t)}}{\sigma_1\sigma_2\left[\gamma+(2\alpha-1)\beta_1\right]}$ 时, π^* 关于 β_2 是递减 (或递增) 函数. 这说明当风险资产收益比较模糊时, 均衡投资策略变得保守, 这与注解 5.4 中的结论一致. 由图 5.4 (b) 可知, 当 $\rho = 0$ 时, π^* 与 β_1 不相关, 这个结论在命题 5.3 中的 (1) 处已给出. 更有意思的是, 图 5.4 (b) 说明了若保险费用比较模糊 (β_1 较大), 均衡投资策略变得更加激进. 如在注解 5.5 中讨论的内容, 这是因为对于保险公司来说, 完全地转移保险风险给再保险公司是不明智的, 保险公司将更依赖多样化来获得收益.

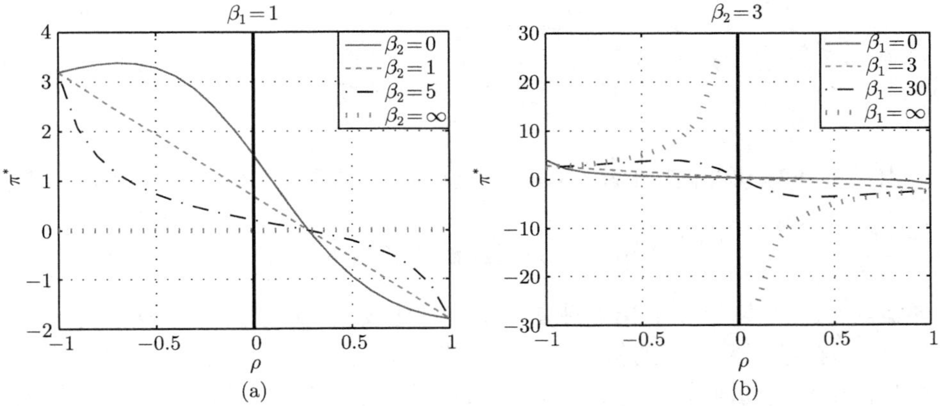

图 5.4 β_1, β_2 和 ρ 对 π^* 的影响

我们记极端风险厌恶保险公司决策者的均衡投资策略为

$$\lim_{\gamma\uparrow\infty} \pi^* = -\frac{\sigma_1\rho}{\sigma_2},$$

这可以由式 (5.43) 直接给出. 图 5.5 (a) 给出了当 β_1 和 β_2 较小时, π^* 关于 ρ 和 γ 是递减的. π^* 关于 ρ 的单调性主要是由于收益多样化, 即当相关系数较大时, 保险公司将卖空更多或投资更多风险资产. π^* 关于 γ 的单调性主要是由于设定 $\mu > r_0$, 即风险厌恶较弱的保险公司决策者更愿意投资较多或者卖空较少的风险资产, 因为风险资产收益率高于无风险资产收益率. 但是图 5.5 (b) 说明了一般情况下, 当 β_1 和 β_2 不是很小时, π^* 关于 ρ 或者 γ 不是单调的. 图 5.5 (b) 还说明了当 $\rho \approx 0$ 时, 较为风险厌恶的保险公司决策者将采取更保守的投资策略, 这与命题 5.3 和注 5.4 的结论一致. 但是当 ρ 接近于 1 时, 极端风险厌恶保险公司决策者将采取更为激进的投资策略, 如卖空大量风险资产来使得投资多样化.

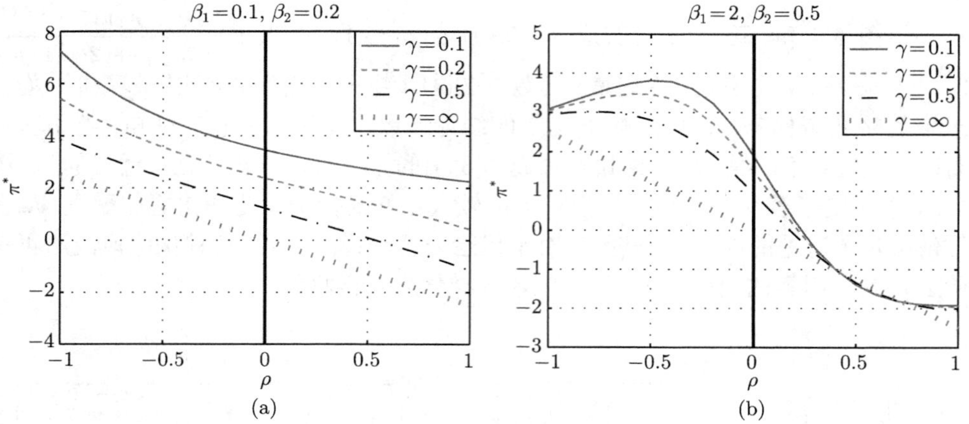

图 5.5　γ 和 ρ 对 π^* 的影响

由式 (5.63) 可知模糊中性$\left(\alpha=\dfrac{1}{2}\right)$保险公司决策者的均衡投资策略由 $\pi^*_{\mathrm{AN}}=\dfrac{(\mu-r)\mathrm{e}^{-r_0(T-t)}}{\sigma_2^2\gamma}-\dfrac{\sigma_1\rho}{\sigma_2}$ 给出. 图 5.6 (a) 给出了当 $\beta_1=\beta_2$ 时, π^* 是关于 ρ 和 α 的递减函数. π^* 关于 ρ 的单调性是由于多样化收益. π^* 关于 α 的单调性是由于 $\mu>r_0$, 即模糊厌恶较弱的保险公司决策者更倾向投资较多或者卖空较少的风险资产是由于较高的风险资产收益率. 图 5.6 (b) 说明了一般情况下, 当 β_1 较大时, π^* 关于 ρ 或者 α 都不是单调的, 特别是当 β_1 较大时. 这与图 5.4 (b) 中的结论一致. 有意思的是, 当保险收益较为模糊时, 较为模糊厌恶的保险公司将采取更激进的投资策略. 图 5.6 (c) 给出了当 β_2 很大且相关性不是很强时, 均衡投资策略非常保守 (π^* 接近于 0), 这与命题 5.3 第 (2) 部分以及图 5.4 (a) 中的结论一致.

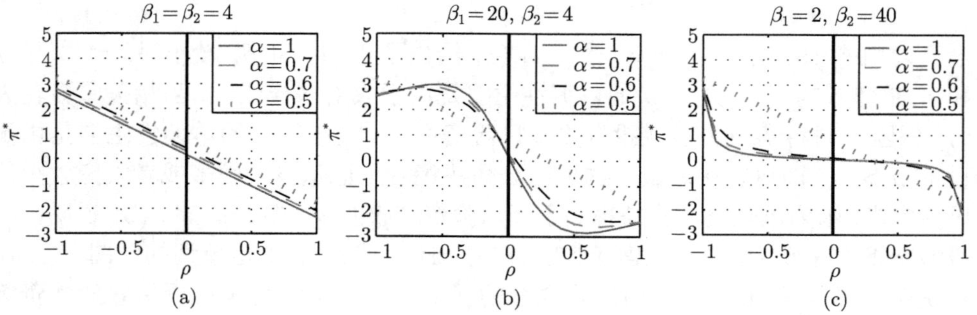

图 5.6　α 和 ρ 对 π^* 的影响

5.5 小结与展望

本章假设保险公司的盈余过程由谱负 Lévy 过程描述, 保险公司可以通过比例再保险转移部分风险给再保险公司, 并且保险公司可投资于由一个风险资产和一个无风险资产组成的金融市场, 且风险资产价格与保险盈余过程相关. 此外, 保险公司对模糊可持有不同偏好程度. 运用随机最优控制理论, 给出并证明验证定理, 建立相关拓展的 HJB 方程, 通过求解拓展的 HJB 方程, 可得到鲁棒均衡再保险和投资策略以及均衡价值函数的解析解. 最后, 通过数值模拟分析模型参数对均衡策略的影响.

未来可以尝试更多的再保险形式和更复杂的金融市场的情况, 以丰富 α-模糊厌恶情景下保险公司再保险和投资策略的研究.

第 6 章　兼顾保险公司和再保险公司利益的均衡再保险和投资策略选择

6.1　引　　言

第 2—5 章研究的均为保险公司的均衡再保险和投资策略. 事实上, 根据保险公司意愿制定的保险合同并不一定为再保险公司所接受. 那么, 有必要将保险公司和再保险公司的利益均衡考虑. 目前这方面的研究比较少, 例如, Dimitrova 和 Kaishev[36], Cai 等[23], Fang 和 Qu[43] 在最大化保险公司和再保险公司联合生存概率和联合收益概率目标下得到均衡再保险策略. Zeng 和 Luo[125] 在随机博弈框架下得到使得保险公司和再保险公司联合效用最大化的 Pareto 均衡再保险策略. 不同于以上文献, 本章关注均值–方差模型, 并期望得到使得保险公司和再保险公司加权目标最大化的均衡再保险和投资策略.

本章假设保险公司的盈余过程由带漂移的布朗运动描述, 保险公司可以通过比例再保险转移部分风险给再保险公司, 并且保险公司和再保险公司可分别投资于由一个风险资产和一个无风险资产组成的金融市场. 风险资产的价格过程服从 CEV 模型. 运用随机控制理论, 建立相关拓展的 HJB 方程, 通过求解拓展的 HJB 方程, 可得到均衡再保险和投资策略以及均衡价值函数的解析解. 最后, 通过数值模拟分析模型参数对均衡策略的影响.

6.2　模 型 建 立

给定满足通常条件的完备信息流概率空间 $(\Omega, \mathcal{F}, \{\mathcal{F}_t\}_{t\in[0,T]}, \mathbb{P})$, 其中 $\mathcal{F}_t$ 表示到时刻 t 为止所获得的信息总和, 时刻 t 的决策基于信息流 $\mathcal{F}_t$, $\mathbb{P}$ 为实际测度, $\mathcal{F} = \mathcal{F}_t$. 假设本章中所有的随机过程均是该概率空间上的适应性过程. 保险和金融市场上交易是连续的, 且没有交易费用和税收产生.

假设保险公司的赔付过程服从扩散过程

$$\mathrm{d}C(t) = m\mathrm{d}t - n\mathrm{d}W_0(t),$$

其中 m 和 n 为正常数, $\{W_0(t)\}_{t\in[0,T]}$ 是一维标准布朗运动. 在不考虑再保险和

投资的情况下, 保险公司的盈余过程为

$$\mathrm{d}R(t) = (c-m)\mathrm{d}t + n\mathrm{d}W_0(t),$$

其中 $c>0$ 表示保险业务的保费收益率, 假设保费率计算方式依据期望保费原理, 即 $c=(1+\theta)m$, 其中 $\theta>0$ 为保险公司的安全载荷.

假设保险公司允许购买比例再保险来控制其保险业务风险. 在任意时刻 $t\in[0,T]$, 保险公司比例再保险的自留水平由风险暴露值 $p(t)\in[0,1]$ 表示. 在任意时刻保险公司需要向再保险公司以比率 $(1+\eta)m(1-p(t))$ 支付保费, 其中 $\eta>\theta$ 为再保险公司的安全载荷, 同时对发生的每一个索赔, 原保险公司只需要支付索赔额的 $100p(t)\%$, 余下的 $100(1-p(t))\%$ 由再保险公司支付. 同样, 称风险暴露过程为再保险策略. 当采取再保险策略时, 保险公司和再保险公司的盈余过程可表示为

$$\mathrm{d}R_1(t) = (\theta-\eta+\eta p(t))m\mathrm{d}t + np(t)\mathrm{d}W_0(t)$$

和

$$\mathrm{d}R_2(t) = \eta(1-p(t))m\mathrm{d}t + n(1-p(t))\mathrm{d}W_0(t).$$

此外, 保险公司允许投资于一个无风险资产, 其价格过程服从

$$\mathrm{d}S_0(t) = r_0S_0(t)\mathrm{d}t, \quad S_0(0)=1$$

和风险资产 1, 其价格过程服从 CEV 模型

$$\mathrm{d}S_1(t) = S_1(t)\left(\mu_1\mathrm{d}t + \sigma_1(S_1(t))^{\beta_1}\mathrm{d}W_1(t)\right), \quad S_1(0)=s_1^0.$$

再保险公司允许投资于无风险资产和另一个风险资产 2, 其价格过程也服从 CEV 模型

$$\mathrm{d}S_2(t) = S_2(t)\left(\mu_2\mathrm{d}t + \sigma_2(S_2(t))^{\beta_2}\mathrm{d}W_2(t)\right), \quad S_2(0)=s_2^0,$$

其中 r_0 为无风险利率, μ_1, μ_2, $\sigma_1(S_1(t))^{\beta_1}$, $\sigma_2(S_2(t))^{\beta_2}$, β_1, β_2 分别是期望收益率、瞬时波动率以及风险资产 1 和风险资产 2 的弹性参数. $\{W_1(t)\}_{t\in[0,T]}$ 和 $\{W_2(t)\}_{t\in[0,T]}$ 是与 $\{W_0(t)\}_{t\in[0,T]}$ 不相关的布朗运动. 一般地, 假设 $\mu_1>r_0$, $\mu_2>r_0$ 且 β_1, β_2 满足一般条件 $\beta_1\geqslant 0$ 和 $\beta_2\geqslant 0$.

注解 6.1 若弹性参数 $\beta_1=0$, $\beta_2=0$, 则 CEV 模型退化到几何布朗运动.

记 $\pi_1(t)$ 表示在时刻 t 保险公司投资在风险资产 1 上的金额, $\pi_2(t)$ 表示再保险公司投资在风险资产 2 上的金额. 假设 $u=(\pi_1(t),\pi_2(t),p(t))_{t\in[0,T]}$. 基于策略

u, 保险公司和再保险公司的财富过程 $X_1^u(t)$ 和 $X_2^u(t)$ 分别满足以下方程

$$\begin{cases} \mathrm{d}X_1^u(t) = [r_0 X_1^u(t) + \pi_1(t)(\mu_1 - r_0) + (\theta - \eta + \eta p(t))m]\mathrm{d}t \\ \qquad\qquad + \pi_1(t)\sigma_1(S_1(t))^{\beta_1}\mathrm{d}W_1(t) + np(t)\mathrm{d}W_0(t), \\ X_1^u(0) = x_1^0 \end{cases} \tag{6.1}$$

和

$$\begin{cases} \mathrm{d}X_2^u(t) = [r_0 X_2^u(t) + \pi_2(t)(\mu_2 - r_0) + \eta(1 - p(t))m]\mathrm{d}t \\ \qquad\qquad + \pi_2(t)\sigma_2(S_2(t))^{\beta_2}\mathrm{d}W_2(t) + n(1 - p(t))\mathrm{d}W_0(t), \\ X_2^u(0) = x_2^0. \end{cases} \tag{6.2}$$

定义 6.1 (可行策略) 令 $O_0 := \mathbb{R} \times \mathbb{R} \times \mathbb{R}^+ \times \mathbb{R}^+$ 且 $O := [0, T] \times O_0$. 对于任意 $t \in [0, T]$, 策略 $u = (\pi_1(t), \pi_2(t), p(t))_{t\in[0,T]}$ 是可行的, 如果其满足下述条件

(1) 对于任意 $t \in [0, T]$, $p(t) \in [0, 1]$;

(2) u 是 $\mathcal{F}$-循序可测的, 且对于任意 $(t, x_1, x_2, s_1, s_2) \in O$,

$$\mathrm{E}_{t,x_1,x_2,s_1,s_2}\left[\int_t^T \left((p(s))^2 + (\pi_1(s))^2(S_1(s))^{2\beta_1} + (\pi_2(s))^2(S_2(s))^{2\beta_2}\right)\mathrm{d}s\right] < \infty,$$

其中 $\mathrm{E}_{t,x_1,x_2,s_1,s_2}[\cdot]$ 是基于 $X_1^u(t) = x_1$, $X_2^u(t) = x_2$, $S_1(t) = s_1$ 和 $S_2(t) = s_2$ 的条件期望;

(3) 对于任意 $(x_1, x_2, s_1, s_2) \in O_0$, 方程 (6.1) 和 (6.2) 在 $[t, T]$ 上具有唯一强解 $\{X_1^u(s)\}_{s\in[t,T]}$ 和 $\{X_2^u(s)\}_{s\in[t,T]}$.

记 Π 为所有可行策略的集合.

我们在动态均值–方差标准下, 考虑没有预先承诺假设的时间一致性策略, 即

$$\sup_{u\in\Pi}\left\{\mathrm{E}_{t,x_1,x_2,s_1,s_2}[X_1^u(T)] - \frac{\gamma_1}{2}\mathrm{Var}_{t,x_1,x_2,s_1,s_2}[X_1^u(T)]\right\},$$

其中 $\gamma_1 > 0$ 是保险公司的风险厌恶系数. 类似地, 再保险公司的目标为

$$\sup_{u\in\Pi}\left\{\mathrm{E}_{t,x_1,x_2,s_1,s_2}[X_2^u(T)] - \frac{\gamma_2}{2}\mathrm{Var}_{t,x_1,x_2,s_1,s_2}[X_2^u(T)]\right\},$$

其中 $\gamma_2 > 0$ 是再保险公司的风险厌恶系数. 对于任意 $(t, x_1, x_2, s_1, s_2) \in O$, 定义

$$V_1^u(t, x_1, x_2, s_1, s_2) = \mathrm{E}_{t,x_1,x_2,s_1,s_2}[X_1^u(T)] - \frac{\gamma_1}{2}\mathrm{Var}_{t,x_1,x_2,s_1,s_2}[X_1^u(T)],$$

$$V_2^u(t, x_1, x_2, s_1, s_2) = \mathrm{E}_{t,x_1,x_2,s_1,s_2}[X_2^u(T)] - \frac{\gamma_2}{2}\mathrm{Var}_{t,x_1,x_2,s_1,s_2}[X_2^u(T)].$$

考虑保险公司和再保险公司的均值–方差标准的加权, 即

$$J^u(t,x_1,x_2,s_1,s_2)=\alpha V_1^u(t,x_1,x_2,s_1,s_2)+(1-\alpha)V_2^u(t,x_1,x_2,s_1,s_2). \quad (6.3)$$

目标是求得均衡价值函数

$$J^{u^*}(t,x_1,x_2,s_1,s_2)=\sup_{u\in\Pi}\left\{\alpha V_1^u(t,x_1,x_2,s_1,s_2)+(1-\alpha)V_2^u(t,x_1,x_2,s_1,s_2)\right\}, \quad (6.4)$$

其中 $0\leqslant\alpha\leqslant 1$ 表示权重系数, 起到平衡保险公司和再保险公司之间利益的作用. 由 [51] 可知, 确定 α 值的方法主要是根据经验选取. 保险公司和再保险公司也可以通过比较它们的终端目标来确定 α 的值. 此外, 还可以基于博弈理论来确定 α 的值, 具体可见 [51] 及其参考文献. 进一步, 我们给出均衡策略的定义.

定义 6.2 (均衡策略) 对于可行策略 $u^*=(\pi_1^*(t),\pi_2^*(t),p^*(t))_{t\in[0,T]}$, 在初始状态 $(t,x_1,x_2,s_1,s_2)\in O$, 定义下列策略

$$u_\varepsilon(s)=\begin{cases}(\tilde{\pi_1},\tilde{\pi_2},\tilde{p}), & t\leqslant s<t+\varepsilon,\\ u^*(s), & t+\varepsilon\leqslant s\leqslant T,\end{cases}$$

其中 $(\tilde{\pi_1},\tilde{\pi_2},\tilde{p})\in\Pi:=\mathbb{R}\times\mathbb{R}\times[0,1]$, $\varepsilon\in\mathbb{R}^+$. 若对于任意 $(t,x_1,x_2,s_1,s_2)\in O$,

$$\liminf_{\varepsilon\downarrow 0}\frac{J^{u^*}(t,x_1,x_2,s_1,s_2)-J^{u_\varepsilon}(t,x_1,x_2,s_1,s_2)}{\varepsilon}\geqslant 0,$$

则 u^* 被称为均衡策略, 而均衡价值函数为 $J^{u^*}(t,x_1,x_2,s_1,s_2)$.

根据定义 6.2, 均衡策略是时间一致性的. 记 $C^{1,2,2,2,2}(O)=\{\psi(t,x_1,x_2,s_1,s_2)|\psi(t,\cdot,\cdot,\cdot,\cdot)$ 在 $[0,T]$ 上是一次连续可微的, 且 $\psi(\cdot,x_1,x_2,s_1,s_2)$ 在 O_0 上是二次连续可微的$\}$. 为了得到问题 (6.4) 的均衡策略, 我们定义算子: 对于任意 $(t,x_1,x_2,s_1,s_2)\in O$, $\psi(t,x_1,x_2,s_1,s_2)\in C^{1,2,2,2,2}(O)$, 令

$$\begin{aligned}\mathcal{A}^u\psi(t,x_1,x_2,s_1,s_2)=&\ \psi_t+\mu_1 s_1\psi_{s_1}+\mu_2 s_2\psi_{s_2}+[r_0x_1+(\mu_1-r_0)\pi_1\\&+(\theta-\eta+\eta p)m]\psi_{x_1}+[r_0x_2+(\mu_2-r_0)\pi_2+\eta(1-p)m]\psi_{x_2}\\&+\frac{1}{2}(\pi_1^2\sigma_1^2s_1^{2\beta_1}+n^2p^2)\psi_{x_1x_1}+\frac{1}{2}[\pi_2^2\sigma_2^2s_2^{2\beta_2}+n^2(1-p)^2]\psi_{x_2x_2}\\&+\frac{1}{2}\sigma_1^2s_1^{2\beta_1+2}\psi_{s_1s_1}+\frac{1}{2}\sigma_2^2s_2^{2\beta_2+2}\psi_{s_2s_2}+\pi_1\sigma_1^2s_1^{2\beta_1+1}\psi_{x_1s_1}\\&+\pi_2\sigma_2^2s_2^{2\beta_2+1}\psi_{x_2s_2}+n^2p(1-p)\psi_{x_1x_2},\end{aligned}$$

其中 ψ_t, ψ_{s_1}, ψ_{s_2}, ψ_{x_1}, ψ_{x_2}, $\psi_{x_1x_1}$, $\psi_{x_2x_2}$, $\psi_{s_1s_1}$, $\psi_{s_2s_2}$, $\psi_{x_1x_2}$, $\psi_{x_1s_1}$ 和 $\psi_{x_2s_2}$ 为 ψ 关于相关变量的一阶、二阶导数. 下面的验证定理给出了问题 (6.4) 的拓展的 HJB 方程.

定理 6.1 (验证定理) 如果存在实值函数 $V(t,x_1,x_2,s_1,s_2), g_1(t,x_1,x_2,s_1,s_2)$ 和 $g_2(t,x_1,x_2,s_1,s_2)\in C^{1,2,2,2,2}(O)$ 满足下列条件: 对于任意 $(t,x_1,x_2,s_1,\ s_2)\in O$,

$$\begin{aligned}\sup_{u\in\Pi}\Bigg\{&\mathcal{A}^uV(t,x_1,x_2,s_1,s_2)-\mathcal{A}^u\frac{\alpha\gamma_1}{2}(g_1(t,x_1,x_2,s_1,s_2))^2\\&+\alpha\gamma_1g_1(t,x_1,x_2,s_1,s_2)\mathcal{A}^ug(t,x_1,x_2,s_1,s_2)\\&-\mathcal{A}^u\frac{(1-\alpha)\gamma_2}{2}(g_2(t,x_1,x_2,s_1,s_2))^2\\&+(1-\alpha)\gamma_2g_2(t,x_1,x_2,s_1,s_2)\mathcal{A}^ug(t,x_1,x_2,s_1,s_2)\Bigg\}=0,\end{aligned}\tag{6.5}$$

$$V(T,x_1,x_2,s_1,s_2)=\alpha x_1+(1-\alpha)x_2,\tag{6.6}$$

$$\mathcal{A}^{u^*}g_1(t,x_1,x_2,s_1,s_2)=0,\quad g_1(T,x_1,x_2,s_1,s_2)=x_1,\tag{6.7}$$

$$\mathcal{A}^{u^*}g_2(t,x_1,x_2,s_1,s_2)=0,\quad g_2(T,x_1,x_2,s_1,s_2)=x_2\tag{6.8}$$

且

$$\begin{aligned}u^*:=\arg\sup_{u\in\Pi}\Bigg\{&\mathcal{A}^uV(t,x_1,x_2,s_1,s_2)-\mathcal{A}^u\frac{\alpha\gamma_1}{2}(g_1(t,x_1,x_2,s_1,s_2))^2\\&+\alpha\gamma_1g_1(t,x_1,x_2,s_1,s_2)\mathcal{A}^ug_1(t,x_1,x_2,s_1,s_2)\\&-\mathcal{A}^u\frac{(1-\alpha)\gamma_2}{2}(g_2(t,x_1,x_2,s_1,s_2))^2\\&+(1-\alpha)\gamma_2g_2(t,x_1,x_2,s_1,s_2)\mathcal{A}^ug_2(t,x_1,x_2,s_1,s_2)\Bigg\},\end{aligned}$$

则 $V(t,x_1,x_2,s_1,s_2)$ 是均衡价值函数, 即 $J^{u^*}(t,x_1,x_2,s_1,s_2)=V(t,x_1,x_2,s_1,s_2)$, 且 $\mathrm{E}_{t,x_1,x_2,s_1,s_2}[X_1^{u^*}(T)]=g_1(t,x_1,x_2,s_1,s_2)$, $\mathrm{E}_{t,x_1,x_2,s_1,s_2}[X_2^{u^*}(T)]=g_2(t,x_1,x_2,s_1,s_2)$, u^* 是均衡策略.

6.3 兼顾保险公司和再保险公司利益的均衡再保险和投资策略求解

以下定理给出了保险公司和再保险公司的均衡再保险和投资策略以及均衡价值函数.

定理 6.2 记$t_1=T-\dfrac{1}{r_0}\ln\dfrac{(2\alpha-1)\eta m}{\alpha\gamma_1n^2}$ 和 $t_2=T-\dfrac{1}{r_0}\ln\dfrac{(2\alpha-1)\eta m}{(\alpha-1)\gamma_2n^2}$. 对于 CEV 模型下最大化保险公司和再保险公司均值–方差标准的加权问题, 均衡再保险和投资策略为

(1) 若 $\alpha > \dfrac{1}{2}$, $\dfrac{(2\alpha-1)\eta m}{\alpha\gamma_1 n^2} \geqslant 1$ 且 $\mathrm{e}^{r_0 T} > \dfrac{(2\alpha-1)\eta m}{\alpha\gamma_1 n^2}$, 均衡再保险和投资策略为

$$p^*(t) = \begin{cases} \dfrac{(1-\alpha)\gamma_2}{\alpha\gamma_1+(1-\alpha)\gamma_2} + \dfrac{(2\alpha-1)\eta m}{n^2(\alpha\gamma_1+(1-\alpha)\gamma_2)}\mathrm{e}^{-r_0(T-t)}, & 0 \leqslant t \leqslant t_1, \\ 1, & t_1 < t \leqslant T, \end{cases}$$

$$\pi_1^*(t) = \frac{\mu_1 - r_0}{\gamma_1\sigma_1^2(S_1(t))^{2\beta_1}}\mathrm{e}^{-r_0(T-t)}\left[1 + \frac{\mu_1 - r_0}{r_0}\left(1 - \mathrm{e}^{2r_0\beta_1(t-T)}\right)\right], \quad 0 \leqslant t \leqslant T,$$

$$\pi_2^*(t) = \frac{\mu_2 - r_0}{\gamma_2\sigma_2^2(S_2(t))^{2\beta_2}}\mathrm{e}^{-r_0(T-t)}\left[1 + \frac{\mu_2 - r_0}{r_0}\left(1 - \mathrm{e}^{2r_0\beta_2(t-T)}\right)\right], \quad 0 \leqslant t \leqslant T, \tag{6.9}$$

$$V(t, x_1, x_2, s_1, s_2) = \begin{cases} \alpha\mathrm{e}^{r_0(T-t)}x_1 + (1-\alpha)\mathrm{e}^{r_0(T-t)}x_2 + \tilde{A}(t)s_1^{-2\beta_1} + \bar{A}(t)s_2^{-2\beta_2} + \hat{A}_1(t), \\ \qquad 0 \leqslant t \leqslant t_1, \\ \alpha\mathrm{e}^{r_0(T-t)}x_1 + (1-\alpha)\mathrm{e}^{r_0(T-t)}x_2 + \tilde{A}(t)s_1^{-2\beta_1} + \bar{A}(t)s_2^{-2\beta_2} + \hat{A}_2(t), \\ \qquad t_1 < t \leqslant T, \end{cases} \tag{6.10}$$

其中

$$\begin{aligned} \tilde{A}(t) &= \frac{\alpha(\mu_1 - r_0)^2}{4\mu_1\beta_1\sigma_1^2\gamma_1}\left(1 - \mathrm{e}^{2\mu_1\beta_1(t-T)}\right) + \frac{\alpha(\mu_1 - r_0)^3}{2r_0\mu_1\beta_1\sigma_1^2\gamma_1}\left(1 - \mathrm{e}^{2\mu_1\beta_1(t-T)}\right) \\ &\quad + \frac{\alpha(\mu_1 - r_0)^2}{2r_0\beta_1\sigma_1^2\gamma_1}\left(\mathrm{e}^{2\mu_1\beta_1(t-T)} - \mathrm{e}^{2r_0\beta_1(t-T)}\right), \\ \bar{A}(t) &= \frac{(1-\alpha)(\mu_2 - r_0)^2}{4\mu_2\beta_2\sigma_2^2\gamma_2}\left(1 - \mathrm{e}^{2\mu_2\beta_2(t-T)}\right) \\ &\quad + \frac{(1-\alpha)(\mu_2 - r_0)^3}{2r_0\mu_2\beta_2\sigma_2^2\gamma_2}\left(1 - \mathrm{e}^{2\mu_2\beta_2(t-T)}\right) \\ &\quad + \frac{(1-\alpha)(\mu_2 - r_0)^2}{2r_0\beta_2\sigma_2^2\gamma_2}\left(\mathrm{e}^{2\mu_2\beta_2(t-T)} - \mathrm{e}^{2r_0\beta_2(t-T)}\right), \end{aligned} \tag{6.11}$$

$$\begin{aligned} \hat{A}_1(t) &= -\frac{m\alpha\theta}{r_0}(1 - \mathrm{e}^{r_0(T-t)}) + \frac{m\eta(2\alpha-1)\alpha\gamma_1}{r_0(\alpha\gamma_1+(1-\alpha)\gamma_2)} \\ &\quad \times \left(\mathrm{e}^{r_0(T-t_1)} - \mathrm{e}^{r_0(T-t)}\right) + \frac{\alpha\gamma_1 n^2}{4r_0}(1 - \mathrm{e}^{2r_0(T-t_1)}) \\ &\quad + \frac{n^2(\alpha^2\gamma_1^2 + (1-\alpha)^2\gamma_2^2)}{4r_0(\alpha\gamma_1+(1-\alpha)\gamma_2)}(\mathrm{e}^{2r_0(T-t_1)} - \mathrm{e}^{2r_0(T-t)}) \end{aligned}$$

$$+\frac{(2\alpha-1)^2\eta^2m^2}{2n^2(\alpha\gamma_1+(1-\alpha)\gamma_2)}(t_1-t) \tag{6.12}$$

$$+\beta_1(2\beta_1+1)\sigma_1^2\int_t^T\tilde{A}(s)\mathrm{d}s+\beta_2(2\beta_2+1)\sigma_2^2\int_t^T\bar{A}(s)\mathrm{d}s,$$

$$\hat{A}_2(t)=-\frac{m\alpha\theta}{r_0}(1-\mathrm{e}^{r_0(T-t)})+\frac{\alpha\gamma_1n^2}{4r_0}(1-\mathrm{e}^{2r_0(T-t)})$$

$$+\beta_1(2\beta_1+1)\sigma_1^2\int_t^T\tilde{A}(s)\mathrm{d}s+\beta_2(2\beta_2+1)\sigma_2^2\int_t^T\bar{A}(s)\mathrm{d}s.$$

(2) 若 $\alpha>\dfrac{1}{2}$, $\dfrac{(2\alpha-1)\eta m}{\alpha\gamma_1n^2}\geqslant 1$ 且 $\mathrm{e}^{r_0T}\leqslant\dfrac{(2\alpha-1)\eta m}{\alpha\gamma_1n^2}$, 均衡再保险策略为

$$p^*(t)=1,\quad 0\leqslant t\leqslant T,$$

保险公司和再保险公司的均衡投资策略由式 (6.9) 给出, 均衡价值函数为

$$V(t,x_1,x_2,s_1,s_2)=\alpha\mathrm{e}^{r_0(T-t)}x_1+(1-\alpha)\mathrm{e}^{r_0(T-t)}x_2+\tilde{A}(t)s_1^{-2\beta_1}$$

$$+\bar{A}(t)s_2^{-2\beta_2}+\hat{A}_2(t), \tag{6.13}$$

其中 $\tilde{A}(t)$, $\bar{A}(t)$ 和 $\hat{A}_2(t)$ 由式 (6.11) 和 (6.12) 给出.

(3) 若 $\alpha>\dfrac{1}{2}$ 且 $\dfrac{(2\alpha-1)\eta m}{\alpha\gamma_1n^2}<1$, 均衡再保险为

$$p^*(t)=\frac{(1-\alpha)\gamma_2}{\alpha\gamma_1+(1-\alpha)\gamma_2}+\frac{(2\alpha-1)\eta m}{n^2(\alpha\gamma_1+(1-\alpha)\gamma_2)}\mathrm{e}^{-r_0(T-t)},\quad 0\leqslant t\leqslant T,$$

保险公司和再保险公司的均衡投资策略由式 (6.9) 给出, 均衡价值函数为

$$V(t,x_1,x_2,s_1,s_2)=\alpha\mathrm{e}^{r_0(T-t)}x_1+(1-\alpha)\mathrm{e}^{r_0(T-t)}x_2$$

$$+\tilde{A}(t)s_1^{-2\beta_1}+\bar{A}(t)s_2^{-2\beta_2}+\hat{A}_3(t), \tag{6.14}$$

其中 $\tilde{A}(t)$ 和 $\bar{A}(t)$ 由式 (6.11) 给出, 且

$$\hat{A}_3(t)=\left(-\frac{m\alpha\theta}{r_0}+\frac{\eta m(2\alpha-1)\alpha\gamma_1}{r_0(\alpha\gamma_1+(1-\alpha)\gamma_2)}\right)(1-\mathrm{e}^{r_0(T-t)})$$

$$+\frac{n^2(\alpha^2\gamma_1^2+(1-\alpha)^2\gamma_2^2)}{4r_0(\alpha\gamma_1+(1-\alpha)\gamma_2)}(1-\mathrm{e}^{2r_0(T-t)})$$

$$-\frac{(2\alpha-1)^2\eta^2m^2}{2n^2(\alpha\gamma_1+(1-\alpha)\gamma_2)}(T-t)+\beta_1(2\beta_1+1)\sigma_1^2\int_t^T\tilde{A}(s)\mathrm{d}s$$

$$+\beta_2(2\beta_2+1)\sigma_2^2\int_t^T\bar{A}(s)\mathrm{d}s. \tag{6.15}$$

(4) 若 $\alpha = \frac{1}{2}$, 均衡再保险为

$$p^*(t) = \frac{(1-\alpha)\gamma_2}{\alpha\gamma_1 + (1-\alpha)\gamma_2} + \frac{(2\alpha-1)\eta m}{n^2(\alpha\gamma_1 + (1-\alpha)\gamma_2)} \mathrm{e}^{-r_0(T-t)}, \quad 0 \leqslant t \leqslant T,$$

保险公司和再保险公司的均衡投资策略由式 (6.9) 给出, 均衡价值函数由式 (6.14) 给出.

(5) 若 $\alpha < \frac{1}{2}$ 且 $\frac{(2\alpha-1)\eta m}{(\alpha-1)\gamma_2 n^2} < 1$, 均衡再保险策略

$$p^*(t) = \frac{(1-\alpha)\gamma_2}{\alpha\gamma_1 + (1-\alpha)\gamma_2} + \frac{(2\alpha-1)\eta m}{n^2(\alpha\gamma_1 + (1-\alpha)\gamma_2)} \mathrm{e}^{-r_0(T-t)}, \quad 0 \leqslant t \leqslant T,$$

保险公司和再保险公司的均衡投资策略由式 (6.9) 给出, 均衡价值函数由式 (6.14) 给出.

(6) 若 $\alpha < \frac{1}{2}, \frac{(2\alpha-1)\eta m}{(\alpha-1)\gamma_2 n^2} \geqslant 1$ 且 $\mathrm{e}^{r_0 T} > \frac{(2\alpha-1)\eta m}{(\alpha-1)\gamma_2 n^2}$, 均衡再保险策略为

$$p^*(t) = \begin{cases} \dfrac{(1-\alpha)\gamma_2}{\alpha\gamma_1 + (1-\alpha)\gamma_2} + \dfrac{(2\alpha-1)\eta m}{n^2(\alpha\gamma_1 + (1-\alpha)\gamma_2)} \mathrm{e}^{-r_0(T-t)}, & 0 \leqslant t \leqslant t_2, \\ 0, & t_2 < t \leqslant T, \end{cases}$$

保险公司和再保险公司的均衡投资策略由式 (6.9) 给出, 均衡价值函数为

$$\begin{aligned} &V(t, x_1, x_2, s_1, s_2) \\ &= \begin{cases} \alpha \mathrm{e}^{r_0(T-t)} x_1 + (1-\alpha)\mathrm{e}^{r_0(T-t)} x_2 \\ + \tilde{A}(t) s_1^{-2\beta_1} + \bar{A}(t) s_2^{-2\beta_2} + \hat{A}_4(t), \quad 0 \leqslant t \leqslant t_2, \\ \alpha \mathrm{e}^{r_0(T-t)} x_1 + (1-\alpha)\mathrm{e}^{r_0(T-t)} x_2 \\ + \tilde{A}(t) s_1^{-2\beta_1} + \bar{A}(t) s_2^{-2\beta_2} + \hat{A}_5(t), \quad t_2 < t \leqslant T, \end{cases} \end{aligned} \tag{6.16}$$

其中 $\tilde{A}(t)$ 和 $\bar{A}(t)$ 由式 (6.11) 给出, 且

$$\begin{aligned} \hat{A}_4(t) = &-\frac{m\alpha\theta}{r_0}(1 - \mathrm{e}^{r_0(T-t)}) + \frac{m\eta(2\alpha-1)}{r_0}(1 - \mathrm{e}^{r_0(T-t_0)}) \\ &+ \frac{(1-\alpha)\gamma_2 n^2}{4r_0}(1 - \mathrm{e}^{2r_0(T-t_0)}) + \frac{m\eta(2\alpha-1)\alpha\gamma_1}{r_0(\alpha\gamma_1 + (1-\alpha)\gamma_2)}(\mathrm{e}^{r_0(T-t_0)} - \mathrm{e}^{r_0(T-t)}) \\ &+ \frac{n^2(\alpha^2\gamma_1^2 + (1-\alpha)^2\gamma_2^2)}{4r_0(\alpha\gamma_1 + (1-\alpha)\gamma_2)}(\mathrm{e}^{2r_0(T-t_0)} - \mathrm{e}^{2r_0(T-t)}) \\ &+ \frac{(2\alpha-1)^2\eta^2 m^2}{2n^2(\alpha\gamma_1 + (1-\alpha)\gamma_2)}(t_0 - t) \end{aligned}$$

$$+\beta_1(2\beta_1+1)\sigma_1^2\int_t^T\tilde{A}(s)\mathrm{d}s+\beta_2(2\beta_2+1)\sigma_2^2\int_t^T\bar{A}(s)\mathrm{d}s,$$

$$\hat{A}_5(t)=-\frac{m\alpha(\theta-2\eta)+m\eta}{r_0}(1-\mathrm{e}^{r_0(T-t)})+\frac{(1-\alpha)\gamma_2 n^2}{4r_0}(1-\mathrm{e}^{2r_0(T-t)})$$
$$+\beta_1(2\beta_1+1)\sigma_1^2\int_t^T\tilde{A}(s)\mathrm{d}s+\beta_2(2\beta_2+1)\sigma_2^2\int_t^T\bar{A}(s)\mathrm{d}s. \tag{6.17}$$

(7) 若 $\alpha<\frac{1}{2}, \frac{(2\alpha-1)\eta m}{(\alpha-1)\gamma_2 n^2}\geqslant 1$ 且 $\mathrm{e}^{r_0T}\leqslant\frac{(2\alpha-1)\eta m}{(\alpha-1)\gamma_2 n^2}$, 均衡再保险策略为

$$p^*(t)=0,\quad 0\leqslant t\leqslant T,$$

保险公司和再保险公司的均衡投资策略由式 (6.9) 给出, 均衡价值函数为

$$V(t,x_1,x_2,s_1,s_2)=\alpha\mathrm{e}^{r_0(T-t)}x_1+(1-\alpha)\mathrm{e}^{r_0(T-t)}x_2$$
$$+\tilde{A}(t)s_1^{-2\beta_1}+\bar{A}(t)s_2^{-2\beta_2}+\hat{A}_5(t),$$

其中 $\tilde{A}(t)$, $\bar{A}(t)$ 和 $\hat{A}_5(t)$ 由式 (6.11) 和 (6.17) 给出.

证明 式 (6.5) 关于 p, π_1 和 π_2 求导数可得

$$p^0=1-\frac{\begin{array}{l}\eta mV_{x_1}-\eta mV_{x_2}+n^2[V_{x_1x_1}-V_{x_1x_2}-\alpha\gamma_1(g_{1x_1}^2-g_{1x_1}g_{1x_2})\\ -(1-\alpha)\gamma_2(g_{2x_1}^2-g_{2x_1}g_{2x_2})]\end{array}}{\begin{array}{l}n^2[V_{x_1x_1}+V_{x_2x_2}-2V_{x_1x_2}-\alpha\gamma_1(g_{1x_1}^2+g_{1x_2}^2-2g_{1x_1}g_{1x_2})\\ -(1-\alpha)\gamma_2(g_{2x_1}^2+g_{2x_2}^2-2g_{2x_1}g_{2x_2})]\end{array}}, \tag{6.18}$$

$$\begin{aligned}\pi_1^*&=\frac{-(\mu_1-r_0)V_{x_1}-\sigma_1^2s_1^{2\beta_1+1}[V_{x_1s_1}-(\alpha\gamma_1g_{1x_1}g_{1s_1}+(1-\alpha)\gamma_2g_{2x_1}g_{2s_1})]}{\sigma_1^2s_1^{2\beta_1}[V_{x_1x_1}-(\alpha\gamma_1g_{1x_1}^2+(1-\alpha)\gamma_2g_{2x_1}^2)]},\\ \pi_2^*&=\frac{-(\mu_2-r_0)V_{x_2}-\sigma_2^2s_2^{2\beta_2+1}[V_{x_2s_2}-(\alpha\gamma_1g_{1x_2}g_{1s_2}+(1-\alpha)\gamma_2g_{2x_2}g_{2s_2})]}{\sigma_2^2s_2^{2\beta_2}[V_{x_2x_2}-(\alpha\gamma_1g_{1x_2}^2+(1-\alpha)\gamma_2g_{2x_2}^2)]}.\end{aligned} \tag{6.19}$$

为了求解式 (6.5), (6.7) 和 (6.8), 构造以下形式的解

$$V(t,x_1,x_2,s_1,s_2)=A(t)x_1+\check{A}(t)x_2+\tilde{A}(t)s_1^{-2\beta_1}+\bar{A}(t)s_2^{-2\beta_2}+\hat{A}(t), \tag{6.20}$$

$$\begin{aligned}g_1(t,x_1,x_2,s_1,s_2)&=B(t)x_1+\check{B}(t)x_2+\tilde{B}(t)s_1^{-2\beta_1}+\bar{B}(t)s_2^{-2\beta_2}+\hat{B}(t),\\ g_2(t,x_1,x_2,s_1,s_2)&=C(t)x_1+\check{C}(t)x_2+\tilde{C}(t)s_1^{-2\beta_1}+\bar{C}(t)s_2^{-2\beta_2}+\hat{C}(t),\end{aligned} \tag{6.21}$$

边界条件为 $A(T)=\alpha$, $\breve{A}(T)=1-\alpha$, $B(T)=1$, $\breve{C}(T)=1$ 且 $\tilde{A}(T)=\bar{A}(T)=\hat{A}(T)=\breve{B}(T)=\tilde{B}(T)=\bar{B}(T)=\hat{B}(T)=C(T)=\tilde{C}(T)=\bar{C}(T)=\hat{C}(T)=0$. 将式 (6.20) 和 (6.21) 代入式 (6.18) 和 (6.19) 中可得

$$p^0=1-\frac{\begin{array}{l}\eta mA-\eta m\breve{A}-n^2(\alpha\gamma_1B^2+(1-\alpha)\gamma_2C^2)\\+n^2(\alpha\gamma_1B\breve{B}+(1-\alpha)\gamma_2C\breve{C})\end{array}}{\begin{array}{l}-n^2(\alpha\gamma_1B^2+(1-\alpha)\gamma_2C^2)-n^2(\alpha\gamma_1\breve{B}^2+(1-\alpha)\gamma_2\breve{C}^2)\\+2n^2(\alpha\gamma_1B\breve{B}+(1-\alpha)\gamma_2C\breve{C})\end{array}},\tag{6.22}$$

$$\begin{aligned}\pi_1^*&=\frac{(\mu_1-r_0)A+2\beta_1\sigma_1^2(\alpha\gamma_1B\tilde{B}+(1-\alpha)\gamma_2C\tilde{C})}{\sigma_1^2s_1^{2\beta_1}(\alpha\gamma_1B^2+(1-\alpha)\gamma_2C^2)},\\\pi_2^*&=\frac{(\mu_2-r_0)\breve{A}+2\beta_2\sigma_2^2(\alpha\gamma_1\breve{B}\bar{B}+(1-\alpha)\gamma_2\breve{C}\bar{C})}{\sigma_2^2s_2^{2\beta_2}(\alpha\gamma_1\breve{B}^2+(1-\alpha)\gamma_2\breve{C}^2)}.\end{aligned}\tag{6.23}$$

将式 (6.22) 和 (6.23) 代入式 (6.5), (6.7) 和 (6.8) 中, 并关于 x_1, x_2, s_1 和 s_2 分离变量可得

$$\begin{aligned}&A_t+r_0A=0,\qquad \breve{A}_t+r_0\breve{A}=0,\\&\tilde{A}_t-2\beta_1\mu_1\tilde{A}+\frac{(\mu_1-r_0)^2A^2}{2\sigma_1^2(\alpha\gamma_1B^2+(1-\alpha)\gamma_2C^2)}\\&\quad+\frac{2\beta_1A(\mu_1-r_0)(\alpha\gamma_1B\tilde{B}+(1-\alpha)\gamma_2C\tilde{C})}{\alpha\gamma_1B^2+(1-\alpha)\gamma_2C^2}\\&\quad+\frac{2\beta_1^2\sigma_1^2(\alpha\gamma_1B\tilde{B}+(1-\alpha)\gamma_2C\tilde{C})^2}{\alpha\gamma_1B^2+(1-\alpha)\gamma_2C^2}\\&\quad-2\beta_1^2\sigma_1^2(\alpha\gamma_1\tilde{B}^2+(1-\alpha)\gamma_2\tilde{C}^2)=0,\\&\bar{A}_t-2\beta_2\mu_2\bar{A}+\frac{(\mu_2-r_0)^2\breve{A}^2}{2\sigma_2^2(\alpha\gamma_1\breve{B}^2+(1-\alpha)\gamma_2\breve{C}^2)}\\&\quad+\frac{2\beta_2\breve{A}(\mu_2-r_0)(\alpha\gamma_1\breve{B}\bar{B}+(1-\alpha)\gamma_2\breve{C}\bar{C})}{\alpha\gamma_1\breve{B}^2+(1-\alpha)\gamma_2\breve{C}^2}\\&\quad+\frac{2\beta_2^2\sigma_2^2(\alpha\gamma_1\breve{B}\bar{B}+(1-\alpha)\gamma_2\breve{C}\bar{C})^2}{\alpha\gamma_1\breve{B}^2+(1-\alpha)\gamma_2\breve{C}^2}\\&\quad-2\beta_2^2\sigma_2^2(\alpha\gamma_1\bar{B}^2+(1-\alpha)\gamma_2\bar{C}^2)=0,\\&\hat{A}_t+\theta mA+\beta_1(2\beta_1+1)\sigma_1^2\tilde{A}+\beta_2(2\beta_2+1)\sigma_2^2\bar{A}\end{aligned}$$

$$
\begin{aligned}
&-\eta m(1-p^0(t))A+\eta n(1-p^0(t))\check{A}\\
&-\frac{1}{2}n^2(p^0(t))^2(\alpha\gamma_1 B^2+(1-\alpha)\gamma_2 C^2)\\
&-\frac{1}{2}n^2(1-p^0(t))^2(\alpha\gamma_1 \check{B}^2+(1-\alpha)\gamma_2 \check{C}^2)\\
&-n^2p^0(t)(1-p^0(t))(\alpha\gamma_1 B\check{B}+(1-\alpha)\gamma_2 C\check{C})=0,
\end{aligned}
$$

$$
B_t+r_0B=0,\qquad \check{B}_t+r_0\check{B}=0,
$$

$$
\begin{aligned}
&\tilde{B}_t-2\beta_1\mu_1\tilde{B}+\frac{(\mu_1-r_0)^2AB}{\sigma_1^2(\alpha\gamma_1B^2+(1-\alpha)\gamma_2C^2)}\\
&\quad+\frac{2\beta_1B(\mu_1-r_0)(\alpha\gamma_1B\tilde{B}+(1-\alpha)\gamma_2C\tilde{C})}{\alpha\gamma_1B^2+(1-\alpha)\gamma_2C^2}=0,
\end{aligned}
$$

$$
\begin{aligned}
&\bar{B}_t-2\beta_2\mu_2\bar{B}+\frac{(\mu_2-r_0)^2\check{A}\check{B}}{\sigma_2^2(\alpha\gamma_1\check{B}^2+(1-\alpha)\gamma_2\check{C}^2)}\\
&\quad+\frac{2\beta_2\check{B}(\mu_2-r_0)(\alpha\gamma_1\check{B}\bar{B}+(1-\alpha)\gamma_2\check{C}\bar{C})}{\alpha\gamma_1\check{B}^2+(1-\alpha)\gamma_2\check{C}^2}=0,
\end{aligned}
$$

$$
\begin{aligned}
&\hat{B}_t+\theta mB+\beta_1(2\beta_1+1)\sigma_1^2\tilde{B}+\beta_2(2\beta_2+1)\sigma_2^2\bar{B}\\
&\quad-\eta m(1-p^0(t))B+\eta m(1-p^0(t))\check{B}=0,
\end{aligned}
$$

$$
C_t+r_0C=0,\qquad \check{C}_t+r_0\check{C}=0,
$$

$$
\begin{aligned}
&\tilde{C}_t-2\beta_1\mu_1\tilde{C}+\frac{(\mu_1-r_0)^2AC}{\sigma_1^2(\alpha\gamma_1B^2+(1-\alpha)\gamma_2C^2)}\\
&\quad+\frac{2\beta_1C(\mu_1-r_0)(\alpha\gamma_1B\tilde{B}+(1-\alpha)\gamma_2C\tilde{C})}{\alpha\gamma_1B^2+(1-\alpha)\gamma_2C^2}=0,
\end{aligned}
$$

$$
\begin{aligned}
&\bar{C}_t-2\beta_2\mu_2\bar{C}+\frac{(\mu_2-r_0)^2\check{A}\check{C}}{\sigma_2^2(\alpha\gamma_1\check{B}^2+(1-\alpha)\gamma_2\check{C}^2)}\\
&\quad+\frac{2\beta_2\check{C}(\mu_2-r_0)(\alpha\gamma_1\check{B}\bar{B}+(1-\alpha)\gamma_2\check{C}\bar{C})}{\alpha\gamma_1\check{B}^2+(1-\alpha)\gamma_2\check{C}^2}=0,
\end{aligned}
$$

$$
\begin{aligned}
&\hat{C}_t+\theta mC+\beta_1(2\beta_1+1)\sigma_1^2\tilde{C}+\beta_2(2\beta_2+1)\sigma_2^2\bar{C}\\
&\quad-\eta m(1-p^0(t))C+\eta m(1-p^0(t))\check{C}=0.
\end{aligned}
$$

考虑边界条件可得

$$
\begin{aligned}
&A(t)=\alpha \mathrm{e}^{r_0(T-t)}, \quad \check{A}(t)=(1-\alpha)\mathrm{e}^{r_0(T-t)},\\
&\tilde{A}(t)=\frac{\alpha(\mu_1-r_0)^2}{4\mu_1\beta_1\sigma_1^2\gamma_1}\left(1-\mathrm{e}^{2\mu_1\beta_1(t-T)}\right)+\frac{\alpha(\mu_1-r_0)^3}{2r_0\mu_1\beta_1\sigma_1^2\gamma_1}\left(1-\mathrm{e}^{2\mu_1\beta_1(t-T)}\right)\\
&\qquad+\frac{\alpha(\mu_1-r_0)^2}{2r_0\beta_1\sigma_1^2\gamma_1}\left(\mathrm{e}^{2\mu_1\beta_1(t-T)}-\mathrm{e}^{2r_0\beta_1(t-T)}\right), \qquad (6.24)\\
&\bar{A}(t)=\frac{(1-\alpha)(\mu_2-r_0)^2}{4\mu_2\beta_2\sigma_2^2\gamma_2}\left(1-\mathrm{e}^{2\mu_2\beta_2(t-T)}\right)+\frac{(1-\alpha)(\mu_2-r_0)^3}{2r_0\mu_2\beta_2\sigma_2^2\gamma_2}\left(1-\mathrm{e}^{2\mu_2\beta_2(t-T)}\right)\\
&\qquad+\frac{(1-\alpha)(\mu_2-r_0)^2}{2r_0\beta_2\sigma_2^2\gamma_2}\left(\mathrm{e}^{2\mu_2\beta_2(t-T)}-\mathrm{e}^{2r_0\beta_2(t-T)}\right),\\
&B(t)=\mathrm{e}^{r_0(T-t)}, \quad \check{B}(t)=0, \quad \tilde{B}(t)=\frac{(\mu_1-r_0)^2}{2r_0\beta_1\sigma_1^2\gamma_1}(1-\mathrm{e}^{2r_0\beta_1(t-T)}), \quad \bar{B}(t)=0,\\
&C(t)=0, \quad \check{C}(t)=\mathrm{e}^{r_0(T-t)}, \quad \tilde{C}(t)=0, \quad \bar{C}(t)=\frac{(\mu_2-r_0)^2}{2r_0\beta_2\sigma_2^2\gamma_2}(1-\mathrm{e}^{2r_0\beta_2(t-T)}),\\
&\hat{A}(t)=\left(-\frac{m\alpha\theta}{r_0}+\frac{\eta m(2\alpha-1)\alpha\gamma_1}{r_0(\alpha\gamma_1+(1-\alpha)\gamma_2)}\right)(1-\mathrm{e}^{r_0(T-t)})\\
&\qquad+\frac{n^2(\alpha^2\gamma_1^2+(1-\alpha)^2\gamma_2^2)}{4r_0(\alpha\gamma_1+(1-\alpha)\gamma_2)}(1-\mathrm{e}^{2r_0(T-t)})\\
&\qquad-\frac{(2\alpha-1)^2\eta^2m^2}{2n^2(\alpha\gamma_1+(1-\alpha)\gamma_2)}(T-t)+\beta_1(2\beta_1+1)\sigma_1^2\int_t^T\tilde{A}(\lambda)\mathrm{d}\lambda\\
&\qquad+\beta_2(2\beta_2+1)\sigma_2^2\int_t^T\bar{A}(s)\mathrm{d}s,\\
&\hat{B}(t)=\left(-\frac{m\theta}{r_0}+\frac{\eta m\alpha\gamma_1}{r_0(\alpha\gamma_1+(1-\alpha)\gamma_2)}\right)(1-\mathrm{e}^{r_0(T-t)})\\
&\qquad+\frac{(2\alpha-1)\eta^2m^2}{n^2(\alpha\gamma_1+(1-\alpha)\gamma_2)}(T-t)+\beta_1(2\beta_1+1)\sigma_1^2\int_t^T\tilde{B}(s)\mathrm{d}s,\\
&\hat{C}(t)=-\frac{\alpha\gamma_1\eta m\left(1-\mathrm{e}^{r_0(T-t)}\right)}{r_0(\alpha\gamma_1+(1-\alpha)\gamma_2)}-\frac{(2\alpha-1)\eta^2m^2}{n^2(\alpha\gamma_1+(1-\alpha)\gamma_2)}(T-t)
\end{aligned}
$$

$$+\beta_2(2\beta_2+1)\sigma_2^2\int_t^T\bar{C}(s)\mathrm{d}s. \tag{6.25}$$

将式 (6.24) 和 (6.25) 代入式 (6.22) 可得

$$\begin{aligned}p^0&=1-\frac{\begin{array}{c}\eta mA-\eta m\check{A}-n^2(\alpha\gamma_1B^2+(1-\alpha)\gamma_2C^2)\\+n^2(\alpha\gamma_1B\check{B}+(1-\alpha)\gamma_2C\check{C})\end{array}}{\begin{array}{l}-n^2(\alpha\gamma_1B^2+(1-\alpha)\gamma_2C^2)-n^2(\alpha\gamma_1\check{B}^2+(1-\alpha)\gamma_2\check{C}^2)\\+2n^2(\alpha\gamma_1B\check{B}+(1-\alpha)\gamma_2C\check{C})\end{array}}\\&=\frac{(1-\alpha)\gamma_2}{\alpha\gamma_1+(1-\alpha)\gamma_2}+\frac{(2\alpha-1)\eta m}{n^2(\alpha\gamma_1+(1-\alpha)\gamma_2)}\mathrm{e}^{-r_0(T-t)}.\end{aligned} \tag{6.26}$$

由式 (6.26), 可知若 $p^0(t)\in[0,1]$, 则保险公司将以比例 $p^*(t)=p^0(t)$ 购买再保险, 这意味着保险公司支付赔付中的 $100p^0(t)\%$ 部分, 而再保险公司支付赔付中的 $100(1-p^0(t))\%$ 部分; 若 $p^0(t)\leqslant 0$, 保险公司将所有的风险转嫁给了再保险公司, 即 $p^*(t)=0$; 若 $p^0(t)\geqslant 1$, 保险公司将自己承担所有风险, 即 $p^*(t)=1$. 因此, 我们在以下几种情况下考虑问题.

情况 1. $\alpha>\dfrac{1}{2}$.

若 $\alpha>\dfrac{1}{2}$, 式 (6.26) 给出 $p^0(t)\in[0,1]$ 等价于

$$t\leqslant t_1=T-\frac{1}{r_0}\ln\frac{(2\alpha-1)\eta m}{\alpha\gamma_1n^2}.$$

(1) 若 $\dfrac{(2\alpha-1)\eta m}{\alpha\gamma_1n^2}\geqslant 1$, $\mathrm{e}^{r_0T}>\dfrac{(2\alpha-1)\eta m}{\alpha\gamma_1n^2}$ 且 $0\leqslant t\leqslant t_1$, 可得 $0\leqslant p^0(t)\leqslant 1$. 因此, $p^*(t)=p^0(t)$. 如果 $t_1\leqslant t\leqslant T$, $p^0(t)\geqslant 1$, 那么 $p^*(t)=1$. 通过类似 $p^*(t)=p^0(t)$ 时的推导, 注意到 $V(t,x_1,x_2,s_1,s_2)$, $g_1(t,x_1,x_2,s_1,s_2)$ 和 $g_2(t,x_1,x_2,s_1,s_2)$ 在 $t=t_1$ 处连续, 根据边界条件可得

$$V(t,x_1,x_2,s_1,s_2)=\begin{cases}A(t)x_1+\check{A}(t)x_2+\tilde{A}(t)s_1^{-2\beta_1}+\bar{A}(t)s_2^{-2\beta_2}+\hat{A}_1(t),\\ \qquad 0\leqslant t\leqslant t_1,\\ A(t)x_1+\check{A}(t)x_2+\tilde{A}(t)s_1^{-2\beta_1}+\bar{A}(t)s_2^{-2\beta_2}+\hat{A}_2(t),\\ \qquad t_1<t\leqslant T,\end{cases}$$

$$g_1(t,x_1,x_2,s_1,s_2)=\begin{cases}B(t)x_1+\check{B}(t)x_2+\tilde{B}(t)s_1^{-2\beta_1}+\bar{B}(t)s_2^{-2\beta_2}+\hat{B}_1(t),\\ \qquad 0\leqslant t\leqslant t_1,\\ B(t)x_1+\check{B}(t)x_2+\tilde{B}(t)s_1^{-2\beta_1}+\bar{B}(t)s_2^{-2\beta_2}+\hat{B}_2(t),\\ \qquad t_1<t\leqslant T,\end{cases}$$

$$g_2(t,x_1,x_2,s_1,s_2)=\begin{cases}C(t)x_1+\check{C}(t)x_2+\tilde{C}(t)s_1^{-2\beta_1}+\bar{C}(t)s_2^{-2\beta_2}+\hat{C}_1(t),\\ \qquad 0\leqslant t\leqslant t_1,\\ C(t)x_1+\check{C}(t)x_2+\tilde{C}(t)s_1^{-2\beta_1}+\bar{C}(t)s_2^{-2\beta_2}+\hat{C}_2(t),\\ \qquad t_1<t\leqslant T,\end{cases}$$

其中

$$\begin{aligned}\hat{A}_1(t)=&-\frac{m\alpha\theta}{r_0}(1-\mathrm{e}^{r_0(T-t)})+\frac{\eta m(2\alpha-1)\alpha\gamma_1}{r_0(\alpha\gamma_1+(1-\alpha)\gamma_2)}(\mathrm{e}^{r_0(T-t_1)}-\mathrm{e}^{r_0(T-t)})\\&+\frac{\alpha\gamma_1 n^2}{4r_0}(1-\mathrm{e}^{2r_0(T-t_1)})+\frac{n^2(\alpha^2\gamma_1^2+(1-\alpha)^2\gamma_2^2)}{4r_0(\alpha\gamma_1+(1-\alpha)\gamma_2)}(\mathrm{e}^{2r_0(T-t_1)}-\mathrm{e}^{2r_0(T-t)})\\&+\frac{(2\alpha-1)^2\eta^2m^2}{2n^2(\alpha\gamma_1+(1-\alpha)\gamma_2)}(t_1-t)\\&+\beta_1(2\beta_1+1)\sigma_1^2\int_t^T\tilde{A}(s)\mathrm{d}s+\beta_2(2\beta_2+1)\sigma_2^2\int_t^T\bar{A}(s)\mathrm{d}s,\end{aligned}\tag{6.27}$$

$$\begin{aligned}\hat{B}_1(t)=&-\frac{m\theta}{r_0}\left(1-\mathrm{e}^{r_0(T-t)}\right)+\frac{\gamma_1 m\alpha\eta}{r_0(\alpha\gamma_1+(1-\alpha)\gamma_2)}\left(\mathrm{e}^{r_0(T-t_1)}-\mathrm{e}^{r_0(T-t)}\right)\\&+\frac{(2\alpha-1)\eta^2m^2}{n^2(\alpha\gamma_1+(1-\alpha)\gamma_2)}(t_1-t)+\beta_1(2\beta_1+1)\sigma_1^2\int_t^T\tilde{B}(s)\mathrm{d}s,\end{aligned}$$

$$\begin{aligned}\hat{C}_1(t)=&-\frac{\alpha\gamma_1\eta m\left(\mathrm{e}^{r_0(T-t_1)}-\mathrm{e}^{r_0(T-t)}\right)}{r_0(\alpha\gamma_1+(1-\alpha)\gamma_2)}-\frac{(2\alpha-1)\eta^2m^2}{n^2(\alpha\gamma_1+(1-\alpha)\gamma_2)}(t_1-t)\\&+\beta_2(2\beta_2+1)\sigma_2^2\int_t^T\bar{C}(s)\mathrm{d}s,\end{aligned}$$

$$\begin{aligned}\hat{A}_2(t)=&-\frac{m\alpha\theta}{r_0}(1-\mathrm{e}^{r_0(T-t)})+\frac{\alpha\gamma_1n^2}{4r_0}(1-\mathrm{e}^{2r_0(T-t)})\\&+\beta_1(2\beta_1+1)\sigma_1^2\int_t^T\tilde{A}(s)\mathrm{d}s+\beta_2(2\beta_2+1)\sigma_2^2\int_t^T\bar{A}(s)\mathrm{d}s,\end{aligned}\tag{6.28}$$

$$\hat{B}_2(t)=-\frac{m\theta}{r_0}\left(1-\mathrm{e}^{r_0(T-t)}\right)+\beta_1(2\beta_1+1)\sigma_1^2\int_t^T\tilde{B}(s)\mathrm{d}s,$$

$$\hat{C}_2(t)=\beta_2(2\beta_2+1)\sigma_2^2\int_t^T\bar{C}(s)\mathrm{d}s,$$

且 $A(t)$, $\check{A}(t)$, $\tilde{A}(t)$, $\bar{A}(t)$, $B(t)$, $\check{B}(t)$, $\tilde{B}(t)$, $\bar{B}(t)$, $C(t)$, $\check{C}(t)$, $\tilde{C}(t)$ 和 $\bar{C}(t)$ 由式 (6.24) 给出.

(2) 若 $\dfrac{(2\alpha-1)\eta m}{\alpha\gamma_1n^2}\geqslant 1$ 且 $\mathrm{e}^{r_0T}\leqslant\dfrac{(2\alpha-1)\eta m}{\alpha\gamma_1n^2}$, 可得当 $0\leqslant t\leqslant T$ 时, $p^0(t)\geqslant 1$. 则 $p^*(t)=1$. 考虑边界条件可得

$$V(t,x_1,x_2,s_1,s_2)$$

$$= A(t)x_1 + \breve{A}(t)x_2 + \tilde{A}(t)s_1^{-2\beta_1} + \bar{A}(t)s_2^{-2\beta_2} + \hat{A}_2(t), \quad 0 \leqslant t \leqslant T,$$

$$g_1(t, x_1, x_2, s_1, s_2)$$

$$= B(t)x_1 + \breve{B}(t)x_2 + \tilde{B}(t)s_1^{-2\beta_1} + \bar{B}(t)s_2^{-2\beta_2} + \hat{B}_2(t), \quad 0 \leqslant t \leqslant T,$$

$$g_2(t, x_1, x_2, s_1, s_2)$$

$$= C(t)x_1 + \breve{C}(t)x_2 + \tilde{C}(t)s_1^{-2\beta_1} + \bar{C}(t)s_2^{-2\beta_2} + \hat{C}_2(t), \quad 0 \leqslant t \leqslant T,$$

其中 $A(t)$, $\breve{A}(t)$, $\tilde{A}(t)$, $\bar{A}(t)$, $\hat{A}_2(t)$, $B(t)$, $\breve{B}(t)$, $\tilde{B}(t)$, $\bar{B}(t)$, $\hat{B}_2(t)$, $C(t)$, $\breve{C}(t)$, $\tilde{C}(t)$, $\bar{C}(t)$ 和 $\hat{C}_2(t)$ 由式 (6.24) 和 (6.28) 给出.

(3) 若 $\dfrac{(2\alpha-1)\eta m}{\alpha\gamma_1 n^2} < 1$, 可得当 $0 \leqslant t \leqslant T$ 时, $0 \leqslant p^0(t) \leqslant 1$. 因此, $p^*(t) = p^0(t)$. 由以上推导可知 $V(t, x_1, x_2, s_1, s_2)$, $g_1(t, x_1, x_2, s_1, s_2)$ 和 $g_2(t, x_1, x_2, s_1, s_2)$ 由式 (6.20) 和 (6.21) 给出, 且 $A(t)$, $\breve{A}(t)$, $\tilde{A}(t)$, $\bar{A}(t)$, $\hat{A}(t)$, $B(t)$, $\breve{B}(t)$, $\tilde{B}(t)$, $\bar{B}(t)$, $\hat{B}(t)$, $C(t)$, $\breve{C}(t)$, $\tilde{C}(t)$, $\bar{C}(t)$ 和 $\hat{C}(t)$ 由式 (6.24) 和 (6.25) 给出.

情况 2. $\alpha = \dfrac{1}{2}$.

若 $\alpha = \dfrac{1}{2}$, $\forall t \in [0, T]$, $p^0(t) \in [0, 1]$. 因此, $p^*(t) = p^0(t)$. $V(t, x_1, x_2, s_1, s_2)$ 由式 (6.20) 给出, $g_1(t, x_1, x_2, s_1, s_2)$ 和 $g_2(t, x_1, x_2, s_1, s_2)$ 由式 (6.21) 给出, 且 $A(t)$, $\breve{A}(t)$, $\tilde{A}(t)$, $\bar{A}(t)$, $\hat{A}(t)$, $B(t)$, $\breve{B}(t)$, $\tilde{B}(t)$, $\bar{B}(t)$, $\hat{B}(t)$, $C(t)$, $\breve{C}(t)$, $\tilde{C}(t)$, $\bar{C}(t)$ 和 $\hat{C}(t)$ 由式 (6.24) 和 (6.25) 给出.

情况 3. $\alpha < \dfrac{1}{2}$.

若 $\alpha < \dfrac{1}{2}$, 式 (6.26) 给出 $p^0(t) \geqslant 0$ 等价于

$$t \leqslant t_2 = T - \frac{1}{r_0} \ln \frac{(2\alpha-1)\eta m}{(\alpha-1)\gamma_2 n^2}.$$

(1) 若 $\dfrac{(2\alpha-1)\eta a}{(\alpha-1)\gamma_2 b^2} < 1$, 有 $p^0(t) \geqslant 0$, $0 \leqslant t \leqslant T$. 因此, $p^*(t) = p^0(t)$. 则 $V(t, x_1, x_2, s_1, s_2)$ 由式 (6.20) 给出, $g_1(t, x_1, x_2, s_1, s_2)$ 和 $g_2(t, x_1, x_2, s_1, s_2)$ 由式 (6.21) 给出, 且 $A(t)$, $\breve{A}(t)$, $\tilde{A}(t)$, $\bar{A}(t)$, $\hat{A}(t)$, $B(t)$, $\breve{B}(t)$, $\tilde{B}(t)$, $\bar{B}(t)$, $\hat{B}(t)$, $C(t)$, $\breve{C}(t)$, $\tilde{C}(t)$, $\bar{C}(t)$ 和 $\hat{C}(t)$ 由式 (6.24) 和 (6.25) 给出.

(2) 若 $\dfrac{(2\alpha-1)\eta m}{(\alpha-1)\gamma_2 n^2} \geqslant 1$, $\mathrm{e}^{r_0 T} > \dfrac{(2\alpha-1)\eta m}{(\alpha-1)\gamma_2 n^2}$ 且 $0 \leqslant t \leqslant t_2$, 有 $p^0(t) \geqslant 0$. 因此 $p^*(t) = p^0(t)$. 而若 $t_2 \leqslant t \leqslant T$, $p^0(t) \leqslant 0$, 则 $p^*(t) = 0$. 类似情况 $p^*(t) = p^0(t)$ 的推导, 注意到 $V(t, x_1, x_2, s_1, s_2)$, $g_1(t, x_1, x_2, s_1, s_2)$ 和 $g_2(t, x_1, x_2, s_1, s_2)$ 在 $t = t_2$

处连续, 根据边界条件可得

$$V(t,x_1,x_2,s_1,s_2)=\begin{cases}A(t)x_1+\check{A}(t)x_2+\tilde{A}(t)s_1^{-2\beta_1}+\bar{A}(t)s_2^{-2\beta_2}+\hat{A}_3(t),\\ \qquad 0\leqslant t\leqslant t_2,\\ A(t)x_1+\check{A}(t)x_2+\tilde{A}(t)s_1^{-2\beta_1}+\bar{A}(t)s_2^{-2\beta_2}+\hat{A}_4(t),\\ \qquad t_2<t\leqslant T,\end{cases}$$

$$g_1(t,x_1,x_2,s_1,s_2)=\begin{cases}B(t)x_1+\check{B}(t)x_2+\tilde{B}(t)s_1^{-2\beta_1}+\bar{B}(t)s_2^{-2\beta_2}+\hat{B}_3(t),\\ \qquad 0\leqslant t\leqslant t_2,\\ B(t)x_1+\check{B}(t)x_2+\tilde{B}(t)s_1^{-2\beta_1}+\bar{B}(t)s_2^{-2\beta_2}+\hat{B}_4(t),\\ \qquad t_2<t\leqslant T,\end{cases}$$

$$g_2(t,x_1,x_2,s_1,s_2)=\begin{cases}C(t)x_1+\check{C}(t)x_2+\tilde{C}(t)s_1^{-2\beta_1}+\bar{C}(t)s_2^{-2\beta_2}+\hat{C}_3(t),\\ \qquad 0\leqslant t\leqslant t_2,\\ C(t)x_1+\check{C}(t)x_2+\tilde{C}(t)s_1^{-2\beta_1}+\bar{C}(t)s_2^{-2\beta_2}+\hat{C}_4(t),\\ \qquad t_2<t\leqslant T,\end{cases}$$

其中

$$\begin{aligned}\hat{A}_3(t)=&-\frac{m\alpha\theta}{r_0}(1-\mathrm{e}^{r_0(T-t)})+\frac{m\eta(2\alpha-1)}{r_0}(1-\mathrm{e}^{r_0(T-t_0)})\\&+\frac{(1-\alpha)\gamma_2n^2}{4r_0}(1-\mathrm{e}^{2r_0(T-t_0)})\\&+\frac{m\eta(2\alpha-1)\alpha\gamma_1}{r_0(\alpha\gamma_1+(1-\alpha)\gamma_2)}(\mathrm{e}^{r_0(T-t_0)}-\mathrm{e}^{r_0(T-t)})\\&+\frac{n^2(\alpha^2\gamma_1^2+(1-\alpha)^2\gamma_2^2)}{4r_0(\alpha\gamma_1+(1-\alpha)\gamma_2)}(\mathrm{e}^{2r_0(T-t_0)}-\mathrm{e}^{2r_0(T-t)})\\&+\frac{(2\alpha-1)^2\eta^2m^2}{2n^2(\alpha\gamma_1+(1-\alpha)\gamma_2)}(t_0-t)+\beta_1(2\beta_1+1)\sigma_1^2\int_t^T\tilde{A}(s)\mathrm{d}s\\&+\beta_2(2\beta_2+1)\sigma_2^2\int_t^T\bar{A}(s)\mathrm{d}s,\end{aligned}\tag{6.29}$$

$$\hat{B}_3(t) = -\frac{m\theta}{r_0}\left(1-\mathrm{e}^{r_0(T-t)}\right) + \frac{m\eta}{r_0}\left(1-\mathrm{e}^{r_0(T-t_0)}\right)$$
$$+\frac{m\eta\alpha\gamma_1}{r_0(\alpha\gamma_1+(1-\alpha)\gamma_2)}\left(\mathrm{e}^{r_0(T-t_0)}-\mathrm{e}^{r_0(T-t)}\right)$$
$$+\frac{(2\alpha-1)\eta^2m^2}{n^2(\alpha\gamma_1+(1-\alpha)\gamma_2)}(t_0-t)+\beta_1(2\beta_1+1)\sigma_1^2\int_t^T\tilde{B}(s)\mathrm{d}s,$$
$$\hat{C}_3(t) = -\frac{\eta m}{r_0}\left(1-\mathrm{e}^{r_0(T-t_0)}\right)-\frac{\gamma_1\eta m\alpha}{r_0(\alpha\gamma_1+(1-\alpha)\gamma_2)}\left(\mathrm{e}^{r_0(T-t_0)}-\mathrm{e}^{r_0(T-t)}\right)$$
$$-\frac{(2\alpha-1)\eta^2m^2}{n^2(\alpha\gamma_1+(1-\alpha)\gamma_2)}(t_0-t)+\beta_2(2\beta_2+1)\sigma_2^2\int_t^T\bar{C}(s)\mathrm{d}s,$$
$$\hat{A}_4(t) = -\frac{m\alpha(\theta-2\eta)+m\eta}{r_0}(1-\mathrm{e}^{r_0(T-t)})+\frac{(1-\alpha)\gamma_2n^2}{4r_0}(1-\mathrm{e}^{2r_0(T-t)})$$
$$+\beta_1(2\beta_1+1)\sigma_1^2\int_t^T\tilde{A}(s)\mathrm{d}s+\beta_2(2\beta_2+1)\sigma_2^2\int_t^T\bar{A}(s)\mathrm{d}s, \tag{6.30}$$
$$\hat{B}_4(t) = -\frac{m(\theta-\eta)}{r_0}\left(1-\mathrm{e}^{r_0(T-t)}\right)+\beta_1(2\beta_1+1)\sigma_1^2\int_t^T\tilde{B}(s)\mathrm{d}s,$$
$$\hat{C}_4(t) = -\frac{m\eta}{r_0}\left(1-\mathrm{e}^{r_0(T-t)}\right)+\beta_2(2\beta_2+1)\sigma_2^2\int_t^T\bar{C}(s)\mathrm{d}s,$$

且 $A(t)$, $\breve{A}(t)$, $\tilde{A}(t)$, $\bar{A}(t)$, $B(t)$, $\breve{B}(t)$, $\tilde{B}(t)$, $\bar{B}(t)$, $C(t)$, $\breve{C}(t)$, $\tilde{C}(t)$ 和 $\bar{C}(t)$ 由式 (6.24) 给出.

(3) 若 $\dfrac{(2\alpha-1)\eta m}{(\alpha-1)\gamma_2n^2}\geqslant 1$ 且 $\mathrm{e}^{r_0T}\leqslant\dfrac{(2\alpha-1)\eta m}{(\alpha-1)\gamma_2n^2}$, 有 $p^0(t)\leqslant 0$, $0\leqslant t\leqslant T$. 则 $p^*(t)=0$. 考虑边界条件可得

$$V(t,x_1,x_2,s_1,s_2)=A(t)x_1+\breve{A}(t)x_2+\tilde{A}(t)s_1^{-2\beta_1}+\bar{A}(t)s_2^{-2\beta_2}+\hat{A}_4(t),$$
$$g_1(t,x_1,x_2,s_1,s_2)=B(t)x_1+\breve{B}(t)x_2+\tilde{B}(t)s_1^{-2\beta_1}+\bar{B}(t)s_2^{-2\beta_2}+\hat{B}_4(t),$$
$$g_2(t,x_1,x_2,s_1,s_2)=C(t)x_1+\breve{C}(t)x_2+\tilde{C}(t)s_1^{-2\beta_1}+\bar{C}(t)s_2^{-2\beta_2}+\hat{C}_4(t),$$

其中 $A(t)$, $\breve{A}(t)$, $\tilde{A}(t)$, $\bar{A}(t)$, $\hat{A}_4(t)$, $B(t)$, $\breve{B}(t)$, $\tilde{B}(t)$, $\bar{B}(t)$, $\hat{B}_4(t)$, $C(t)$, $\breve{C}(t)$, $\tilde{C}(t)$, $\bar{C}(t)$ 和 $\hat{C}_4(t)$ 由式 (6.24) 和 (6.30) 给出. □

注解 6.2 本章的模型包含一些特殊情况, 若 $0<\alpha<1$, 问题 (6.4) 是同时考虑保险公司和再保险公司利益的均值–方差问题. 若 $\alpha=1$, 问题 (6.4) 是仅考虑保险公司利益的均值–方差问题, 此时, 再保险和投资策略退化到 [83] 中的策略,

其中 [83] 假设风险资产服从 Heston 模型. 若 $\alpha=0$, 问题 (6.4) 是仅考虑再保险公司利益的均值–方差问题.

注解 6.3 均衡再保险和投资策略 $(\pi_1^*(t),\pi_2^*(t),p^*(t))_{t\in[0,T]}$ 与财富过程 $X_1^u(t)$ 和 $X_2^u(t)$ 不相关.

下面我们将给出关于均衡投资策略的一些性质.

注解 6.4 令

$$M(t)=\frac{\mu_1-r_0}{\gamma_1\sigma_1^2(S_1(t))^{2\beta_1}}\mathrm{e}^{-r_0(T-t)},$$

$$N(t)=1+\frac{\mu_1-r_0}{r_0}\left(1-\mathrm{e}^{2r_0\beta_1(t-T)}\right),$$

则 CEV 模型下保险人的均衡投资策略可分为两个部分, 即 $\pi_1^*(t)=M(t)\cdot N(t)$. $M(t)$ 与几何布朗运动模型下的均衡投资策略类似 (见 [14]), 不同之处是增加了随机波动率部分. 因此, 我们称 $M(t)$ 为偏移的几何布朗运动策略. $N(t)$ 反映了保险公司对冲波动风险的决策, 我们称 $N(t)$ 为修正因子. 再保险公司的均衡投资策略的分析类似.

以下推论说明了修正因子的性质.

推论 6.1 修正因子 $N(t)$ 是关于时间 t 的单调递减函数且满足

$$1\leqslant N(t)\leqslant 1+\frac{\mu_1-r_0}{r_0}\left(1-\mathrm{e}^{-2r_0\beta_1T}\right),\quad 0\leqslant t\leqslant T. \tag{6.31}$$

证明 由 $\mu_1>r_0$ 和 $\beta_1>0$ 可得

$$N_t=-2\beta_1(\mu_1-r_0)\mathrm{e}^{2r_0\beta_1(t-T)}<0,$$

这意味着修正因子是关于时间 t 的单调递减函数. 由

$$N(0)=1+\frac{\mu_1-r_0}{r_0}\left(1-\mathrm{e}^{-2r_0\beta_1T}\right),\quad N(T)=1,$$

可得不等式 (6.31). □

推论 6.1 说明了修正因子建议保险公司在投资初期投资较多金额在风险资产上, 随着时间的推移逐渐递减.

6.4 数值分析

在这部分中, 我们给出一些数值算例来说明模型参数对均衡再保险和投资策略的影响. 根据 [45, 53, 86], 若无特别说明, 该数值部分的参数选择如下: $\alpha=0.6$,

$r_0 = 0.03$, $m = 3$, $n = 1$, $\theta = 0.1$, $\eta = 0.2$, $\gamma_1 = 0.5$, $\gamma_2 = 0.6$, $\mu_1 = 0.06$, $\mu_2 = 0.05$, $\sigma_1 = 16.16$, $\sigma_2 = 15.16$, $\beta_1 = 1$, $\beta_2 = 1.1$, $s_1^0 = 67$, $s_2^0 = 57$, $T = 10$ 和 $t = 0$.

由定理 6.2 可知均衡再保险策略 p^* 关于不同参数的导数 (表 6.1). 这意味着当 $\alpha > 0.5$ 时, 保险公司更被重视, p^* 随着赔付波动率 n 和无风险利率 r_0 的增加而减少, 但随着时间 t、赔付期望 m 和再保险公司安全载荷 η 的增加而增加. 当 $\alpha < 0.5$ 时, 各参数对 p^* 的影响是相反的. 我们将通过数值模拟给出各参数对均衡再保险和投资策略的影响, 并探索其背后的经济含义.

表 6.1　p^* 关于不同参数的导数

导数	$\dfrac{\partial p^*(t)}{\partial t}$	$\dfrac{\partial p^*(t)}{\partial m}$	$\dfrac{\partial p^*(t)}{\partial n}$	$\dfrac{\partial p^*(t)}{\partial \eta}$	$\dfrac{\partial p^*(t)}{\partial r_0}$
$\alpha > 0.5$	> 0	> 0	< 0	> 0	< 0
$\alpha < 0.5$	< 0	< 0	> 0	< 0	> 0

由图 6.1—图 6.4 可知, 当 $\alpha > 0.5$ 时, 均衡再保险策略 p^* 随着时间 t 的增加而增加, 而当 $\alpha < 0.5$ 时, p^* 随着时间 t 的增加而减少. 这是因为随着时间的推移, 保险公司和再保险公司财富不断增加, 这增强了保险公司吸收风险的能力. 当 $\alpha > 0.5$ 时, 保险公司获得更多的重视, 根据保险公司的意愿, 保险公司可以承担更多的风险. 而当 $\alpha < 0.5$ 时, 再保险公司更受重视, 再保险公司愿意承担更多风险, 因此, 保险公司的自留风险降低.

图 6.1 给出了 m 对 p^* 的影响. 当 $\alpha > 0.5$ 时, p^* 关于 m 是递增函数. 这是因为当考虑保险公司利益更多时, m 增加, 赔付期望和再保险费用都会增加, 因

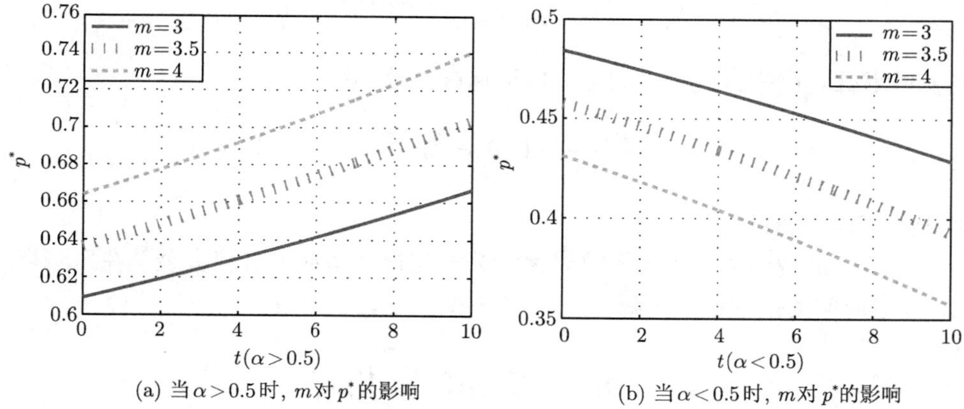

(a) 当 $\alpha>0.5$ 时, m 对 p^* 的影响　　(b) 当 $\alpha<0.5$ 时, m 对 p^* 的影响

图 6.1

此, 保险公司更倾向自身承担更多的风险, 而不是购买再保险. 类似地, 当 $\alpha < 0.5$ 时, 我们更重视再保险公司的利益, 再保险公司可以接受更多的风险, 则保险公司承担的自留额减少, 因此, p^* 是 m 的递减函数.

由图 6.2 可知, 当 $\alpha > 0.5$ 时, p^* 随着 n 的增加而减少, 而当 $\alpha < 0.5$ 时, 影响是相反的. 这是因为 n 的增加, 意味着保险公司的财富过程具有较大的不确定性. 当 $\alpha > 0.5$ 时, 保险公司的利益更被重视, 保险公司更倾向承担较少的风险. 当 $\alpha < 0.5$ 时, 情况相反.

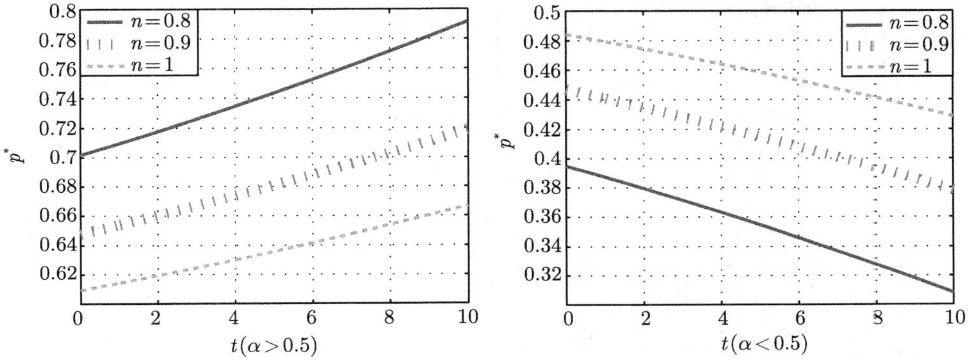

(a) 当 $\alpha>0.5$ 时, n 对 p^* 的影响　　(b) 当 $\alpha<0.5$ 时, n 对 p^* 的影响

图 6.2

由图 6.3 可知, 当 $\alpha > 0.5$ 时, 较大的再保险公司安全载荷 η 使得 p^* 较大, 而

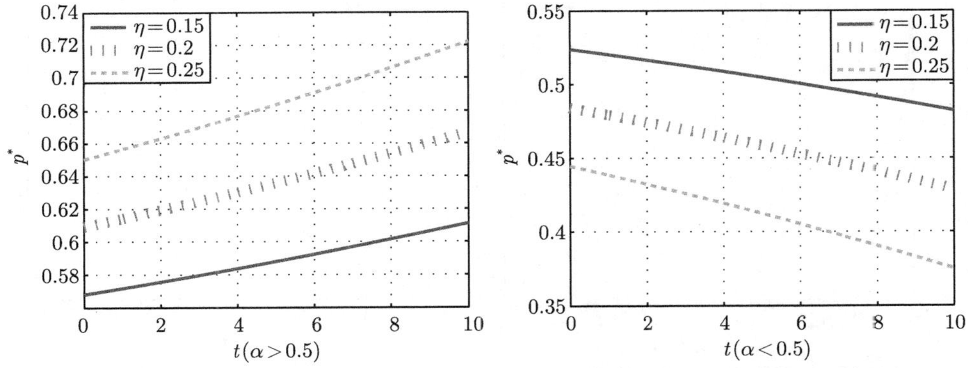

(a) 当 $\alpha>0.5$ 时, η 对 p^* 的影响　　(b) 当 $\alpha<0.5$ 时, η 对 p^* 的影响

图 6.3

当 $\alpha < 0.5$ 时, η 对 p^* 的影响相反. 若保险公司的利益更受重视, 较大的 η 意味着再保险费用较高, 则保险公司更倾向自身承担更多风险, 而不选择购买再保险. 当 $\alpha < 0.5$ 时, 再保险公司的利益更受重视, 此时保险公司的风险自留额将减少.

图 6.4 给出了无风险利率 r_0 对 p^* 的影响. 当 $\alpha > 0.5$ 时, 保险公司的利益更受重视. 当 r_0 增加时, 保险公司将从无风险资产中获得更多的利益, 因此, 保险公司可以购买较多的再保险, 自身承担较少的风险. 当 $\alpha < 0.5$ 时, 情况相反.

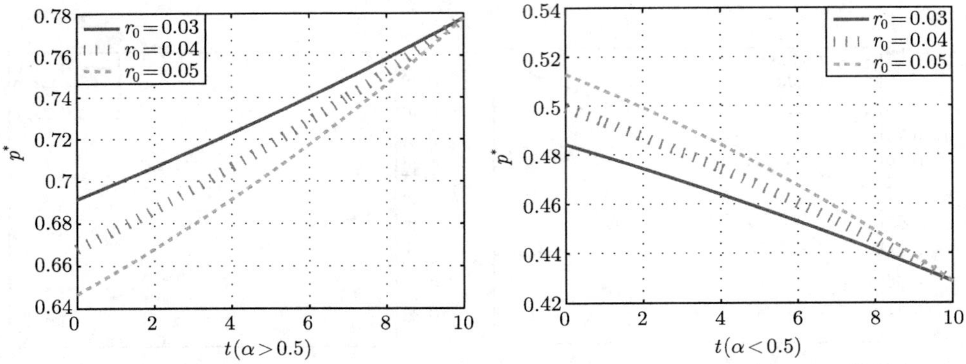

(a) 当 $\alpha>0.5$ 时, r_0 对 p^* 的影响 (b) 当 $\alpha<0.5$ 时, r_0 对 p^* 的影响

图 6.4

图 6.5(a) 给出了弹性参数 β_1 或 β_2 对保险公司或再保险公司投资策略的影

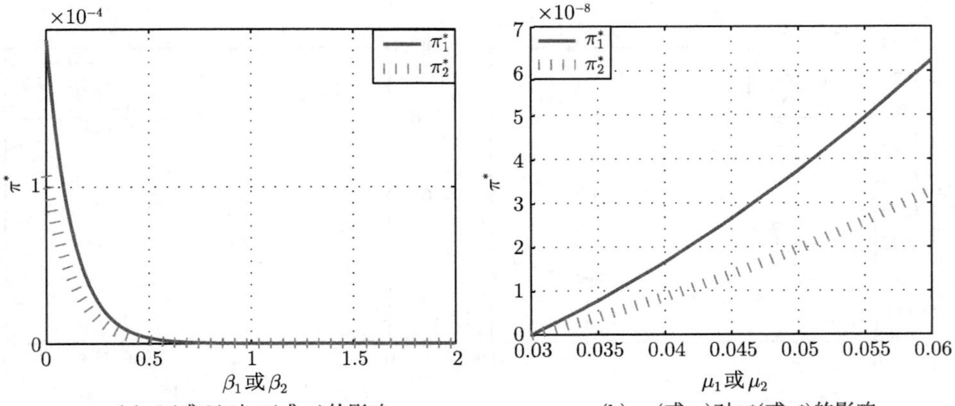

(a) β_1(或β_2)对 π_1^*(或π_2^*)的影响 (b) μ_1(或μ_2)对 π_1^*(或π_2^*)的影响

图 6.5

响. 由图 6.5(a) 可知, π_1^* 和 β_1, 以及 π_2^* 和 β_2 之间存在负相关性. 这是因为较大的 β_1 和 β_2 将导致较大的风险资产价格变化. 因此, 当 β_1 和 β_2 增加时, 保险公司和再保险公司将投资较少的资产在风险资产上, 来规避风险. 由图 6.5(b) 可知, 风险资产期望收益率 μ_1 和 μ_2 分别对 π_1^* 和 π_2^* 具有积极的作用. 当 μ_1, μ_2 增加时, 保险公司和再保险公司将从投资中获得更多的利益. 因此, 他们将增加在风险资产中的投资金额.

由图 6.6(a) 可知, π_1^* 和 π_2^* 是无风险利率 r_0 的减函数. 当 r_0 增加时, 无风险资产更具有吸引力. 因此, 保险公司和再保险公司将投资更多的金额在无风险资产上. 由图 6.6(b) 可知风险厌恶系数 γ_1 和 γ_2 对 π_1^* 和 π_2^* 具有相反的作用, 这是因为具有较高风险厌恶系数的保险公司和再保险更加风险厌恶, 他们将投资较少的资金在风险资产上.

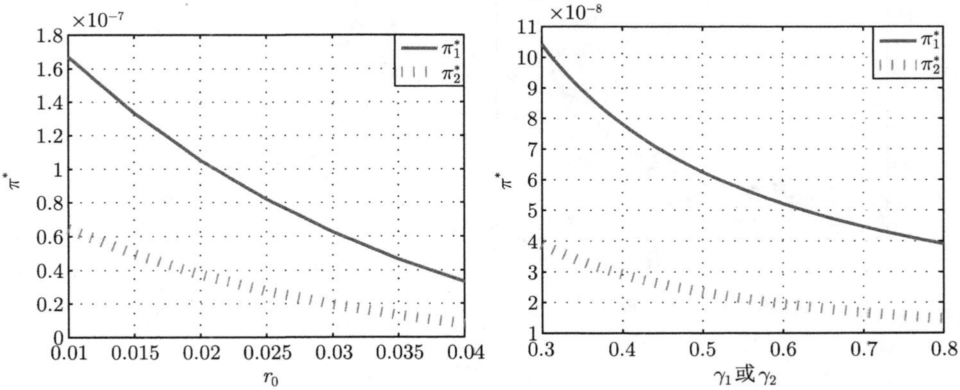

(a) r_0 对 π_1^*(或π_2^*)的影响

(b) γ_1(或γ_2)对 π_1^*(或π_2^*)的影响

图 6.6

图 6.7(a), (c) 给出了 CEV 模型下, 风险资产的价格过程. 由图可知风险资产 2 的价格过程波动比风险资产 1 的价格过程平缓. 根据风险资产价格走势, 可绘制出均衡投资策略 π_1^* 和 π_2^* 的变化, 如图 6.7(b),(d) 所示. 我们发现 π_1^* 和 π_2^* 的走势与风险资产价格走势相反. 当风险资产价格较高时, 保险公司和再保险公司将投资较少的金额在风险资产上, 主要原因是风险资产较高时, 伴随着较高的风险.

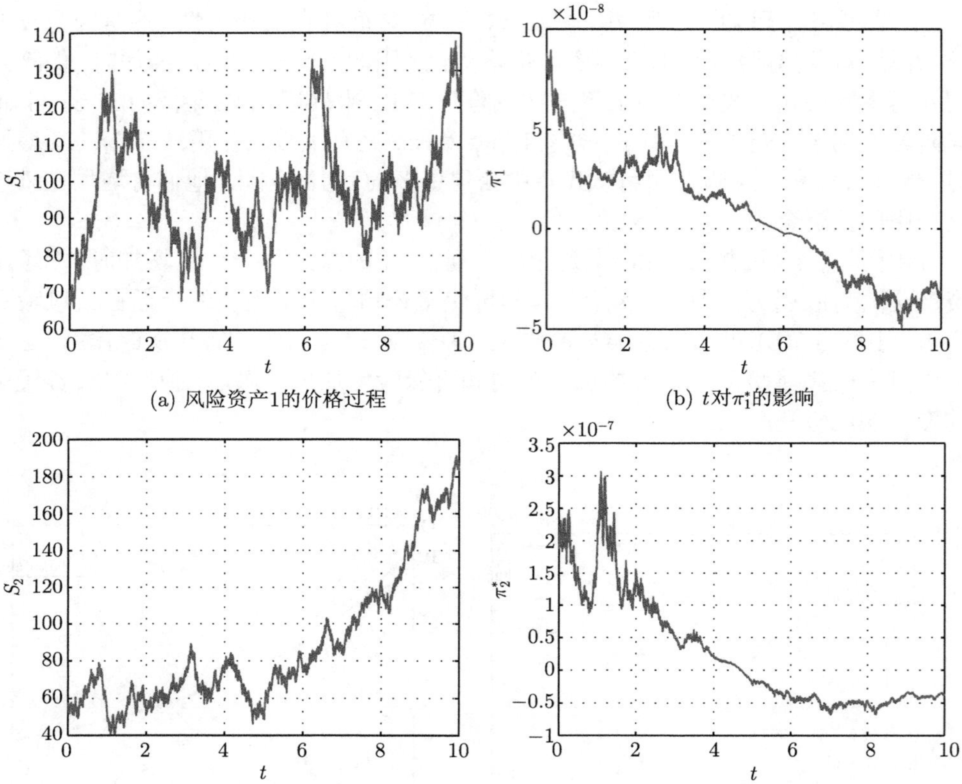

(a) 风险资产1的价格过程　(b) t对π_1^*的影响

(c) 风险资产2的价格过程　(d) t对π_2^*的影响

图 6.7

6.5　小结与展望

本章假设保险公司的盈余过程由带漂移的布朗运动描述, 保险公司可以通过比例再保险转移部分风险给再保险公司, 并且保险公司和再保险公司可分别投资于由一个风险资产和一个无风险资产组成的金融市场. 风险资产的价格过程服从 CEV 模型. 运用随机控制理论, 建立相关拓展的 HJB 方程, 通过求解拓展的 HJB 方程, 可得到均衡再保险和投资策略以及均衡价值函数的解析解. 最后, 通过数值模拟分析模型参数对均衡策略的影响.

未来可以尝试更多同时考虑保险公司和再保险公司利益的模型, 如将再保险公司的利益作为约束的最优化问题, 以丰富再保险和投资问题的研究.

第 7 章　确定缴费型养老金的均衡投资策略选择

7.1　引　　言

本章特别考虑了一类特殊的保险投资问题，即养老金的组合投资问题. 养老金主要有两种管理方式: 一种是确定收益型养老金, 即投保人的收益固定, 缴费率不断调整以维持基金运营; 另一种是确定缴费型养老金, 即投保人的缴费率固定而收益依赖于养老金的收入. 由于金融市场的发展和人口结构的改变, 目前, 确定缴费型养老金更加流行. 近年来关于确定缴费型养老金投资问题的文献很丰富, 研究问题的方法一般有两种: 一种是采用 Pliska[107], Karatzas 等[69], Cox 和 Huang[29] 提出的鞅方法, 相关文献可参见 [19,32]; 一种是利用 Merton[100,101] 首先提出的随机控制的方法, 如 [35,45,47,55−57,60,116].

由于养老金投资问题涉及的时间跨度比较大, 如何合理有效地运用资金显得尤为重要. 近年来可违约债券的投资问题得到了业界和学术界的广泛关注, 如 [8, 12,16,26,132,135]. 可违约债券的高收益也必将吸引养老金计划参与者的目光.

在我们的模型中, 我们将可违约债券引入确定缴费型养老金计划的投资中, 假设金融市场由一个无风险资产、一个可违约债券和一个风险资产组成, 其中风险资产的价格过程服从 CEV 模型. 此外, 由于在养老金计划的累积阶段会出现参与者死亡的情况, 我们考虑了具有保费返还的养老金计划, 即在养老金计划累积阶段, 如出现养老金计划参与者死亡的情况, 将其保费予以返还, 资本差额由健在的参与者平均分担. 运用随机控制理论, 建立相关拓展的 HJB 方程, 通过求解拓展的 HJB 方程, 可得到均衡再保险和投资策略以及均衡价值函数的解析解. 最后, 通过数值模拟分析模型参数对均衡策略的影响.

7.2　模 型 建 立

给定满足通常条件的完备信息流概率空间 $(\Omega, \mathcal{F}, \{\mathcal{F}_t\}_{t\in[0,T]}, \mathbb{P})$, 其中 $\mathcal{F}_t$ 表示到时刻 t 为止所获得的信息总和, 时刻 t 的决策基于信息流 $\mathcal{F}_t$, $\mathbb{P}$ 为实际测度, 且与其等价的风险中性测度为 $\mathbb{Q}$. 假设本章中所有的随机过程均是该概率空间上的适应性过程. 保险和金融市场上交易是连续的, 且没有交易费用和税收产生.

在确定缴费型养老金计划中, 假设在养老金累积阶段, 养老金计划参与者对养老金的贡献为确定的数量, 即单位时间养老金贡献率为 c, 累积阶段开始于年纪

ω_0, 持续至年纪 ω_0+T, 此时养老金计划参与者退休, 则养老金的累积阶段时间为 T. 为了获得较高的利益, 养老金计划参与者允许投资在包含一个无风险资产、一个可违约债券和一个风险资产的金融市场中. 在测度 $\mathbb{P}$ 下, 无风险资产的价格过程为

$$\mathrm{d}S_0(t)=r_0S_0(t)\mathrm{d}t,\quad S_0(0)=1.$$

风险资产价格服从 CEV 模型

$$\mathrm{d}S(t)=S(t)\left(r\mathrm{d}t+\sigma(S(t))^{\beta}\mathrm{d}W(t)\right),\quad S(0)=s_0,$$

其中 r_0 是无风险利率, r, $\sigma(S(t))^{\beta}$, β 分别是期望收益率、瞬时波动和风险资产弹性参数. $\{W(t)\}_{t\in[0,T]}$ 是一维标准布朗运动. 为了更好地刻画实际市场的特征, 一般假设 $r>r_0$, $\beta\geqslant 0$.

不同于无风险资产和风险资产的价格过程直接在实际测度 $\mathbb{P}$ 下给出, 可违约债券的价格过程首先定义在风险中性测度 $\mathbb{Q}$ 下, 然后再转换到实际测度 $\mathbb{P}$ 下. 为了研究可违约债券的价格过程, 类似于 [12], 我们给出违约过程的定义.

定义 7.1　令 τ 为非负随机变量, 表示公司发行债券的违约时间. 违约过程是指在随机时刻 τ 发生离散跳的非降右连续过程. 假设违约过程可表示为 $Z(t):=\mathbf{1}_{\tau\leqslant t}$, 其中 $\mathbf{1}$ 表示示性函数, 当发生跳时为 1, 不发生跳时为 0.

类似 [37, 38, 66, 94], 假设违约时间 τ 可以由泊松过程的第一个跳描述, 在测度 $\mathbb{P}$ 下跳的强度为 h, 表示违约事件的到达率. 下面, 我们定义鞅违约过程, 又称补偿泊松过程.

定义 7.2　鞅违约过程可被定义为 $M(t):=Z(t)-\displaystyle\int_0^t(1-Z(\nu-))h\mathrm{d}\nu$, 其随机微分方程为 $\mathrm{d}M(t)=\mathrm{d}Z(t)-(1-Z(\nu-))h\mathrm{d}t$.

我们首先推导出在测度 $\mathbb{Q}$ 下可违约债券价格的动态过程. 正如 [12] 中所述, 市场中存在可违约的零息债券, 面值为 1, 到期日为 T_1. 假设违约发生, 投资者在违约前可获得可违约债券的价值, 而在违约后可违约债券的价值为 0. 损失率记为 $\zeta\in[0,1]$, 则违约回报率为 $1-\zeta$. 记 $\delta=h^{\mathbb{Q}}\zeta$ 为风险中性信贷息差, $h^{\mathbb{Q}}$ 是测度 $\mathbb{Q}$ 下可违约泊松过程的强度, 则在测度 $\mathbb{Q}$ 下可违约债券的价格为

$$B(t,T_1)=\mathbf{1}_{\tau>t}\mathrm{e}^{-(r_0+\delta)(T_1-t)}+\mathbf{1}_{\tau\leqslant t}(1-\zeta)\mathrm{e}^{-(r_0+\delta)(T_1-\tau)}\mathrm{e}^{r(t-\tau)}.$$

其动态过程为

$$\mathrm{d}B(t,T_1)=r_0B(t,T_1)\mathrm{d}t-\zeta\mathrm{e}^{-(r_0+\delta)(T_1-t)}\mathrm{d}M^{\mathbb{Q}}(t),$$

其中 $M^{\mathbb{Q}}(t)$ 是补偿跳过程且为 $\mathbb{Q}$ 鞅过程.

下面我们运用 Girsanov 定理[75] 将可违约债券的价格从测度 $\mathbb{Q}$ 下变换到测度 $\mathbb{P}$ 下.

定理 7.1 在信息流 $\mathcal{F}$ 上, 概率测度 $\mathbb{P}$ 等价于 $\mathbb{Q}$ 当且仅当存在循序可测过程 ϕ 和可料过程 $\Delta>0$ 使得

(1) $\mathrm{E}^{\mathbb{P}}[L(T)]=1$, 其中对于任意 $t\in[0,T]$,

$$\begin{aligned}
&L(t)=L_1(t)L_2(t),\\
&L_1(t)=\exp\left\{\int_0^t\phi(\nu)\mathrm{d}W^{\mathbb{Q}}(\nu)-\frac{1}{2}\int_0^t\phi^2(\nu)\mathrm{d}\nu\right\},\\
&L_2(t)=\exp\left\{\int_0^t\ln(\Delta)\mathrm{d}Z(\nu)-\int_0^{t\wedge\tau}h^{\mathbb{Q}}[\Delta-1]\mathrm{d}\nu\right\}.
\end{aligned}$$

(2) $\dfrac{\mathrm{d}\mathbb{P}}{\mathrm{d}\mathbb{Q}}=L(t)$.

此外, 在测度 $\mathbb{P}$ 下, 过程 $W(t)=W^{\mathbb{Q}}(t)-\displaystyle\int_0^t\phi(\nu)\mathrm{d}\nu$ 是一个 $\mathcal{F}$-布朗运动, 且过程 $M(t)=Z(t)-\displaystyle\int_0^t h^{\mathbb{Q}}\Delta(1-Z(\nu-))\mathrm{d}\nu$ 是一个 $\mathcal{F}$-鞅.

根据 [12], 记 $1/\Delta:=h^{\mathbb{Q}}/h$ 为可违约风险溢价, 由 [39] 可知, 在测度 $\mathbb{Q}$ 下的可违约概率高于在测度 $\mathbb{P}$ 下的可违约概率, 这意味着 $1/\Delta\geqslant1$. 进一步, 由定义 7.2 可知, 过程 $\{M(t)\}_{t\in[0,T]}$ 为 $(\mathcal{F},\mathbb{P})$-鞅. 假设 $\{M(t)\}_{t\in[0,T]}$ 与 $\{W(t)\}_{t\in[0,T]}$ 相互独立. 运用定理 7.1, 通过类似 [12] 中的推导, 在测度 $\mathbb{P}$ 下可违约债券价格的动态过程为

$$\mathrm{d}B(t,T_1)=B(t-,T_1)[r_0\mathrm{d}t+(1-Z(t))(1-\Delta)\delta\mathrm{d}t-(1-Z(t-))\zeta\mathrm{d}M(t)].\tag{7.1}$$

式 (7.1) 给出的可违约债券的期望收益率由两部分组成[124]: 第一部分是无风险资产收益率; 第二部分是在时刻 t 违约没有发生的风险中性信贷息差和实际信贷息差之间的差值.

假设 $u=(\pi_1(t),\pi_2(t))_{t\in[0,T]}$, $\pi_1(t)$ 和 $\pi_2(t)$ 分别为养老金计划参与者投资在风险资产和可违约债券上面的金额. 考虑到一些养老金计划参与者可能在养老金累积阶段死亡, 养老金数量可能会受死亡风险的影响. 本章将保费返还考虑进养老金投资问题中, 即在累积阶段部分保费将被撤出, 健在的养老金计划参与者平均分担保费差值, 可参见 [60,116]. 为了更好地理解模型, 我们首先将财富过程写成时间区间在 $\left[t,t+\dfrac{1}{n}\right]$ 上的离散形式,

$$X^u\left(t+\frac{1}{n}\right)=\frac{1}{1-\frac{1}{n}q_{\omega_0+t}}\left\{X^u(t)\left[\left(1-\frac{\pi_1(t)}{X^u(t)}-\frac{\pi_2(t)}{X^u(t)}\right)\frac{S_0\left(t+\frac{1}{n}\right)}{S_0(t)}\right.\right.$$

$$+\frac{\pi_1(t)}{X^u(t)}\frac{S\left(t+\frac{1}{n}\right)}{S(t)}+\frac{\pi_2(t)}{X^u(t)}\frac{B\left(t+\frac{1}{n},T_1\right)}{B(t,T_1)}\Bigg]+\frac{c}{n}-act\,{}_{\frac{1}{n}}q_{\omega_0+t}\Bigg\}, \tag{7.2}$$

其中 ${}_{\frac{1}{n}}q_{\omega_0+t}$ 是一个精算符号, 表示个人在年纪 ω_0+t 时健在, 但将在接下来的 $\frac{1}{n}$ 时间段内死亡的概率; a 是一个值为 1 或 0 的参数, 若 $a=1$, 在养老金计划参与者死亡的时候, 将其保费进行返还, 若 $a=0$, 在养老金参与者死亡的时候, 不进行保费返还. 类似 [60], 为了简化式 (7.2), 记

$$\Delta\delta_t^{\frac{1}{n}}=\left(1-\frac{\pi_1(t)}{X^u(t)}-\frac{\pi_2(t)}{X^u(t)}\right)\frac{S_0\left(t+\frac{1}{n}\right)-S_0(t)}{S_0(t)}$$
$$+\frac{\pi_1(t)}{X^u(t)}\frac{S\left(t+\frac{1}{n}\right)-S(t)}{S(t)}+\frac{\pi_2(t)}{X^u(t)}\frac{B\left(t+\frac{1}{n},T_1\right)-B(t,T_1)}{B(t,T_1)},$$

且条件死亡概率 ${}_tq_x=1-{}_tp_x=1-\mathrm{e}^{-\int_0^t\mu(x+\nu)\mathrm{d}\nu}$, 其中 $\mu(t)$ 是时刻 t 的死亡强度函数, 且当 $n\to\infty$ 时, 有

$${}_{\frac{1}{n}}q_{\omega_0+t}=1-\mathrm{e}^{-\int_0^{\frac{1}{n}}\mu(\omega_0+t+\nu)\mathrm{d}\nu}\approx\mu(\omega_0+t)\frac{1}{n}=O\left(\frac{1}{n}\right).$$

类似地,

$$\frac{{}_{\frac{1}{n}}q_{\omega_0+t}}{1-{}_{\frac{1}{n}}q_{\omega_0+t}}=\frac{1-\mathrm{e}^{-\int_0^{\frac{1}{n}}\mu(\omega_0+t+\nu)\mathrm{d}\nu}}{\mathrm{e}^{-\int_0^{\frac{1}{n}}\mu(\omega_0+t+\nu)\mathrm{d}\nu}}=\mathrm{e}^{\int_0^{\frac{1}{n}}\mu(\omega_0+t+\nu)\mathrm{d}\nu}-1\approx\mu(\omega_0+t)\frac{1}{n}=O\left(\frac{1}{n}\right).$$

则式 (7.2) 变为

$$\begin{aligned}X^u\left(t+\frac{1}{n}\right)&=\left(X^u(t)(1+\Delta\delta_t^{\frac{1}{n}})+\frac{c}{n}-act\,{}_{\frac{1}{n}}q_{\omega_0+t}\right)\left(1+\frac{\frac{1}{n}q_{\omega_0+t}}{1-\frac{1}{n}q_{\omega_0+t}}\right)\\&=X^u(t)(1+\Delta\delta_t^{\frac{1}{n}})+X^u(t)\mu(\omega_0+t)\frac{1}{n}+\frac{c}{n}-act\mu(\omega_0+t)\frac{1}{n}+o\left(\frac{1}{n}\right).\end{aligned} \tag{7.3}$$

当 $n \to \infty$ 时, $X^u(t)$ 的动态过程为

$$\begin{cases} \mathrm{d}X^u(t) = [r_0 X^u(t) + (r - r_0)\pi_1(t) + X^u(t)\mu(\omega_0 + t) \\ \qquad\qquad +c - act\mu(\omega_0 + t)]\mathrm{d}t + \pi_1(t)\sigma(S(t))^\beta \mathrm{d}W(t) \\ \qquad\qquad +\pi_2(t)(1 - Z(t))\delta(1 - \Delta)\mathrm{d}t - \pi_2(t)(1 - Z(t-))\zeta \mathrm{d}M(t), \\ X^u(0) = x_0. \end{cases} \tag{7.4}$$

根据 Abraham De Moivre 模型[73], 我们按照如下形式刻画死亡强度函数 $\mu(t)$ 和生存函数 $s(t)$, 对于 $0 \leqslant t < \omega$,

$$s(t) = 1 - \frac{t}{\omega}, \qquad \mu(t) = \frac{1}{\omega - t},$$

其中 ω 是生命表中的最大生存年纪. 式 (7.4) 变为

$$\begin{cases} \mathrm{d}X^u(t) = \left[r_0 X^u(t) + (r - r_0)\pi_1(t) + \dfrac{X^u(t)}{\omega - \omega_0 - t}\right] \mathrm{d}t \\ \qquad\qquad + \dfrac{c[\omega - \omega_0 - (1+a)t]}{\omega - \omega_0 - t}\mathrm{d}t + \pi_1(t)\sigma(S(t))^\beta \mathrm{d}W(t) \\ \qquad\qquad +\pi_2(t)(1 - Z(t))\delta(1 - \Delta)\mathrm{d}t - \pi_2(t)(1 - Z(t-))\zeta \mathrm{d}M(t), \\ X^u(0) = x_0. \end{cases} \tag{7.5}$$

当违约后, 即 $\tau \leqslant t$. 我们假设 $B(t, T_1) = 0$, 以及在此之后 $\pi_2(t) = 0$. 类似于 [12,135], 我们假设 $T < T_1$.

定义 7.3 (可行策略) 令 $O_0 := \mathbb{R} \times \mathbb{R} \times \{0, 1\}$ 且 $O := [0, T] \times O_0$. 对于固定的 $t \in [0, T]$, 策略 $u = (\pi_1(\nu), \pi_2(\nu))_{\nu \in [t,T]}$ 是可行的, 如果其满足下述条件

(1) u 是 $\mathcal{F}$-可料的, 且对于任意 $(t, x, s, z) \in O$,

$$\mathrm{E}_{t,x,s,z}\left[\int_t^T \left((\pi_1(\nu))^2 + (\pi_2(\nu))^2((S(\nu))^{2\beta})\right)\mathrm{d}\nu\right] < +\infty,$$

其中 $\mathrm{E}_{t,x,s,z}[\cdot]$ 是给定 $X^u(t) = x$, $S(t) = s$ 和 $Z(t) = z$ 的条件期望;

(2) $\forall (x, s, z) \in O_0$, 式 (7.5) 有唯一强解 $\{X^u(\nu)\}_{\nu \in [t,T]}$.

令 $\Pi(t, x, s, z)$ 表示所有可行策略的集合, z 表示初始违约状态. $z = 1$ 和 $z = 0$ 分别对应于违约后 $(\tau \leqslant t)$ 和违约前 $(\tau > t)$ 情况.

我们在动态均值–方差标准下, 考虑没有预先承诺假设的时间一致性策略. 定义

$$J^u(t, x, s, z) = \mathrm{E}_{t,x,s,z}[X^u(T)] - \frac{\gamma}{2}\mathrm{Var}_{t,x,s,z}[X^u(T)]. \tag{7.6}$$

目标是求得均衡价值函数

$$J^{u^*}(t,x,s,z)=\sup_{u\in\Pi(t,x,s,z)}J^u(t,x,s,z), \tag{7.7}$$

其中 γ 是风险厌恶系数.

定义 7.4 给定任意初始状态 $(t,x,s,z)\in O$, 考虑可行策略 $u^*(t)$, 选择两个固定的实数 $(\tilde{\pi}_1,\tilde{\pi}_2)\in\Pi:=\mathbb{R}\times\mathbb{R}$, $\varepsilon\in\mathbb{R}^+$, 定义以下策略

$$u_\varepsilon(\nu,\tilde{x},\tilde{s},z)=\begin{cases}(\tilde{\pi}_1,\tilde{\pi}_2), & t\leqslant\nu<t+\varepsilon,\\ u^*(\nu,\tilde{x},\tilde{s},z), & t+\varepsilon\leqslant\nu<T.\end{cases}$$

若

$$\liminf_{\varepsilon\downarrow 0}\frac{J^{u^*}(t,x,s,z)-J^{u_\varepsilon}(t,x,s,z)}{\varepsilon}\geqslant 0,$$

则 $u^*(t)$ 被称为均衡策略, 均衡价值函数为 $J^{u^*}(t,x,s,z)$.

根据定义 7.4, 均衡策略是时间一致性的. 记 $C^{1,2,2,1}(O)=\{\psi(t,x,s,z)|$ $\psi(t,\cdot,\cdot,z)$ 在 $[0,T]$ 上是一次连续可微的, 且 $\psi(\cdot,x,s,\cdot)$ 在 O_0 上是二次连续可微的$\}$. 为了得到问题 (7.7) 的均衡策略, 我们定义算子: $\forall\phi(t,x,s,z)\in C^{1,2,2,1}(O)$, $\forall(t,x,s,z)\in O$, 令

$$\begin{aligned}&\mathcal{A}^u\phi(t,x,s,z)\\ =&\begin{cases}\phi_t(t,x,s,1)+\left[r_0x+(r-r_0)\pi_1+\dfrac{x}{\omega-\omega_0-t}+\dfrac{c[\omega-\omega_0-(1+a)t]}{\omega-\omega_0-t}\right]\\ \times\phi_x(t,x,s,1)+rs\phi_s(t,x,s,1)+\dfrac{1}{2}\pi_1^2\sigma^2s^{2\beta}\phi_{xx}(t,x,s,1)\\ +\dfrac{1}{2}\sigma^2s^{2\beta+2}\phi_{ss}(t,x,s,1)+\pi_1\sigma^2s^{2\beta+1}\phi_{xs}(t,x,s,1), \qquad z=1,\\ \phi_t(t,x,s,0)+\left[r_0x+(r-r_0)\pi_1+\dfrac{x}{\omega-\omega_0-t}\right.\\ \left.+\dfrac{c[\omega-\omega_0-(1+a)t]}{\omega-\omega_0-t}+\pi_2\delta\right]\cdot\phi_x(t,x,s,0)+rs\phi_s(t,x,s,0)\\ +\dfrac{1}{2}\pi_1^2\sigma^2s^{2\beta}\phi_{xx}(t,x,s,0)+\dfrac{1}{2}\sigma^2s^{2\beta+2}\phi_{ss}(t,x,s,0)\\ +\pi_1\sigma^2s^{2\beta+1}\phi_{xs}(t,x,s,0)+[\phi(t,x-\zeta\pi_2,s,1)-\phi(t,x,s,0)]h, \qquad z=0.\end{cases}\end{aligned} \tag{7.8}$$

下列验证定理分别给出了违约后 $(z=1)$ 和违约前 $(z=0)$ 情况下问题 (7.7) 的拓展的 HJB 方程.

定理 7.2 (验证定理) 对于违约后 ($z=1$) 和违约前 ($z=0$) 情况, 若存在两个实值函数 $V(t,x,s,z)$, $g(t,x,s,z)\in C^{1,2,2,1}(O)$ 满足下列拓展的 HJB 方程: $\forall(t,x,s,z)\in O$,

$$\sup_{u\in\Pi(t,x,s,z)}\left\{\mathcal{A}^uV(t,x,s,z)-\mathcal{A}^u\frac{\gamma}{2}(g(t,x,s,z))^2\right.$$
$$\left.+\gamma g(t,x,s,z)\mathcal{A}^ug(t,x,s,z)\right\}=0,\tag{7.9}$$

$$V(T,x,s,z)=x,\tag{7.10}$$

$$\mathcal{A}^{u^*}g(t,x,s,z)=0,\quad g(T,x,s,z)=x,\tag{7.11}$$

$$\pi^*:=\mathop{\arg\sup}_{u\in\Pi(t,x,s,z)}\left\{\mathcal{A}^uV(t,x,s,z)-\mathcal{A}^u\frac{\gamma}{2}(g(t,x,s,z))^2\right.$$
$$\left.+\gamma g(t,x,s,z)\mathcal{A}^ug(t,x,s,z)\right\},\tag{7.12}$$

则 $J^{u^*}(t,x,s,z)=V(t,x,s,z)$, $\mathrm{E}_{t,x,s,z}[X^{u^*}(T)]=g(t,x,s,z)$ 且 u^* 是均衡策略.

7.3 确定缴费型养老金的均衡投资策略求解

这部分我们将分别得到违约后 ($z=1$) 和违约前 ($z=0$) 情况的均衡策略和均衡价值函数的解析解. 在违约后情况中, $B(t,T_1)=0$, $\tau\leqslant t\leqslant T$, 因此 $\pi_2(t)=0$, $\tau\leqslant t\leqslant T$. 假设存在两个函数 $V(t,x,s,1)$ 和 $g(t,x,s,1)$ 满足定理 7.2 中给出的条件. 根据式 (7.8) 中给出的 $\mathcal{A}^u$, 可以将式 (7.9) 改写为

$$\sup_{u\in\Pi(t,x,s,1)}\left\{V_t(t,x,s,1)+\left[r_0x+(r-r_0)\pi_1+\frac{x}{\omega-\omega_0-t}\right.\right.$$
$$\left.+\frac{c[\omega-\omega_0-(1+a)t]}{\omega-\omega_0-t}\right]V_x(t,x,s,1)+rsV_s(t,x,s,1)$$
$$+\frac{1}{2}\pi_1^2\sigma^2s^{2\beta}(V_{xx}(t,x,s,1)-\gamma(g_x(t,x,s,1))^2)$$
$$+\frac{1}{2}\sigma^2s^{2\beta+2}(V_{ss}(t,x,s,1)-\gamma(g_s(t,x,s,1))^2)$$
$$\left.+\pi_1\sigma^2s^{2\beta+1}(V_{xs}(t,x,s,1)-\gamma g_x(t,x,s,1)g_s(t,x,s,1))\right\}=0.\tag{7.13}$$

在违约前情况中, 假设存在两个函数 $V(t,x,s,0)$ 和 $g(t,x,s,0)$ 满足定理 7.2 中给出的条件. 根据式 (7.8) 中给出的 $\mathcal{A}^u$, 可以将式 (7.9) 改写为

$$\begin{aligned}\sup_{u\in\Pi(t,x,s,0)}&\left\{V_t(t,x,s,0)+\left[r_0x+(r-r_0)\pi_1+\frac{x}{\omega-\omega_0-t}\right.\right.\\&\left.+\frac{c[\omega-\omega_0-(1+a)t]}{\omega-\omega_0-t}+\pi_2\delta\right]V_x(t,x,s,0)+rsV_s(t,x,s,0)\\&+\frac{1}{2}\pi_1^2\sigma^2s^{2\beta}(V_{xx}(t,x,s,0)-\gamma(g_x(t,x,s,0))^2)\\&+\frac{1}{2}\sigma^2s^{2\beta+2}(V_{ss}(t,x,s,0)-\gamma(g_s(t,x,s,0))^2)\\&+\pi_1\sigma^2s^{2\beta+1}(V_{xs}(t,x,s,0)-\gamma g_x(t,x,s,0)g_s(t,x,s,0))\\&+[V(t,x-\zeta\pi_2,s,1)-V(t,x,s,0)]h\\&\left.-\frac{\gamma}{2}[g(t,x-\zeta\pi_2,s,1)-g(t,x,s,0)]^2h\right\}=0.\end{aligned}\tag{7.14}$$

定理 7.3 给出了均衡策略和均衡价值函数.

定理 7.3 对于均值–方差问题 (7.7), 均衡投资策略为

$$\pi_1^*(t)=\frac{(r-r_0)(\omega-\omega_0-T)\mathrm{e}^{-r_0(T-t)}}{\gamma\sigma^2(S(t))^{2\beta}(\omega-\omega_0-t)}\left[1+\frac{r-r_0}{r_0}\left(1-\mathrm{e}^{2r_0\beta(t-T)}\right)\right],\tag{7.15}$$

$$\pi_2^*(t)=\left[\frac{(\omega-\omega_0-T)\mathrm{e}^{r_0(T-t)}}{\gamma(\omega-\omega_0-t)}\left(\frac{\delta}{h\zeta^2}+\frac{b_1(t)-b_2(t)-1}{\zeta}\right)\right]\mathbf{1}_{\tau>t},\tag{7.16}$$

均衡价值函数为

$$V(t,x,s,z)=\begin{cases}\dfrac{\omega-\omega_0-t}{\omega-\omega_0-T}\mathrm{e}^{r_0(T-t)}x+\dfrac{A_1(t)}{\gamma}(S(t))^{-2\beta}+\dfrac{B_1(t)}{\gamma}, & z=1,\\[2ex]\dfrac{\omega-\omega_0-t}{\omega-\omega_0-T}\mathrm{e}^{r_0(T-t)}x+\dfrac{A_2(t)}{\gamma}(S(t))^{-2\beta}+\dfrac{B_2(t)}{\gamma}, & z=0.\end{cases}\tag{7.17}$$

进一步, 终端财富的期望和方差为

$$\mathrm{E}_{t,x,s,z}[X^{u^*}(T)]=\begin{cases}\dfrac{\omega-\omega_0-t}{\omega-\omega_0-T}\mathrm{e}^{r_0(T-t)}x+\dfrac{a_1(t)}{\gamma}(S(t))^{-2\beta}+\dfrac{b_1(t)}{\gamma}, & z=1,\\[2ex]\dfrac{\omega-\omega_0-t}{\omega-\omega_0-T}\mathrm{e}^{r_0(T-t)}x+\dfrac{a_2(t)}{\gamma}(S(t))^{-2\beta}+\dfrac{b_2(t)}{\gamma}, & z=0,\end{cases}\tag{7.18}$$

$$\mathrm{Var}_{t,x,s,z}[X^{u^*}(T)] = \begin{cases} \dfrac{2}{\gamma^2}[(a_1(t) - A_1(t))(S(t))^{-2\beta} + b_1(t) - B_1(t)], & z = 1, \\ \dfrac{2}{\gamma^2}[(a_2(t) - A_2(t))(S(t))^{-2\beta} + b_2(t) - B_2(t)], & z = 0, \end{cases} \tag{7.19}$$

其中

$$\begin{aligned}
a_1(t) = a_2(t) &= \frac{(r-r_0)^2}{2r_0\beta\sigma^2}(1 - \mathrm{e}^{2r_0\beta(t-T)}), \\
b_1(t) &= \frac{(2\beta+1)(r-r_0)^2}{2r_0}(T-t) - \frac{(2\beta+1)(r-r_0)^2}{4r_0^2\beta}(1-\mathrm{e}^{2r_0\beta(t-T)}) \\
&\quad + \frac{\gamma c[r_0(\omega-\omega_0-(1+a)t)-(1+a)]}{r_0^2(\omega-\omega_0-T)}\mathrm{e}^{r_0(T-t)} \\
&\quad - \frac{\gamma c[r_0(\omega-\omega_0-(1+a)T)-(1+a)]}{r_0^2(\omega-\omega_0-T)}, \\
b_2(t) &= \frac{(2\beta+1)(r-r_0)^2}{2r_0}(T-t) - \frac{(2\beta+1)(r-r_0)^2}{4r_0^2\beta}(1-\mathrm{e}^{2r_0\beta(t-T)}) \\
&\quad + \frac{\delta\gamma c\left[\left(r_0+\dfrac{\delta}{\zeta}\right)(r_0(\omega-\omega_0-(1+a)t)-(1+a))-r_0(1+a)\right]}{\zeta\left(r_0+\dfrac{\delta}{\zeta}\right)^2 r_0^2(\omega-\omega_0-T)}\mathrm{e}^{r_0(T-t)} \\
&\quad - \frac{\delta\gamma c\left[\left(r_0+\dfrac{\delta}{\zeta}\right)(r_0(\omega-\omega_0-(1+a)T)-(1+a))-r_0(1+a)\right]}{\zeta\left(r_0+\dfrac{\delta}{\zeta}\right)^2 r_0^2(\omega-\omega_0-T)}\mathrm{e}^{\frac{\delta}{\zeta}(t-T)} \\
&\quad - \frac{\gamma c[r_0(\omega-\omega_0-(1+a)T)-(1+a)]}{r_0^2(\omega-\omega_0-T)}(1-\mathrm{e}^{\frac{\delta}{\zeta}(t-T)}) \\
&\quad + \frac{\gamma c\left[\left(r_0+\dfrac{\delta}{\zeta}\right)(\omega-\omega_0-(1+a)t)-(1+a)\right]}{\left(r_0+\dfrac{\delta}{\zeta}\right)^2(\omega-\omega_0-T)}\mathrm{e}^{r_0(T-t)} \\
&\quad - \frac{\gamma c\left[\left(r_0+\dfrac{\delta}{\zeta}\right)(\omega-\omega_0-(1+a)T)-(1+a)\right]}{\left(r_0+\dfrac{\delta}{\zeta}\right)^2(\omega-\omega_0-T)}\mathrm{e}^{\frac{\delta}{\zeta}(t-T)} \\
&\quad + \left(\frac{\delta}{h\zeta} - 2 + \frac{h\zeta}{\delta}\right)(1-\mathrm{e}^{\frac{\delta}{\zeta}(t-T)}),
\end{aligned} \tag{7.20}$$

$$A_1(t) = \mathrm{e}^{2r\beta t} \int_t^T \mathrm{e}^{-2r\beta\nu} \left[2\beta(r-r_0)a_1(\nu) + \frac{(r-r_0)^2}{2\sigma^2}\right] \mathrm{d}\nu,$$

$$B_1(t) = \int_t^T \left[\beta(2\beta+1)\sigma^2 A_1(\nu) + \frac{\gamma c[\omega-\omega_0-(1+a)\nu]}{\omega-\omega_0-T}\mathrm{e}^{r_0(T-\nu)}\right] \mathrm{d}\nu,$$

$$A_2(t) = \mathrm{e}^{(2r\beta+h)t} \int_t^T \mathrm{e}^{-(2r\beta+h)\nu} \left[hA_1(\nu) + 2\beta(r-r_0)a_2(\nu) + \frac{(r-r_0)^2}{2\sigma^2}\right] \mathrm{d}\nu,$$

$$B_2(t) = \mathrm{e}^{ht} \int_t^T \mathrm{e}^{-h\nu} \left[hB_1(\nu) + \beta(2\beta+1)\sigma^2 A_2(\nu) + \left(\frac{\delta}{\zeta} - h\right)(b_1(\nu) - b_2(\nu)) \right.$$
$$\left. + \frac{\gamma c[\omega-\omega_0-(1+a)\nu]}{\omega-\omega_0-T}\mathrm{e}^{r_0(T-\nu)} + \frac{\delta^2}{2h\zeta^2} - \frac{\delta}{\zeta} + \frac{h}{2}\right] \mathrm{d}\nu.$$

证明 对于违约后情况, 由式 (7.11) 和 (7.13) 关于 x 的线性结构, 根据边界条件, 假设 $V(t,x,s,1)$ 和 $g(t,x,s,1)$ 具有以下形式的解

$$\begin{gathered} V(t,x,s,1) = \frac{\omega-\omega_0-t}{\omega-\omega_0-T}\mathrm{e}^{r_0(T-t)}x + \frac{A_1(t)}{\gamma}s^{-2\beta} + \frac{B_1(t)}{\gamma}, \\ A_1(T) = B_1(T) = 0, \\ g(t,x,s,1) = \frac{\omega-\omega_0-t}{\omega-\omega_0-T}\mathrm{e}^{r_0(T-t)}x + \frac{a_1(t)}{\gamma}s^{-2\beta} + \frac{b_1(t)}{\gamma}, \\ a_1(T) = b_1(T) = 0. \end{gathered} \tag{7.21}$$

则有

$$V_t(t,x,s,1) = -\frac{1+(\omega-\omega_0-t)r_0}{\omega-\omega_0-T}\mathrm{e}^{r_0(T-t)}x + \frac{A_{1t}(t)}{\gamma}s^{-2\beta} + \frac{B_{1t}(t)}{\gamma},$$

$$V_x(t,x,s,1) = \frac{\omega-\omega_0-t}{\omega-\omega_0-T}\mathrm{e}^{r_0(T-t)}, \quad V_s(t,x,s,1) = -\frac{2\beta A_1(t)}{\gamma}s^{-2\beta-1},$$

$$V_{ss}(t,x,s,1) = \frac{2\beta(2\beta+1)A_1(t)}{\gamma}s^{-2\beta-2}, \quad V_{xx}(t,x,s,1) = V_{xs}(t,x,s,1) = 0,$$

$$g_t(t,x,s,1) = -\frac{1+(\omega-\omega_0-t)r_0}{\omega-\omega_0-T}\mathrm{e}^{r_0(T-t)}x + \frac{a_{1t}(t)}{\gamma}s^{-2\beta} + \frac{b_{1t}(t)}{\gamma},$$

$$g_x(t,x,s,1) = \frac{\omega-\omega_0-t}{\omega-\omega_0-T}\mathrm{e}^{r_0(T-t)}, \quad g_s(t,x,s,1) = -\frac{2\beta a_1(t)}{\gamma}s^{-2\beta-1},$$

$$g_{ss}(t,x,s,1) = \frac{2\beta(2\beta+1)a_1(t)}{\gamma}s^{-2\beta-2}, \quad g_{xx}(t,x,s,1) = g_{xs}(t,x,s,1) = 0. \tag{7.22}$$

式 (7.9) 关于 u 求偏导, 可得均衡投资策略为

$$\begin{aligned}\pi_1^* &= \frac{(r-r_0)V_x(t,x,s,1)-\gamma\sigma^2 s^{2\beta+1}g_x(t,x,s,1)g_s(t,x,s,1)}{\gamma\sigma^2 s^{2\beta}(g_x(t,x,s,1))^2}\\ &=\frac{(r-r_0)(\omega-\omega_0-T)}{\gamma\sigma^2 s^{2\beta}(\omega-\omega_0-t)}\mathrm{e}^{-r_0(T-t)}+\frac{2\beta(\omega-\omega_0-T)a_1(t)}{\gamma s^{2\beta}(\omega-\omega_0-t)}\mathrm{e}^{-r_0(T-t)}.\end{aligned}\tag{7.23}$$

将式 (7.22) 和 (7.23) 代入式 (7.11) 和 (7.13) 中, 可得

$$\begin{cases}\dfrac{s^{-2\beta}}{\gamma}\left\{A_{1t}(t)-2r\beta A_1(t)+2\beta(r-r_0)a_1(t)+\dfrac{(r-r_0)^2}{2\sigma^2}\right\}\\ \quad+\dfrac{1}{\gamma}\left\{B_{1t}(t)+\beta(2\beta+1)\sigma^2A_1(t)+\dfrac{\gamma c[\omega-\omega_0-(1+a)t]}{\omega-\omega_0-T}\mathrm{e}^{r_0(T-t)}\right\}=0,\\ \dfrac{s^{-2\beta}}{\gamma}\left\{a_{1t}(t)-2r_0\beta a_1(t)+\dfrac{(r-r_0)^2}{\sigma^2}\right\}\\ \quad+\dfrac{1}{\gamma}\left\{b_{1t}(t)+\beta(2\beta+1)\sigma^2a_1(t)+\dfrac{\gamma c[\omega-\omega_0-(1+a)t]}{\omega-\omega_0-T}\mathrm{e}^{r_0(T-t)}\right\}=0.\end{cases}\tag{7.24}$$

分离变量后, 可得以下常微分方程

$$\begin{cases}A_{1t}(t)-2r\beta A_1(t)+2\beta(r-r_0)a_1(t)+\dfrac{(r-r_0)^2}{2\sigma^2}=0,\\ B_{1t}(t)+\beta(2\beta+1)\sigma^2A_1(t)+\dfrac{\gamma c[\omega-\omega_0-(1+a)t]}{\omega-\omega_0-T}\mathrm{e}^{r_0(T-t)}=0,\\ a_{1t}(t)-2r_0\beta a_1(t)+\dfrac{(r-r_0)^2}{\sigma^2}=0,\\ b_{1t}(t)+\beta(2\beta+1)\sigma^2a_1(t)+\dfrac{\gamma c[\omega-\omega_0-(1+a)t]}{\omega-\omega_0-T}\mathrm{e}^{r_0(T-t)}=0.\end{cases}\tag{7.25}$$

考虑边界条件可得

$$\begin{cases}a_1(t)=\dfrac{(r-r_0)^2}{2r_0\beta\sigma^2}(1-\mathrm{e}^{2r_0\beta(t-T)}),\\ b_1(t)=\dfrac{(2\beta+1)(r-r_0)^2}{2r_0}(T-t)-\dfrac{(2\beta+1)(r-r_0)^2}{4r_0^2\beta}(1-\mathrm{e}^{2r_0\beta(t-T)})\\ \qquad+\dfrac{\gamma c[r_0(\omega-\omega_0-(1+a)t)-(1+a)]}{r_0^2(\omega-\omega_0-T)}\mathrm{e}^{r_0(T-t)}\\ \qquad-\dfrac{\gamma c[r_0(\omega-\omega_0-(1+a)T)-(1+a)]}{r_0^2(\omega-\omega_0-T)},\\ A_1(t)=\mathrm{e}^{2r\beta t}\displaystyle\int_t^T\mathrm{e}^{-2r\beta\nu}\left[2\beta(r-r_0)a_1(\nu)+\dfrac{(r-r_0)^2}{2\sigma^2}\right]\mathrm{d}\nu,\\ B_1(t)=\displaystyle\int_t^T\left[\beta(2\beta+1)\sigma^2A_1(\nu)+\dfrac{\gamma c[\omega-\omega_0-(1+a)\nu]}{\omega-\omega_0-T}\mathrm{e}^{r_0(T-\nu)}\right]\mathrm{d}\nu.\end{cases}\tag{7.26}$$

类似地, 对于违约前情况, 假设式 (7.11) 和 (7.14) 有如下形式的解

$$
\begin{aligned}
V(t,x,s,0) &= \frac{\omega-\omega_0-t}{\omega-\omega_0-T}\mathrm{e}^{r_0(T-t)}x+\frac{A_2(t)}{\gamma}s^{-2\beta}+\frac{B_2(t)}{\gamma},\\
&A_2(T)=B_2(T)=0,\\
g(t,x,s,0) &= \frac{\omega-\omega_0-t}{\omega-\omega_0-T}\mathrm{e}^{r_0(T-t)}x+\frac{a_2(t)}{\gamma}s^{-2\beta}+\frac{b_2(t)}{\gamma},\\
&a_2(T)=b_2(T)=0.
\end{aligned}
\tag{7.27}
$$

则有

$$
\begin{aligned}
&V_t(t,x,s,0) = -\frac{1+(\omega-\omega_0-t)r_0}{\omega-\omega_0-T}\mathrm{e}^{r_0(T-t)}x+\frac{A_{2t}(t)}{\gamma}s^{-2\beta}+\frac{B_{2t}(t)}{\gamma},\\
&V_x(t,x,s,0) = \frac{\omega-\omega_0-t}{\omega-\omega_0-T}\mathrm{e}^{r_0(T-t)},\quad V_s(t,x,s,0) = -\frac{2\beta A_2(t)}{\gamma}s^{-2\beta-1},\\
&V_{ss}(t,x,s,0) = \frac{2\beta(2\beta+1)A_2(t)}{\gamma}s^{-2\beta-2},\quad V_{xx}(t,x,s,0)=V_{xs}(t,x,s,0)=0,\\
&g_t(t,x,s,0) = -\frac{1+(\omega-\omega_0-t)r_0}{\omega-\omega_0-T}\mathrm{e}^{r_0(T-t)}x+\frac{a_{2t}(t)}{\gamma}s^{-2\beta}+\frac{b_{2t}(t)}{\gamma},\\
&g_x(t,x,s,0) = \frac{\omega-\omega_0-t}{\omega-\omega_0-T}\mathrm{e}^{r_0(T-t)},\quad g_s(t,x,s,0) = -\frac{2\beta a_2(t)}{\gamma}s^{-2\beta-1},\\
&g_{ss}(t,x,s,0) = \frac{2\beta(2\beta+1)a_2(t)}{\gamma}s^{-2\beta-2},\quad g_{xx}(t,x,s,0)=g_{xs}(t,x,s,0)=0.
\end{aligned}
\tag{7.28}
$$

问题 (7.13) 的一阶最优性条件为

$$
\begin{aligned}
\pi_1^* &= \frac{(r-r_0)V_x(t,x,s,0)-\gamma\sigma^2s^{2\beta+1}g_x(t,x,s,0)g_s(t,x,s,0)}{\gamma\sigma^2s^{2\beta}(g_x(t,x,s,0))^2}\\
&= \frac{(r-r_0)(\omega-\omega_0-T)}{\gamma\sigma^2s^{2\beta}(\omega-\omega_0-t)}\mathrm{e}^{-r_0(T-t)}+\frac{2\beta(\omega-\omega_0-T)a_2(t)}{\gamma s^{2\beta}(\omega-\omega_0-t)}\mathrm{e}^{-r_0(T-t)},
\end{aligned}
\tag{7.29}
$$

$$
\begin{aligned}
\pi_2^* = &\frac{\delta(\omega-\omega_0-T)}{\gamma h\zeta^2(\omega-\omega_0-t)}\mathrm{e}^{-r_0(T-t)}+\frac{(a_1(t)-a_2(t))(\omega-\omega_0-T)}{\gamma\zeta s^{2\beta}(\omega-\omega_0-t)}\mathrm{e}^{-r_0(T-t)}\\
&+\frac{(b_1(t)-b_2(t)-1)(\omega-\omega_0-T)}{\gamma\zeta(\omega-\omega_0-t)}\mathrm{e}^{-r_0(T-t)}.
\end{aligned}
\tag{7.30}
$$

将式 (7.28)—(7.30) 代入式 (7.11) 和 (7.14) 中, 可得

$$\frac{s^{-2\beta}}{\gamma}\left\{A_{2t}(t)-(2r\beta+h)A_2(t)+hA_1(t)+2\beta(r-r_0)a_2(t)+\left(\frac{\delta}{\zeta}-h\right)(a_1(t)\right.$$

$$\left.-a_2(t))+\frac{(r-r_0)^2}{2\sigma^2}\right\}+\frac{1}{\gamma}\left\{B_{2t}(t)-hB_2(t)+hB_1(t)+\beta(2\beta+1)\sigma^2A_2(t)\right.$$

$$+\left(\frac{\delta}{\zeta}-h\right)(b_1(t)-b_2(t))+\frac{\gamma c[\omega-\omega_0-(1+a)t]}{\omega-\omega_0-T}\mathrm{e}^{r_0(T-t)}$$

$$\left.+\frac{\delta^2}{2h\zeta^2}-\frac{\delta}{\zeta}+\frac{h}{2}\right\}=0, \tag{7.31}$$

$$\frac{s^{-2\beta}}{\gamma}\left\{a_{2t}(t)-\left(2r_0\beta+\frac{\delta}{\zeta}\right)a_2(t)+\frac{\delta}{\zeta}a_1(t)+\frac{(r-r_0)^2}{\sigma^2}\right\}$$

$$+\frac{1}{\gamma}\left\{b_{2t}(t)-\frac{\delta}{\zeta}b_2(t)+\frac{\delta}{\zeta}b_1(t)+\beta(2\beta+1)\sigma^2a_2(t)\right.$$

$$\left.+\frac{\gamma c[\omega-\omega_0-(1+a)t]}{\omega-\omega_0-T}\mathrm{e}^{r_0(T-t)}+\frac{\delta^2}{h\zeta^2}-\frac{2\delta}{\zeta}+h\right\}=0. \tag{7.32}$$

分离变量后可得以下常微分方程

$$\begin{aligned}
&A_{2t}(t)-(2r\beta+h)A_2(t)+hA_1(t)+2\beta\left(r-r_0\right)a_2(t)\\
&+\left(\frac{\delta}{\zeta}-h\right)\left(a_1(t)-a_2(t)\right)+\frac{\left(r-r_0\right)^2}{2\sigma^2}=0,\\
&B_{2t}(t)-hB_2(t)+hB_1(t)+\beta(2\beta+1)\sigma^2A_2(t)+\left(\frac{\delta}{\zeta}-h\right)\left(b_1(t)-b_2(t)\right)\\
&+\frac{\gamma c\left[\omega-\omega_0-(1+a)t\right]}{\omega-\omega_0-T}\mathrm{e}^{r_0(T-t)}+\frac{\delta^2}{2h\zeta^2}-\frac{\delta}{\zeta}+\frac{h}{2}=0,\\
&a_{2t}(t)-\left(2r_0\beta+\frac{\delta}{\zeta}\right)a_2(t)+\frac{\delta}{\zeta}a_1(t)+\frac{\left(r-r_0\right)^2}{\sigma^2}=0,\\
&b_{2t}(t)-\frac{\delta}{\zeta}b_2(t)+\frac{\delta}{\zeta}b_1(t)+\beta(2\beta+1)\sigma^2a_2(t)\\
&+\frac{\gamma c\left[\omega-\omega_0-(1+a)t\right]}{\omega-\omega_0-T}\mathrm{e}^{r_0(T-t)}+\frac{\delta^2}{h\zeta^2}-\frac{2\delta}{\zeta}+h=0.
\end{aligned} \tag{7.33}$$

考虑边界条件可得

$$
\begin{aligned}
a_2(t) =& \frac{(r-r_0)^2}{2r_0\beta\sigma^2}(1-\mathrm{e}^{2r_0\beta(t-T)}),\\
b_2(t) =& \frac{(2\beta+1)(r-r_0)^2}{2r_0}(T-t) - \frac{(2\beta+1)(r-r_0)^2}{4r_0^2\beta}(1-\mathrm{e}^{2r_0\beta(t-T)})\\
&+ \frac{\delta\gamma c\left[\left(r_0+\dfrac{\delta}{\zeta}\right)(r_0(\omega-\omega_0-(1+a)t)-(1+a))-r_0(1+a)\right]}{\zeta\left(r_0+\dfrac{\delta}{\zeta}\right)^2 r_0^2(\omega-\omega_0-T)}\mathrm{e}^{r_0(T-t)}\\
&- \frac{\delta\gamma c\left[\left(r_0+\dfrac{\delta}{\zeta}\right)(r_0(\omega-\omega_0-(1+a)T)-(1+a))-r_0(1+a)\right]}{\zeta\left(r_0+\dfrac{\delta}{\zeta}\right)^2 r_0^2(\omega-\omega_0-T)}\mathrm{e}^{\frac{\delta}{\zeta}(t-T)}\\
&- \frac{\gamma c[r_0(\omega-\omega_0-(1+a)T)-(1+a)]}{r_0^2(\omega-\omega_0-T)}(1-\mathrm{e}^{\frac{\delta}{\zeta}(t-T)})\\
&+ \frac{\gamma c\left[\left(r_0+\dfrac{\delta}{\zeta}\right)(\omega-\omega_0-(1+a)t)-(1+a)\right]}{\left(r_0+\dfrac{\delta}{\zeta}\right)^2(\omega-\omega_0-T)}\mathrm{e}^{r_0(T-t)}\\
&- \frac{\gamma c\left[\left(r_0+\dfrac{\delta}{\zeta}\right)(\omega-\omega_0-(1+a)T)-(1+a)\right]}{\left(r_0+\dfrac{\delta}{\zeta}\right)^2(\omega-\omega_0-T)}\mathrm{e}^{\frac{\delta}{\zeta}(t-T)}\\
&+ \left(\frac{\delta}{h\zeta}-2+\frac{h\zeta}{\delta}\right)(1-\mathrm{e}^{\frac{\delta}{\zeta}(t-T)}),
\end{aligned}
\tag{7.34}
$$

$$
\begin{aligned}
A_2(t) &= \mathrm{e}^{(2r\beta+h)t}\int_t^T \mathrm{e}^{-(2r\beta+h)\nu}\left[hA_1(\nu)+2\beta(r-r_0)a_2(\nu)+\frac{(r-r_0)^2}{2\sigma^2}\right]\mathrm{d}\nu,\\
B_2(t) &= \mathrm{e}^{ht}\int_t^T \mathrm{e}^{-h\nu}\left[hB_1(\nu)+\beta(2\beta+1)\sigma^2A_2(\nu)+\left(\frac{\delta}{\zeta}-h\right)(b_1(\nu)-b_2(\nu))\right.\\
&\quad\left.+\frac{\gamma c[\omega-\omega_0-(1+a)\nu]}{\omega-\omega_0-T}\mathrm{e}^{r_0(T-\nu)}+\frac{\delta^2}{2h\zeta^2}-\frac{\delta}{\zeta}+\frac{h}{2}\right]\mathrm{d}\nu.
\end{aligned}
\tag{7.35}
$$

得到 $a_1(t)$, $b_1(t)$, $A_1(t)$, $B_1(t)$, $a_2(t)$, $b_2(t)$, $A_2(t)$ 和 $B_2(t)$ 的表达式后, 易知均衡策略和均衡价值函数的解析解. □

注解 7.1 根据式 (7.6) 可得

$$\mathrm{Var}_{t,x,s,z}[X^{u^*}(T)]=\frac{2}{\gamma}(\mathrm{E}_{t,x,s,z}[X^{u^*}(T)]-V(t,x,s,z)). \tag{7.36}$$

定理 7.3 中的方差项给出

$$\frac{1}{\gamma}=\begin{cases}\sqrt{\dfrac{\mathrm{Var}_{t,x,s,z}[X^{u^*}(T)]}{2[(a_1(t)-A_1(t))(S(t))^{-2\beta}+b_1(t)-B_1(t)]}}, & z=1,\\ \sqrt{\dfrac{\mathrm{Var}_{t,x,s,z}[X^{u^*}(T)]}{2[(a_2(t)-A_2(t))(S(t))^{-2\beta}+b_2(t)-B_2(t)]}}, & z=0.\end{cases} \tag{7.37}$$

与式 (7.18) 一起可得

$$\begin{aligned}&\mathrm{E}_{t,x,s,z}[X^{u^*}(T)]\\ =&\begin{cases}\dfrac{\omega-\omega_0-t}{\omega-\omega_0-T}\mathrm{e}^{r_0(T-t)}x+\sqrt{\dfrac{\mathrm{Var}_{t,x,s,z}[X^{u^*}(T)](a_1(t)(S(t))^{-2\beta}+b_1(t))^2}{2[(a_1(t)-A_1(t))(S(t))^{-2\beta}+b_1(t)-B_1(t)]}}, & z=1,\\ \dfrac{\omega-\omega_0-t}{\omega-\omega_0-T}\mathrm{e}^{r_0(T-t)}x+\sqrt{\dfrac{\mathrm{Var}_{t,x,s,z}[X^{u^*}(T)](a_2(t)(S(t))^{-2\beta}+b_2(t))^2}{2[(a_2(t)-A_2(t))(S(t))^{-2\beta}+b_2(t)-B_2(t)]}}, & z=0.\end{cases}\end{aligned} \tag{7.38}$$

式 (7.38) 即为初始状态为 (t,x,s,z) 的投资问题的有效前沿. 不论在什么状态下, 该有效前沿在均值–标准差平面上是一条直线.

注解 7.2 均衡投资策略 $u^*=(\pi_1^*(t),\pi_2^*(t))_{t\in[0,T]}$ 依赖于风险厌恶系数 γ. 基于式 (7.18) 和 (7.19), 较高的 γ 导致较低的期望和方差, 这意味着风险厌恶系数较高的投资者将投资较少的金额在可违约债券和风险资产上.

下面给出两个特例.

命题 7.1 (无可违约债券情况) 当金融市场上没有可违约债券, 均衡策略为

$$\pi^*(t)=\frac{(r-r_0)(\omega-\omega_0-T)\mathrm{e}^{-r_0(T-t)}}{\gamma\sigma^2(S(t))^{2\beta}(\omega-\omega_0-t)}\left[1+\frac{r-r_0}{r_0}\left(1-\mathrm{e}^{2r_0\beta(t-T)}\right)\right],$$

均衡价值函数为

$$V(t,x,s)=\frac{\omega-\omega_0-t}{\omega-\omega_0-T}\mathrm{e}^{r_0(T-t)}x+\frac{A_1(t)}{\gamma}(S(t))^{-2\beta}+\frac{B_1(t)}{\gamma},$$

其中 $A_1(t)$ 和 $B_1(t)$ 由式 (7.20) 给出.

由命题 7.1 可知，在没有可违约债券的情况下均衡投资策略与违约后的情况是相同的.

命题 7.2 (几何布朗运动情况) 若 $\beta=0$, CEV 模型可退化称为几何布朗运动, 均衡策略退化为

$$\bar{\pi}_1^*(t)=\frac{(r-r_0)(\omega-\omega_0-T)\mathrm{e}^{-r_0(T-t)}}{\gamma\sigma^2(\omega-\omega_0-t)},$$

$$\bar{\pi}_2^*(t)=\left[\frac{(\omega-\omega_0-T)\mathrm{e}^{r_0(T-t)}}{\gamma(\omega-\omega_0-t)}\left(\frac{\delta}{h\zeta^2}+\frac{\bar{b}_1(t)-\bar{b}_2(t)-1}{\zeta}\right)\right]\mathbf{1}_{\tau>t},$$

均衡价值函数为

$$\bar{V}(t,x,z)=\begin{cases}\dfrac{\omega-\omega_0-t}{\omega-\omega_0-T}\mathrm{e}^{r_0(T-t)}x+\dfrac{\bar{B}_1(t)}{\gamma}, & z=1,\\[2mm] \dfrac{\omega-\omega_0-t}{\omega-\omega_0-T}\mathrm{e}^{r_0(T-t)}x+\dfrac{\bar{B}_2(t)}{\gamma}, & z=0,\end{cases}$$

其中

$$\bar{b}_1(t)=\frac{(r-r_0)^2}{\sigma^2}(T-t)+\frac{\gamma c[r_0(\omega-\omega_0-(1+a)t)-(1+a)]}{r_0^2(\omega-\omega_0-T)}\mathrm{e}^{r_0(T-t)}$$
$$-\frac{\gamma c[r_0(\omega-\omega_0-(1+a)T)-(1+a)]}{r_0^2(\omega-\omega_0-T)},$$

$$\bar{b}_2(t)=\frac{(r-r_0)^2}{\sigma^2}(T-t)$$
$$+\frac{\delta\gamma c\left[\left(r_0+\dfrac{\delta}{\zeta}\right)(r_0(\omega-\omega_0-(1+a)t)-(1+a))-r_0(1+a)\right]}{\zeta\left(r_0+\dfrac{\delta}{\zeta}\right)^2 r_0^2(\omega-\omega_0-T)}\mathrm{e}^{r_0(T-t)}$$
$$-\frac{\delta\gamma c\left[\left(r_0+\dfrac{\delta}{\zeta}\right)(r_0(\omega-\omega_0-(1+a)T)-(1+a))-r_0(1+a)\right]}{\zeta\left(r_0+\dfrac{\delta}{\zeta}\right)^2 r_0^2(\omega-\omega_0-T)}\mathrm{e}^{\frac{\delta}{\zeta}(t-T)}$$
$$-\frac{\gamma c[r_0(\omega-\omega_0-(1+a)T)-(1+a)]}{r_0^2(\omega-\omega_0-T)}(1-\mathrm{e}^{\frac{\delta}{\zeta}(t-T)})$$
$$+\frac{\gamma c\left[\left(r_0+\dfrac{\delta}{\zeta}\right)(\omega-\omega_0-(1+a)t)-(1+a)\right]}{\left(r_0+\dfrac{\delta}{\zeta}\right)^2(\omega-\omega_0-T)}\mathrm{e}^{r_0(T-t)}$$

$$
-\frac{\gamma c\left[\left(r_0+\dfrac{\delta}{\zeta}\right)(\omega-\omega_0-(1+a)T)-(1+a)\right]}{\left(r_0+\dfrac{\delta}{\zeta}\right)^2(\omega-\omega_0-T)}\mathrm{e}^{\frac{\delta}{\zeta}(t-T)}
$$

$$
+\left(\frac{\delta}{h\zeta}-2+\frac{h\zeta}{\delta}\right)(1-\mathrm{e}^{\frac{\delta}{\zeta}(t-T)}),
$$

$$
\bar{B}_1(t)=\frac{(r-r_0)^2}{2\sigma^2}(T-t)+\frac{\gamma c[r_0(\omega-\omega_0-(1+a)t)-(1+a)]}{r_0^2(\omega-\omega_0-T)}\mathrm{e}^{r_0(T-t)}
$$

$$
-\frac{\gamma c[r_0(\omega-\omega_0-(1+a)T)-(1+a)]}{r_0^2(\omega-\omega_0-T)},
$$

$$
\bar{B}_2(t)=\mathrm{e}^{ht}\int_t^T\mathrm{e}^{-h\nu}\left[h\bar{B}_1(\nu)+\left(\frac{\delta}{\zeta}-h\right)(\bar{b}_1(\nu)-\bar{b}_2(\nu))+\frac{(r-r_0)^2}{2\sigma^2}\right.
$$

$$
\left.+\frac{\gamma c[\omega-\omega_0-(1+a)\nu]}{\omega-\omega_0-T}\mathrm{e}^{r_0(T-\nu)}+\frac{\delta^2}{2h\zeta^2}-\frac{\delta}{\zeta}+\frac{h}{2}\right]\mathrm{d}\nu.
$$

由命题 7.2 可知均衡投资策略 $\pi_1^*(t)$ 与 [60] 中的均衡策略一致, 即我们的模型可退化成为 [60] 的模型.

7.4 数值分析

在这部分中, 我们给出一些数值算例来说明模型参数对均衡投资策略的影响. 若无特别说明, 该数值部分的参数选择如下: $r_0=0.03$, $r=0.12$, $\gamma=0.5$, $\sigma=0.2$, $\beta=1$, $a=1$, $\delta=0.01$, $\zeta=0.5$, $h=0.005$, $c=1$, $\omega=100$, $\omega_0=20$, $S(0)=5$, $T=10$ 和 $t=0$.

图 7.1(a) 给出了 CEV 模型下风险资产的价格过程, 并绘制出均衡投资策略 π_1^* 的变化, 如图 7.1(b) 所示. 我们发现 π_1^* 的走势与风险资产价格走势相反. 当风险资产价格较高时, 养老金计划参与者将投资较少的金额在风险资产上, 主要原因是风险资产较高时, 伴随着较高的风险. 进一步, 我们发现养老金计划参与者在投资初期投资较多金额在风险资产上, 随着时间的推移逐渐递减. 这主要是因为在累积阶段初期, 养老金计划参与者的死亡率较小, 收取的养老金费用足以支付需返还的保费, 随着时间的流逝, 投资将变得较为谨慎.

图 7.2 给出了在 0 时刻 ω, ω_0, r 和 β 对投资在风险资产上的均衡策略 π_1^*. 由图 7.2(a) 可知, π_1^* 随着生命表最大寿命 ω 的增大而增大, 随着养老金计划开始年纪 ω_0 的增大而减小. 当 ω_0 固定时, 较大的 ω 意味着养老金计划参与者预计将来一定时间内的死亡概率较低. 那么, 养老金计划参与者会增加在风险资产上

的投资. 同样地, 若 ω 固定, 较大的 ω_0 意味着养老金计划参与者参与养老金的开始年纪较大. 那么, 在未来一定时间内, 养老金计划参与者的死亡风险较大. 因此, 养老金计划参与者将谨慎投资. 由图 7.2(b) 可知, π_1^* 随着风险资产收益率 r 的增大而增大, 随着弹性参数 β 的增大而减小. 这是因为较大的 r 说明风险资产具有较高的收益率. 此外, 较大的 β 将导致较大的风险资产价格变化. 因此, 当 β 增加时, 养老金计划参与者将投资较少的金额在风险资产上, 来规避风险. 其他时刻 $t>0$ 的分析类似在初始时刻, 我们不再赘述.

图 7.3 给出了 ω 和 ω_0 对投资在可违约债券上的均衡策略 π_2^* 的影响. 由于分析类似 ω 和 ω_0 对 π_1^* 的影响, 这里将省略.

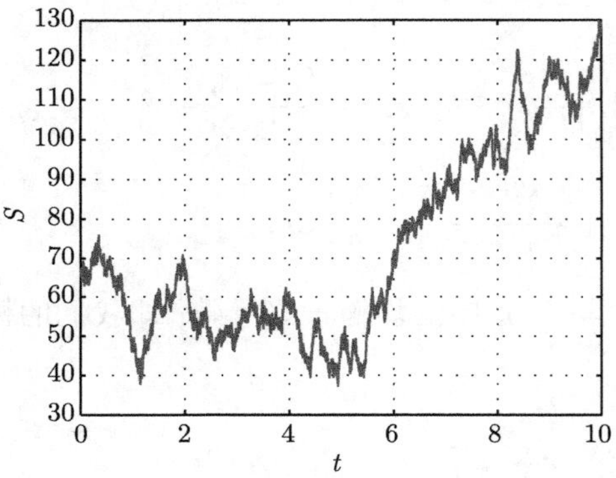

(a) 风险资产的价格过程

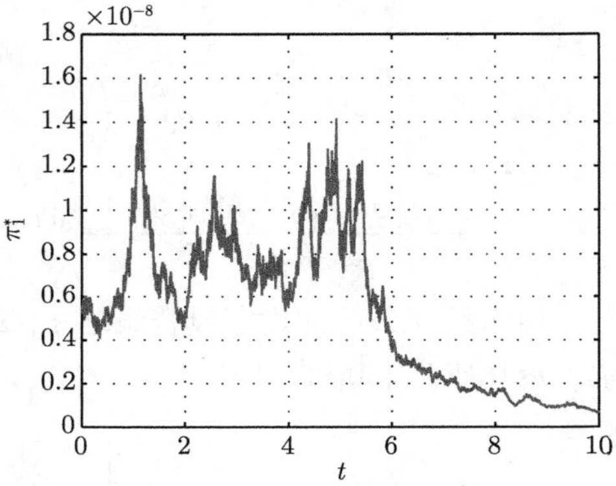

(b) t对π_1^*的影响

图 7.1

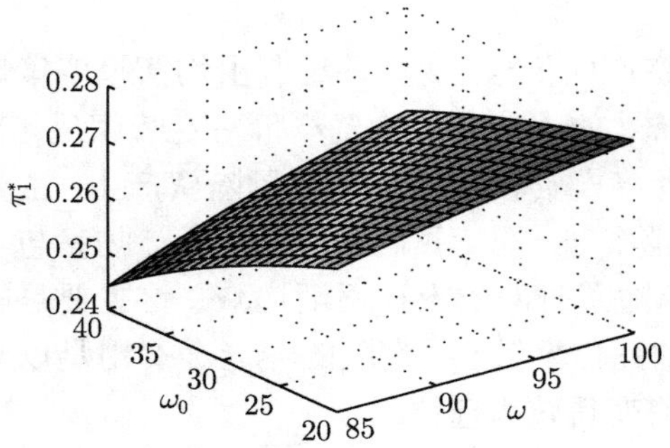

(a) ω和ω_0在0时刻对π_1^*的影响

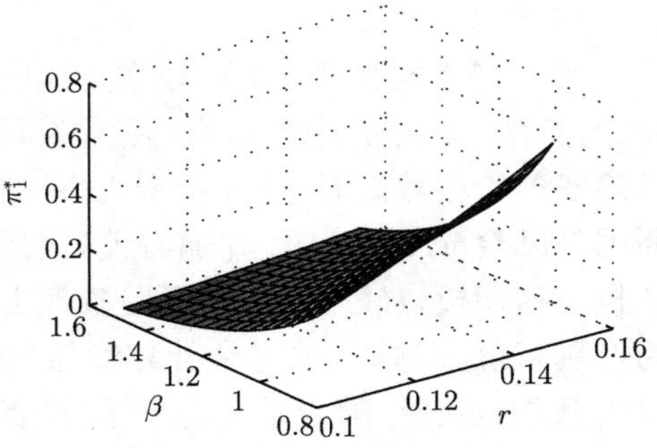

(b) r和β在0时刻对π_1^*的影响

图 7.2

由图 7.4 可知, π_2^* 随着信贷息差 δ 的增加而增加, 随着损失率 ζ 的增加而减少. 这是因为当信贷息差 δ, 以及违约回报率 $1-\zeta$ 较大时, 可违约债券将更具有吸引力. 因此, 当 δ 较大和 ζ 较小时, 养老金计划参与者将购买较多的可违约债券. 此外, 较大的 ζ 将使得违约回报率减小, 这意味着养老金计划参与者的潜在损失将增大. 因此, 养老金计划参与者将减少在可违约债券上的投资.

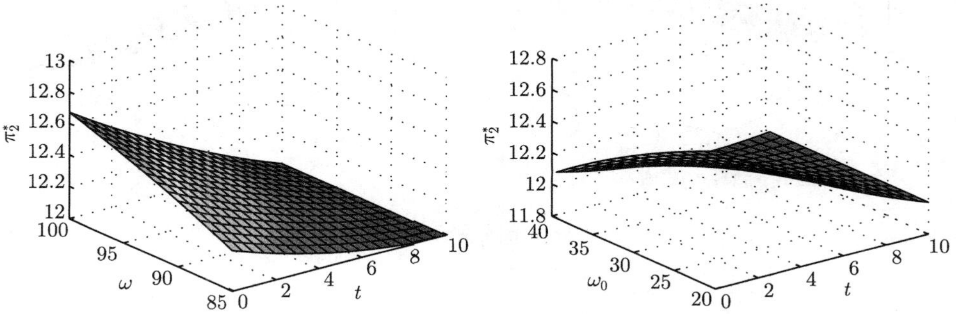

(a) ω对π_2^*的影响 (b) ω_0对π_2^*的影响

图 7.3

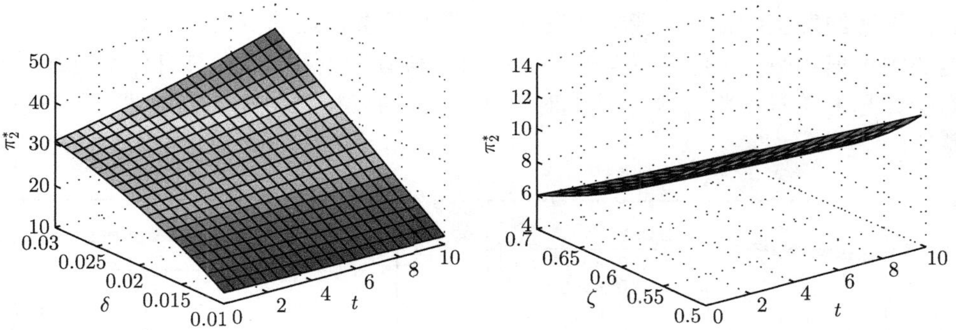

(a) δ对π_2^*的影响 (b) ζ对π_2^*的影响

图 7.4

由图 7.5 可知, π_2^* 随着违约强度 h 的增加而减少, 随着保费支付率 c 的增加而增加. 产生 h 与 π_2^* 之间的关系主要有两方面的原因. 一方面, 当 h 增加时, 违约概率将增加, 可违约债券的风险将增大, 可违约债券的信用等级将降低. 因此, 对于养老金计划参与者来说可违约债券的吸引力将降低; 另一方面, 较大的 h 意味着较低的违约风险溢价, 养老金计划参与者也将谨慎选择对可违约债券的投资. 此外, 若 c 增加, 养老金计划的总资本将增加, 养老金计划参与者将有更多的资金在金融市场中进行投资.

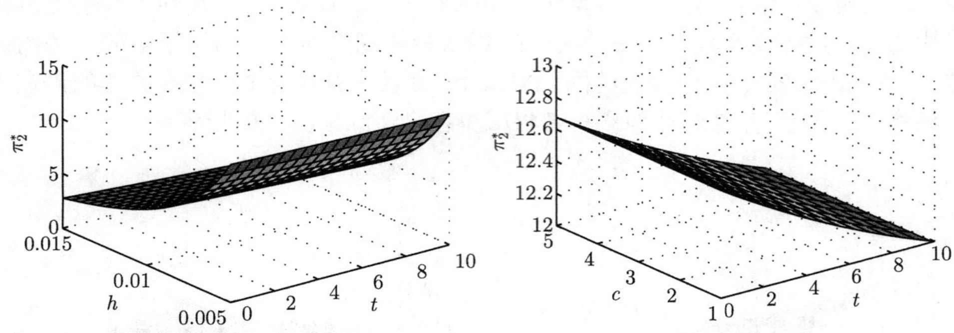

(a) h对π_2^*的影响　　(b) c对π_2^*的影响

图 7.5

图 7.6 给出了在 0 时刻 x 和 s 对违约前和违约后, 考虑保费返还与否的价值函数的影响关系. 由图 7.6 可知, 价值函数随着 x 的增加而增加, 随着 s 的增加而减少. 此外, 违约前的价值函数高于违约后的价值函数, 即 $V(0,x,s,0) > V(0,x,s,1)$. $V(0,x,s,0)$ 和 $V(0,x,s,1)$ 之间的差值可以理解为养老金计划参与者由于违约发生的损失. 我们还发现, 不具有保费返还的价值函数高于具有保费返还的价值函数, 这是因为当养老金计划参与者发生死亡时, 具有保费返还的养老金计划的总资产将减少. 其他时刻 $t > 0$ 的分析类似在初始时刻, 我们不再赘述.

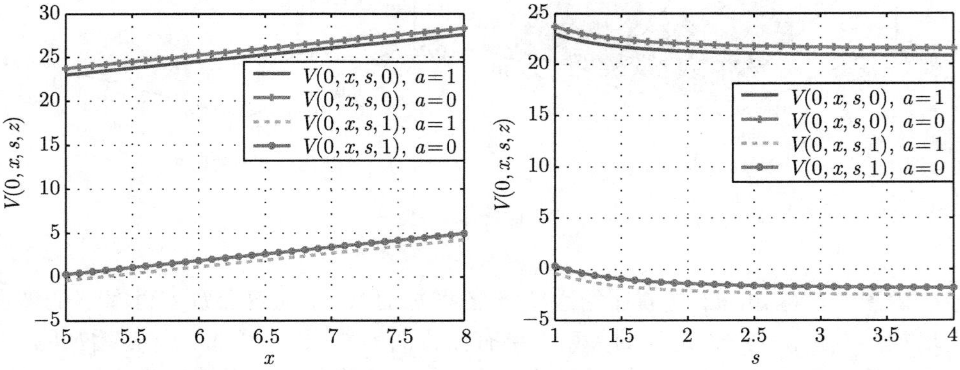

(a) x在0时刻对价值函数的影响　　(b) s在0时刻对价值函数的影响

图 7.6

7.5 小结与展望

在我们的模型中, 我们将可违约债券引入确定缴费型养老金计划的投资中, 假设金融市场由一个无风险资产、一个可违约债券和一个风险资产组成, 其中风险资产的价格过程服从 CEV 模型. 此外, 由于在养老金计划的累积阶段会出现参与者死亡的情况, 我们考虑了具有保费返还的养老金计划, 即在养老金计划累积阶段, 如出现养老金计划参与者死亡的情况, 将其保费予以返还, 资本差额由在世的参与者平均分担. 运用随机控制理论, 建立相关拓展的 HJB 方程, 通过求解拓展的 HJB 方程, 可得到均衡再保险和投资策略以及均衡价值函数的解析解. 最后, 通过数值模拟分析模型参数对均衡策略的影响.

未来可以尝试更多养老金管理方式, 如混合养老金等, 以丰富养老金投资管理研究.

第 8 章　多个保险公司的动态风险分担均衡策略选择

8.1 引　　言

现实生活中经常会出现巨额赔付的情况，而一个保险公司分担风险的能力是有限的，此时会需要多个保险公司共同分担风险. 因此，本章探索多个保险公司的分担风险问题具有一定的现实意义.

本章考虑了时间一致的均值–方差准则下的动态 Pareto 最优风险分担问题. 假定 n 个保险公司共同承担外生风险，动态风险过程由 Lévy 过程描述. 通过使用拉格朗日乘数法求解拓展的 HJB 方程，得到了每个保险公司的时间一致均衡风险承担策略的显式形式. 我们证明均衡的风险分担策略是两种常见的风险分担策略的混合，即比例策略和止损策略. 进一步分析了均衡风险分担策略的性质. 通过引入模型不确定，考虑了模糊厌恶情景下的保险公司风险分担策略，并研究模糊对策略的影响.

8.2 模 型 建 立

给定满足通常条件的完备信息流概率空间 $(\Omega, \mathcal{F}, \{\mathcal{F}_t\}_{t\in[0,T]}, \mathbb{P})$，其中 $\mathcal{F}_t$ 表示到时刻 t 为止所获得的信息总和，时刻 t 的决策基于信息流 $\mathcal{F}_t$，$\mathbb{P}$ 为实际测度，且与其等价的风险中性测度为 $\mathbb{Q}$. 假设本章中所有的随机过程均是该概率空间上的适应性过程. 保险和金融市场上交易是连续的，且没有交易费用和税收产生.

假设与外源风险有关的总损失由下式描述

$$U(t) = \int_0^t \int_0^\infty yN(\mathrm{d}s, \mathrm{d}y), \quad t \in [0, T], \tag{8.1}$$

其中 $N(\mathrm{d}s, \mathrm{d}y)$ 是泊松随机测度，表示在时间 $(s, s+\mathrm{d}s)$ 中赔付大小为 $(y, y+\mathrm{d}y)$ 的赔付数量. N 的补偿测度记为 $\widetilde{N}(\mathrm{d}s, \mathrm{d}y) = N(\mathrm{d}s, \mathrm{d}y) - \upsilon(\mathrm{d}y)\mathrm{d}s$，其中 υ 是一个 Lévy 测度使得 $\displaystyle\int_0^\infty (y \vee y^2)\upsilon(\mathrm{d}y) < \infty$. 这个条件可以保证 $U(t)$ 的二阶矩存在. 常用的复合泊松过程是过程 (8.1) 的一个特殊情况，即 $\upsilon(\mathrm{d}y) = \lambda F(\mathrm{d}y)$，其中 λ 是泊松跳强度，且 $F(\cdot)$ 是损失的分布函数.

我们考虑 n 个保险公司以合作的形式共同承担损失. 记第 $i(i=1,\cdots,n)$ 个保险公司采取的风险分担策略为确定性函数 $l_i(t,y):[0,T]\times\mathbb{R}_+\to[0,y]$, 其中 $y=U(t)-U(t-)$ 表示在时刻 t 发生的瞬时损失的大小, $l_i(t,y)$ 表示第 i 个保险公司承担风险的部分. 本章我们求解反馈策略. 此外, $l_i(t,y)\leqslant y$ 需要满足以保证保险公司承担的风险不超过总的风险. 若每一个 l_i 满足以上条件, 则风险分担策略 $\boldsymbol{l}=(l_1,\cdots,l_n)$ 是可行的. 所有可行策略的集合记为 Π.

第 i 个保险公司到时刻 t 承担的累积风险为

$$\int_0^t\int_0^\infty l_i(s,y)N(\mathrm{d}s,\mathrm{d}y).$$

同时, 第 i 个保险公司以保费率 $\theta_i>0$ 按照期望值保费原理收取保费, 则第 i 个保险公司的财富过程为

$$\mathrm{d}X_i^{l_i}(t)=(1+\theta_i)\int_0^\infty l_i(t,y)\upsilon(\mathrm{d}y)\mathrm{d}t-\int_0^\infty l_i(t,y)N(\mathrm{d}t,\mathrm{d}y),\quad t\in[0,T]. \tag{8.2}$$

不失一般性, 假设保费率的大小排序为 $\theta_1\geqslant\theta_2\geqslant\cdots\geqslant\theta_n$.

我们假设保险公司的风险偏好是均值–方差准则, 即初始状态为 $X_i^{l_i}(t)=x_i$ 的第 i 个保险公司的回报函数为

$$J_i^{l_i}(t,\boldsymbol{x})=\mathrm{E}_{t,\boldsymbol{x}}\left[X_i^{l_i}(T)\right]-\frac{\gamma_i}{2}\mathrm{Var}_{t,\boldsymbol{x}}\left[X_i^{l_i}(T)\right],$$

其中 $\boldsymbol{x}=(x_1,\cdots,x_n)$, $X^{\boldsymbol{l}}=(X_1^{l_1},\cdots,X_n^{l_n})$, $\mathrm{E}_{t,\boldsymbol{x}}[\cdot]:=\mathrm{E}[\cdot|X^{\boldsymbol{l}}(t)=\boldsymbol{x}]$, $\mathrm{Var}_{t,\boldsymbol{x}}[\cdot]:=\mathrm{Var}[\cdot|X^{\boldsymbol{l}}(t)=\boldsymbol{x}]$, 且 $\gamma_i>0$ 为第 i 个保险公司的风险厌恶系数.

考虑 Pareto 最优, 我们的目标是在考虑约束的条件下最大化 n 个保险公司的总回报

$$\begin{cases}\max\limits_{\boldsymbol{l}\in\Pi}J^{\boldsymbol{l}}(t,\boldsymbol{x}):=\sum\limits_{i=1}^n J_i^{l_i}(t,\boldsymbol{x}),\\ \text{s.t. }\sum\limits_{i=1}^n l_i(t,y)\leqslant y,\quad J_i^{l_i}(t,\boldsymbol{x})\geqslant J_i^0(t,\boldsymbol{x})=x_i,\quad i=1,\cdots,n.\end{cases} \tag{8.3}$$

第一个约束 $\sum\limits_{i=1}^n l_i(t,y)\leqslant y$ 保证了 n 个保险公司总的赔付不超过实际损失. 第二个约束 $J_i^{l_i}(t,\boldsymbol{x})\geqslant J_i^0(t,\boldsymbol{x})=x_i$ 是一个个人理性约束, 保证了每一个保险公司参与风险分担后不会变得更差.

动态均值–方差准则具有时间不一致性, 即今天的最优策略明天可能就不是最优的. 本章我们遵循主流时间一致的方法, 将决策过程视为与未来参与者实施的所有策略都不合作的博弈, 得到均衡策略, 而不是预先承诺策略. 首先给出均衡策略的定义.

定义 8.1 给定 $(t,\boldsymbol{x})\in[0,T]\times\mathbb{R}^n$ 和 $\boldsymbol{l}^*\in\Pi$, 定义如下扰动策略 $\boldsymbol{l}^\varepsilon$,

$$\boldsymbol{l}^\varepsilon(s,y)=\begin{cases}\check{\boldsymbol{l}}(y), & s\in[t,t+\varepsilon),\ y\in\mathbb{R}_+,\\ \boldsymbol{l}^*(s,y), & s\in[t+\varepsilon,T],\ y\in\mathbb{R}_+,\end{cases}\tag{8.4}$$

其中 $\check{\boldsymbol{l}}:\mathbb{R}_+\to\mathbb{R}_+^n$ 且 $\varepsilon>0$ 使得 $\boldsymbol{l}^\varepsilon\in\Pi$. 假设对于任意 $(t,\boldsymbol{x})\in[0,T]\times\mathbb{R}^n$ 和扰动策略 $\boldsymbol{l}^\varepsilon\in\Pi$ 有

$$\liminf_{\varepsilon\to0}\frac{J^{\boldsymbol{l}^*}(t,\boldsymbol{x})-J^{\boldsymbol{l}^\varepsilon}(t,\boldsymbol{x})}{\varepsilon}\geqslant0,$$

则 $\boldsymbol{l}^*$ 为问题 (8.3) 的均衡风险分担策略.

注解 8.1 正如 [14] 中所讨论的, 上述连续时间均衡策略的定义可以理解为离散时间策略的极限, 可以使用反向归纳法来解决. 在时间 $T-\varepsilon$ 时, 得到 Pareto 最优策略 $\boldsymbol{l}^*(T-\varepsilon,y)$, 该策略最大化了总目标 $J^{\boldsymbol{l}}(T-\varepsilon,\boldsymbol{x})=\sum_{i=1}^{n}J_i^{l_i}(T-\varepsilon,\boldsymbol{x})$. Pareto 最优策略是指不存在一个可行策略 $\widehat{\boldsymbol{l}}(T-\varepsilon,y)$ 使得 $J_i^{\hat{l}_i}(T-\varepsilon,\boldsymbol{x})\geqslant J_i^{l_i^*}(T-\varepsilon,\boldsymbol{x})$ 对所有的 $i=1,\cdots,n$ 成立, 其中 n 个不等式中至少有一个不等号严格成立. 从给定 $\boldsymbol{l}^*(T-\varepsilon,y)$ 的最优性, 可以求解出 $T-2\varepsilon$ 处的均衡策略, 并且重复以上倒推过程直到初始时刻 $t<T$.

注解 8.2 对于组群决策, Denant-Boemont 等[34] 提供了一些实验证据, 跨期组群决策比个人决策更为一致. 可以看出, 这种协调机制有助于各组群融合并做出稳定和动态一致的决定. 本章研究了 Pareto 最优风险分担, 这需要所有保险公司的协调以使总报酬最大化, 因此对于我们的问题使用更一致的目标 (8.3) 更为合适. 我们还将看到, 导出的均衡风险承担策略确实在空间和时间上都是稳定的.

令 $\varphi(t,\boldsymbol{x}):[0,T]\times\mathbb{R}^n\to\mathbb{R}$. 记 $\varphi(t,\boldsymbol{x})\in C^{1,2}([0,T]\times\mathbb{R}^n)$ 表示 $\varphi(t,\boldsymbol{x})$ 关于 $t\in[0,T]$ 一阶连续可微, 关于 $\boldsymbol{x}\in\mathbb{R}^n$ 二阶连续可微. 对于任意 $\varphi\in C^{1,2}([0,T]\times\mathbb{R}^n)$ 和 $\boldsymbol{l}\in\Pi$, 定义下列算子

$$\begin{aligned}\mathcal{L}^{\boldsymbol{l}}\varphi(t,\boldsymbol{x}):=&\frac{\partial\varphi(t,\boldsymbol{x})}{\partial t}+\sum_{i=1}^{n}\frac{\partial\varphi(t,\boldsymbol{x})}{\partial x_i}(1+\theta_i)\int_0^\infty l_i(t,y)\upsilon(\mathrm{d}y)\\&+\int_0^\infty\left[\varphi\left(t,\boldsymbol{x}-\boldsymbol{l}(t,y)\right)-\varphi(t,\boldsymbol{x})\right]\upsilon(\mathrm{d}y).\end{aligned}$$

下面给出验证定理.

定理 8.1 假设存在函数 $V(t,\boldsymbol{x}),g_1(t,\boldsymbol{x}),\cdots,g_n(t,\boldsymbol{x})\in C^{1,2}([0,T]\times\mathbb{R}^n)$ 满足下列条件:

(1) 对于任意 $(t,\boldsymbol{x})\in[0,T]\times\mathbb{R}^n$ 和 $i=1,\cdots,n$,

$$\sup_{\boldsymbol{l}\in\mathbb{R}_+^n}\left\{\mathcal{L}^{\boldsymbol{l}}V(t,\boldsymbol{x})-\frac{1}{2}\sum_{i=1}^{n}\left(\gamma_i\mathcal{L}^{\boldsymbol{l}}g_i^2(t,\boldsymbol{x})\right)+\sum_{i=1}^{n}\left(\gamma_i g_i(t,\boldsymbol{x})\mathcal{L}^{\boldsymbol{l}}g_i(t,\boldsymbol{x})\right)\right\}=0 \quad (8.5)$$

且

$$\mathcal{L}^{\boldsymbol{l}^*}g_i(t,\boldsymbol{x})=0, \quad (8.6)$$

其中 $\boldsymbol{l}^*$ 表示在 (8.5) 中达到极大值的点. 此外, 满足下列边界条件

$$V(T,\boldsymbol{x})=\sum_{i=1}^{n}x_i,\quad g_i(T,\boldsymbol{x})=x_i.$$

(2) 对于任意 $(t,y)\in[0,T]\times\mathbb{R}_+$,

$$\sum_{i=1}^{n}l_i^*(t,y)\leqslant y.$$

(3) 对于任意 $(t,\boldsymbol{x})\in[0,T]\times\mathbb{R}^n$ 和 $i=1,\cdots,n$,

$$J_i^{l_i^*}(t,\boldsymbol{x})\geqslant x_i.$$

则 $\boldsymbol{l}^*$ 是问题 (8.3) 的均衡风险分担策略, 且对于任意 $i=1,\cdots,n$ 有 $V(t,\boldsymbol{x})=J^{\boldsymbol{l}^*}(t,\boldsymbol{x})$ 和 $g_i(t,\boldsymbol{x})=\mathrm{E}_{t,\boldsymbol{x}}\left[X_i^{l_i^*}(T)\right]$.

8.3 多个保险公司的动态风险分担均衡策略求解

以下定理给出了问题 (8.3) 的均衡风险分担策略的精确解. 为了阐述结果, 我们定义一个递增的序列 $\{a_k\}_{k=1}^{n+1}$, $a_1=0$且对于 $k=2,\cdots,n+1$ 有 $a_k=\sum_{j=1}^{k-1}\frac{\theta_j-\theta_k}{\gamma_j}$, 其中为了记号方便, 定义 $\theta_{n+1}=0$. 并且对于任意 $x,y\in\mathbb{R}$, 定义 $[x]_+=\max\{x,0\}$, $x\wedge y=\min\{x,y\}$.

定理 8.2 对于问题 (8.3), 第 $i(i=1,\cdots,n)$ 个保险公司的均衡风险分担策略为

$$l_i^*(t,y)=\begin{cases}0, & y\in(0,a_i],\\ \dfrac{\theta_i-\theta_k}{\gamma_i}+\dfrac{\gamma_i^{-1}}{\gamma_1^{-1}+\cdots+\gamma_k^{-1}}(y-a_k), & y\in(a_k,a_{k+1}],\quad k=i,\cdots,n,\\ \dfrac{\theta_i}{\gamma_i}, & y\in(a_{n+1},\infty),\end{cases}$$

或等价地,

$$l_i^*(t,y) = \sum_{j=i}^{n} c_{ij}\left[(y \wedge a_{j+1}) - a_j\right]_+, \quad y > 0, \tag{8.7}$$

其中, 对于 $j = i, \cdots, n$, $c_{ij} := \dfrac{\gamma_i^{-1}}{\gamma_1^{-1} + \cdots + \gamma_j^{-1}}$.

证明　假设如下均衡价值函数形式:

$$V(t,\boldsymbol{x}) = \sum_{i=1}^{n} x_i + B(t), \quad g_i(t,\boldsymbol{x}) = x_i + b_i(t), \quad i = 1, \cdots, n. \tag{8.8}$$

将式 (8.8) 代入拓展的 HJB 方程 (8.5) 中可得

$$\sup_{\boldsymbol{l}} \left\{ B'(t) + \sum_{i=1}^{n} \theta_i \int_0^{\infty} l_i(t,y) v(\mathrm{d}y) - \frac{1}{2}\sum_{i=1}^{n} \gamma_i \int_0^{\infty} l_i^2(t,y) v(\mathrm{d}y) \right\} = 0, \tag{8.9}$$

并考虑约束 $l_i(t,y) \geqslant 0$, $\sum_{i=1}^{n} l_i(t,y) \leqslant y$. 最优解可以通过求解 n 维非线性最优化问题得到

$$\begin{cases} \sup\limits_{\boldsymbol{l}} \displaystyle\int_0^{\infty} \sum_{i=1}^{n} \left(\theta_i l_i(t,y) - \frac{1}{2}\gamma_i l_i^2(t,y)\right) v(\mathrm{d}y), \\ \text{s.t.} \quad l_i(t,y) \geqslant 0, \quad i = 1, \cdots, n, \quad \displaystyle\sum_{i=1}^{n} l_i(t,y) \leqslant y. \end{cases}$$

等价地, 对于给定的 $t \geqslant 0$ 和 $y \geqslant 0$, 考虑

$$\begin{cases} \inf\limits_{(l_1,\cdots,l_n)\in\mathbb{R}^n} \displaystyle\sum_{i=1}^{n} \left(-\theta_i l_i + \frac{1}{2}\gamma_i l_i^2\right), \\ \text{s.t.} \quad l_i \geqslant 0, \quad i = 1, \cdots, n, \quad \displaystyle\sum_{i=1}^{n} l_i \leqslant y. \end{cases}$$

定义拉格朗日函数

$$L(l_1, \cdots, l_n) = \sum_{i=1}^{n} \left(-\theta_i l_i + \frac{1}{2}\gamma_i l_i^2\right) + \sum_{i=1}^{n} \lambda_{1,i}(-l_i) + \lambda_2 \left(\sum_{i=1}^{n} l_i - y\right).$$

使用 Karush–Kuhn–Tucker (KKT) 条件, 对于任意 $i \in \{1, 2, \cdots, n\}$, 有

$$\begin{cases} \dfrac{\partial L}{\partial l_i} = -\theta_i + \gamma_i l_i - \lambda_{1,i} + \lambda_2 = 0, \\ \lambda_{1,i} l_i = 0, \quad \lambda_2 \left(\displaystyle\sum_{i=1}^{n} l_i - y \right) = 0, \\ -l_i \leqslant 0, \quad \displaystyle\sum_{i=1}^{n} l_i - y \leqslant 0, \\ \lambda_{1,i} \geqslant 0, \quad \lambda_2 \geqslant 0. \end{cases} \tag{8.10}$$

令 $\mathcal{S} = \{i = 1, 2, \cdots, n : l_i \neq 0\}$. 对于系统 (8.10), 我们分别考虑 $\lambda_2 = 0$ 和 $\lambda_2 > 0$ 两种情况, 分别将式 (8.10) 简化为

$$\begin{cases} \theta_i - \gamma_i l_i = 0, \quad \lambda_{1,i} = 0, \quad l_i > 0, \quad i \in \mathcal{S}, \\ \theta_i + \lambda_{1,i} = 0, \quad \lambda_{1,i} \geqslant 0, \quad l_i = 0, \quad i \in \{1, 2, \cdots, n\} \backslash \mathcal{S}, \\ \displaystyle\sum_{i \in \mathcal{S}} l_i - y \leqslant 0, \quad \lambda_2 = 0 \end{cases} \tag{8.11}$$

和

$$\begin{cases} \theta_i - \gamma_i l_i - \lambda_2 = 0, \ \lambda_{1,i} = 0, \ l_i > 0, \quad i \in \mathcal{S}, \\ \theta_i + \lambda_{1,i} - \lambda_2 = 0, \ \lambda_{1,i} \geqslant 0, \ l_i = 0, \quad i \in \{1, 2, \cdots, n\} \backslash \mathcal{S}, \\ \displaystyle\sum_{i \in \mathcal{S}} l_i - y = 0, \ \lambda_2 > 0. \end{cases} \tag{8.12}$$

首先求解 (8.11). 由 (8.11) 中第二行和所有的 θ_i 均为正数的事实, 我们得到 $\mathcal{S} = \{1, 2, \cdots, n\}$. 则 (8.11) 中第一行和第三行意味着对于所有的 $i \in \{1, 2, \cdots, n\}$,

$$l_i^*(t, y) = \frac{\theta_i}{\gamma_i}, \quad y \geqslant \sum_{i=1}^{n} \frac{\theta_i}{\gamma_i} := a_{n+1}. \tag{8.13}$$

接着求解 (8.12). 由 (8.12) 中第一行可知, 对于 $i \in \mathcal{S}$, $l_i = \dfrac{\theta_i - \lambda_2}{\gamma_i}$. 将该不等式代入 (8.12) 中第三行可得

$$\lambda_2 = -\frac{1}{\displaystyle\sum_{j \in \mathcal{S}} \gamma_j^{-1}} \left(y - \sum_{j \in \mathcal{S}} \frac{\theta_j}{\gamma_j} \right). \tag{8.14}$$

进一步将 (8.14) 代入 (8.12) 中第一行和第二行, 简化方程可得

$$
l_i^*(t,y)=\begin{cases}0, & i=k+1,\cdots,n,\\ \dfrac{\theta_i-\theta_k}{\gamma_i}+\dfrac{\gamma_i^{-1}}{\sum\limits_{j=1}^{k}\gamma_j^{-1}}(y-a_k), & i=1,\cdots,k,\end{cases} \tag{8.15}
$$

其中 $k\in\{1,2,\cdots,n\}$ 从 $y\in(a_k,a_{k+1}]$ 中唯一确定.

结合 (8.13) 和 (8.15), 第 i 个保险公司的均衡风险分担策略可写为

$$
l_i^*(t,y)=\begin{cases}0, & y\in(0,a_i],\\ \dfrac{\theta_i-\theta_k}{\gamma_i}+\dfrac{\gamma_i^{-1}}{\gamma_1^{-1}+\cdots+\gamma_k^{-1}}(y-a_k), & y\in(a_k,a_{k+1}],\quad k=i,\cdots,n,\\ \dfrac{\theta_i}{\gamma_i}, & y\in(a_{n+1},\infty).\end{cases} \tag{8.16}
$$

函数 $B(t)$ 和 $b_i(t)$ 可由式 (8.9) 和式 (8.6) 求解得到如下形式

$$
B(t)=\int_t^T\left\{\sum_{i=1}^n\int_0^\infty\theta_i l_i^*(s,y)\upsilon(\mathrm{d}y)-\frac{1}{2}\sum_{i=1}^n\gamma_i\int_0^\infty l_i^*(s,y)^2\upsilon(\mathrm{d}y)\right\}\mathrm{d}s,
$$

$$
b_i(t)=\int_t^T\left\{\int_0^\infty\theta_i l_i^*(s,y)\upsilon(\mathrm{d}y)\right\}\mathrm{d}s.
$$

最后验证个人理性条件. 直接计算可得

$$
J_i^{l_i^*}(t,\boldsymbol{x})=x_i+B_i(t),
$$

$$
B_i(t):=\int_t^T\left\{\int_0^\infty\theta_i l_i^*(s,y)\upsilon(\mathrm{d}y)-\frac{1}{2}\gamma_i l_i^*(s,y)^2\upsilon(\mathrm{d}y)\right\}\mathrm{d}s.
$$

由于

$$
l_i^*(s,y)\leqslant l_i^*(s,a_{n+1})=\frac{\theta_i}{\gamma_i},
$$

则对于任意 $i=1,2,\cdots,n$, $B_i(t)\geqslant 0$, 这保证了个人理性条件成立. □

推论 8.1　假设只存在一个保险公司, 即 $n=1$, 那么其均衡风险分担策略是止损的形式

$$
l_1^*(t,y)=y\wedge\frac{\theta_1}{\gamma_1}. \tag{8.17}
$$

均衡风险分担策略 (8.17) 意味着保险公司愿意承担到临界值 $\dfrac{\theta_1}{\gamma_1}$ 处 100% 的损失, 但是不愿意提供超这个临界值以后的风险分担.

推论 8.2 假设所有的保险公司的保费率均相等, 即对任意的 $i=1,\cdots,n$, $\theta_i=\theta$. 第 i 个保险公司的均衡风险分担策略为

$$l_i^*(t,y)=c_{in}\left(y\wedge a_{n+1}\right), \tag{8.18}$$

其中 $a_{n+1}=\sum_{j=1}^{n}\frac{\theta}{\gamma_j}$.

均衡风险分担策略 (8.18) 意味着保险公司在风险低于 a_{n+1} 的部分承担风险的比例形式, 但是超过这个界限则不承担风险. 第 i 个保险公司承担的比例 c_{in} 表示寻求风险的相对程度.

对于一般形式的均衡风险分担策略 (8.7), 我们重点阐述以下性质.

(i) 均衡风险分担策略在时间和状态上都是同质的, 即独立于时间 t 和初始财富 x. 时间同质性策略的应用更为实用, 因为确定个人的决策并不容易, 更不用说风险分担是基于群体决策的. 对于个人投资问题, 我们承认依赖财富的策略在经济上具有重要意义, 因为较富有的投资者可能愿意承担更多的风险. 实际上, 这促使研究人员提出了状态相关的均方差准则, 请参见 [15], 结果显示均衡投资策略的确依赖于财富. 但是, 我们认为与财富无关的策略对于群体问题可能更为现实. 如果均衡风险分担策略依赖于财富, 则将要求每家保险公司将其当前盈余的信息发布给其他保险公司, 这不是很现实, 因为通常只有监管者才知道这些信息. 此外, 由于财富会随着时间不断变化, 因此难以实施依赖财富的战略. 但是, 均衡的风险分担策略 (8.7) 仅依赖于保险公司的保费率和风险规避参数, 它们更稳定, 更容易获得.

(ii) 均衡风险分担策略是两种最常见的风险分担策略的组合: 比例策略和止损策略.

(iii) 损失保险被分为一组损失阈值 $\{a_k\}_{k=1}^{n+1}$:

• 在区间 $[a_k,a_{k+1}]$ 中的损失部分 y, $k=1,2,\cdots,n$, 由保费率最高的 k 个保险公司完全承担. 对于损失 $y\in[a_k,a_{k+1}]$, 可知

$$\sum_{m=1}^{k}l_m^*(t,y)=y.$$

k 个保险公司之间的风险分担安排本质上是成比例的, 其中每个保险公司所承担的比例由其相对寻求风险的程度确定, 以 c_{ik}, $i=1,2,\cdots,k$ 来衡量. 寻求风险更大的保险公司被分配更大比例的保险;

• 损失中超过 a_{n+1} 的部分, n 的保险人均不承担任何风险;

• 对于损失区间 $[a_k,a_{k+1}]$, 损失阈值 a_{k+1}, $k=1,2,\cdots,n$ 由参与风险分担的 k 个保险公司的风险厌恶程度和相对保费率确定.

(iv) 保险公司保费率 $\{\theta_i\}_{i=1}^n$ 确定参与风险分担安排的顺序, 因为保险公司以其保费率的降序参与风险分担. 具体来说, 损失的第一个比率, $[(y \wedge a_2) - a_1]_+ = y \wedge a_2$, 是由保费率最大的保险公司来承担的. 可理解为损失部分 $[(y \wedge a_{j+1}) - a_j]_+$, $j = 1, \cdots, n$ 可以根据损失频率从高到低被承担. 根据 Pareto 最优原则, 其目标是使参与者的总报酬最大化, 保费率最高的保险公司自然会承担最频繁的损失.

(v) 最后, 注意到

$$\sum_{i=1}^n l_i^*(t,y) = y \wedge a_{n+1},$$

如果更多的保险公司参与分担风险, 总损失保障限额$a_{n+1} = \sum_{i=1}^n \frac{\theta_i}{\gamma_i}$ 增加. 因此, 一组保险公司之间的这种合作使得能够针对给定的风险提供更全面的保险. 尽管新保险公司的加入减轻了原始参与者承担的风险比例, 但这些原始参与者也因 a_{n+1} 的增加而在尾部承担一些 "新风险".

命题 8.1 令 $i \in \{1, \cdots, n\}$ 固定.

(1) $l_i^*(t,y)$ 和 $\sum_{j=1}^n l_j^*(t,y)$ 对于所有的 $y > 0$ 关于 θ_i 是递增的, 并且 $l_j^*(t,y)$, $j \neq i$ 对于所有的 $y > 0$ 关于 θ_i 是递减的.

(2) $l_i^*(t,y)$ 和 $\sum_{j=1}^n l_j^*(t,y)$ 对于所有的 $y > 0$ 关于 γ_i 是递减的, 并且 $l_j^*(t,y)$, $j \neq i$ 对于所有的 $y > 0$ 关于 γ_i 是递增的.

该命题提供了均衡风险承担策略关于保费率和风险厌恶系数之间的一些比较关系. 通过基本的计算就可以得到该命题的证明, 故这里不做详细阐述. 该命题指出, 如果第 i 个保险公司的保费率 θ_i 增加或风险厌恶系数 γ_i 减少, 则承担更多风险. 其他保险公司将通过承担较小比例的风险而进行相应的调整以实现新的平衡. 此外, 总损失额 $\sum_{j=1}^n l_j^*$ 遵循与第 i 个保险公司相同的趋势, 后者在调整中起主导作用.

8.4 模糊厌恶情景下的多个保险公司的动态风险分担均衡策略求解

在前面的章节中, 风险过程 U 的真实概率测度是被 n 个保险公司获知的. 但是在实际情况中会出现模型不确定的情况, 本节考虑保险公司对外生风险过程持怀疑态度情况下的鲁棒风险分担策略.

为了引入模糊, 我们引入一族概率策略 $\mathcal{Q}=\{\mathbb{Q}^{\phi}:\phi\in\Theta\}$, 其中概率测度 $\mathbb{Q}^{\phi}\in\mathcal{Q}$ 表示风险过程 U 的一个合理概率分布, 且如果对于任意 $t\in[0,T]$, 下式满足

$$\exp\left\{\int_t^T\int_0^{\infty}[(1-\phi(s,y))\ln(1-\phi(s,y))+\phi(s,y)]v(\mathrm{d}y)\mathrm{d}s\right\}<\infty,$$

则函数 $\phi(\cdot,\cdot):[0,T]\times(0,\infty)\to(-\infty,1)$ 属于集合 Θ. 每一个 $\phi\in\Theta$ 被称为等价概率测度 $\mathbb{Q}^{\phi}$ 对应的概率扭曲函数, 并且通过 Radon-Nikodym 导数过程定义

$$\begin{aligned}\left.\frac{\mathrm{d}\mathbb{Q}^{\phi}}{\mathrm{d}\mathbb{P}}\right|_{\mathcal{F}(t)}=\exp\bigg\{&\int_0^t\int_0^{\infty}\ln(1-\phi(s,y))\widetilde{N}(\mathrm{d}s,\mathrm{d}y)\\&+\int_0^t\int_0^{\infty}[\ln(1-\phi(s,y))+\phi(s,y)]v(\mathrm{d}y)\mathrm{d}s\bigg\}.\end{aligned}$$

易知 $\mathbb{P}\in\mathcal{Q}$. 这里 $\mathbb{P}$ 称为参考测度. 粗略地讲, $|\phi|$ 越大, $\mathbb{Q}^{\phi}$ 与 $\mathbb{P}$ 的差距越远. 由 Girsanov 定理和 (8.2), 在测度 $\mathbb{Q}^{\phi_i}$ 下, 第 i 个保险公司的动态财富过程为

$$\begin{aligned}\mathrm{d}X_i^{l_i}(t)&=\theta_i\int_0^{\infty}l_i(t,y)v(\mathrm{d}y)\mathrm{d}t-\int_0^{\infty}l_i(t,y)\widetilde{N}(\mathrm{d}t,\mathrm{d}y)\\&=\theta_i\int_0^{\infty}l_i(t,y)v(\mathrm{d}y)\mathrm{d}t+\int_0^{\infty}l_i(t,y)\phi_i(t,y)v(\mathrm{d}y)\mathrm{d}t\\&\quad-\int_0^{\infty}l_i(t,y)\widetilde{N}^{\phi_i}(\mathrm{d}t,\mathrm{d}y),\end{aligned}$$

其中 $\widetilde{N}^{\phi_i}(\mathrm{d}t,\mathrm{d}y)=\widetilde{N}(\mathrm{d}t,\mathrm{d}y)+\phi_i(t,y)v(\mathrm{d}y)\mathrm{d}t$ 是补偿泊松随机过程, 在 $\mathbb{Q}^{\phi_i}$ 下, 补偿测度为 $(1-\phi_i(t,y))v(\mathrm{d}y)$. 为了简化记号, 令 $\mathrm{E}^{\phi_i}[\cdot]$, $\mathrm{Var}^{\phi_i}[\cdot]$ 分别为 $\mathbb{Q}^{\phi_i}$ 下的均值和方差.

根据鲁棒最优化模型, 对于给定的风险分担策略 l_i, 第 i 个保险公司的回报函数为

$$\hat{J}_i^{l_i}(t,\boldsymbol{x})=\inf_{\phi_i\in\Theta}J_i^{l_i,\phi_i}(t,\boldsymbol{x})=J_i^{l_i,\phi_i^{l_i}}(t,\boldsymbol{x}),\tag{8.19}$$

其中

$$J_i^{l_i,\phi_i}(t,\boldsymbol{x})=\mathrm{E}_{t,\boldsymbol{x}}^{\phi_i}\left[X_i^{l_i}(T)\right]-\frac{\gamma_i}{2}\mathrm{Var}_{t,\boldsymbol{x}}^{\phi_i}\left[X_i^{l_i}(T)\right]+\int_t^T h_{\beta_i}(\phi_i(s))\,\mathrm{d}s\tag{8.20}$$

且

$$h_{\beta_i}(\phi_i(s))=\frac{1}{\beta_i}\int_0^{\infty}[(1-\phi_i(s,y))\ln(1-\phi_i(s,y))+\phi_i(s,y)]\,v(\mathrm{d}y).\tag{8.21}$$

这里, $\int_t^T h_{\beta_i}(\phi_i(s))\mathrm{d}s$ 惩罚了与测度 $\mathbb{P}$ 的距离, $\beta_i>0$ 度量了第 i 个保险公司对参考测度的模糊程度. 如果 $\beta_i\downarrow 0$, 有

$$\hat{J}_i^{l_i}(t,\boldsymbol{x})\to \mathrm{E}_{t,\boldsymbol{x}}\left[X_i^{l_i}(T)\right]-\frac{\gamma_i}{2}\mathrm{Var}_{t,\boldsymbol{x}}\left[X_i^{l_i}(T)\right],$$

这将目标简化为不考虑模糊的情况. 另一方面, 如果 $\beta_i\uparrow\infty$, 有

$$\hat{J}_i^{l_i}(t,\boldsymbol{x})\to \inf_{\phi_i\in\Theta}\left\{\mathrm{E}_{t,\boldsymbol{x}}^{\phi_i}\left[X_i^{l_i}(T)\right]-\frac{\gamma_i}{2}\mathrm{Var}_{t,\boldsymbol{x}}^{\phi_i}\left[X_i^{l_i}(T)\right]\right\},$$

这意味着保险公司对于参考测度是极度不确定的.

给定 $(t,\boldsymbol{x})\in[0,T]\times\mathbb{R}^n$, 目标是寻求鲁棒均衡风险分担策略来最大化总的回报, 即

$$\begin{cases}\max\limits_{\boldsymbol{l}\in\Pi}\hat{J}^{\boldsymbol{l}}(t,\boldsymbol{x}):=\sum\limits_{i=1}^n\hat{J}_i^{l_i}(t,\boldsymbol{x}),\\ \text{s.t.}\ \ \sum\limits_{i=1}^n l_i(t,y)\leqslant y,\quad \hat{J}_i^{l_i}(t,\boldsymbol{x})\geqslant x_i,\quad i=1,\cdots,n.\end{cases}\tag{8.22}$$

在给出验证定理之前, 我们先给出以下算子. 对于任意 $\varphi(t,\boldsymbol{x})\in C^{1,2}([0,T]\times\mathbb{R}^n)$, 令

$$\begin{aligned}\mathcal{L}^{\boldsymbol{l},\phi}\varphi(t,\boldsymbol{x}):=&\frac{\partial\varphi(t,\boldsymbol{x})}{\partial t}+\sum_{i=1}^n\frac{\partial\varphi(t,\boldsymbol{x})}{\partial x_i}(1+\theta_i)\int_0^\infty l_i(t,y)v(\mathrm{d}y)\\&+\int_0^\infty\left[\varphi(t,\boldsymbol{x}-\boldsymbol{l}(t,y))-\varphi(t,\boldsymbol{x})\right](1-\phi(t,y))v(\mathrm{d}y).\end{aligned}$$

定理 8.3 假设对于 $i=1,\cdots,n$, 存在 $J_i(t,\boldsymbol{x}),g_i(t,\boldsymbol{x})\in C^{1,2}([0,T]\times\mathbb{R}^n)$ 满足下列条件:

(1) 对于任意 $(t,\boldsymbol{x})\in[0,T]\times\mathbb{R}^n$ 和 $i=1,\cdots,n$,

$$\begin{aligned}\sup_{\boldsymbol{l}\in\mathbb{R}_+^n}\Bigg\{\sum_{i=1}^n\inf_{\phi_i<1}\Bigg\{&\mathcal{L}^{\boldsymbol{l},\phi_i}J_i(t,\boldsymbol{x})-\frac{\gamma_i}{2}\mathcal{L}^{\boldsymbol{l},\phi_i}g_i^2(t,\boldsymbol{x})\\&+\gamma_i g_i(t,\boldsymbol{x})\mathcal{L}^{\boldsymbol{l},\phi_i}g_i(t,\boldsymbol{x})+h_{\beta_i}(\phi_i(t))\Bigg\}\Bigg\}=0\end{aligned}\tag{8.23}$$

且

$$\mathcal{L}^{\boldsymbol{l}^*,\phi_i^*}g_i(t,\boldsymbol{x})=0,\tag{8.24}$$

其中 $\boldsymbol{l}^*$ 和 $\boldsymbol{\phi}^*=(\phi_1^*,\cdots,\phi_n^*)$ 分别表示在 (8.23) 中达到极大值的 $\boldsymbol{l}$ 和极小值的 ϕ_i 策略对. 此外, 每一个 J_i 和 g_i 满足边界条件

$$J_i(T,\boldsymbol{x})=g_i(T,\boldsymbol{x})=x_i.\tag{8.25}$$

(2) 对于任意 $(t,y)\in[0,T]\times\mathbb{R}_+$,

$$\sum_{i=1}^{n} l_i^*(t,y)\leqslant y.$$

(3) 对于任意 $(t,\boldsymbol{x})\in[0,T]\times\mathbb{R}^n$ 和 $i=1,\cdots,n$,

$$\hat{J}_i^{l_i^*}(t,\boldsymbol{x})\geqslant x_i.$$

(4) 对于 $i=1,\cdots,n$, 函数 $\mathcal{L}^{\boldsymbol{l}^*,\phi_i^*}J_i(t,\boldsymbol{x})$ 和 $\mathcal{L}^{\boldsymbol{l}^*,\phi_i^*}g_i^2(t,\boldsymbol{x})$ 与 $\boldsymbol{x}$ 无关.

(5) 对于所有 $i=1,\cdots,n$, $\phi_i^*=\phi_i^{l_i^*}$.

(6) 每一个 J_i 具有如下形式

$$J_i(t,\boldsymbol{x})=x_i+B_i(t),$$

其中 $B_i(t)$ 为 t 的函数.

则 $\boldsymbol{l}^*$ 为问题 (8.22) 的鲁棒均衡风险分担策略. 进一步, 对于 $i=1,\cdots,n$,

$$\sum_{i=1}^{n} J_i(t,\boldsymbol{x})=\hat{J}^{\boldsymbol{l}^*}(t,\boldsymbol{x}),\quad g_i(t,\boldsymbol{x})=\mathrm{E}_{t,\boldsymbol{x}}^{\phi_i^*}[X_i^{l_i^*}(T)].$$

为了证明定理 8.3, 我们首先给出两个引理.

引理 8.1 考虑可行地反馈策略 $\boldsymbol{l}\in\Pi$.

(1) 在任意 $\mathbb{Q}^{\phi_i}\in\mathcal{Q}$ 下, 过程 $\{X_i^{l_i}(t)\}_{t\in[0,T]}$ 具有独立增量;

(2) 对于任意 $0\leqslant t\leqslant w\leqslant T$, 概率扭曲函数

$$\phi_i^{l_i}(t,y)=1-\mathrm{e}^{\beta_i\left(l_i(t,y)+\frac{\gamma_i}{2}l_i^2(t,y)\right)} \tag{8.26}$$

可使式 (8.19) 获得极小值, 同时也使得下式得到极小值

$$\inf_{\phi_i\in\Theta}\left\{\mathrm{E}^{\phi_i}[X_i^{l_i}(w)-X_i^{l_i}(t)]-\frac{\gamma_i}{2}\mathrm{Var}^{\phi_i}[X_i^{l_i}(w)-X_i^{l_i}(t)]+\int_t^w h_{\beta_i}(\phi_i(s))\mathrm{d}s\right\}.$$

证明 (1) 对于任意 $0\leqslant t\leqslant w\leqslant T$, 从式 (8.19) 中易知

$$\begin{aligned}X_i^{l_i}(w)-X_i^{l_i}(t)=&\int_t^w\int_0^\infty(\theta_i+\phi_i(s,y))\,l_i(s,y)v(\mathrm{d}y)\mathrm{d}s\\&-\int_t^w\int_0^\infty l_i\,(s,y)\,\widetilde{N}^{\phi_i}(\mathrm{d}s,\mathrm{d}y).\end{aligned}\tag{8.27}$$

独立增量性可由 l_i 和 ϕ_i 是 t 和 y 的确定性函数得到.

(2) 由式 (8.27) 和 (8.21) 可得

$$\mathrm{E}^{\phi_i}[X_i^{l_i}(w)-X_i^{l_i}(t)]-\frac{\gamma_i}{2}\mathrm{Var}^{\phi_i}[X_i^{l_i}(w)-X_i^{l_i}(t)]+\int_t^w h_{\beta_i}(\phi_i(s))\mathrm{d}s$$

$$=\int_t^w\int_0^\infty(\theta_i+\phi_i(s,y))\,l_i(s,y)v(\mathrm{d}y)\mathrm{d}s$$

$$-\frac{\gamma_i}{2}\int_t^w\int_0^\infty l_i^2\,(s,y)\,(1-\phi_i(s,y))v(\mathrm{d}y)\mathrm{d}s$$

$$+\int_t^w\frac{1}{\beta_i}\int_0^\infty[(1-\phi_i(s,y))\ln(1-\phi_i(s,y))+\phi_i(s,y)]\,v(\mathrm{d}y)\mathrm{d}s. \tag{8.28}$$

对式 (8.28) 运用一阶最优性条件可知 $\phi_i^{l_i}$ 的表达由式 (8.26) 给出. 令 $w=T$, 易知 $\phi_i^{l_i}$ 也使式 (8.19) 得到极小值. □

引理 8.2 对于第 i 个保险公司, 考虑定义在 (8.4) 中的扰动策略 l_i^ε. 在定理 8.3 的条件 (5) 下, 使得式 (8.19) 达到极小的相关概率扭曲函数为

$$\phi_i^\varepsilon(s,y)=\begin{cases}\check{\phi}_i(s,y) & s\in[t,t+\varepsilon),\ y\in\mathbb{R}_+,\\ \phi_i^*(s,y), & s\in[t+\varepsilon,T],\ y\in\mathbb{R}_+,\end{cases} \tag{8.29}$$

其中为了简洁, 记 $\phi_i^\varepsilon:=\phi_i^{l_i^\varepsilon}$ 和 $\check{\phi}_i:=\phi_i^{\check{l}_i}$. 此外, 对于任意可测函数 $f:\mathbb{R}\to\mathbb{R}$ 使得下列期望有限, 我们有

$$\mathrm{E}_{t,\boldsymbol{x}}^{\phi_i^\varepsilon}[f(X_i^{l_i^\varepsilon}(T))]=\mathrm{E}_{t,\boldsymbol{x}}^{\check{\phi}_i}\left[\mathrm{E}_{t+\varepsilon,\boldsymbol{X}^{\check{l}}(t+\varepsilon)}^{\phi_i^*}\left[f(X_i^{l_i^*}(T))\right]\right]. \tag{8.30}$$

证明 由于 l_i^ε 是反馈策略, 由式 (8.27) 可知, 在任意 $\mathbb{Q}^\phi\in\mathcal{Q}$ 下, 有

$$X_i^{l_i^\varepsilon}(t+\varepsilon)\overset{\mathrm{d}}{=}X_i^{\check{l}_i}(t+\varepsilon),\quad 给定X_i^{l_i^\varepsilon}(t)=X_i^{\check{l}_i}(t), \tag{8.31}$$

$$X_i^{l_i^\varepsilon}(T)-X_i^{l_i^\varepsilon}(t+\varepsilon)\overset{\mathrm{d}}{=}X_i^{l_i^*}(T)-X_i^{l_i^*}(t+\varepsilon). \tag{8.32}$$

进一步, 由引理 8.1 中 (1) 可知, 对于任意 $\mathbb{Q}^\phi\in\mathcal{Q}$, $X_i^{l_i^\varepsilon}(T)-X_i^{l_i^\varepsilon}(t+\varepsilon)$ 和 $X_i^{l_i^\varepsilon}(t+\varepsilon)$ 是不相关的. 与式 (8.31) 和式 (8.32) 一起可得

$$\begin{aligned}J_i^{l_i^\varepsilon,\phi_i}(t,\boldsymbol{x})&=\mathrm{E}_{t,\boldsymbol{x}}^{\phi_i}[X_i^{l_i^\varepsilon}(T)]-\frac{\gamma_i}{2}\mathrm{Var}_{t,\boldsymbol{x}}^{\phi_i}[X_i^{l_i^\varepsilon}(T)]+\int_t^T h_{\beta_i}(\phi_i(s))\mathrm{d}s\\&:=F^{\phi_i}(t+\varepsilon,T)+F^{\phi_i}(t,t+\varepsilon),\end{aligned} \tag{8.33}$$

其中, 我们定义

$$F^{\phi_i}(t+\varepsilon,T):=\mathrm{E}^{\phi_i}[X_i^{l_i^\varepsilon}(T)-X_i^{l_i^\varepsilon}(t+\varepsilon)]$$

$$
\begin{aligned}
&-\frac{\gamma_i}{2}\mathrm{Var}^{\phi_i}[X_i^{l_i^\varepsilon}(T)-X_i^{l_i^\varepsilon}(t+\varepsilon)]+\int_{t+\varepsilon}^T h_{\beta_i}(\phi_i(s))\mathrm{d}s\\
=&\ \mathrm{E}^{\phi_i}[X_i^{l_i^*}(T)-X_i^{l_i^*}(t+\varepsilon)]\\
&-\frac{\gamma_i}{2}\mathrm{Var}^{\phi_i}[X_i^{l_i^*}(T)-X_i^{l_i^*}(t+\varepsilon)]+\int_{t+\varepsilon}^T h_{\beta_i}(\phi_i(s))\mathrm{d}s
\end{aligned}
$$

和

$$
\begin{aligned}
F^{\phi_i}(t,t+\varepsilon):=&\ \mathrm{E}_{t,\boldsymbol{x}}^{\phi_i}[X_i^{l_i^\varepsilon}(t+\varepsilon)]-\frac{\gamma_i}{2}\mathrm{Var}_{t,\boldsymbol{x}}^{\phi_i}[X_i^{l_i^\varepsilon}(t+\varepsilon)]+\int_t^{t+\varepsilon} h_{\beta_i}(\phi_i(s))\mathrm{d}s\\
=&\ \mathrm{E}_{t,\boldsymbol{x}}^{\phi_i}[X_i^{\check{l}_i}(t+\varepsilon)]-\frac{\gamma_i}{2}\mathrm{Var}_{t,\boldsymbol{x}}^{\phi_i}[X_i^{\check{l}_i}(t+\varepsilon)]+\int_t^{t+\varepsilon} h_{\beta_i}(\phi_i(s))\mathrm{d}s.
\end{aligned}
$$

由引理 8.1 中的 (2) 以及定理 8.3 中的 (5) 可得

$$
\{\phi_i^*(s,y)\}_{s\in[t+\varepsilon,T],y\in\mathbb{R}_+}=\{\phi_i^{l_i^*}(s,y)\}_{s\in[t+\varepsilon,T],y\in\mathbb{R}_+}=\arg\min_{\phi_i\in\Theta}F^{\phi_i}(t+\varepsilon,T),
$$

$$
\{\check{\phi}_i(s,y)\}_{s\in[t,t+\varepsilon),y\in\mathbb{R}_+}:=\{\phi_i^{\check{l}_i}(s,y)\}_{s\in[t,t+\varepsilon),y\in\mathbb{R}_+}=\arg\min_{\phi_i\in\Theta}F^{\phi_i}(t,t+\varepsilon).
$$

因此, 结合以上两个概率扭曲函数可得式 (8.29).

令 $f:\mathbb{R}\to\mathbb{R}$ 是使得所涉及的期望均有限的可测函数. 由式 (8.29) 可得

$$
\begin{aligned}
\mathrm{E}_{t,\boldsymbol{x}}^{\phi_i^\varepsilon}[f(X_i^{l_i^\varepsilon}(T))]&=\mathrm{E}^{\phi_i^\varepsilon}\left[\mathrm{E}^{\phi_i^\varepsilon}\left[f(X_i^{l_i^\varepsilon}(T))\Big|\boldsymbol{X}^{\boldsymbol{l}^\varepsilon}(t+\varepsilon)\right]\Big|\boldsymbol{X}^{\boldsymbol{l}^\varepsilon}(t)=\boldsymbol{x}\right]\\
&=\mathrm{E}^{\check{\phi}_i}\left[\mathrm{E}^{\phi_i^*}\left[f(X_i^{l_i^\varepsilon}(T))\Big|\boldsymbol{X}^{\boldsymbol{l}^\varepsilon}(t+\varepsilon)\right]\Big|\boldsymbol{X}^{\boldsymbol{l}^\varepsilon}(t)=\boldsymbol{x}\right].
\end{aligned}
$$

由式 (8.31) 回忆, 给定 $X_i^{l_i^\varepsilon}(t)=X_i^{\check{l}_i}(t)=x_i$, 有 $X_i^{l_i^\varepsilon}(t+\varepsilon)\overset{\mathrm{d}}{=}X_i^{\check{l}_i}(t+\varepsilon)$. 因此, 由强马氏性可得

$$
\begin{aligned}
\mathrm{E}_{t,\boldsymbol{x}}^{\phi_i^\varepsilon}[f(X_i^{l_i^\varepsilon}(T))]&=\mathrm{E}^{\check{\phi}_i}\left[\mathrm{E}^{\phi_i^*}\left[f(X_i^{l_i^\varepsilon}(T))\Big|\boldsymbol{X}^{\boldsymbol{l}^\varepsilon}(t+\varepsilon)\right]\Big|\boldsymbol{X}^{\boldsymbol{l}^\varepsilon}(t)=\boldsymbol{x}\right]\\
&=\mathrm{E}^{\check{\phi}_i}\left[\mathrm{E}^{\phi_i^*}\left[f(X_i^{l_i^\varepsilon}(T))\Big|\boldsymbol{X}^{\check{\boldsymbol{l}}}(t+\varepsilon)\right]\Big|\boldsymbol{X}^{\check{\boldsymbol{l}}}(t)=\boldsymbol{x}\right]\\
&=\mathrm{E}_{t,\boldsymbol{x}}^{\check{\phi}_i}\left[\mathrm{E}_{t+\varepsilon,\boldsymbol{X}^{\check{\boldsymbol{l}}}(t+\varepsilon)}^{\phi_i^*}\left[f(X_i^{l_i^\varepsilon}(T))\right]\right].
\end{aligned}\tag{8.34}
$$

给定 $X_i^{l_i^\varepsilon}(t+\varepsilon)=X_i^{l_i^*}(t+\varepsilon)=X_i^{\check{l}_i}(t+\varepsilon)$, 由于 $X_i^{l_i^\varepsilon}(s)$ 和 $X_i^{l_i^*}(s)$ 的动态过程在 $s\in(t+\varepsilon,T]$ 中是一样的, 我们有 $X_i^{l_i^\varepsilon}(T)\overset{\mathrm{d}}{=}X_i^{l_i^*}(T)$, 这意味着

$$
\mathrm{E}_{t+\varepsilon,\boldsymbol{X}^{\check{\boldsymbol{l}}}(t+\varepsilon)}^{\phi_i^*}\left[f(X_i^{l_i^\varepsilon}(T))\right]=\mathrm{E}_{t+\varepsilon,\boldsymbol{X}^{\check{\boldsymbol{l}}}(t+\varepsilon)}^{\phi_i^*}\left[f(X_i^{l_i^*}(T))\right].\tag{8.35}
$$

将其代入式 (8.34) 可得式 (8.30). □

下面证明定理 8.3.

证明 步骤 1. 在定理 8.3 的所有条件下, 有

$$g_i(t,\boldsymbol{x})=\mathrm{E}_{t,\boldsymbol{x}}^{\phi_i^*}[X_i^{l_i^*}(T)],\quad \sum_{i=1}^n J_i(t,\boldsymbol{x})=\hat{J}^{\boldsymbol{l}^*}(t,\boldsymbol{x}).\tag{8.36}$$

由 Dynkin 公式 (参见 [106] 中的定理 1.24) 以及 (8.24), 有

$$\mathrm{E}_{t,\boldsymbol{x}}^{\phi_i^*}[g_i(T,\boldsymbol{X}^{\boldsymbol{l}^*}(T))]=g_i(t,\boldsymbol{x})+\mathrm{E}_{t,\boldsymbol{x}}^{\phi_i^*}\left[\int_t^T\mathcal{L}^{\boldsymbol{l}^*,\phi_i^*}g_i(s,\boldsymbol{X}^{\boldsymbol{l}^*}(s))\mathrm{d}s\right]=g_i(t,\boldsymbol{x}),$$

其中记 $\boldsymbol{X}^{\boldsymbol{l}^*}=(X_1^{l_1^*},\cdots,X_n^{l_n^*})$. 由式 (8.25) 中 g 的边界条件, 可得

$$\mathrm{E}_{t,\boldsymbol{x}}^{\phi_i^*}[g_i(T,\boldsymbol{X}^{\boldsymbol{l}^*}(T))]=\mathrm{E}_{t,\boldsymbol{x}}^{\phi_i^*}[X_i^{l_i^*}(T)].$$

结合以上两式可得 $g_i(t,\boldsymbol{x})=\mathrm{E}_{t,\boldsymbol{x}}^{\phi_i^*}[X_i^{l_i^*}(T)]$.

接下来, 我们说明 $\sum\limits_{i=1}^n J_i(t,\boldsymbol{x})=\hat{J}^{\boldsymbol{l}^*}(t,\boldsymbol{x})$. 由于式 (8.23) 中的极大值和极小值在 $(\boldsymbol{l}^*,\boldsymbol{\phi}^*)$ 处得到, 我们可以将式 (8.23) 写成

$$\begin{aligned}0&=\sum_{i=1}^n\left\{\mathcal{L}^{\boldsymbol{l}^*,\phi_i^*}J_i(t,\boldsymbol{x})-\frac{\gamma_i}{2}\mathcal{L}^{\boldsymbol{l}^*,\phi_i^*}g_i^2(t,\boldsymbol{x})+\gamma_i g_i(t,\boldsymbol{x})\mathcal{L}^{\boldsymbol{l}^*,\phi_i^*}g_i(t,\boldsymbol{x})+h_{\beta_i}(\phi_i^*(t))\right\}\\&=\sum_{i=1}^n\left\{\mathcal{L}^{\boldsymbol{l}^*,\phi_i^*}J_i(t,\cdot)-\frac{\gamma_i}{2}\mathcal{L}^{\boldsymbol{l}^*,\phi_i^*}g_i^2(t,\cdot)+h_{\beta_i}(\phi_i^*(t))\right\},\end{aligned}\tag{8.37}$$

其中最后一步使用 (8.24) 式和条件 (4), 即 $\mathcal{L}^{\boldsymbol{l}^*,\phi_i^*}J_i(t,\cdot)$ 和 $\mathcal{L}^{\boldsymbol{l}^*,\phi_i^*}g_i^2(t,\cdot)$ 与 $\boldsymbol{x}$ 不相关. 由 Dynkin 公式, (8.25) 和条件 (4), 可得

$$\mathrm{E}_{t,\boldsymbol{x}}^{\phi_i^*}[X_i^{l_i^*}(T)]=\mathrm{E}_{t,\boldsymbol{x}}^{\phi_i^*}[J_i(T,\boldsymbol{X}^{\boldsymbol{l}^*}(T))]=J_i(t,\boldsymbol{x})+\int_t^T\mathcal{L}^{\boldsymbol{l}^*,\phi_i^*}J_i(s,\cdot)\mathrm{d}s.\tag{8.38}$$

加和 (8.38) 有

$$\sum_{i=1}^n\mathrm{E}_{t,\boldsymbol{x}}^{\phi_i^*}[X_i^{l_i^*}(T)]=\sum_{i=1}^n J_i(t,\boldsymbol{x})+\sum_{i=1}^n\int_t^T\mathcal{L}^{\boldsymbol{l}^*,\phi_i^*}J_i(s,\cdot)\mathrm{d}s,$$

由式 (8.37) 可得

$$\sum_{i=1}^n J_i(t,\boldsymbol{x})=\sum_{i=1}^n\left\{\mathrm{E}_{t,\boldsymbol{x}}^{\phi_i^*}[X_i^{l_i^*}(T)]-\frac{\gamma_i}{2}\int_t^T\mathcal{L}^{\boldsymbol{l}^*,\phi_i^*}g_i^2(s,\cdot)\mathrm{d}s+\int_t^T h_{\beta_i}(\phi_i^*(s))\mathrm{d}s\right\}.\tag{8.39}$$

为了说明式(8.39) 的右边等于 $\hat{J}^{\boldsymbol{l}^*}(t,\boldsymbol{x})$, 我们希望找到 $\int_t^T \mathcal{L}^{\boldsymbol{l}^*,\phi_i^*}g_i^2(s,\cdot)\mathrm{d}s$ 和 $X_i^{l_i^*}(T)$ 方差之间的关系. 由 Dynkin 公式, (8.25) 和条件 (4), 我们有

$$\begin{aligned}\mathrm{E}_{t,\boldsymbol{x}}^{\phi_i^*}[X_i^{l_i^*}(T)^2] &= \mathrm{E}_{t,\boldsymbol{x}}^{\phi_i^*}[g_i^2(T,\boldsymbol{X}^{\boldsymbol{l}^*}(T))] = g_i^2(t,\boldsymbol{x}) + \int_t^T \mathcal{L}^{\boldsymbol{l}^*,\phi_i^*}g_i^2(s,\cdot)\mathrm{d}s \\ &= \left(\mathrm{E}_{t,\boldsymbol{x}}^{\phi_i^*}[X_i^{l_i^*}(T)]\right)^2 + \int_t^T \mathcal{L}^{\boldsymbol{l}^*,\phi_i^*}g_i^2(s,\cdot)\mathrm{d}s,\end{aligned} \tag{8.40}$$

其中最后一步是由 (8.36) 的第一个关系得到的. 注意到式 (8.40) 等价于

$$\mathrm{Var}_{t,\boldsymbol{x}}^{\phi_i^*}[X_i^{l_i^*}(T)] = \int_t^T \mathcal{L}^{\boldsymbol{l}^*,\phi_i^*}g_i^2(s,\cdot)\mathrm{d}s. \tag{8.41}$$

最后, 将式 (8.41) 代入式 (8.39) 中, 并由条件 (5) 可得

$$\begin{aligned}\sum_{i=1}^n J_i(t,\boldsymbol{x}) &= \sum_{i=1}^n \left\{\mathrm{E}_{t,\boldsymbol{x}}^{\phi_i^*}[X_i^{l_i^*}(T)] - \frac{\gamma_i}{2}\mathrm{Var}_{t,\boldsymbol{x}}^{\phi_i^*}[X_i^{l_i^*}(T)] + \int_t^T h_{\beta_i}(\phi_i^*(s))\mathrm{d}s\right\} \\ &= \sum_{i=1}^n J_i^{l_i^*,\phi_i^*}(t,\boldsymbol{x}) = \sum_{i=1}^n J_i^{l_i^*,\phi_i^{l_i^*}}(t,\boldsymbol{x}) = \sum_{i=1}^n \hat{J}_i^{l_i^*}(t,\boldsymbol{x}) = \hat{J}^{\boldsymbol{l}^*}(t,\boldsymbol{x}).\end{aligned} \tag{8.42}$$

步骤 2. 在定理 8.3 的所有条件下, $\boldsymbol{l}^*$ 是均衡策略.

为了说明 $\boldsymbol{l}^*$ 是均衡策略, 需要说明对于由式 (8.4) 给出的任意扰动策略 $\boldsymbol{l}^\varepsilon$ 满足

$$\hat{J}^{\boldsymbol{l}^\varepsilon}(t,\boldsymbol{x}) - \hat{J}^{\boldsymbol{l}^*}(t,\boldsymbol{x}) \leqslant o(\varepsilon).$$

由式 (8.20) 和式 (8.30), 可得

$$\begin{aligned}J_i^{l_i^\varepsilon,\phi_i^\varepsilon}(t,\boldsymbol{x}) &= \mathrm{E}_{t,\boldsymbol{x}}^{\phi_i^\varepsilon}\left[X_i^{l_i^\varepsilon}(T) - \frac{\gamma_i}{2}(X_i^{l_i^\varepsilon}(T))^2\right] \\ &\quad + \frac{\gamma_i}{2}\left(\mathrm{E}_{t,\boldsymbol{x}}^{\phi_i^\varepsilon}[X_i^{l_i^\varepsilon}(T)]\right)^2 + \int_t^T h_{\beta_i}(\phi_i^\varepsilon(s))\mathrm{d}s \\ &= \mathrm{E}_{t,\boldsymbol{x}}^{\check{\phi}_i}\left[\mathrm{E}_{t+\varepsilon,\boldsymbol{X}^{\check{\boldsymbol{l}}}(t+\varepsilon)}^{\phi_i^*}\left[X_i^{l_i^*}(T) - \frac{\gamma_i}{2}(X_i^{l_i^*}(T))^2\right]\right] \\ &\quad + \frac{\gamma_i}{2}\left(\mathrm{E}_{t,\boldsymbol{x}}^{\check{\phi}_i}\left[\mathrm{E}_{t+\varepsilon,\boldsymbol{X}^{\check{\boldsymbol{l}}}(t+\varepsilon)}^{\phi_i^*}[X_i^{l_i^*}(T)]\right]\right)^2 \\ &\quad + \int_t^{t+\varepsilon} h_{\beta_i}(\check{\phi}_i(s))\mathrm{d}s + \int_{t+\varepsilon}^T h_{\beta_i}(\phi_i^*(s))\mathrm{d}s \\ &= \mathrm{E}_{t,\boldsymbol{x}}^{\check{\phi}_i}[J_i^{l_i^*,\phi_i^*}(t+\varepsilon,\boldsymbol{X}^{\check{\boldsymbol{l}}}(t+\varepsilon))] - \frac{\gamma_i}{2}\mathrm{E}_{t,\boldsymbol{x}}^{\check{\phi}_i}\left[\left(\mathrm{E}_{t+\varepsilon,\boldsymbol{X}^{\check{\boldsymbol{l}}}(t+\varepsilon)}^{\phi_i^*}[X_i^{l_i^*}(T)]\right)^2\right]\end{aligned}$$

$$
\begin{aligned}
&+\frac{\gamma_i}{2}\left(\mathrm{E}_{t,\boldsymbol{x}}^{\check{\phi}_i}\left[\mathrm{E}_{t+\varepsilon,\boldsymbol{X}^{\check{\boldsymbol{l}}}(t+\varepsilon)}^{\phi_i^*}[X_i^{l_i^*}(T)]\right]\right)^2+\int_t^{t+\varepsilon}h_{\beta_i}(\check{\phi}_i(s))\mathrm{d}s\\
=&\,\mathrm{E}_{t,\boldsymbol{x}}^{\check{\phi}_i}[J_i^{l_i^*,\phi_i^*}(t+\varepsilon,\boldsymbol{X}^{\check{\boldsymbol{l}}}(t+\varepsilon))]-\frac{\gamma_i}{2}\mathrm{E}_{t,\boldsymbol{x}}^{\check{\phi}_i}[g_i^2(t+\varepsilon,\boldsymbol{X}^{\check{\boldsymbol{l}}}(t+\varepsilon))]\\
&+\frac{\gamma_i}{2}\left(\mathrm{E}_{t,\boldsymbol{x}}^{\check{\phi}_i}[g_i(t+\varepsilon,\boldsymbol{X}^{\check{\boldsymbol{l}}}(t+\varepsilon))]\right)^2+\int_t^{t+\varepsilon}h_{\beta_i}(\check{\phi}_i(s))\mathrm{d}s, \qquad (8.43)
\end{aligned}
$$

其中最后一步是由式 (8.36) 的第一个关系得到的. 对于 $i=1,\cdots,n$, 加和 (8.43) 可得

$$
\begin{aligned}
\hat{J}^{\boldsymbol{l}^\varepsilon}(t,\boldsymbol{x})&=\sum_{i=1}^n J_i^{l_i^\varepsilon,\phi_i^\varepsilon}(t,\boldsymbol{x})\\
&=\sum_{i=1}^n\left\{\mathrm{E}_{t,\boldsymbol{x}}^{\check{\phi}_i}[J_i^{l_i^*,\phi_i^*}(t+\varepsilon,\boldsymbol{X}^{\check{\boldsymbol{l}}}(t+\varepsilon))]-\frac{\gamma_i}{2}\mathrm{E}_{t,\boldsymbol{x}}^{\check{\phi}_i}[g_i^2(t+\varepsilon,\boldsymbol{X}^{\check{\boldsymbol{l}}}(t+\varepsilon))]\right.\\
&\quad\left.+\frac{\gamma_i}{2}\left(\mathrm{E}_{t,\boldsymbol{x}}^{\check{\phi}_i}[g_i(t+\varepsilon,\boldsymbol{X}^{\check{\boldsymbol{l}}}(t+\varepsilon))]\right)^2+\int_t^{t+\varepsilon}h_{\beta_i}(\check{\phi}_i(s))\mathrm{d}s\right\}.
\end{aligned}
$$

上式减去 $\hat{J}^{\boldsymbol{l}^*}(t,\boldsymbol{x})$, 并插入额外项 $g_i^2(t,\boldsymbol{x})$ 有

$$
\hat{J}^{\boldsymbol{l}^\varepsilon}(t,\boldsymbol{x})-\hat{J}^{\boldsymbol{l}^*}(t,\boldsymbol{x})=\sum_{i=1}^n\left(J_i^{l_i^\varepsilon,\phi_i^\varepsilon}(t,\boldsymbol{x})-J_i^{l_i^*,\phi_i^*}(t,\boldsymbol{x})\right):=H_\varepsilon,
$$

其中

$$
\begin{aligned}
H_\varepsilon:=\sum_{i=1}^n&\left\{\mathrm{E}_{t,\boldsymbol{x}}^{\check{\phi}_i}[J_i^{l_i^*,\phi_i^*}(t+\varepsilon,\boldsymbol{X}^{\check{\boldsymbol{l}}}(t+\varepsilon))]-J_i^{l_i^*,\phi_i^*}(t,\boldsymbol{x})\right.\\
&-\frac{\gamma_i}{2}\left(\mathrm{E}_{t,\boldsymbol{x}}^{\check{\phi}_i}[g_i^2(t+\varepsilon,\boldsymbol{X}^{\check{\boldsymbol{l}}}(t+\varepsilon))]-g_i^2(t,\boldsymbol{x})\right)\\
&\left.+\frac{\gamma_i}{2}\left[\left(\mathrm{E}_{t,\boldsymbol{x}}^{\check{\phi}_i}[g_i(t+\varepsilon,\boldsymbol{X}^{\check{\boldsymbol{l}}}(t+\varepsilon))]\right)^2-g_i^2(t,\boldsymbol{x})\right]+\int_t^{t+\varepsilon}h_{\beta_i}(\check{\phi}_i(s))\mathrm{d}s\right\}.
\end{aligned}
\qquad (8.44)
$$

下面我们说明 $H_\varepsilon\leqslant o(\varepsilon)$. 对于任意 $\boldsymbol{l}\in\Pi$, $\phi_i\in\Theta$ 和 $\psi\in C^{1,2}([0,T]\times\mathbb{R}^n)$, 定义算子

$$
\mathcal{L}_\varepsilon^{\boldsymbol{l},\phi_i}\psi(t,\boldsymbol{x}):=\mathrm{E}_{t,\boldsymbol{x}}^{\phi_i}[\psi(t+\varepsilon,\boldsymbol{X}^{\boldsymbol{l}}(t+\varepsilon))]-\psi(t,\boldsymbol{x}).
$$

由引理 8.2, 可得

$$
\mathcal{L}_\varepsilon^{\check{\boldsymbol{l}},\phi_i^\varepsilon}\psi(t,\boldsymbol{x})=\mathcal{L}_\varepsilon^{\check{\boldsymbol{l}},\check{\phi}_i}\psi(t,\boldsymbol{x}), \qquad (8.45)
$$

进一步由式 (8.23) 可得

$$
\lim_{\varepsilon\downarrow 0}\frac{1}{\varepsilon}\mathcal{L}_\varepsilon^{\check{\boldsymbol{l}},\phi_i^\varepsilon}\psi(t,\boldsymbol{x})=\mathcal{L}^{\check{\boldsymbol{l}},\check{\phi}_i}\psi(t,\boldsymbol{x}). \qquad (8.46)
$$

使用记号 $\mathcal{L}_\varepsilon^{\boldsymbol{l},\phi_i}$ 和式 (8.45), 我们可将式 (8.44) 中的 H_ε 改写为

$$\begin{aligned}H_\varepsilon = \sum_{i=1}^n \Bigg\{&\mathcal{L}_\varepsilon^{\check{\boldsymbol{l}},\check{\phi}_i} J_i^{l_i^*,\phi_i^*}(t,\boldsymbol{x}) - \frac{\gamma_i}{2}\mathcal{L}_\varepsilon^{\check{\boldsymbol{l}},\check{\phi}_i} g_i^2(t,\boldsymbol{x}) \\ &+ \frac{\gamma_i}{2}\left[\left(\mathrm{E}_{t,\boldsymbol{x}}^{\check{\phi}_i}\left[g_i(t+\varepsilon,\boldsymbol{X}^{\check{\boldsymbol{l}}}(t+\varepsilon))\right]\right)^2 - g_i^2(t,\boldsymbol{x})\right] \\ &+ \int_t^{t+\varepsilon} h_{\beta_i}(\check{\phi}_i(s))\mathrm{d}s\Bigg\}. \end{aligned} \tag{8.47}$$

由 Dynkin 公式可得

$$\mathrm{E}_{t,\boldsymbol{x}}^{\check{\phi}_i}[g_i(t+\varepsilon,\boldsymbol{X}^{\check{\boldsymbol{l}}}(t+\varepsilon))] = g_i(t,\boldsymbol{x}) + \mathrm{E}_{t,\boldsymbol{x}}^{\check{\phi}_i}\left[\int_t^{t+\varepsilon}\mathcal{L}^{\check{\boldsymbol{l}},\check{\phi}_i} g_i(s,\boldsymbol{X}^{\check{\boldsymbol{l}}}(s))\mathrm{d}s\right],$$

意味着

$$\begin{aligned}&\left(\mathrm{E}_{t,\boldsymbol{x}}^{\check{\phi}_i}[g_i(t+\varepsilon,\boldsymbol{X}^{\check{\boldsymbol{l}}}(t+\varepsilon))]\right)^2 - g_i^2(t,\boldsymbol{x}) \\ =& 2g_i(t,\boldsymbol{x})\mathrm{E}_{t,\boldsymbol{x}}^{\check{\phi}_i}\left[\int_t^{t+\varepsilon}\mathcal{L}^{\check{\boldsymbol{l}},\check{\phi}_i} g_i(s,\boldsymbol{X}^{\check{\boldsymbol{l}}}(s))\mathrm{d}s\right] + o(\varepsilon).\end{aligned} \tag{8.48}$$

将式 (8.48) 代入式 (8.47) 中可得

$$\begin{aligned}H_\varepsilon - o(\varepsilon) = \sum_{i=1}^n \Bigg\{&\mathcal{L}_\varepsilon^{\check{\boldsymbol{l}},\check{\phi}_i} J_i^{l_i^*,\phi_i^*}(t,\boldsymbol{x}) - \frac{\gamma_i}{2}\mathcal{L}_\varepsilon^{\check{\boldsymbol{l}},\check{\phi}_i} g_i^2(t,\boldsymbol{x}) \\ &+ \gamma_i g_i(t,\boldsymbol{x})\mathrm{E}_{t,\boldsymbol{x}}^{\check{\phi}_i}\left[\int_t^{t+\varepsilon}\mathcal{L}^{\check{\boldsymbol{l}},\check{\phi}_i} g_i(s,\boldsymbol{X}^{\check{\boldsymbol{l}}}(s))\mathrm{d}s\right] \\ &+ \int_t^{t+\varepsilon} h_{\beta_i}(\check{\phi}_i(s))\mathrm{d}s\Bigg\}.\end{aligned} \tag{8.49}$$

由拓展的 HJB 方程 (8.23)、条件 (6) 以及 (8.42), 可得

$$\begin{aligned}0 &\geqslant \sum_{i=1}^n \left\{\mathcal{L}^{\check{\boldsymbol{l}},\check{\phi}_i} J_i(t,\boldsymbol{x}) - \frac{\gamma_i}{2}\mathcal{L}^{\check{\boldsymbol{l}},\check{\phi}_i} g_i^2(t,\boldsymbol{x}) + \gamma_i g_i(t,\boldsymbol{x})\mathcal{L}^{\check{\boldsymbol{l}},\check{\phi}_i} g_i(t,\boldsymbol{x}) + h_{\beta_i}(\check{\phi}_i(t))\right\} \\ &= \sum_{i=1}^n \left\{\mathcal{L}^{\check{\boldsymbol{l}},\check{\phi}_i} J_i^{l_i^*,\phi_i^*}(t,\boldsymbol{x}) - \frac{\gamma_i}{2}\mathcal{L}^{\check{\boldsymbol{l}},\check{\phi}_i} g_i^2(t,\boldsymbol{x}) + \gamma_i g_i(t,\boldsymbol{x})\mathcal{L}^{\check{\boldsymbol{l}},\check{\phi}_i} g_i(t,\boldsymbol{x}) + h_{\beta_i}(\check{\phi}_i(t))\right\}.\end{aligned} \tag{8.50}$$

式 (8.50) 中最后一个等式是因为 $\sum_{i=1}^n \mathcal{L}^{\check{\boldsymbol{l}},\check{\phi}_i} J_i(t,\boldsymbol{x}) = \sum_{i=1}^n \mathcal{L}^{\check{\boldsymbol{l}},\check{\phi}_i} J_i^{l_i^*,\phi_i^*}(t,\boldsymbol{x})$. 该结论可由以下推导得到. 一方面,

$$\sum_{i=1}^n \mathcal{L}^{\check{\boldsymbol{l}},\check{\phi}_i} J_i(t,\boldsymbol{x})$$

$$
\begin{aligned}
&=\sum_{i=1}^{n}\left\{\frac{\partial J_i(t,\boldsymbol{x})}{\partial t}+\sum_{j=1}^{n}\frac{\partial J_i(t,\boldsymbol{x})}{\partial x_j}(1+\theta_j)\int_0^{\infty}\check{l}_j(t,y)\upsilon(\mathrm{d}y)\right\}\\
&\quad+\sum_{i=1}^{n}\int_0^{\infty}\left[J_i(t,\boldsymbol{x}-\check{\boldsymbol{l}}(t,y))-J_i(t,\boldsymbol{x})\right](1-\phi_i(t,y))\upsilon(\mathrm{d}y)\\
&=\frac{\partial\sum\limits_{i=1}^{n}J_i(t,\boldsymbol{x})}{\partial t}+\sum_{j=1}^{n}\frac{\partial\sum\limits_{i=1}^{n}J_i(t,\boldsymbol{x})}{\partial x_j}(1+\theta_j)\int_0^{\infty}\check{l}_j(t,y)\upsilon(\mathrm{d}y)\\
&\quad-\sum_{i=1}^{n}\int_0^{\infty}\check{l}_i(t,y)(1-\phi_i(t,y))\upsilon(\mathrm{d}y),
\end{aligned}
$$

其中最后一步由定理 8.3 的条件 (6) 得到. 另一方面, 由式 (8.20) 可知 $J_i^{l_i^*,\phi_i^*}(t,\boldsymbol{x})=x_i+B_i^*(t)$, 其中 B_i^* 是 t 的函数, 因为方差项与 $\boldsymbol{x}$ 无关. 类似地, 我们可知

$$
\begin{aligned}
&\sum_{i=1}^{n}\mathcal{L}^{\check{\boldsymbol{l}},\check{\phi}_i}J_i^{l_i^*,\phi_i^*}(t,\boldsymbol{x})\\
&=\sum_{i=1}^{n}\left\{\frac{\partial J_i^{l_i^*,\phi_i^*}(t,\boldsymbol{x})}{\partial t}+\sum_{j=1}^{n}\frac{\partial J_i^{l_i^*,\phi_i^*}(t,\boldsymbol{x})}{\partial x_j}(1+\theta_j)\int_0^{\infty}\check{l}_j(t,y)\upsilon(\mathrm{d}y)\right\}\\
&\quad+\sum_{i=1}^{n}\int_0^{\infty}\left[J_i^{l_i^*,\phi_i^*}(t,\boldsymbol{x}-\check{\boldsymbol{l}}(t,y))-J_i^{l_i^*,\phi_i^*}(t,\boldsymbol{x})\right](1-\phi_i(t,y))\upsilon(\mathrm{d}y)\\
&=\frac{\partial\sum\limits_{i=1}^{n}J_i^{l_i^*,\phi_i^*}(t,\boldsymbol{x})}{\partial t}+\sum_{j=1}^{n}\frac{\partial\sum\limits_{i=1}^{n}J_i^{l_i^*,\phi_i^*}(t,\boldsymbol{x})}{\partial x_j}(1+\theta_j)\int_0^{\infty}\check{l}_j(t,y)\upsilon(\mathrm{d}y)\\
&\quad-\sum_{i=1}^{n}\int_0^{\infty}\check{l}_i(t,y)(1-\phi_i(t,y))\upsilon(\mathrm{d}y).
\end{aligned}
$$

由式 (8.42), 即 $\sum\limits_{i=1}^{n}J_i(t,\boldsymbol{x})=\sum\limits_{i=1}^{n}J_i^{l_i^*,\phi_i^*}(t,\boldsymbol{x})$, 可得

$$
\sum_{i=1}^{n}\mathcal{L}^{\check{\boldsymbol{l}},\check{\phi}_i}J_i(t,\boldsymbol{x})=\sum_{i=1}^{n}\mathcal{L}^{\check{\boldsymbol{l}},\check{\phi}_i}J_i^{l_i^*,\phi_i^*}(t,\boldsymbol{x}).
$$

由式 (8.50) 和式 (8.46) 可知

$$
o(\varepsilon)\geqslant\sum_{i=1}^{n}\left\{\mathcal{L}_{\varepsilon}^{\check{\boldsymbol{l}},\check{\phi}_i}J_i^{l_i^*,\phi_i^*}(t,\boldsymbol{x})-\frac{\gamma_i}{2}\mathcal{L}_{\varepsilon}^{\check{\boldsymbol{l}},\check{\phi}_i}g_i^2(t,\boldsymbol{x})\right.
$$

$$+\gamma_i g_i(t,\boldsymbol{x})\mathrm{E}_{t,\boldsymbol{x}}^{\check{\phi}_i}\left[\int_t^{t+\varepsilon}\mathcal{L}^{\check{\boldsymbol{l}},\check{\phi}_i}g_i(s,\boldsymbol{X}^{\check{\boldsymbol{l}}}(s))\mathrm{d}s\right]+\int_t^{t+\varepsilon}h_{\beta_i}(\check{\phi}_i(s))\mathrm{d}s\Bigg\}. \quad (8.51)$$

最后, 将式 (8.51) 代入式 (8.49) 中可得

$$\hat{J}^{\boldsymbol{l}^\varepsilon}(t,\boldsymbol{x})-\hat{J}^{\boldsymbol{l}^*}(t,\boldsymbol{x})=H_\varepsilon\leqslant o(\varepsilon),$$

这意味着 $\boldsymbol{l}^*$ 是均衡风险分担策略. □

下面, 我们给出风险分担问题 (8.22) 的主要结论. 对于 $i=1,\cdots,n$, 定义辅助函数 $G_i(\cdot)$,

$$G_i(z)=\theta_i+1-\mathrm{e}^{\beta_i(z+\frac{\gamma_i}{2}z^2)}(1+\gamma_i z),\quad z\geqslant 0,$$

$G_i(z)$均为关于 z 的递减的连续函数且 $G_i(0)=\theta_i$, $G_i(\infty)=-\infty$. 令 $\{\hat{a}_k\}_{k=1}^{n+1}$ 为损失阈值递增序列, $\hat{a}_1=0$, 对于 $k=2,\cdots,n+1$, $\hat{a}_k=\sum\limits_{j=1}^{k-1}G_j^{-1}(\theta_k)$. 为了与不考虑模糊情况下的均衡风险分担策略做区分, 这里使用 $\hat{l}_i^*$ 表示问题 (8.22) 的均衡风险分担策略.

定理 8.4 对于问题 (8.22), 第 i 个保险公司的鲁棒均衡风险分担策略为

$$\hat{l}_i^*(t,y)=\begin{cases}0, & y\in(0,\hat{a}_i],\\ G_i^{-1}\left(F^{-1}(y)\right), & y\in(\hat{a}_k,\hat{a}_{k+1}],\quad k=i,\cdots,n,\\ G_i^{-1}(0), & y\in(\hat{a}_{n+1},\infty),\end{cases}$$

其中$F(z)=\sum\limits_{j=1}^{k}G_j^{-1}(z)$, $k\in\{1,2,\cdots,n\}$ 是从 $y\in(\hat{a}_k,\hat{a}_{k+1}]$ 中唯一确定的. 此外, 每一个 $\hat{l}_i^*$ 关于 y 都是非负、递增和连续的.

证明 定理 8.4 的证明类似定理 8.2, 这里我们给出主要步骤. 假设同样的价值函数形式

$$J_i(t,\boldsymbol{x})=x_i+B_i(t),\quad g_i(t,\boldsymbol{x})=x_i+b_i(t), \quad (8.52)$$

并将 (8.52) 代入拓展的 HJB 方程 (8.23) 中可得

$$\phi_i^*(t,y)=1-\mathrm{e}^{\beta_i(\hat{l}_i^*(t,y)+\frac{\gamma_i}{2}\hat{l}_i^*(t,y)^2)}, \quad (8.53)$$

其中均衡风险分担策略 $(\hat{l}_1^*,\cdots,\hat{l}_n^*)$ 满足

$$\begin{cases}\inf\limits_{(l_1,\cdots,l_n)\in\mathbb{R}^n}\sum\limits_{i=1}^n\left[-(1+\theta_i)l_i-\dfrac{1}{\beta_i}\left(1-\mathrm{e}^{\beta_i(l_i+\frac{\gamma_i}{2}l_i^2)}\right)\right],\\ \text{s.t.}\quad l_i\geqslant 0,\quad i=1,\cdots,n,\quad \sum\limits_{i=1}^n l_i\leqslant y.\end{cases}$$

对于 $i=1,\cdots,n,\ z\geqslant 0$, 定义 $G_i(z)=\theta_i+1-\mathrm{e}^{\beta_i(z+\frac{\gamma_i}{2}z^2)}(1+\gamma_i z)$, 以及损失阈值 $\hat{a}_1=0$, 对于 $k=2,\cdots,n+1$, $\hat{a}_k=\sum_{j=1}^{k-1}G_j^{-1}(\theta_k)$. 运用拉格朗日乘子法, 可得第 i 个保险公司的均衡风险分担函数为

$$\hat{l}_i^*(t,y)=\begin{cases}0, & y\in[0,\hat{a}_i],\\ G_i^{-1}\left(F^{-1}(y)\right), & y\in(\hat{a}_k,\hat{a}_{k+1}],\quad k=i,\cdots,n,\\ G_i^{-1}(0), & y\in(\hat{a}_{n+1},\infty),\end{cases}\tag{8.54}$$

其中$F(z)=\sum_{j=1}^{k}G_j^{-1}(z)$, $k\in\{1,\cdots,n\}$ 从不等式 $y\in(\hat{a}_k,\hat{a}_{k+1}]$ 中唯一确定.

与定理 8.2 相比, 主要的区别和挑战是研究风险分担策略的解析性质, 包括 G_i^{-1}, $\hat{a}_k$, F 和 F^{-1}. 由于 G_i^{-1} 和 F 是非负、递减以及连续的, 意味着 $\hat{l}_i^*$ 也关于 y 是非负、递减以及连续的.

进一步可得均衡价值函数为

$$\begin{aligned}J_i(t,\boldsymbol{x})=x_i+\int_t^T\bigg\{\int_0^\infty&(1+\theta_i)\hat{l}_i^*(s,y)\\&+\frac{1}{\beta_i}\left(1-\mathrm{e}^{\beta_i\left(\hat{l}_i^*(s,y)+\frac{\gamma_i}{2}\hat{l}_i^*(s,y)^2\right)}\right)\upsilon(\mathrm{d}y)\bigg\}\mathrm{d}s,\\ g_i(t,\boldsymbol{x})=x_i+\int_t^T\bigg\{\int_0^\infty&(1+\theta_i)\hat{l}_i^*(s,y)\\&-\hat{l}_i^*(s,y)\mathrm{e}^{\beta_i\left(\hat{l}_i^*(s,y)+\frac{\gamma_i}{2}\hat{l}_i^*(s,y)^2\right)}\upsilon(\mathrm{d}y)\bigg\}\mathrm{d}s.\end{aligned}$$

依次验证定理 8.3 中的条件 (2)—(5) 即可. 条件 (6) 可由假设值函数 (8.52) 的形式可知. 第一, 对于条件 (2), 关于 $i=1,\cdots,n$, 加和 (8.54) 可得, 对于任意 $y\geqslant\hat{a}_{n+1}$,

$$\sum_{i=1}^n\hat{l}_i^*(t,y)=\sum_{i=1}^nG_i^{-1}(0)=\hat{a}_{n+1},$$

且对于任意 $y\in(\hat{a}_k,\hat{a}_{k+1}]$,

$$\sum_{i=1}^n\hat{l}_i^*(t,y)=\sum_{i=1}^kG_i^{-1}\left(F^{-1}(y)\right)=F(F^{-1}(y))=y.$$

因此,

$$\sum_{i=1}^n\hat{l}_i^*(t,y)=y\wedge\hat{a}_{n+1},\quad y>0.$$

第二, 验证条件 (3). 通过计算可得

$$\hat{J}_i^{\hat{l}_i^*}(t,\boldsymbol{x}) = x_i + \int_t^T \left\{ \int_0^\infty (1+\theta_i)\hat{l}_i^*(s,y) + \frac{1}{\beta_i}\left(1 - \mathrm{e}^{\beta_i\left(\hat{l}_i^*(s,y)+\frac{\gamma_i}{2}\hat{l}_i^*(s,y)^2\right)}\right) \upsilon(\mathrm{d}y) \right\}\mathrm{d}s.$$

由于 $\hat{l}_i^*(s,y) \leqslant G_i^{-1}(0)$, 定义函数

$$F_i(l) = (1+\theta_i)l + \frac{1}{\beta_i}\left(1 - \mathrm{e}^{\beta_i\left(l+\frac{\gamma_i}{2}l^2\right)}\right), \quad l \in [0, G_i^{-1}(0)].$$

对于 $l \in [0, G_i^{-1}(0)]$, 可得 $F_i'(l) = G_i(l) \geqslant 0$, 这是由于 $G_i(l)$ 关于 $l \geqslant 0$ 是递减的函数. 因此, 对于任意 $l \in [0, G_i^{-1}(0)]$ 有 $F_i(l) \geqslant 0$, 可验证条件 (3).

第三, 验证条件 (4), 通过计算可得

$$\mathcal{L}^{\hat{\boldsymbol{l}}^*,\phi_i^*} J_i(t,\boldsymbol{x}) = -\int_0^\infty \left(\frac{\phi_i^*(t,y)}{\beta_i} + \hat{l}_i^*(t,y)(1-\phi_i^*(t,y))\right)\upsilon(\mathrm{d}y)$$

且

$$\mathcal{L}^{\hat{\boldsymbol{l}}^*,\phi_i^*} g_i^2(t,\boldsymbol{x}) = \int_0^\infty \hat{l}_i^*(t,y)^2(1-\phi_i^*(t,y))\upsilon(\mathrm{d}y).$$

因此, $\mathcal{L}^{\hat{\boldsymbol{l}}^*,\phi_i^*} J_i$ 和 $\mathcal{L}^{\hat{\boldsymbol{l}}^*,\phi_i^*} g_i^2$ 是与 $\boldsymbol{x}$ 不相关的.

第四, 最后, 验证条件 (5), 由 (8.53) 和 (8.26) 易知 $\phi_i^* = \phi_i^{\hat{l}_i^*}$ 满足. □

下面分析模糊对于均衡风险分担策略的影响. 对于 $1 \leqslant i \leqslant k \leqslant n$, 令 $\widehat{\Delta}_{i,k} := \hat{l}_i^*(t,\hat{a}_{k+1}) - \hat{l}_i^*(t,\hat{a}_k)$, $\Delta_{i,k} := l_i^*(t,a_{k+1}) - l_i^*(t,a_k)$ 分别为考虑模糊和不考虑模糊情况下, 第 i 个保险公司在第 k 个分包合同中的风险承担量. 我们发现模糊降低了每个保险公司参与分担风险的门槛以及最大风险承担量.

命题 8.2 *考虑和不考虑模糊的情况下, 对于 $k = 1, \cdots, n+1$, 损失阈值满足 $\hat{a}_k \leqslant a_k$. 此外, 对于 $1 \leqslant i \leqslant k \leqslant n$, 我们有 $\widehat{\Delta}_{i,k} \leqslant \Delta_{i,k}$.*

证明 我们首先证明对于 $k = 1, \cdots, n+1$, 有 $\hat{a}_k \leqslant a_k$. 对于 $k=1$, 显然 $a_1 = \hat{a}_1 = 0$. 对于 $k = 2, \cdots, n+1$, 我们注意到对于 $1 \leqslant j < k \leqslant n+1$,

$$G_j\left(\frac{\theta_j - \theta_k}{\gamma_j}\right) = \theta_j + 1 - \mathrm{e}^{\beta_j\left(\frac{\theta_j-\theta_k}{\gamma_j} + \frac{(\theta_j-\theta_k)^2}{2\gamma_j}\right)}(1+\theta_j-\theta_k) \leqslant \theta_k.$$

给定 $G_j(\cdot)$ 是单调递减的, 可得 $G_j^{-1}(\theta_k) \leqslant \dfrac{\theta_j - \theta_k}{\gamma_j}$, 意味着对于 $k = 2, \cdots, n+1$,

$$\hat{a}_k = \sum_{j=1}^{k-1} G_j^{-1}(\theta_k) \leqslant \sum_{j=1}^{k-1} \frac{\theta_j - \theta_k}{\gamma_j} = a_k.$$

对于 $\Delta_{i,k}$ 和 $\widehat{\Delta}_{i,k}$ 之间的关系. 由定理 8.2 可知, 对于 $1 \leqslant i \leqslant k \leqslant n$,

$$\Delta_{i,k} = \frac{\theta_k - \theta_{k+1}}{\gamma_i}.$$

由于 $G_i'(z) \leqslant -\gamma_i$ 对于任意 $z > 0$ 成立, 可得对于任意 $1 \leqslant i \leqslant k \leqslant n$,

$$\begin{aligned}\widehat{\Delta}_{i,k} &= G_i^{-1}\left(F^{-1}(\hat{a}_{k+1})\right) - G_i^{-1}\left(F^{-1}(\hat{a}_k)\right) \\ &= G_i^{-1}(\theta_{k+1}) - G_i^{-1}(\theta_k) \leqslant \frac{\theta_k - \theta_{k+1}}{\gamma_i} = \Delta_{i,k}.\end{aligned}$$

□

8.5 数值分析

在数值分析部分, 我们比较了三家保险公司在有和没有模糊的情况下的均衡风险分担策略. 假设模型参数设定如下: $n = 3$, $\theta_1 = 0.55$, $\theta_2 = 0.40$, $\theta_3 = 0.15$, $\gamma_1 = 1.9$, $\gamma_2 = 1.8$, $\gamma_3 = 1.7$, $\beta_1 = 0.9$, $\beta_2 = 0.8$, $\beta_3 = 0.7$.

图 8.1 给出了考虑有无模糊情况下 3 个保险公司的均衡风险分担策略比较, 我们发现, 首先不论是否考虑模糊, 风险分担均分为 4 个部分, 并且参与风险分担

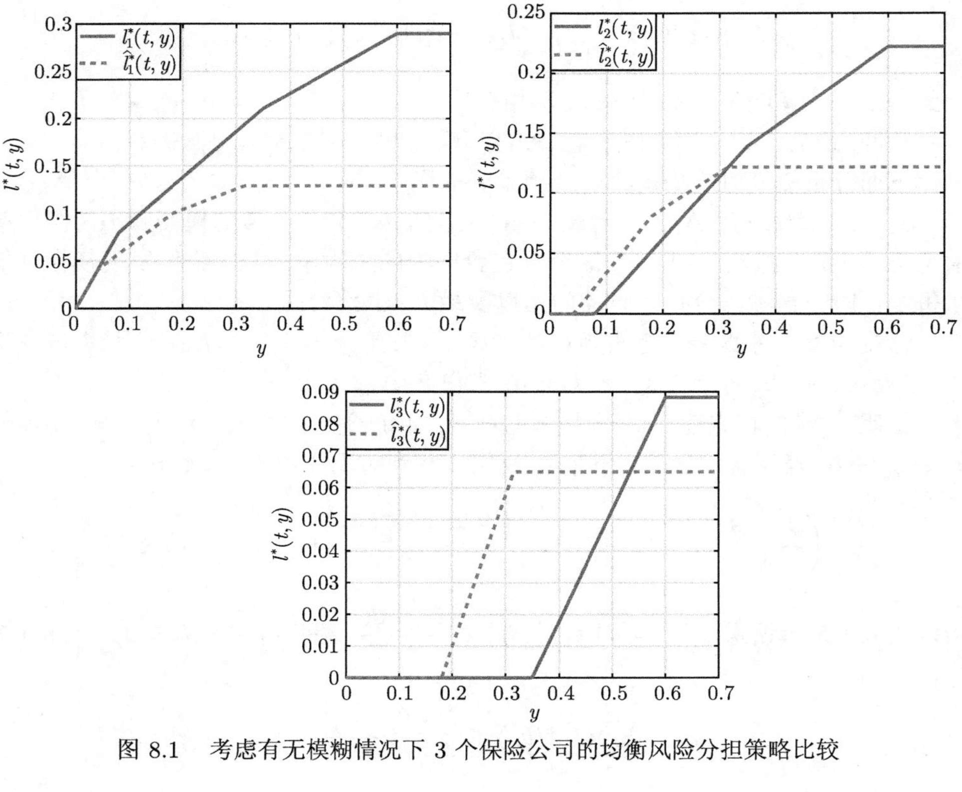

图 8.1 考虑有无模糊情况下 3 个保险公司的均衡风险分担策略比较

的次序没有变化, 第 1 个保险公司首先参与风险分担, 第 2 个保险公司其次参与分担风险, 第 3 个保险公司最后参与分担风险, 最后 3 个保险公司的风险分担量稳定不变. 其次在存在模糊的情况下, 对于特定的风险损失, 保险公司可能会分担更多的风险, 即对于某些 y 有 $\hat{l}_i^*(t,y) > l_i^*(t,y)$, 但考虑模糊的情况下风险分担的总量低于不考虑模糊的情况下的风险分担总量. 这主要是因为考虑模糊情况下, 保险公司一般会采取更为保守的风险分担策略.

8.6 小结与展望

本章考虑了时间一致的均值–方差准则下的动态 Pareto 最优风险分担问题. 假定 n 个保险公司共同分担外生风险, 动态风险过程由 Lévy 过程描述. 通过使用拉格朗日乘数法求解拓展的 HJB 方程, 得到了每个保险公司的时间一致均衡风险分担策略的显式形式. 我们证明均衡的风险分担策略是两种常见的风险分担策略的混合, 即比例策略和止损策略. 进一步分析了均衡风险分担策略的性质. 通过引入模型不确定, 考虑了模糊厌恶情景下的保险公司风险分担策略, 并研究模糊对策略的影响.

未来可以尝试在更多贴近现实的约束下考虑多个保险公司风险分担问题, 以丰富相关研究.

参考文献

[1] Aït-Sahalia Y, Matthys F H. Robust portfolio optimization with jumps. Working paper, Princeton University, 2014, Available online at: http://scholar. princeton.edu/fmatthys/research.

[2] Anderson E W, Hansen L P, Sargent T J. Robustness, detection and the price of risk. University of Chicago working paper, 1999, Available online at: https://www.researchgate. net/profile/Lars_Hansen/publication/2637084 _Robustness_Detection_and_the_Price_of_Risk/links/0deec51f6c2524ada9000000/Robustness-Detection-and-the-Price-of-Risk.pdf?origin=publication_detail

[3] Anderson E W, Hansen L P, Sargent T J. A quartet of semigroups for model specification, robustness, prices of risk, and model detection. Journal of the European Economic Association, 2003, 1(1): 68-123.

[4] Asmussen S, Højgaard B, Taksar M. Optimal risk control and dividend distribution policies: Example of excess-of-loss reinsurance for an insurance corporation. Finance and Stochastics, 2000, 4(3): 299-324.

[5] Bai L, Cai J, Zhou M. Optimal reinsurance policies for an insurer with a bivariate reserve risk process in a dynamic setting. Insurance: Mathematics and Economics, 2013, 53(3): 664-670.

[6] Bai L, Guo J. Optimal proportional reinsurance and investment with multiple risky assets and no-shorting constraint. Insurance: Mathematics and Economics, 2008, 42(3): 968-975.

[7] Bai L, Zhang H. Dynamic mean-variance problem with constrained risk control for the insurers. Mathematical Methods of Operations Research, 2008, 68(1): 181-205.

[8] Barucci E, Cosso A. Portfolio choices and VaR constraint with a defaultable asset. Quantitative Finance, 2015, 15(5): 853-864.

[9] Basak S, Chabakauri G. Dynamic mean-variance asset allocation. Review of Financial Studies, 2010, 23(8): 2970-3016.

[10] Bäuerle N. Benchmark and mean-variance problems for insurers. Mathematical Methods of Operations Research, 2005, 62(1): 159-165.

[11] Bayraktar E, Zhang Y. Minimizing the probability of lifetime ruin under ambiguity aversion. SIAM Journal on Control and Optimization, 2015, 53(1): 58-90.

[12] Bielecki T R, Jang I. Portfolio optimization with a defaultable security. Asia-Pacific Financial Markets, 2006, 13(2): 113-127.

[13] Bielecki T R, Jin H, Pliska S R, Zhou X Y. Continuous-time mean-variance portfolio selection with bankruptcy probhihition. Mathematical Finance, 2005, 15: 213-244.

[14] Björk T, Murgoci A. A general theory of Markovian time inconsistent stochastic control problems. Working Paper, Stockholm School of Economics, 2010, Available online at: http://ssrn.com/abstract=1694759.

[15] Björk T, Murgoci A, Zhou X. Mean-variance portfolio optimization with state-dependent risk aversion. Mathematical Finance, 2014, 24(1): 1-24.

[16] Bo L, Wang Y, Yang X. An optimal portfolio problem in a defaultable market. Advances in Applied Probability, 2010, 42(3): 689-705.

[17] Bollerslev T, Law T H, Tauchen G. Risk, jumps, and diversification. Journal of Econometrics, 2008, 144(1): 234-256.

[18] Bossaerts P, Ghirardato P, Guarnaschelli S, Zame W R. Ambiguity in asset markets: Theory and experiment. Review of Financial Studies, 2010, 23(4): 1325-1359.

[19] Boulier J F, Huang S J, Taillard G. Optimal management under stochastic interest rates: The case of a protected defined contribution pension fund. Insurance: Mathematics and Economics, 2001, 28(2): 173-189.

[20] Branger N, Larsen L S. Robust portfolio choice with uncertainty about jump and diffusion risk. Journal of Banking and Finance, 2013, 37(12): 5036-5047.

[21] Brennan M J, Xia Y. Dynamic asset allocation under inflation. The Journal of Finance, 2002, 57(3): 1201-1238.

[22] Browne S. Optimal investment policies for a firm with a random risk process: Exponential utility and minimizing the probability of ruin. Mathematics of Operations Research, 1995, 20(4): 937-958.

[23] Cai J, Fang Y, Li Z, Willmot G E. Optimal reciprocal reinsurance treaties under the joint survival probability and the joint profitable probability. Journal of Risk and Insurance, 2013, 80(1): 145-168.

[24] Cairns A J G, Blake D, Dowd K. 2006. Stochastic lifestyling: Optimal dynamic asset allocation for defined-contribution pension plans. Journal of Economic Dynamics and Control, 2006, 30(5): 843-877.

[25] Cao Y, Wan N. Optimal proportional reinsurance and investment based on Hamilton-Jacobi-Bellman equation. Insurance: Mathematics and Economics, 2009, 45(2): 157-162.

[26] Capponi A, Figueroa-López J E. Dynamic portfolio optimization with a defaultable security and regime switching. Mathematical Finance, 2014, 24(2): 207-249.

[27] Chen L. Stochastic Mean and Stochastic Volatility-A Three-Factor Model of the Term Structure of Interest Rates and Its Application to the Pricing of Interest Rate Derivatives. Oxford: Blackwell Publishers, 1996.

[28] Chen S, Li Z, Li K. Optimal investment-reinsurance policy for an insurance company with VaR constraint. Insurance: Mathematics and Economics, 2010, 47(2): 144-153.

[29] Cox J C, Huang C. Optimal consumption and portfolio policies when asset prices follow a diffusion process. Journal of Economic Theory, 1989, 49(1): 33-83.

[30] Cox J C, Ingersoll J E, Ross S A. A theory of the term structure of interest rates. Econometrica, 1985, 53(2): 385-407.

[31] Cox J C, Ross S A. The valuation of options for alternative stochastic processes. Journal of Financial Economics, 1976, 3(1/2): 145-166.

[32] Deelstra G, Grasselli M, Koehl P F. Optimal design of the guarantee for defined contribution funds. Journal of Economic Dynamics and Control, 2004, 28(11): 2239-2260.

[33] Delong L, Gerrard R. Mean-variance portfolio selection for a non-life insurance company. Mathematical Methods of Operations Research, 2007, 66(2): 339-367.

[34] Denant-Boemont L, Diecidue E, l'Haridon O. Patience and time consistency in collective decisions. Experimental Economics, 2017, 20(1): 181-208.

[35] Devolder P, Bosch P M, Dominguez F I. Stochastic optimal control of annuity contracts. Insurance: Mathematics and Economics, 2003, 33(2): 227-238.

[36] Dimitrova D S, Kaishev V K. Optimal joint survival reinsurance: An efficient frontier approach. Insurance: Mathematics and Economics, 2010, 47(1): 27-35.

[37] Driessen J. Is default event risk priced in corporate bonds. Review of Financial Studies, 2005, 18(1): 165-195.

[38] Duffie D, Singleton K J. Modeling term structures of defaultable bonds. Review of Financial Studies, 1999, 12(4): 687-720.

[39] Duffie D, Singleton K J. Credit Risk: Pricing, Measure, and Management. Princeton: Princeton University Press, 2003.

[40] Dungey M, Hvozdyk L. Cojumping: Evidence from the US Treasury bond and futures markets. Journal of Banking and Finance, 2012, 36(5): 1563-1575.

[41] Emanuel D C, MacBeth J D. Further results on the constant elasticity of variance call option pricing model. Journal of Financial and Quantitative Analysis, 1982, 17(4): 533-554.

[42] Eraker B, Johannes M, Polson N. The impact of jumps in volatility and returns. The Journal of Finance, 2003, 58(3): 1269-1300.

[43] Fang Y, Qu Z. Optimal combination of quota-share and stop-loss reinsurance treaties under the joint survival probability. IMA Journal of Management Mathematics, 2014, 25(1): 89-103.

[44] Flor C R, Larsen L S. Robust portfolio choice with stochastic interest rates. Annals of Finance, 2014, 10(2): 243-265.

[45] Gao J. Optimal portfolios for DC pension plans under a CEV model. Insurance: Mathematics and Economics, 2009, 44(3): 479-490.

[46] Gerber H U. An introduction to mathematical risk theory. S.S. Huebner Foundation Monographs, University of Pennsylvania. 1979.

[47] Gerrard R, Haberman S, Vigna E. Optimal investment choices post-retirement in a defined contribution pension scheme. Insurance: Mathematics and Economics, 2004, 35(2): 321-342.

[48] Ghirardato P, Klibanoff P, Marinacci M. Additivity with multiple priors. Journal of Mathematical Economics, 1998, 30(4): 405-420.

[49] Ghirardato P, Maccheroni F, Marinacci M. Differentiating ambiguity and ambiguity attitude. Journal of Economic Theory, 2004, 118(2): 133-173.

[50] Di Giacinto M, F Gozzi, Federico S. Pension funds with a minimum guarantee: A stochastic control approach. Finance and Stochastics, 2011, 15(2): 297-342.

[51] Golubin A Y. Pareto-optimal insurance policies in the models with a premium based on the actuarial value. Journal of Risk and Insurance, 2006, 73(3): 469-487.

[52] Grandll J. Aspects of Risk Theory. New York: Springer-Verlag, 1991.

[53] Gu A, Guo X, Li Z, Zeng Y. Optimal control of excess-of-loss reinsurance and investment for insurers under a CEV model. Insurance: Mathematics and Economics, 2012, 51(3): 674-684.

[54] Guan G, Liang Z. Optimal reinsurance and investment strategies for insurer under interest rate and inflation risks. Insurance: Mathematics and Economics, 2014, 55: 105-115.

[55] Guan G, Liang Z. Optimal management of DC pension plan in a stochastic interest rate and stochastic volatility framework. Insurance: Mathematics and Economics, 2014, 57: 58-66.

[56] Guan G, Liang Z. Mean-variance efficiency of DC pension plan under stochastic interest rate and mean-reverting returns. Insurance: Mathematics and Economics, 2015, 61: 99-109.

[57] Haberman S, Vigna E. Optimal investment strategies and risk measures in defined contribution pension schemes. Insurance: Mathematics and Economics, 2002, 31(1): 35-69.

[58] Han N, Hung M. Optimal asset allocation for DC pension plans under inflation. Insurance: Mathematics and Economics, 2012, 51(1): 172-181.

[59] Hansen L, Sargent T. Robust control and model uncertainty. American Economic Review, 2001, 91(2): 60-66.

[60] He L, Liang Z. Optimal investment strategy for the DC plan with the return of premiums clauses in a mean-variance framework. Insurance: Mathematics and Economics, 2013, 53(3): 643-649.

[61] Heath C, Tversky A. Preference and belief: Ambiguity and competence in choice under uncertainty. Journal of Risk and Uncertainty, 1991, 4(1): 5-28.

[62] Heston S L. A closed-form solution for options with stochastic volatility with applications to bond and currency options. Review of Financial Studies, 1993, 6(2): 327-343.

[63] Ho T S Y, Lee S B. Term structure movements and pricing interest rate contingent claims. Journal of Finance, 1986, 41(5): 1011-1029.

[64] Hull J, White A. Pricing interest-rate derivative securities. Review of Financial Studies, 1990, 3(4): 573-592.

[65] Bajeux-Besnainou I, Portait R. Dynamic asset allocation in a mean-variance framework. Management Science, 1998, 44: 79-95.

[66] Jarrow R A, Turnbull S M. Pricing derivatives on financial securities subject to credit risk. The Journal of Finance, 1995, 50(1): 53-85.

[67] Jarrow R A, Yildirim Y. Pricing treasury inflation protected securities and related derivatives using an HJM model. Journal of Financial and Quantitative, 2003, 38(2): 337-358.

[68] Josa-Fombellida R, Rincón-Zapatero J P. Optimal asset allocation for aggregated defined benefit pension funds with stochastic interest rates. European Journal of Operational Research, 2010, 201(1): 211-221.

[69] Karatzas I, Lehoczky J P, Shreve S E. Optimal portfolio and consumption decisions for a "small investor" on a finite horizon. SIAM Journal on Control and Optimization, 1987, 25(6): 1557-1586.

[70] Karatzas I, Shreve S E. Brownian Motion and Stochastic Calculus. New York: Springer, 1988.

[71] Klibanoff P, Marinacci M, Mukerji S. A smooth model of decision making under ambiguity. Econometrica, 2005, 73(6): 1849-1892.

[72] Klibanoff P, Marinacci M, Mukerji S. Recursive smooth ambiguity preferences. Journal of Economic Theory, 2009, 144(3): 930-976.

[73] Kohler P H, Kohler I. Frailty modeling for adult and old age mortality: the application of a modified De Moivre Hazard function to sex differentials in mortality. De mographic Research, 2000, 3(8): 32.

[74] Korn R, Menkens O, Steffensen M. Worst-case-optimal dynamic reinsurance for large claims. European Actuarial Journal, 2012, 2(1): 21-48.

[75] Kusuoka S. A remark on default risk models. Advances in Mathematical Economics, 1999, 1: 69-82.

[76] Kyprianou A E. Gerber-Shiu Risk Theory. New York: Springer Science and Business Media, 2013.

[77] Kyprianou A E. Fluctuations of Lévy Processes with Applications: Introductory Lectures. New York: Springer Science and Business Media, 2014.

[78] Li D, Li D, Young, V R. Optimality of excess-loss reinsurance under a mean-variance criterion. Insurance: Mathematics and Economics, 2017, 75: 82-89.

[79] Li D, Young V R. Optimal reinsurance to minimize the discounted probability of ruin under ambiguity. Insurance: Mathematics and Economics, 2019, 87: 143-152.

[80] Li D, Ng W L. Optimal dynamic portfolio selection: multiperiod mean-variance formulation. Mathematical Finance, 2000, 10: 387-406.

[81] Li J, Wu R. Upper bounds for ruin probabilities under stochastic interest rate and optimal investment strategies. Acta Mathematica Sinica, 2012, 28(7): 1421-1430.

[82] Li X, Zhou X Y, Lim A E B. Dynamic mean-variance portfolio selection with no-shorting constraints. SIAM Journal of Control and Optimization, 2002, 40: 1540-1555.

[83] Li Z, Zeng Y, Lai Y. Optimal time-consistent investment and reinsurance strategies for insurers under Heston's SV model. Insurance: Mathematics and Economics, 2012, 51(1): 191-203.

[84] Lin X, Li Y. Optimal reinsurance and investment for a jump diffusion risk process under the CEV model. North American Actuarial Journal, 2011, 15(3): 417-431.

[85] Liang Z, Bayraktar E. Optimal reinsurance and investment with unobservable claim size and intensity. Insurance: Mathematics and Economics, 2014, 55: 156-166.

[86] Liang Z, Yuen K, Cheung K. Optimal reinsurance-investment problem in a constant elasticity of variance stock market for jump-diffusion risk model. Applied Stochastic Models in Business and Industry, 2012, 28(6): 585-597.

[87] Lim A E B, Zhou X Y. Mean-variance portfolio selection with random parameters in a complete market. Mathematics of Operations Research, 2002, 27: 101-120.

[88] Lin X, Qian Y. Time-consistent mean-variance reinsurance-investment strategy for insurers under CEV model. Scandinavian Actuarial Journal, 2016, 7: 646-671.

[89] Lin X, Zhang C, Siu T K. Stochastic differential portfolio games for an insurer in a jump-diffusion risk process. Mathematical Methods of Operations Research, 2012, 75(1): 83-100.

[90] Liu H. Robust consumption and portfolio choice for time varying investment opportunities. Annals of Finance, 2010, 6(4): 435-454.

[91] Liu J, Pan J, Wang T. An equilibrium model of rare-event premia and its implication for option smirks. Review of Financial Studies, 2005, 18(1): 131-164.

[92] Longstaff F A, Schwartz E S. A two-factor interest rate model and contingent claims valuation. The Journal of Fixed Income, 1992, 2(3): 16-23.

[93] Luo S, Taksar M, Tsoi A. On reinsurance and investment for large insurance portfolios. Insurance: Mathematics and Economics, 2008, 42(1): 434-444.

[94] Madan D P, Unal H. Pricing the risks of default. Review of Derivatives Research, 1998, 2(2): 121-160.

[95] Maenhout P J. Robust portfolio rules and asset pricing. Review of Financial Studies, 2004, 17(4): 951-983.

[96] Maenhout P J. Robust portfolio rules and detection-error probabilities for a mean-reverting risk premium. Journal of Economic Theory, 2006, 128(1): 136-163.

[97] Marinacci M. Probabilistic sophistication and multiple priors. Econometrica, 2002, 70(2): 755-764.

[98] Markowitz H. Portfolio selection. The Journal of Finance, 1952, 7(1): 77-91.

[99] Mataramvura S, Øksendal B. Risk minimizing portfolios and HJBI equations for stochastic differential games. Stochastics, 2008, 80(4): 317-337.

[100] Merton R C. Lifetime portfolio selection under uncertainty: The continuous-time case. Review of Economics and Statistics, 1969, 51(3): 247-257.

[101] Merton R C. Optimum consumption and portfolio rules in a continuous-time model. Journal of Economic Theory, 1971, 3: 373-413.

[102] Merton R C. An analytic derivation of the efficient portfolio frontier. The Journal of Financial and Quantitative Analysis, 1972, 7(4): 1851-1872.

[103] Merton R C. Theory of rational option pricing. The Bell Journal of Economics and Management Science, 1973, 4(1): 141-183.

[104] Munk C, Rubtsov A. Portfolio management with stochastic interest rates and inflation ambiguity. Annals of Finance, 2014, 10(3): 419-455.

[105] Munk C, Sørensen C, Vinther T N. Dynamic asset allocation under mean-reverting returns, stochastic interest rates and inflation uncertainty: Are popular recommendations consistent with rational behavior. International Review of Economics and Finance, 2004, 13(2): 141-166.

[106] Øksendal B, Sulem A. Applied Stochastic Control of Jump Diffusions. 2nd ed. Berlin: Springer, 2007.

[107] Pliska S. A stochastic calculus model of continuous trading: optimal portfolios. Mathematics of Operations Research, 1986, 11(2): 371-382.

[108] Promislow S D, Young V R. Minimizing the probability of ruin when claims follow Brownian motion with drift. North American Actuarial Journal, 2005, 9(3): 110-128.

[109] Pun C S, Wong H Y. Robust investment-reinsurance optimization with multiscale stochastic volatility. Insurance: Mathematics and Economics, 2015, 62: 245-256.

[110] Rendleman J R J, Bartter B J. The pricing of options on debt securities. Journal of Financial and Quantitative Analysis, 1980, 15(1): 11-24.

[111] Schmidli H. Optimal proportional reinsurance policies in a dynamic setting. Scandinavian Actuarial Journal, 2001, 2001(1), 55–68.

[112] Schmidli H. On minimizing the ruin probability by investment and reinsurance. Annals of Applied Probability, 2002, 12(3): 890-907.

[113] Shen Y, Zeng Y. Optimal investment-reinsurance strategy for mean-variance insurers with square-root factor process. Insurance: Mathematics and Economics, 2015, 62: 118-137.

[114] Stein E M, Stein J C. Stock price distributions with stochastic volatility: An analytic approach. Review of Financial Studies, 1991, 4(4): 725-752.

[115] Strotz R. Myopia and inconsistency in dynamic utility maximization. The Review of Economic Studies, 1955, 23(3): 165-180.

[116] Sun J, Li Z, Zeng Y. Precommitment and equilibrium investment strategies for defined contribution pension plans under a jump-diffusion model. Insurance: Mathematics and Economics, 2016, 67: 158-172.

[117] Uppal R, Wang T. Model misspecification and underdiversification. Journal of Finance, 2003, 58(6): 2465-2486.

[118] Vasicek O. An equilibrium characterization of the term structure. Journal of Financial Economics, 1977, 5(2): 177-188.

[119] Wang J, Forsyth P A. Continuous time mean-variance asset allocation: A time-consistent strategy. European Journal of Operational Research, 2011, 209(2): 184-201.

[120] Xu W, Wu C, Li H. Robust general equilibrium under stochastic volatility model. Finance Research Letters, 2010, 7(4): 224-231.

[121] Yi B, Li Z, Viens F, Zeng Y. Robust optimal control for an insurer with reinsurance and investment under Heston's stochastic volatility model. Insurance: Mathematics and Economics, 2013, 53(3): 601-614.

[122] Yi B, Li Z, Viens F, Zeng Y. Robust optimal strategies for an insurer with reinsurance and investment under benchmark and mean-variance criteria. Scandinavian Actuarial Journal, 2015, 8: 725-751.

[123] Yi B, Viens F, Law B, Li Z. Dynamic portfolio selection with mispricing and model ambiguity. Annals of Finance, 2015, 11(1): 37-75.

[124] Yu F. Modeling expected return on defaultable bonds. Journal of Fixed Income, 2002, 12: 69-81.

[125] Zeng X, Luo S. Stochastic Pareto-optimal reinsurance policies. Insurance: Mathematics and Economics, 2013, 53(3): 671-677.

[126] Zeng Y, Li D, Gu A. Robust equilibrium reinsurance-investment strategy for a mean-variance insurer in a model with jumps. Insurance: Mathematics and Economics, 2016, 66: 138-152.

[127] Zeng Y, Li Z. Optimal time-consistent investment and reinsurance policies for mean-variance insurers. Insurance: Mathematics and Economics, 2011, 49(1): 145-154.

[128] Zeng Y, Li Z, Lai Y. Time-consistent investment and reinsurance strategies for mean-variance insurers with jumps. Insurance: Mathematics and Economics, 2013, 52(3): 498-507.

[129] Zhang A, Korn R, Ewald C O. Optimal management and inflation protection for defined contribution pension plans. Blätter der DGVFM, 2007, 28(2): 239-258.

[130] Zhang X, Siu T K. Optimal investment and reinsurance of an insurer with model uncertainty. Insurance: Mathematics and Economics, 2009, 45(1): 81-88.

[131] Zhao H, Rong X, Zhao Y. Optimal excess-of-loss reinsurance and investment problem for an insurer with jump-diffusion risk process under the Heston model. Insurance: Mathematics and Economics, 2013, 53(3): 504-514.

[132] Zhao H, Shen Y, Zeng Y. Time-consistent investment-reinsurance strategy for mean-variance insurers with a defaultable security. Journal of Mathematical Analysis and Applications, 2016, 437(2): 1036-1057.

[133] Zheng X, Zhou J, Sun Z. Robust optimal portfolio and proportional reinsurance for an insurer under a CEV model. Insurance: Mathematics and Economics, 2016, 67: 77-87.

[134] Zhou X Y, Li D. Continuous-time mean-variance portfolio selection: a stochastic LQ framework. Applied Mathematics and Optimization, 2000, 42: 19-33.

[135] Zhu H, Deng C, Yue S, Deng Y. Optimal reinsurance and investment problem for an insurer with counterparty risk. Insurance: Mathematics and Economics, 2015, 61: 242-254.